让思想流动起来

论世衡史
- 丛书 -

理想的国度

近代中国思想中的国家观念

干春松 著

四川人民出版社

前　言

若殷周之变是中国封建制的建立，那么周秦之变就是由封建制向郡县制的转变。在秦汉到清代的几千年中，中国的历史保持了其延续性，其基本的政治制度就是大一统的中央集权与地方有限自治的结合。顾炎武曾推崇"寓封建于郡县之中"的国家体制，实质上历代王朝在统治如此幅员辽阔的区域的时候，多种统治形式并举，既为古代礼制所肯定，亦是现实所不能不然之要求。

对于秦汉之后的中国之国家形态的定位，一直为现代学者所关注。有人将传统中国视为一种文明体，而与现代民族国家迥异；也有学者认为，至少在宋代，人们已经有接近于现代民族国家的"国家观念"，事实上，即使在今天，我们依然很难用某一种"标准"的"民族国家"概念来理解当下的中国。一方面，多元一体的民族观念，意味着我们并不从血缘或种族的角度来理解"中华民族"，而是从生活在这个国家的人民的角度来理解"国民"和"民族"；另一方面，地方自治和"一国两制"等多种秩序形态的存在，也表明我们在国家治理模式上的多元性和层次性。这一切都告诉我们，很难以一个寻求同类项的方式去理解"中国"。

不过，在近代以来，当西方以殖民方式来到东亚的时候，近代中国人意识到这是数千年未有之大变局。其核心就是"万国竞逐"。"万国竞逐"这个概念并非"逐鹿中原"的现代版,这里面包含着几重理解。首先,我们要面对一个新的"国家间"关系,这不再是中心和边缘的那种夷夏秩序,而是一个个以主权、领土和人口为要素的现代民族国家之间的竞争秩序。其次,"竞逐"是一种关系模式,也体现出我们对于新秩序和新文明的复杂态度;作为竞争中的失利一方,我们寻求国家间关系的公平和正义,但民族国家的竞争性特点,意味着强权和力量是这种新秩序的真正"原理"。最后,对于理想国度的追寻,既是对现有国际秩序的批判性导向,也是基于儒家文明对于秩序的理解。在这样的古今中西的交汇中,中国近代知识分子既想把中国建成一个有竞争力的国家,又希望未来的世界是和平共存、充满仁爱之情的。

本书通过对康有为、章太炎、梁启超、杨度、张謇以及孙中山、毛泽东等思想家和政治领袖的思想的分析,梳理了近代中国国家观念的形成和发展,既能看到他们对西方挑战的积极回应,同时也可以看到他们对中国自身独特国家发展理念的探索以及对建立一个"理想的国度"的向往。

作为一本累积了我自己近二十年研究心得的作品,其中的一些内容曾经以单篇文章的形式在《中国社会科学》《中国文化》《文化纵横》等刊物发表过,收录本书时,对内容做了一些新的调整。感谢谭徐锋和封龙的邀约,也感谢四川人民出版社让我在这个对人类命运充满疑虑的时期重温中国近代思想家对"如何建设现代国家"的深刻认识。感谢我的学生何振泓、宫志翀、王淇等在整理成书时提供的文献校对和文字校订上的帮助。

作为我对于近代政治思想和制度研究的一部分,本书也是我的

《伦理与秩序：梁漱溟思想中的国家与社会》（商务印书馆，2019年）的"前传"，如果结合起来阅读，或许可以理解更长时段的思想家对于"国家"的思考。

干春松
2021年3月

目 录

第一章 小康到大同的社会发展路径：
康有为的三世说和《大同书》/ 001
　　一、三世说与康有为的历史哲学 / 004
　　二、"大同"世界，康有为的"历史终结" / 033
　　三、《大同书》与中国的社会主义思潮 / 046
　　四、余论：《大同书》与现代新儒学 / 054

第二章 理财观念与现代国家建构：
中国近代思想家的"理财救国"论 / 062
　　一、中西历史的分叉点 / 063
　　二、国家观念与"理财救国" / 067

第三章 如何从历史和信仰来理解国家和民族：
康有为与章太炎的分歧 / 074
　　一、引领和追随 / 074
　　二、教主与史家 / 089
　　三、革命与改良 / 107
　　四、余论：固执的敌对 / 124

第四章　民族主义与现代中国的政治秩序：
　　　　章太炎与严复围绕《社会通诠》的争论 / 129
　　一、汪精卫和胡汉民对《社会通诠》按语中"民族主义"
　　　　的评析 / 132
　　二、"总相"与"别相"：章太炎对《社会通诠》中宗法
　　　　社会与民族主义之关系的评论 / 138
　　三、立宪政治与追求富强：严复和章太炎对于国家与社会
　　　　秩序建构的歧见 / 150

第五章　国家与个体：
　　　　严复与中国近代自由观念的困境 / 162
　　一、严复的自由观 / 165
　　二、自由的条件 / 179
　　三、权威主义与严复的选择 / 184

第六章　保教非所以立国：
　　　　梁启超对儒家态度的转折 / 188
　　一、大变局中的儒家的政治、道德观念：从《新民说》到
　　　　《欧游心影录》/ 194
　　二、梁启超对儒家政治哲学的整理 / 207
　　三、保教非所以尊孔：梁启超与孔教运动之分合 / 219

第七章　张謇的改革策 / 231
　　一、张謇与戊戌变法 / 232
　　二、《变法平议》：张謇的改革策 / 242

第八章　张謇的建国策 / 251
　　一、作为基本立场的"国家意识" / 252
　　二、保土救国 / 255
　　三、余论 / 258

第九章　文明模式与现代性的反思：
　　　　杨度与章太炎、梁启超关于国家与民族的争论 / 261
　　一、《金铁主义说》之前杨度的国家和民族观 / 263
　　二、《金铁主义说》中的"民族""国家"和"世界观" / 268
　　三、政治革命：杨度与梁启超、章太炎关于立宪和国家的
　　　　争议 / 288

第十章　民族国家与国学：
　　　　作为国家认同与学科的"国学" / 319
　　一、"国学"与国家认同的迁移 / 320
　　二、"国学"与"科学""学科" / 330
　　三、"国学热"和超越国学 / 338

第十一章 "国"之意象转移：
以章太炎、胡适和顾颉刚、傅斯年为主轴 / 341
一、章太炎和章门弟子的"国学" / 343
二、胡适：从"整理国故"运动到《国学季刊》的发刊词 / 348
三、顾颉刚和傅斯年：被放弃的"国学""国故" / 355

第十二章 三民主义与20世纪上半叶中国政治意识的分合 / 360
一、导语：孙中山的三民主义与中国传统 / 360
二、谁是革命者：后五四时期国民党意识形态的整合与文化观的变迁 / 366
三、戴季陶与"纯正的三民主义" / 374
四、新生活运动与蒋介石的三民主义儒家化 / 395
五、三民主义、新民主主义、共产主义：如何结合中国实际进行理论创造的范型 / 408

附 录 儒学的历史与现代转化 / 419

第一章
小康到大同的社会发展路径：
康有为的三世说和《大同书》

晚清时期中国的危机首先表现为"国家"的危机，即现代西方的经济、政治、法律体系在向全球扩张的时候，导致了许多传统帝国的崩解。当西方的触角伸向清王朝的时候，这个延续了几百年的帝国同样面临着由帝国向现代民族国家的转型的压力。困境在于，这种转型并非基于帝国的经济和政治的自身发展所引发的制度和观念的变革，而是由外来的军事和经济压力所导致的中国社会的刚性断裂，这使人们对于中国应该被塑造成什么样的"国家"产生了多重态度。比如随着"民族国家"观念的引入，在20世纪初逐渐形成的新的政治势力——"革命派"提出了"单一民族"国家的主张，试图以民族主义来唤起汉族人的革命意识，从而推翻清政府来建立一个以汉族为主体的民族国家。而康有为、梁启超和杨度等政治人物，则希望通过对"中华民族"概念的重新阐述而建构一种"国族主义"的观念。这样，便可以在建国运动的过程中，努力保存清帝国的疆域和人口。

那么，儒学如何在这样的复杂语境中提供思想资源，进而甚者，儒学在试图对"民族国家"提供解释的过程中会提供什么样的与西方不同的"国家"图景呢？

有人认为，民族国家观念的引入会导致儒家普遍主义面向的失落，转而成为一种"特殊性"和本土化论说的提供者，汪晖就认为这是晚清儒学所面临的最大危机。他说："晚清儒学面临的最大困境是：随着帝国成为世界资本主义的边缘区域，儒学'万世法'同时沦为一种不合时宜的'地方性知识'。儒学'万世法'建立在儒学礼仪与'中国'之间的内在的历史关系之上，一旦'中国'无法抽象为普遍的礼仪原则，一旦风俗、种族、地域等等超出'中国'的范围（即无法纳入'内部'），一旦'中国'的存在不再能够自我界定或必须有'外部'来加以界定，这一'万世法'的普遍性和适用性必然面临危机。"[1]将普遍主义的失落看作是晚清儒学的最大困境有可以讨论的空间。普遍主义固然是儒家的基本面向，但儒学始终是既特殊又普遍的，而普遍主义是建立在各种带有特殊和时代特色的解释系统上的，于是，在我看来儒学在晚清的最大困境并不在于是否能解释这个世界，而是能够给中国的现实困境提供解释，最终儒学被否定而失去制度性支持，其根本原因是无法解释"中国"。也就是说，当人们认为通过儒家价值体系建立起来的社会秩序难以应对西方的挑战，那么儒学便会产生"绩效"层面的危机，并转而认定儒学是中国得以维持和发展的障碍。

围绕"普遍性"的争议在明末清初的"礼仪之争"过程中就已

---

[1] 汪晖：《帝国的自我转化与儒学普遍主义》，载《现代中国思想的兴起》上卷，生活·读书·新知三联书店2004年版，第741页。

经十分尖锐,这或许可以理解为排他性宗教和地方习俗的矛盾,在这样的矛盾中,儒教的敬天法祖思想是否可以理解为一种普遍性的信仰就存有争议。对于清帝国而言,所要面对的是国家内部的种族之争,当一个人口占少数的民族成为"民族国家"的核心民族的时候,其代表性就成为问题。因为在民族国家的要素中,"人口"是最为关键的一个要素。当满族作为一个少数民族在建立起清朝的时候,其正统性就一直面临着挑战。按照儒家公羊学"从变而移"的文明观,清政府努力通过接受汉族文明来建立其文化认同,而一些儒家文化圈的国家却不愿意接受游牧民族作为礼乐文明的代表,所以,在16世纪之后,朝鲜王朝和日本国君都认为被满族统治的中国不再能代表文明意义上的"中国",唯有他们才能代表。①

与利玛窦等耶稣会士通过传教所带来的文化冲击不同,1840年以后的西方文化是通过战争和贸易的方式进入中国的,传教成为附属物。战争给中国造成的是包括经济、政治甚至信仰的全方位影响。这种霸权式的文明植入所带来的后果是双重的:一方面,基于保国、保种的需要,许多人认为要模仿西方的现代国家体制,甚至接受其价值,由此建设有竞争力的国家;另一方面,则是从儒家和佛教等多种中国传统的因素出发,对新的国家形态的正当性进行反思。当西方文明自身的自我批评的思想资源传入中国之后,与传统中国的价值产生了特殊的化合作用。比如,社会主义对平等的追求

---

① 葛兆光说,朝鲜人在明朝灭亡之后,认为本来是儒家发明并自以为正宗的礼仪,在中国的保存却反不如朝鲜纯粹。因此,明朝以后无中国,他们却以"后明朝"和"小中华"自认。(见葛兆光:《西方与东方,或者是东方与西方——清代中叶朝鲜与日本对中国的观感》,载《宅兹中国:重建有关"中国"的历史论述》,中华书局2011年版,第156页)

和对于资本主义不合理的经济政治制度的批评,与儒家的大同小康思想形成了共鸣,导致晚清大多数的思想家都曾经有过研究和提倡社会主义的阶段。[①]有研究表明,康有为很早就接触到社会主义的思想,这也影响到他的大同思想的形成。[②]

大同观念可以看作是康有为重建儒家普遍主义的努力,也可以看作他对于现代民族国家体制的不满,更可以理解为近代中国人对于理想秩序的期待。因此,关于康有为大同观念的讨论对理解康有为的思想是十分重要的。而如果要对他的大同观念的思想基础进行探寻,首先得从他的三世说的历史哲学开始。

一、三世说与康有为的历史哲学

传统儒家对于"时间"的认知具有"往复性"和"线性发展"等范式。以《周易》为基础的干支计时方式,体现了历史时间在现实展开中的循环性,从而建立起对于王道的遵循和违背的"治乱循

---

① 刘师培就是社会主义与无政府主义的重要先驱。他说:"现今倡无政府说者,一为个人无政府主义,一为共产无政府主义,一为社会无政府主义,而吾等则以无政府主义,当以平等为归。"(见刘师培:《无政府主义之平等观》,载钱锺书主编《刘师培辛亥前文选》,生活·读书·新知三联书店1998年版,第116页)他甚至认为无政府主义比共产主义还要更彻底地坚持平等的原则。"今之言共产主义者,欲扫荡权力,不设政府,以田地为公共之物,以资本为社会之公产,使人人作工,人人劳动。"但刘师培认为即使人人劳动,各人的能力不同,也会导致事实上的不公平。(见刘师培:《人类均力说》,载钱锺书主编《刘师培辛亥前文选》,第107页)这些都是比较早期的社会主义思想。与康有为的《大同书》中的平等和无政府主张有共通之处。

② 张汝伦说:"凡是读过《大同书》的人大概都会同意,康有为的大同(社会主义)思想的确受到西方社会主义思潮的影响。"但具体是哪些人的思想,则比较难以断定。(见张汝沦:《现代中国思想研究》,上海人民出版社2014年版,第347页)

环"的历史认识。在"线性"发展上则存在着由三代到后世的政治不断被霸道化的"退化"范式和以公羊三世为基础的历史不断发展的"进化"思维。这些模式在思考现实政治的时候,会被复合式的使用。

而近代以来西方思想的传入,对康有为而言,西方的"时间"观念对他直接的冲击就是耶稣纪年。这虽然表现为基督教和孔教之间的"教争",但当康有为在导致"强学会"危机的"孔子纪年"事件中,事实上就是选择了历史不断发展的逻辑[①]。这个逻辑对于儒家的最为直接的冲击就是以往儒家的理想"三代之治"被"历史化"地还原,因此,康有为在万木草堂等讲课的时候,已经十分人类学化地将尧舜"还原"为一个部落的首领,相当于现在少数民族的一个"土司"。换言之,如果选择了一个进化的历史发展范型,理想的社会必然在未来,而新的历史哲学需要对这样的未来提供一个蓝图,此为康有为的《大同书》之"历史哲学"的功能。

（一）康有为三世说历史观的形成与完善

康有为的政治哲学基础,从他舍弃《教学通义》杂糅今古文的立场而转向今文经学的理路的过程中得以确立。换言之,通过重新确定周公和孔子的历史地位,康有为的托古改制的"改制者"身份才得以自任,既然他试图通过上书来改变现实政治面貌的道路显得如此遥远,他干脆决定自己来担任这个角色。这种方式是如此的令人惊骇,以致他很早就获得了"康圣人"的名号,很显然,这个头

---

① 干春松:《儒家制度化重建的尝试:康有为、陈焕章和孔教会》,载《制度儒学》(增订版),中央编译出版社2017年版,第195—199页。

衔带有揶揄的意味。康有为的早期弟子陈千秋最能体察康有为的思想转变,他认为孔子创造六经,为万世制法的精神,汉宋儒者多有继承。到清朝醉心考据,使圣学难明,因此,"吾师康先生,思圣道之衰,悯王制之缺,慨然发愤,思易天下,既绌之于国,乃讲之于乡"①。这样的"讲之于乡",对于康有为而言,并非一次简单的讲学,他甚至自比为是类似于孔子退而著《春秋》的"天子之事"。事实上,康有为的《新学伪经考》《孔子改制考》一出,的确在晚清的朝野和学界引发了地震,从而开启了一个新的时代。

抛开康有为之改制等种种现实政治设计不论,康有为之今文学的确定,一个重要的意义是他根据公羊三世说,确立了他解释历史的范型,在三世说的支持下,他的托古改制以及大同理想无非是历史哲学的"现实化"展开而已。

三世概念出现在康有为的著作中很早,在他的第一本著作《教学通义》中,就用了三世概念,不过,这时的三世指的是中国自晋以来的历史可以分为三个阶段。

"自晋至六朝为一世,其大臣专权,世臣在位,犹有晋六卿、鲁三家之遗风,其甚者则为田常、赵无恤、魏罃矣。

"自唐至宋为一世,尽行《春秋》讥世卿之学,朝寡世臣,阴阳分,嫡庶辨,君臣定,篡弑寡,然大臣犹有专权。

---

① 康有为:《长兴学记》之陈千秋跋,载《康有为全集》第一集,中国人民大学出版社2007年版,第351页。刘巍说:"在上者一无可望的情况下,'人人存改制之心,人人谓素王可作',也许才是中国的唯一生机。康有为的今文经学,是其上行路线走不通而不得已开辟下行路线……这是他告别《周礼》而另寻旨归,舍周公而宗孔子的关键。"(见刘巍:《中国学术之近代命运》,北京师范大学出版社2013年版,第113页)

"自明至本朝，天子当阳，绝出于上，百官靖共听命于下，普天率土，一命之微，一钱之小，皆决于天子。"①

康有为有时也使用"世"来作为时间的"刻度"，比如在1888年《上清帝第一书》中，康有为就以不同的"世"应采取不同的治理方式来说明变法的必要性。他说："今之时局，前朝所有也，则宜仍之，若知为前朝所无有，则宜易新法以治之。夫治平世，与治敌国并立之世固异矣。"②这里所提到的"治平世"还不是后来三世中的太平世的一种提法，而是表示我们已经处于敌国并列的时代，不能用旧方法来治理国家了，并不关涉三世。1893年，在参加癸巳科考的草稿中，康有为解读"如有王者必世而后仁"时阐述了春秋三世说："《春秋》明王道，王道本于仁，故《春秋》之义，莫重于仁。而必张三世，何哉？盖《春秋》托始乱世，中进为升平世，而终为太平世，然后教化流行，德泽大洽，人人有士君子之行，故王者必世而后仁。"③

即使到了戊戌变法时期，康有为的三世思想依然没有形成其独特的历史解释系统。他在万木草堂讲学的时候，反复跟学生强调的是，如果不讲改制，那么读《春秋》就没有意义。不过，康有为还不能有效地利用三世理论将制度变革和历史阶段结合起来。他在讲三世的时候，还是基本沿袭"礼制"派④思路，甚至将《中庸》中

---

① 康有为：《教学通义》，载《康有为全集》第一集，第40页。
② 康有为：《上清帝第一书》，载《康有为全集》第一集，第183页。
③ 康有为：《如有王者必世而后仁》，载《康有为全集》第二集，中国人民大学出版社2007年版，第4页。
④ 丁亚杰说："清代《公羊》家论三世，概有三种思路：一以书法论三世，庄存与、孔广森属之；一以礼制论三世，刘逢禄、宋翔凤、皮锡瑞、廖平属之；一以政事论三世，龚自珍、魏源属之。学术与政治日渐紧密。"（见氏著：《清末民初公羊学研究——皮锡瑞、廖平、康有为》，万卷楼图书有限公司2002年版，第312页）

的"凡有血气，莫不尊亲"看作是"《春秋》太平之世也"。①

据估计是写作于1893年到1897年的《春秋董氏学》，康有为在其中解释董仲舒的三世说的时候，已经初步形成他自己的三世思想。"'三世'为孔子非常大义，托之《春秋》以明之。所传闻世为据乱、所闻世托升平、所见世托太平。乱世者，文教未明也。升平者，渐有文教，小康也。太平者，大同之世，远近大小如一，文教全备也。大义多属小康，微言多属太平。为孔子学，当分二类，乃可得之。此为《春秋》第一大义。"②从这段话中，我们注意到康有为将大同和小康纳入三世系统，说大义多属小康，主要是要说明后世所遵循的儒家义理多是对小康社会而发，只是孔子基于人的发展程度而定的法则，并非儒家最为理想的制度。这些理想存于孔子对于大同之世的描述中，是需要阐发的"微言"。

戊戌变法失败之后，康有为与梁启超等流亡海外，他们仍不断组织政治和军事活动试图改变政局。至1900年唐才常所领导的自立军失败，保皇派的气势受挫并开始分化，许多康有为门下的弟子逐渐倾向推翻帝制的革命。因为清政府的压力，1901年康有为离开日本避居马来西亚的槟榔屿，在此期间完成了他的公羊学最为系统的著作《春秋笔削大义微言考》，在这本书中，"清末公羊思想的要

---

① 康有为：《康南海先生讲学记》，载《康有为全集》第二集，第123页。
② 康有为：《春秋董氏学》，载《康有为全集》第二集，第324页。这样的区分在熊十力看来是"无知混乱"，"有为祖述班固，以为大义者，即小康之礼教，而孟轲言诛乱臣贼子之类皆是也。微言者，即《礼运》大同之说，与《春秋》太平义通，皆隐微之言也。如有为所云则《春秋》为大义、微言两相淆乱之书，孔子本无一定之见"。（见熊十力：《原儒》，中国人民大学出版社2006年版，第99页）熊十力的批评事实上远离了公羊学的本义，他也认为《公羊传》并非传达孔子的思想。

素,尤其是'三世'模式,都有极详密的发挥"[1]。康有为自己也是极其看重此书,他在给朋友的信中说:"方今世变弥大,然孔子之道,圆周溥博,四通六辟,无所不在。其最要之旨,在《礼记·礼运》之言小康、大同,在《春秋》言三世之据乱、升平、太平。夫《春秋》之义不在《左传》,而在《公羊》口说之董氏、何氏。若不知古文《左传》之伪,则不知今文《公羊》之真,则孔子之大道终无由明。但据诸经据乱之说,狭小孔子范围,则对于欧米民主之政,国际之学,及一切新说,皆不能范围,则孔子之道,岂不穷而将弊乎?……《伪经考》所以辨伪孔经之非而存其真,《论语注》所以考今文之说而存七十子之学,《春秋笔削大义微言考》则稍备孔子三世之学,庶几孔子之道不坠。"[2]事实上,1902年之后的经典注释作品也是围绕着三世原则所作的发挥。

在《春秋笔削大义微言考》一书中,康有为确立了以未来为导向的叙述策略,也就是说以孔子的太平世为目标,来为中国接受新制度提供正当性基础,同时又通过世变时移的辩证思维来确定以往制度在不同世存在的合理性。这是一种在大变局的处境下寻求过去和未来之间儒家义理一致性的努力。

康有为在该书的"自序"中,对孔子的精神做了全新的阐述,他说:"孔子之道,其本在仁,其理在公,其法在平,其制在文,其体在各明其分,其用在与时进化。夫主乎太平,则人人有自立之权;主乎文明,则事事去野蛮之陋;主乎公,则人人有大同之乐;

---

[1] 孙春在:《清末的公羊思想》,台湾商务印书馆1985年版,第182页。
[2] 康有为:《答李参奉书》,载《康有为全集》第十一集,中国人民大学出版社2007年版,第244页。

主乎仁,则物物有得所之安;主乎各明权限,则人人不相侵;主乎与时进化,则变通尽利。故其科指所明,在张三世。"①这段话是对儒家核心理念的重新解读,将公平、自立、进化等现代观念注入仁学本体之中。在康有为看来,孔子虽然身处据乱之世,但他通过三世法,则描绘了人类由乱至治的轨迹。其用心并非在一族、一国,而在于"浃乎天人"。此"天人"观乃康有为对于儒家有关"人"的认识的根本性转变,即"人为天生",所以人是"独人",因此其最终的目标是人的可能性的完整实现,即大同太平之世的实现。

三世说确定了发展的必然性,接下来的问题就是中国处于三世中的哪一世?当将中国确定为正在由据乱向升平转进的时候,就不能再泥守孔子基于据乱而制定的法则,而是要与时进化。康有为批评以往的儒者固守据乱之法,从而导致了中国社会的停滞。"我国从前尚守孔子据乱之法,为据乱之世,然守旧太久,积久生弊,积压既甚,民困极矣。今当进至升平,君与臣不隔绝而渐平,贵与贱不隔绝而渐平,男与女不压抑而渐平,良与奴不分别而渐平,人人求自主而渐平,人人求自立而渐平,人人求自由而渐平。其他一切进化之法,以求进此世运者,皆今日所当有事也。此董子所谓'以奉仁人'。虽以据乱之法不同,乃正以救其弊,子思所谓'并行而不悖'。若守旧法,泥古昔,以为孔子之道尽据乱而止,是逆天虐民,而实悖乎孔子者也。《春秋》三世之法,与《礼运》小康、大同之义同,真孔子学之骨髓也。"②在这里,康有为又重申了他在

---

① 康有为:《春秋笔削大义微言考》,载《康有为全集》第六集,中国人民大学出版社2007年版,第3页。
② 康有为:《春秋笔削大义微言考》,载《康有为全集》第六集,第17—18页。

《新学伪经考》中的论点，认为是刘歆的伪篡经典，使孔门大同之精神难以发挥作用，也使公羊学有书无师。要不是伪经当道，中国在魏晋时期，就已经可以进入升平世，而到现在则可能已经是太平世了。①

根据三世说的历史观，康有为认为六经中隐藏着儒家不同世的治理法则。"孔子之为《春秋》也。陈三世之法，始于据乱，中于升平，而终于太平。据乱之世，君主专制；升平之世，立宪法而君民同治焉；太平之世，去君主，人民自治而行共和焉。故《诗》与《春秋》皆始文王，由据乱而进为升平之立宪君主也。《春秋》之终，《书》之始，皆称尧、舜，由升平之立宪民主进而为太平也。至作《易》曰：见群龙无首，吉。"②从《尚书》到《春秋》，不同经典描述的是不同世的治理原则。从社会制度的层面，则要由君主制发展到君民同治的共和制，最后则是人各自立、群龙无首的大同世界。

三世说作为一种历史发展不同阶段的理论，不仅是制度原则的差异，也包含着具体的制度设置和社会结构的变化。比如儒家素重君臣大义，在君臣关系上，强调君臣上下尊卑。然康有为根据人为天生的原则提出就天赋的意义上，所有的人都是"天之子"，这样，天子之号不能由君主独擅。而从生理的意义上，则君主也是母亲的儿子。"古者君主皆托于天生，自称为天子。孔子则发明凡生人皆为天生，就其体言之，则君亦为母之子；就其性言之，则民亦皆

---

① 康有为：《春秋笔削大义微言考》，载《康有为全集》第六集，第18页。
② 康有为：《共和建设讨论会杂志发刊词》，载《康有为全集》第九集，中国人民大学出版社2007年版，第288页。

天之子；不过古者尊者取其尊称，卑者取其卑称耳。分别尊卑，此就当时据乱世而言。盖乱世以天统君，以君统民，故有尊卑之隔。太平世则无尊卑之别，人人独立，直接于天，则人人皆可称为天子矣。若当升平，则人人亦可行郊禘而称天子。此孔子之意也，……又发明民所归往谓之王，然则必亿兆讴歌，朝觐公举为之，然后可谓之王。大同之世，所谓选贤与能也。若夫以力服人，此只可谓之霸，不能谓之王。如后世唐太宗、宋太祖，只能谓之唐太霸、宋太霸而已。至于秦始皇、元太祖、明太祖，暴骨以逞，只可谓之民贼。"①康有为说现在的欧洲已经废除世卿制，即使君主不能立刻改变世袭制，也会通过选贤为相的方式来补救。因此，已经发展为升平世了。

在三世说的理论中，平等观念、"公天下"的理念被视为是社会进步的标志。康有为可能是中国最早提倡男女平等的思想家。他说："'妻者齐也'，义本平等。升平之世，必一夫一妻相平；……若太平之世，则凡人类只能谓之为人，不别男女，人人独立，人人平等；其为夫妇，如交友然，只有合好而已。"②这种男女平等的观念在《大同书》中得到进一步的发挥。

在经济制度上，儒家历来反对政府与民争利，强调天下乃天下人之天下，"山林薮泽之利，所以与民共也，虞之非正也。此明与民同山林薮泽之利，国家不可夺而专之。此平世之义也，中国今犹行之。然诸国并立，竞争图存，讲求财政，日益加密，固有不能已者。取天地自然之利，犹胜于重税于民，故多立虞。至大同时，一

---

① 康有为：《春秋笔削大义微言考》，载《康有为全集》第六集，第60页。
② 康有为：《春秋笔削大义微言考》，载《康有为全集》第六集，第78页。

切与民共之，必无是政矣"①。与其他部分不同的是，在经济制度方面，康有为不但批评了专制君主将天下视为私产的行为，同样也批评了资本主义国家所采取的重赋政策，由此，许多人认为康有为的三世说中，已经包含了社会主义的因素。

在讨论具体的制度构想的时候，康有为尤其注意区分理想与现实的紧张，在理论上他固然侧重于反对以往儒者泥于据乱而不知进于升平的顽固观念，但在实践上他并非要立刻照搬看起来最为完善的制度，而是要从效能的角度来衡量制度的可行性。比如，他提倡民权而专主立宪，然而在实地考察了法国和德国的政治得失之后，他认为德国的政治才是最适合还未进入大同世的当今世界。"今中国人士甫知美之民主、法之革命自由、英之立宪民权，皆争慕之，以为立极之理。岂知事变日生，新理日出，旧历已过，又为新历时代耶！吾观德之政治，吾以为德必霸欧洲，盖有适宜之政体焉。其他不适于时宜，而为世论所压、不能自拔者，则归于淘汰矣，奥国是也。奥以数十党争而待亡，德以一贤主专制而致霸。"②

（二）经典注释与三世说的阐发

孙春在先生认为，《春秋笔削大义微言考》书的完成，标志着康有为公羊学理论创制的结束，接下来的作品，尤其是他对几部儒家经典的注释，不再对公羊学有新的理论阐发，而是用所确定的公羊三世理论来解释儒家的历史和现实。③当然问题也由此产生，

---

① 康有为：《春秋笔削大义微言考》，载《康有为全集》第六集，第89页。
② 康有为：《德国游记》，载《康有为全集》第七集，中国人民大学出版社2007年版，第444页。
③ 孙春在：《清末的公羊思想》，第184页。

即一个基于儒家的普遍性历史范型如何解释新的地理空间的问题。此类问题在后来中国引入社会发展五阶段的学说时以另一种方式重演过。

以重新诠释的仁的价值为基础，康有为确定了由据乱、升平向太平大同世界进化的社会发展观，并以此作为他在东南亚以及印度时期经典诠释活动的价值导向。1898年之后的流亡时期，虽然在政治上屡屡受挫，却因祸得福地进入了他人生中难得的理论建构阶段。如果说引发轩然大波的《孔子改制考》等著作是由学生集体编纂而成的话，那么，此期间的著作则是他独立完成的。在此期间，他不但完善了《大同书》，而且对《论语》《孟子》《中庸》和《礼运》进行了注释。通过注释经典来发挥自己的思想是历代儒生最为通行的方法。康有为注释这些著作目的在于说明三世说乃是孔子思想之真精神，并进一步说明中国在三世中的定位以确定当下的任务和未来的目标。

康有为选择经典进行集中注释可以看作是对朱熹的一种"效仿"。朱子选择《论语》《孟子》《大学》《中庸》进行注释，是忧虑"道统"之不传。而康有为这么做则是担心"大同"理想被湮没。所以，他特意加入了《礼记·礼运篇》，与《论语》《孟子》和《中庸》构成"新四书"。①

在《不忍》杂志刊登的关于《礼运注》的广告中，有一段文字很耐人寻味，广告说《礼运》大同篇的论说和《公羊》三世的说

---

① 在《康有为全集》中我们可以看到他曾经作过《大学》注的痕迹。但我认为这或许只是康有为的计划。可以推测康有为原本是通过注释传统的"四书"来阐发他的"大同"之理，但《礼运》篇显然更为适合，所以，他将《礼运》篇和"四书"中的其他三篇构成"新四书"。

法，可以互相印证，"若《公羊》三世之义，董仲舒、何休传其口说，然仍少明文，遍考遗经，大书特书，发明大同至道者，唯《礼运》一篇，若此篇不存，孔道仅有小康，则君臣之义被攻，而孔教几倒，中国礼文皆与孔为缘随之同尽，是中国为墨西哥矣。即废丁祭收祭田，亦可畏矣。今幸《礼运》犹在，大同发见，实希世之鸿宝，中国之绝学，独一无二之秘传，即其言据乱之礼，亦多大义微言，为群经所不及。前儒蔽于乱世小康之义，疑莫能通，久翳云雾，郁而不发者二千余年。南海先生生当地球大通，冠岁而悟大同之理，求之孔子之道，得《礼运》之篇，乃大发明之。自有此注而孔子之道乃显，大教不坠。近人疑孔子为专制，辩护者亦可闭喙矣"①。广告虽然是民国成立后的事，却也可以窥见康有为注《礼运》的意图。

在这些经典中，康有为特别重视《礼运》篇。"读至《礼运》，乃浩然而叹曰：孔子三世之变，大道之真，在是矣。大同小康之道，发之明而别之精，古今进化之故，神圣悯世之深，在是矣。"②

为了区分大同和小康，康有为推定了孔子思想包含"仁运"与"礼运"。他说："孔子之道有三世，有三统，有五德之运，仁智义信，各应时而行运。仁运者，大同之道。礼运者，小康之道。拨乱世以礼为治，故可以礼括之。礼者，犹希腊之言宪法，特兼该神道，较广大耳。"③康有为将"大道之行"与"三代之英"进行了拆分，重构了儒家理想秩序的框架，将三代之治设定为升平世的小康

---

① 汤志钧编：《康有为政论集》上册，中华书局1998年版，第194页。
② 康有为：《礼运注》，载《康有为全集》第五集，中国人民大学出版社2007年版，第553页。
③ 康有为：《礼运注》，载《康有为全集》第五集，第554页。

之道；而孔子的志向则是人理至公的"大道"。

康有为认为中国已经到了小康之世，应该向大道进发。"今者，中国已小康矣，而不求进化，泥守旧方，是失孔子之意，而大悖其道也。"①当然，他也不是始终如此乐观，更多的时候，康有为将中国的社会发展判定为由据乱向升平发展的时期，"小康社会"是其要建设的目标。

在"大道"的映衬下，以往儒家思想所着力建构的伦常秩序变成了"古昔之小道"，未及"公"的世界。康有为认为，"天下国家身，此古昔之小道也。夫有国、有家、有己，则各有其界而自私之。其害公理而阻进化，甚矣。惟天为生人之本，人人皆天所生而直隶焉。凡隶属天之下者皆公之，故不独不得立国界，以至强弱相争。并不得有家界，以至亲爱不广。且不得有身界，以至货力自为。故只有天下为公，一切皆本公理而已"②。

康有为进一步解释"公"的概念说："公者，人人如一之谓，无贵贱之分，无贫富之等，无人种之殊，无男女之异。分等殊异，此狭隘之小道也。平等公同，此广大之道也。无所谓君，无所谓国，人人皆教养于公产，而不恃私产，人人即多私产，亦当分之与公产焉。"③就此而论，国家、家族和自身，乃是陷于私而不及公。康有为认为国家的存在是战争和争夺的根源，而父子兄弟夫妇之亲情，较之乱世的不明人伦也是一种进步，但还未达至社会之理想状态，而只是"自营其私"而已。圣人缘情制礼，制度设置不能超越

---

① 康有为：《礼运注》，载《康有为全集》第五集，第553页。
② 康有为：《礼运注》，载《康有为全集》第五集，第555页。
③ 康有为：《礼运注》，载《康有为全集》第五集，第555页。

时代，只能应其俗，顺其势，整齐而修明之。以"大道"为标准，我们发现为历代儒家所推崇的三代之治，在康有为这里也只能算是小康之道，而未能进于大同之道。"故禹、汤、文、武、周公之圣，所为治化，亦不出此，未能行大道也。不过选于乱世之中，较为文明而已。其文明之法，皆在隆礼，有礼而谨修之。故于五德之运，未能至仁运、智运，而仅当礼之运而已。不独未能至仁运、智运也，即义运、信运亦未之至，但以礼为经，而著其义、考其信而已。"① 对于礼运之上存在着仁运，或许可以理解。但对智运、信运和义运，则匪夷所思，而且也造成了三世理论一致性的困扰。

《礼运注》对于三代之治的否定已经足以令人骇然，然这并不是最触动当时人的神经的。因为，《论语注》直接否定了我们从《论语》中所了解的孔子的最关键的思想。

在《论语注》的序言中，康有为说孔子弟子各闻孔子之教，支派繁多，比如《中庸》者子思之学，孟子传《春秋》，子游传大同思想，子贡则传孔子性与天道之学等等，甚至把庄子等都列入孔门再传弟子之列。而一贯被看作是最为直接反映孔子言行的《论语》则是"曾子门人弟子后学所纂辑也"。

康有为说曾子一派，"专主守约"，经典中所记录的曾子言行，都是如何修身谨笃，只是一家之学说，"以孔子之道之大，孔门高弟之学术之深博如此，曾门弟子之宗旨学说狭隘如彼"，如此这般，

---

① 康有为:《礼运注》，载《康有为全集》第五集，第556页。康有为对于礼治的定位也多有差异，比如在注释《论语》中"道之以政"章的时候，康有为就说:"政刑者，升平小康之治也。养其善性，和以文明，使民种民俗皆至仁良，日迁善而不知，忠直公溥之风已定，自不屑为奸慝之事。故德礼者，太平大同之治也。"（见康有为:《论语注》，载《康有为全集》第六集，第388页）

以他们为主所采撷的孔子言语，"少掩圣仁之大道，而孔教未宏矣。故夫《论语》之学，实曾学也，不足以尽孔子之学也"①。在康有为的孔子思想传承体系中，孟荀并重，而特别强调董仲舒，认为孔子之万世法，唯董仲舒传其微言，而后世的朱子等宋代贤人，因对大义微言无所得，以为《论语》乃孔子思想之大全，把本来属于六经辅翼的《论语》抬高到超过六经的地步，并与《大学》《中庸》《孟子》一起立于学宫，作为科举之标准，由此《论语》取代六经成为孔教之大正统。

康有为说，圣人之教数千年来，被曾子、朱子二圣所约束，所幸的是圣道未泯，上天让他来"发明《易》、《春秋》、阴阳、灵魂、太平、大同之说"。同时将《论语》中所隐含的微言大旨也一一发掘②，而这也就是他注释《论语》的本意。

康有为以制法者自居，他之注释《论语》多有继承刘逢禄、宋翔凤等晚清今文学家的风格，甚至重拾谶纬来证明孔子乃受命改制。比如在解释《述而》中"述而不作、信而好古"时，康有为说："孔子仰推天命，俯察时变，却观未来，豫测无穷，故作拨乱之法，载之《春秋》。删《书》，则民主首尧、舜，以明太平；删《诗》，则君主首文王，以明升平。《礼》以明小康，《乐》以著大同，系《易》则极阴阳变化，幽明死生，神魂之道。作《春秋》以明三统三世，拨乱、升平、太平之法。故其言曰：文王既没，文不在兹？又曰：天生德于予，虽藉四代为损益，实为创作新王教主，

---

① 康有为：《论语注》序，载《康有为全集》第六集，第377页。
② 康有为：《论语注》序，载《康有为全集》第六集，第378页。

何尝以述者自命。"①从《孔子改制考》开始,孔子就被康有为看作是大地教主,通过托古改制而来为万世制定法则,其手段即是通过删定六经。在这里康有为将孔子作六经和作为教主新王的使命结合起来,这与宋明以来的《论语》主流注释方法差异巨大。

比较值得注意的是《论语注》中对于"孝"的处理。我们知道,在康有为的大同视野中,一直将家国身视为"小道",而家国观念中最为关键的儒家德行就是"忠孝"。而此或为康有为所批评的《论语》守约之核心。不过康有为并没有否定孝,而是认为孝与忠一样,是体会一体之仁的阶梯。在解释"孝弟也者,其为仁之本与"时,康有为说,孔子志在《春秋》行在《孝经》,立教在仁,行则要从孝开始。虽然大同之世不独亲其亲、子其子,而父母作为类之本,父母生养、兄弟同气,所以孔子要强调孝弟。而这种情感是培育人类之爱的基础。康有为发挥"孝子不匮,永锡尔类"的意思说,《孝经》中言事亲的事并不多,是为了强调超越家庭的人类之爱。"故尧、舜仁覆天下,而孟子称之曰:尧、舜之道,孝弟而已。诚以孝弟为行仁之本。立爱自亲始,本原既定,推以爱民物、通天人,而大道自生也。"②换句话说,康有为并非直接肯定孝行本身,而是看重孝的情感对于建构大同理想的导引性作用。

康有为认为如果一种秩序悖于人情天理,必然行之不远,所以在《孟子微》中,提到孟子对于墨子无父之论是禽兽也做了如此的辩护。"平等之义,但言人类平等则可,孔子所以有升平太平之说。若爱,则虽太平大同亦有差等,盖差等乃天理之自然,非人力所能

---

① 康有为:《论语注》,载《康有为全集》第六集,第425页。
② 康有为:《论语注》,载《康有为全集》第六集,第381页。

强为也。父母同于路人，以路人等于父母，恩爱皆平，此岂人心所忍出乎？离于人心、背乎天理，教安能行？"①

康有为对于孟子极其推崇，将孟子视为孔教的保罗和龙树，深得孔子《春秋》之学而发扬之。康有为认为孟子的学术，就在"道性善""称尧舜"这六个字中。

虽然在人性论的问题上，康有为更为接受董仲舒的性三品说，认为人性之质点可以为善，然此与孟子之天生性善说相合。孟子说人皆有不忍人之心，然后发为不忍人之政，因此人性善是治教之本。"盖言性恶者，乱世之治，不得不因人欲而治之。故其法检制压伏为多，荀子之说是也。言性善者，平世之法，令人人皆有平等自立，故其法进化向上为多，孟子之说是也。各有所为，而孟子之说远矣，待人厚矣，至平世之道也。人人有是四端，故人人可平等自立。自谓不能，是弃其天与之姿，卸其天然之任，堕于恶下，失于自立，故谓之自贼也。"②

他在解读《孟子·尽心》篇中关于亲亲仁民爱物时，就是从三世说的角度来讨论的。他说大同之世才能仁民爱物，而乱世则要能够做到亲亲。众生也是受天地之气而生，各种生物也是我们的同胞，安有不爱之理。不过据乱世人道经营未达化境，要尽量做到节制来控制杀机。

不同世只能按不同的原则来要求，既不能超前，也不宜拖后。像佛教之戒杀，虽是高尚理想，但倡之过早。"凡世有进化，仁有

---

① 康有为：《孟子微》，载《康有为全集》第五集，第497页。
② 康有为：《孟子微》，载《康有为全集》第五集，第414页。

轨道，世之仁有大小，即轨道大小，未至其时，不可强为。孔子非不欲在拨乱之世遽行平等、大同戒杀之义，而实不能强也。可行者乃谓之道，故立此三等以待世之进化焉。一世之中又有三世，据乱之中有太平，太平之中有据乱。如仅识族制亲亲，据乱之据乱也。内其国，则据乱之太平矣。中国、夷狄如一，太平之据乱也。众生若一，太平之太平也。一世之中有三世，故可推为九世，又可推为八十一世，以至于无穷。孔子之仁，亦推于诸星诸天而无穷。孟子先发亲亲、仁民、爱物三等之凡例于此，其余学者可推之，自内以及外，至于无穷量数焉可也。"[1]

在这里康有为提出了一个新的问题，即所谓据乱世中的据乱、升平和太平。此事殊为复杂。三世说原本为中国的历史而发。如果在特定的空间单元中，我们可以区分为三世，比如中国当时所处之阶段为据乱或升平，因此，我们需要向升平或太平"进化"。在地理空间拓展之后，三世说不但要用以解释中国的历史和现实，也必须对世界历史的发展做出解释。这是重构儒家普遍主义的内在要求，但困难是明显的，当公羊学家试图通过经典的重构和强调"口说"来扩展解释的空间的时候，经学内部的张力就出现了，这种新经学会造成经典的神圣性的丧失。更为困难的是，当公羊学试图解释世界的时候，中国便不再具有文明上的优势，普遍性便难以确立。若现代世界的理想秩序由西方世界来呈现的时候，那么文明的

---

[1] 康有为：《孟子微》，载《康有为全集》第五集，第415—416页。

代表性人物就不再是三代之英，而是华盛顿这样的"洋人"。①

如果以世界为坐标，那么大致说来西方处于升平向太平的阶段，而中国处于据乱向升平，非洲太平洋的岛屿则处于据乱。如果以中国为坐标，则少数民族居住区与中国其他部分也处于不同的"世"。在这个解释过程中，康有为显然受到佛教的影响，构建出了"三世递回"②。

对于"三世递回"的最为完备的描述，出现在康有为对于《中庸》中"王天下有三重焉，其寡过矣乎"的注释中③。由于要面对"西方"的存在而产生的三世说的解释有效性的问题，最直接的解决办法是增加变量。首先所要借用的是过往的经典解释所释放的空间，比如《春秋繁露》。他解释说："王，往也。天下所归往之谓王，如孔子也。孔子世，为天下所归往者，有三重之道也。重，复也，如《易》卦之重也。《繁露·三代改制》曰：故王者有不易者，有再而复者，有三而复者，有四而复者，有五而复者，有九而复者。此通天地、阴阳、四时、日月、星辰、山川、人伦，皆有三重之制也。"④虽然并没有具体说明三而复、四而复等是如何皆有三重之制的，但是这些制度是王者所不易的。

---

① 康有为在解释舜是东夷之人的时候指出，圣人之所以为圣人是能称为后世法则，而不是因为其出生于中国还是东西夷。这固然是夷狄进于中国则中国之的公羊大义。"孟子所称仁心仁政，皆法舜、文王，故此总称之。后世有华盛顿其人，虽生不必中国，而苟合符舜、文，固圣人所心许也。"（见康有为：《孟子微》，载《康有为全集》第五集，第417页）
② 孙春在：《清末的公羊思想》，第190页。
③ 类似的解释在《春秋笔削大义微言考》和《论语注》中都出现过。一方面这些著作大约写作的时间比较接近，另一方面其内容也很相似，而《中庸注》中可以说是更为完备和复杂的，故以此为代表。
④ 康有为：《中庸注》，载《康有为全集》第五集，第387页。

康有为也借助佛教的思想资源来说明三世中每一世均包含有三重。他说："三重者，三世之统也。有拨乱世，有升平世，有太平世。拨乱世，内其国而外诸夏。升平世，内诸夏而外狄夷。太平时，内外远近大小若一。每世之中，又有三世焉。则据乱亦有乱世之升平、太平焉，太平世之始，亦有其据乱、升平之别。每小三世中，又有三世焉。于大三世中，又有三世焉。故三世而三重之，为九世。九世而三重之，为八十一世。展转三重，可至无量数，以待世运之变，而为进化之法。此孔子制作所以大也。"①从逻辑推理的角度，若是三世中含有三世，那必然会是无量数的，而一旦引入无量数，则会面临新的解释效率的稀释。这是三世说所遇到的最为直接的挑战。

三世可以并行不悖，这是天地之所以为大的根本原因。"即以今世推之，中国之苗瑶侗僮，南洋之巫来由吉宁人，非洲之黑人，美洲之烟剪人，今据乱之据乱矣。印度、土耳其、波斯颇有礼教政治，可谓据乱之升平矣。若美国之人人自主，可谓据乱之太平矣。今治苗瑶黎侗、非洲黑人之法，必设以酋长，别其男女，教之读书，粗定法律，严其争杀，导之礼让，斯可矣。若遽行美国之法，则躐等而杀争必多。待进化之印度、波斯，乃可进变于美国也。太平与据乱相近而实远，据乱与升平相反而实近。而美国风俗之弊坏，宜改良进化者，其道固多。若所以教中国之苗人，非洲之黑人，则教据乱之法，尚不能去也。将来太平之世，各种未齐，亦必有太平之据乱者存，此亦无如何者也。故今者大地之中，三世之道并行，法则悖矣，而治世之意各得其宜，则未尝小悖也。"②到大同

---

① 康有为：《中庸注》，载《康有为全集》第五集，第387页。
② 康有为：《中庸注》，载《康有为全集》第五集，第389—390页。

世固然治法也有所不同，却各得其宜。而当下各地各有其弊，但治理之法则不能千篇一律。

复杂化固然是因为所要解释的对象的丰富多样所必须要做出的调整，但当三世经过无数的三重之后，便不再具备解释现实的力量。

在三世的制度建构中，"孔子发明据乱、小康之制多，而太平、大同之制少。盖委曲随时，出于拨乱也。孔子之时，世尚多稚，如养婴儿者，不能遽待以成人，而骤离于襁褓。据乱之制，孔子之不得已也。然太平之法，大同之道，固预为灿陈，但生非其时，有志未逮耳。进化之理，有一定之轨道，不能超度。既至其时，自当变通。故三世之法、三统之道各异，苦衷可见，但在救时。孔子知三千年后必有圣人复作，发挥大同之新教者。然必不能外升平、太平之规则，亦不疑夫拨乱、小康之误也"①。在这段话中，康有为对自己的使命有一种明确地表示，他认为孔子是因为身处的时代，不得已对于小康之制多所发明。而三千年后的圣人，其为康有为之自许乎？他之所以以终身之力写作《大同书》，亦是为未来的世界"制法"。

（三）三世与大同小康

公羊三世说本来只是公羊家解释历史的一种范型，当康有为试图以三世说作为一个更为普遍性的模式来解释世界历史的时候，就会面对世界"一时兼三世"的复杂性。如若又想获得经典的支持，

---

① 康有为:《中庸注》，载《康有为全集》第五集，第388页。

那么还须与儒家其他的社会发展理论进行协调。而康有为尤其要面对的是《礼运》篇中的"大同小康"和《孟子》中的"平世乱世"模式，因此，《礼运》篇和《孟子》是康有为在1901—1902年前后经典注释计划的重点。

《孟子》中有平世和乱世之分，在《离娄下》中说："禹、稷当平世，三过其门而不入，孔子贤之。颜子当乱世，居于陋巷，一箪食，一瓢饮，人不堪其忧，颜子不改其乐，孔子贤之。"这里的平世和乱世之分，本只就他们所处的时代状况而论，大禹生活的时代秩序井然，而颜回则生活在一个礼崩乐坏的时代。康有为以这句话为基础来发挥他三世说，并将之作为孟子传公羊的证据。"《春秋》要旨分三科：据乱世、升平世、太平世，以为进化，《公羊》最明。孟子传《春秋公羊》学，故有平世、乱世之义，又能知平世、乱世之道各异。然圣贤处之各因其时，各有其宜，实无可如何。盖乱世各亲其亲，各私其国，只同闭关自守。平世四海兄弟，万物同体，故宜饥溺为怀。"不同世的"世道"不同，原则也不同。"乱世主于别，平世主于同。乱世近于私，平世近于公。乱世近于塞，平世近于通，此其大别也。"[①]对于平世这个概念的偏好约略可以推测是因为"平世"之"平"。对平世和乱世的不同价值原则的区分，是要说明孔子制定那些基于别的原则时的合理性，同时还要指历史必然会向平世发展。

在《尽心上》"亲亲仁民爱物"章的解释中，康有为是将平世乱世、大同小康与三世说加以勾连，认为亲亲、仁民和爱物分别

---

① 康有为:《孟子微》，载《康有为全集》第五集，第421页。

是据乱、升平和太平世不同的社会建构原则。这种差别也体现了"仁"的不同层级。"大同之世，人人不独亲其亲、子其子。禹、稷当平世，视人溺犹己溺，人人平等，爱人若己，故平世之人广远。"①在这里，平世和大同小康是混杂在一起说的。

康有为并非一个现代意义上的学问家，所以，他在处理这些不同系统的问题的时候，并没有太过着心于各个系统之间的障碍。这些问题也出现在《礼运注》中。

我们知道《礼运》所描述的大同小康乃儒学史上最为经典的社会发展阶段论说，在康有为的解读中，这二者的关系是如此处理的。"大道者何？人理至公，太平世大同之道也。三代之英，升平世小康之道也。孔子生据乱世，而志常在太平世，必进化至大同，乃孚素志。"②孔子自己所处的时代算不上小康，所以提出大同小康以伸张他的志向。并说孔子讨论礼制，则主要是为小康而做，这是由他所处时代所决定的，根本目标则是大同。

由此，我们可见，为了弥补三世说的普遍化所带来的问题，康有为除了对三世三重化之外，又引入大同小康和平世乱世两种"二世"说来与之相配，这反映出经学时代要面对现实问题所必须要面对的"经典牵制"。让经典来迁就现实，既会削弱经典的神圣性，也会导致更多的迁就。比如，如果以小康为升平世，大同为太平世，那么据乱世就需要一个新的定位。如果采用平世和乱世模式，那么平世是否应该包括太平世和升平世在内呢？具体到康有为所希望接近的西方议会、民主、共和等政治制度，他更是难以将西方和

---

① 康有为：《孟子微》，载《康有为全集》第五集，第415页。
② 康有为：《礼运注》，载《康有为全集》第五集，第554页。

中国进行三世式的定位。当时的经学家们也是从这样的解释过于曲解经典来批评他的。①孙春在先生说:"康有为在1901年的作品中,已有时将'三世'作模糊的二分法。或以'据乱升平'与'太平'对称,或以'据乱'与'升平太平'对称。……这种两极化的趋势(指理想与现实趋向难以调和或渐进的两个极端)在1901年时,藉《中庸注》中的'递回三世'模式作了第一度的表露。但虽然'据乱之据乱'与'太平之太平'之间距离加远,终还是有一些段落可循。它所显现的消极意义,只是由于理想之不可骤至而放缓了改革的步骤而已。然而1902年中显化的'二世'模式就不同了,它代表着理想界'平世'与现实界'乱世'中断层的正面浮现。"②这就是说,康有为将那些理想的制度留给了未来的平世,而他自己则着力要解决"乱世"的问题。具体到他的政治主张变化轨迹上,随着革命派的迅速崛起,他越来越趋向于接受君主制而非革命派所主张的共和制。

---

① 叶德辉说:"三世之说,曰'所见'、曰'所闻'、曰'所传闻',传有明文,屡自申其义例,何休衍为'据乱''升平''太平',虽公羊家旧说流传,不为无本,然只可谓经师家法,不得谓圣作精神。春秋之世,何曾一日太平?圣人作《春秋》以垂法后人,岂以此高深要眇之谈,使读者迷惑其本旨?果如此类议论,则是六经之精意,同于文士之神思,于义则高,于何所补?此大谬不然者也。《传》云:'内其国而外诸夏,内诸夏而外夷狄。'中外、夷夏之界,至明且严。又云:'王者欲一乎天下。曷为以内外之辞言之?言自近者始也。'此言治天下之次第本末,语意显明,何休推至太平世,远近大小若一,以为圣人用心尤深,亦谓圣人大道为公,望夷狄之治无异诸夏之治,而内外华夏四者何尝不分别言之?彼不深究传文而死读注字,是彼于传注尚未了然,何足语于经义乎?《礼运》一篇,言世运之转环大同之世,盗贼不作,是以外户不闭,无一语及《春秋》,更无一语及夷夏,圣人望治之意,六经皆可会通,断不能武断小康为升平、大同为太平。"(见叶德辉:《叶吏部与段伯猷茂才书》,载《苏舆集》,湖南人民出版社2008年版,第203页)
② 孙春在:《清末的公羊思想》,第199页。

公羊家"所选取的公羊义例,已有模式化的雏形,并且可由古史推向未来,建构成一个世界性的体系。这一体系,或者有大而无当的隐忧,但却的确是前瞻性的、世界性的、富创意而积极的。'三世'模式可以将纷至的'理想'划分层次、标定次序,并借着对己身时代在模式中的定位,进而勾绘出前进的步骤。这一阶段式的思考方式,对于面临纷繁的外部压力的19世纪末的中国是很有价值的"[1]。但是公羊家们也发现了一个残酷的现实,即不管如何进行系统内部的调整,公羊的义例已经难以完全解释这个数千年未有之大变局,比如,康有为等人通过对三世说的复杂化处理,试图来给中国和世界的发展阶段进行定位,但这并不能真正回应中国传统制度和现代制度之间的张力。而最终的结论或许就是,公羊的模式已经无力回应时代的问题。"即令是繁复化之后的'三世'模式,仍不能有效地提供当时以有力的回应行动。这一点是由于思想体系本身的缺陷。易言之,'三世'只是一个进化史观(清末的意义),并不足以构成一个完整的、且是'现代的'系统。然而当时的公羊思想家们却未虑及此。在回应乏力之时,有些人放弃了此一途径的努力,而转向他求;有些人则将模式作太过一般化的繁复推衍,而使其蜕变并回归到传统的二元世界观,反趋保守。"[2] 从放弃这一层来说,意味着对于通经致用一途的否定;而从繁复化的一层来说,其实质是放弃了公羊学对于现实的积极回应,仅仅消极地试图让外在的现实削足适履般的回归到公羊模式中,事实上,也使公羊学由变革的动力僵化为变革的阻力。

---

[1] 孙春在:《清末的公羊思想》,第250页
[2] 孙春在:《清末的公羊思想》,第250页。

康有为三世说的价值基础是儒家之"仁",而动力因素则基于由气、电等物质因素所带动的事物进化的倾向。康有为通过对"仁"的重新解释来作为儒家普遍主义立场的基础。虽然各个时代的治法不同,但其本质亦归结于仁。如果能持人道之正,则能接受新的价值。公羊家们"对西方的尊重,一方面是基于公羊学以文化而不以血统判分夷夏的内外观,另一方面尤其是根源于'三世'义中'远近大小若一'的太平大一统理想。孔子改制,为万世立法,可以包容现属'诸夏'的各国。那么他们的长处有什么不能取法的?而且公羊家们更为各西学西政找到了典籍中的根据,那就更没有问题了"[1]。

三世说受到进化思想的影响是显然的,在戊戌变法前后,康有为也是将西方的制度和文明作为进化的目标。[2]"每变一世,则愈进于仁;仁必去其抑压之力,令人人自立而平等,故曰升平。至太平,则人人平等,人人自立,远近大小若一,仁之至也。此如土耳其、波斯、印度,则日教以西欧之法度,渐去其生民之压力,而升之于平。而美国之文明已至升平者,亦当日求进化,乃能至太平也。"[3]

在康有为眼里,孔子作《春秋》也是本着进化的态度,他相信世界必然由据乱、升平向太平进化,所以他提前制作了以大同思想为基础的万世法、人类法。这样的法则不但超越了民族国家的

---

[1] 孙春在:《清末的公羊思想》,第132页。
[2] 汤志钧说,康有为在马来西亚的时候,与人一起诵读《天演论》,由此引发"大同三世"说的演变。(见汤志钧:《康有为的大同思想与〈大同书〉》,上海人民出版社2016年版,第43页)
[3] 康有为:《春秋笔削大义微言考》,载《康有为全集》第六集,第17页。

局限，而且着眼于全人类的利益。这也是孔子作为万世教主的伟大之处。"孔子者，圣之时者也，知气运之变，而与时推迁，以周世用，则通三统焉。孔子又为进化之道，而与时升进，以应时宜，故又备升平太平之宪法，以待将来大同之世、修正宪法之时，有所推行焉。故《春秋》广张三世之义，深密博大，而据乱之中，有升平太平，升平之中，有据乱太平，而太平之中有升平据乱，盖一世之中，又有三世，三重而为八十一世，皆有义可推，以为无量世修正宪法之备，甚矣其博大悠久也。所异者，今各国之宪法，众人修之，《春秋》之宪法，一圣修之。今各国之为宪法，限于其一国，及其一时；《春秋》之为宪法，则及于天下与后世。今各国之言宪法，以为国计，故仅及土地人民政事；《春秋》之为宪法为教计，则偏（徧）于人伦道德鬼神动植，此教主所以为大也。"①在《论语注》中，则把三世演化和社会进步、人权的演进视为进化之后果。"人道进化皆有定位，自族制而为部落，而成国家，由国家而成大统。由独人而渐立酋长，由酋长而渐正君臣，由君主而渐为立宪，由立宪而渐为共和。由独人而渐为夫妇，由夫妇而渐定父子，由父子而兼锡尔类，由锡类而渐为大同，于是复为独人。"②通过进化的原理可以推知人类的发展轨迹，他叹息后世的儒生不能体察《论语》与《春秋》《礼运》在大同"微旨"上的一致性，并说，百世俟圣人而不惑，现在离孔子所推想的时间大约三千年，正是阐发《论语》微言的时候。

---

① 康有为：《刊布春秋笔削大义微言考题词》，载汤志钧编：《康有为政论集》下册，第807页。
② 康有为：《论语注》，《康有为全集》第六集，第393页。

康有为深受进化论的影响，但并不是进化论的信徒，基于对大同价值的肯定，他对于进化论理论中所带有弱肉强食的丛林法则和经济社会不平等后果抱有深刻的批判态度。

康认为社会的竞争主要来源于自私的人性，但是人能够看破、克服这样的趋势，将自然的特性强加于人类社会，这就是达尔文之"妄谬"之处："其妄谬而有一知半解如达尔文者，则创天演之说，以为天之使然，导人以竞争为大义。于是竞争为古今世界公共之至恶物者，遂揭日月而行，贤者皆奉之而不耻。于是全地莽莽，皆为铁血，此其大罪过于洪水甚矣！"[1]

在康看来，人类社会应该用博爱的精神来克服基于自私而产生的竞争，而以合群共利的态度来使人类摆脱禽兽般的相互残杀。"夫天演者，无知之物也；人义者，有性识之物也。人道所以合群，所以能太平者，以其本有爱质而扩充之，因以裁成天道，辅相天宜，而止于至善，极于大同，乃能大众得其乐利。若循天演之例，则普大地人类，强者凌弱，互相吞啖，日事兵戎，如斗鹌鹑然，其卒也仅余强者之一人，则卒为大鸟兽所食而已。"[2]在据乱世的时代，人各自私，宣传竞争还情有可原，但是在升平之世，人各独立，互不侵犯。到大同世，天下万物皆同体之同胞，最痛恨竞争，也不再有竞争。如果有竞争，那就是每一个人都争着为这个社会贡献仁爱和智慧，因此像天演论"于同体同胞为有大害，岂可复播此恶种以散于世界哉"[3]。

---

[1] 康有为：《大同书》，载《康有为全集》第七集，第183页。
[2] 康有为：《大同书》，载《康有为全集》第七集，第183页。
[3] 康有为：《大同书》，载《康有为全集》第七集，第183页。

缺乏竞争的社会必然会导致退化，"夫物以竞争而进上，不争则将苟且而退化，如中国一统之世。夫退化则为世界莫大之害，人将复愚。人既愚矣，则制作皆败，而大祸随之，大同不久而复归于乱，此不可不预防也。若导人以争，又虑种于性根而争祸将出，二者交病"。①康有为意识到了这个矛盾，并试图解决它。比如让各地方奖励公共设施和其他方面的改进，同时，人自身也要通过学习和创新来提升。"或谓人道必以竞争乃能长进，中国之退化危弱，由于一统致然；西欧之政艺日新，由于竞争所致。是则诚然。然欧人经千年黑暗战争之世，苦亦甚矣。今读五代史五十余年之乱杀，尚为不忍，而忍受千年之黑暗乱争乎？今中国迟于欧洲之治强，亦不过让之先数十年耳。吾国方今大变，即可立取欧人之政艺而自有之。岂可以数十年之弱，而甘受千年之黑暗乎？且使《公羊》不灭于刘歆，则升平世、太平世之说，至六朝已可大昌，而大地亦为我主，又安有必故为分裂，以待竞争而求长进乎？"②

在康有为看来，欧洲的进步也是因为近百年来平稳的政治格局，他更借俾斯麦凝聚德国的例子认为，如果是奖掖工艺，自当促进社会进步，但是经由战争的国家间的竞争并不必然导致社会的进步，因此，要促进中国的发展，所需要的是智力上的竞争而非要通过将中国分裂而造成人为的竞争。

针对竞争与和睦之间的复杂性，康有为用太极生两仪的思路体悟出对立与统一的道理。他在《论语注》中解释"君子无所争……其争也君子"这句话的时候说，君子之争不同于小人之争，"修睦为

---

① 康有为：《大同书》，载《康有为全集》第七集，第174页。
② 康有为：《意大利游记》，载《康有为全集》第七集，第367页。

人利,争夺为人患,盖争之极,则杀戮从之,若听其争,大地人类可绝也。然进化之道,全赖人心之竞,乃臻文明。御侮之道,尤赖人心之竞,乃能图自存。不然,则人道退化,反于野蛮,或不能自存而并于强者。圣人立教虽仁,亦必先存己而后存人,且尤欲鼓舞大众之共进。故争之害,圣人预防之,而争之礼,圣人特设之"①。

这里康有为的思想有一个有趣的转折处,他认为在纷乱的时代,反而不能提倡竞争,因为物质不足,人心险恶,争心太重,应该有所遏制。而太平大同之世,人们心态平和,反而应该提倡"君子之争"。"盖太极两仪之理,物不可不定于一,有统一而后能成;物不可不对为二,有对争而后能进。且当据乱世,人之争心太剧,故以尚让革之。若当平世,人之乱杀渐少,则以激争进之。故乱世不可尚争,惟平世而后尚争;小人不可教争,惟君子然后可争。此则万理无定,而在与时消息。"②平世既然是人类社会发展的理想,实现了平世之后,人类该如何设计自己的生活方式呢,竞争固然是个问题,但更为关键的问题是太平世是否是人类发展的最后阶段,历史是否就"终结"了呢?

二、"大同"世界,康有为的"历史终结"

康有为通过对《礼运》《孟子》等经典的注释,以"大同"世界来描述他的三世说中太平世的社会图景。他通过不同"世"的"历史阶段论"来容纳新的政治因素,并重构了儒家的普遍主义基

---

① 康有为《论语注》,载《康有为全集》第六集,第396页。
② 康有为《论语注》,载《康有为全集》第六集,第396页。

础，并以此来进行资本主义和现代民族国家体系的批判。他十分看重自己对于人类未来的具体描述，甚至以此来自许为新圣。他说，孔子作为圣之时者，主要传达的是据乱小康之道，而现今他的使命则是要传达大同之旨。这种以作法者自居的态度，在儒家内部的人看来是非圣的行为，在一般的人眼里，则是癫狂。

在康有为的思想体系中，《大同书》是一部特别的作品。此书写作时间很长，按照康有为的自传性作品《我史》的说法，他在光绪十年（1884年）因为研读佛经和接触显微镜，体会到事物之间差别的相对性，从而开始以三世推将来。光绪十一年（1885年）二月，他头痛发作，医生束手，他数月不出门，从容待死，"乃手定大同之制，名曰《人类公理》，以为吾既闻道，既定大同，可以死矣"[1]。如此这般"朝闻道，夕死可矣"的自得之意，可以看出大同思想对于康有为的极其特别的意义。

《人类公理》或许是《大同书》的雏形。不过我们现在能看到的与《大同书》有关的文本是《实理公法全书》[2]。

所谓实理，概有二端，一谓科学可证实之理；二谓根据实际效果来判定之理。而公法亦有二端：一谓几何公理，亦即科学之公理；二谓当几何公理无所出之法，人类所立符合最大多数人利益的公理。《实理公法全书》分为"总论人类门""夫妇门""父母子女门""师弟门""君臣门""长幼门""朋友门""礼仪门""刑罚

---

[1] 康有为：《我史》，中国人民大学出版社2011年版，第17页。
[2] 朱维铮先生说《实理公法全书》"没有只字提到孔子，也没有只字引用《礼记》或其他儒家经传，因此'堪称"非圣无法"'。"（见朱维铮：《从〈实理公法全书〉到〈大同书〉》，载《求索真文明》，上海古籍出版社1996年版，第236—237页）

门""教事门""治事门"等，主要为人类生活的一些基本内容：即个人、家庭、国家等。殊可关注者为"人类门"，在这里，康有为将人定义为"各分天地原质以为人"，即是从人的自然属性方面来强调人的规定性。由此推论出人的基本权利：自主权、平等、互相制约和负有责任（互相逆制）、兴爱去恶、重赏信罚等。而把没有自主权、差等、不具备对等责任等视为不合理的制度。由此可见，康有为在《实理公法全书》中，把从启蒙以来所确立的人类价值判定为公法，而可能与传统儒家价值比较接近的，则属于未达到公理高度的"比例"。由此，康有为进一步推论，夫妻是平等的，一夫一妻是比较合理的制度。父母生育孩子是一种自然的过程，孝慈不必然是一种道德义务。君主不应该具有至高无上的权威等。很显然，这些原则与《大同书》构成了康有为思想的连续性链条。

按梁启超在《清代学术概论》里的论述，康有为写完《大同书》后秘不示人，亦不在教学过程中讲述大同原理，仅有梁启超、陈千秋等学生看过这部书，并开始在康门弟子中宣传，于是万木草堂的弟子才开始谈论大同[①]。但是，在万木草堂期间，康门弟子所阅读的是否是《大同书》，其实大可怀疑，这是因为：于1913年之后连载的《大同书》中可见大量流亡期间的见闻记录，而康有为却曾标记说《大同书》撰写于1884年。于是，目前更多的人愿意相信《大同书》是一部逐步写成的著作，其基本定型大约是在1901—

---

① 梁启超：《清代学术概论》，载《梁启超全集》第十集，中国人民大学出版社2018年版，第276页。

1902年避居印度期间。[1]

康有为之所以不愿意将《大同书》示人，或许原因在于：在公羊三世和进化论基础上建构起坚固历史观的康有为坚信，历史的发展自有其规律，在不同的阶段其政治法律制度和价值观念各不相同，而大同作为对未来社会形态的描述，如果过早公布则会造成天下大乱。康有为为何还是要将其著成文字呢？大概其作为改制者自许，需要将关于现在和未来的圣人之制作传达出来，以作为人类发展的指向。

《大同书》的内容分为十部：甲、入世界，观众苦。乙、去国界，合大地。丙、去级界，平民族。丁、去种界，同人类。戊、去形界，保独立。己、去家界，为天民。庚、去产界，公生业。辛、去乱界，治太平。壬、去类界，爱众生。癸、去苦界，至极乐。

康有为认为天地万物和人类，都由宇宙间的元气所创生，都具有仁智吸摄之力，由此产生不忍之心。这种不忍之心导出"不逃人"的责任感，即对于家、国、天下之责任。"其进化耶则相与共进，退化耶则相与共退，其乐耶相与共其乐，其苦耶相与共其苦。"[2]是一种同甘共苦的共同体意识。

《大同书》对人道的厘定或与传统儒家的观点有所不同，康有为说："夫人道只有宜不宜，不宜者苦也，宜之又宜者乐也。"由此，他所要为人类谋求的是"去苦以求乐"。[3] "立法创教，能令人

---

[1] 汤志钧先生所著《康有为的大同思想与〈大同书〉》有专门一节论证《大同书》，著于1901—1902年期间，并在随后不断完善。而且现在我们见到的依然是未完成版。（前揭书，上海人民出版社2016年版，第55—62页）
[2] 康有为：《大同书》，载《康有为全集》第七集，第5页。
[3] 康有为：《大同书》，载《康有为全集》第七集，第6页。

有乐而无苦，善之善者也；能令人乐多苦少，善而未尽善者也；令人苦多乐少，不善者也。"①以苦乐之多少来断定制度的良劣，这明显受到佛教的影响。他进一步说，目前世界所通行的制度，乃是强者所创，这样便造成强者对于弱者的欺凌，虽则不够完美，却是制度发展过程中所必须要经历的。圣人创立制度不免因应习俗，不能超越其时代的限制。康有为举例说君为臣纲、夫为妻纲就会造成臣民和妻妇因被压制而受苦，但在某一阶段这样的制度有其历史的合理性。

康有为认为人类的痛苦归根到底在于人与人之间的不平等，只有建立起一个充分平等的制度，人类的苦难才可能得到纾解。

康有为列数了人类的种种苦难，认为在乱世，无论贵贱都会遭遇各种困境和磨难，如此多的困境均起因于不平等。在众多的不平等中，阶级之间的不平等危害最烈。"天下之言治教者，不过欲求人道之极乐，而全人生之极乐，专在人类之大平，今既有阶级，又分无数之阶级焉，不平谓何？有一不平即有一不乐者，故阶级之制，最与平世之义相反者也，至相碍者也。万义之戾，无有阶级为害之甚者。阶级之制不尽涤荡而汛除之，是下级人之苦恼无穷，而人道终无由至极乐也。"②梁启超等人都认为康有为的理想带有社会主义性质，以消灭阶级来建立平等的社会，正是马克思派社会主义的重要内容。

历史上的阶级主要有三种：一是贱族，也就是种族差异中的低等种性或低等人种。二是奴隶，失去基本人权的群体。三是妇女。

---

① 康有为：《大同书》，载《康有为全集》第七集，第7页。
② 康有为：《大同书》，载《康有为全集》第七集，第38页。

对于人种的不平等问题，康有为显然已经接受了19世纪中期西方人类学家的结论，认为白种人是高等种族，黄种人其次，黑色和其他色系的人种最为低端。而康有为消除人种的不平等的方式比较极端：除了迁地、杂婚之外，还有沙汰之法，即对于有疾病和状貌奇恶者通过药物使之"绝嗣"。很显然，在这里康有为的人种大同，不是通过承认不同人的平等权利，而是通过人与人之间提升到同等程度的方式来实现的，而是接受了种族优劣论的大同之世，可能是一个极其可怕的世界。

康有为最有见地的平等观表现在对妇女地位的提升和男女平等的提倡上。康有为指出，妇女在社会中的地位低下，失去了基本的选举和自由行动的权利。在《大同书》中，康有为对儒家的人伦多有批评，将之归入据乱之制。处于升平之际，必须要改变男女不平等的状况，并提倡自由的价值观。"近者自由之义，实为太平之基。然施之中国今日，未为尽宜。然以救女子乎，实为今日第一要药。"[①]相比于人种提升和废除奴隶制，康有为觉得给妇女提供教育和公共活动的机会，让她们自由婚姻，更具备可行性。他甚至主张废除束缚人的婚姻制度，让男女之间以合约的方式结合。为了防止永久婚姻限制人们选择的自由，他提倡短婚，"久者不许过一年，短者必满一月"[②]。当然女性如果没有获得充分教育，或者需要依赖丈夫生活的，不必拘泥这个原则。

对儒家伦常冲击最为直接的是《大同书》对于家庭伦理情谊的解构。康有为认为父母与孩子的情感是仁之本，是根于天性的，也

---

① 康有为:《大同书》，载《康有为全集》第七集，第74页。
② 康有为:《大同书》，载《康有为全集》第七集，第77页。

是人与动物的区别。既然这些家庭人伦关系是出于天合之自然，非人为设计，由爱亲人而扩展至家国天下，是人类群体生活的重要原则。在孝道和慈爱等方面，中国人"至文至备"，相比于号称文明之地的欧美，更为完备。然家庭也是私有观念的根源，因而也是人们迈向太平世的最大障碍。康有为在《大同书》中，罗列了"家"的害处达十四项，例如"必私其妻子而不能天下为公"，"故家者，据乱世人道相扶必需之具，而太平世最阻碍相隔之大害也。然则欲人性皆善，人格皆齐，人体得养，人格皆具，人体皆健，人质皆和平广大，风俗道化皆美，所谓太平也。然欲致其道，舍去家无由。故家者，据乱世、升平世必须之要，而太平世最妨害之物也。以有家而欲至于太平，是泛绝流断港而欲至于通津也。……故欲至太平独立性善之美，惟有去国而已，去家而已"。①这等于是说要达到大同世界，先要将儒家基本伦理原则尽数弃去。康有为迟迟不愿意公布《大同书》，社会闻之如感地震，原因也主要在于此。

康有为提出要舍弃家庭观念，首要的手段是将家庭的养育功能和经济功能社会化。将人的生老病死、婚丧嫁娶均由相关公用结构来负责，这样家庭观念以及由此所衍生的私有观念便会彻底消除，人类实现大同的最大障碍由此被扫清。

---

① 康有为：《大同书》，载《康有为全集》第七集，第91页。康有为对男女平等和家庭制度的理解与恩格斯对家庭的认识有接近之处。当被问到共产主义制度对家庭的影响时，恩格斯说："两性间的关系将称为仅仅和当事人有关而社会勿需干涉的私事。这一点之所以能实现，是由于废除私有制和社会负责教育儿童的结果，因此，由私有制所产生的现代婚姻的两种基础，即妻子依赖丈夫和孩子依赖父母，也会消灭。"（见恩格斯：《共产主义原理》，载《马克思恩格斯全集》第4卷，人民出版社1958年版，第371页）对此，康有为认为，如果男女平等，而儿童养育社会化，那么私有制度就会被消除。

大同之世国家渐趋消亡，但地区之间因地理环境的不同而产生的不平等依然存在，这里侧重讨论康有为在经济活动和分配制度等方面的构想。

康有为对于正在引入中国的资本主义生产方式进行了激烈的批评。他认为机器化的大生产必将带来更为激烈的贫富分化，最终的结果是"富主如国君，其百执事如士大夫，其作工如小民，不止贫富之不均远若天渊，更虑昔者争土地，论贵贱之号为国者，改而争作厂、商场以论贫富为国焉，则旧国土之争方息，而新国土之争又出也"[①]。他几乎天才地预见到资本竞争将取代土地竞争，而人类将开始以金钱的多寡来决定其社会地位，而这些发展均是以牺牲普通人群的利益而达成的。在存在着禀赋性差异的人类社会，提倡自由竞争，则只宜于据乱世，并非一种理想的社会秩序安排。所以，他认为要消除经济上的不平等，就必须去人之私产，以公有制来解决财富的聚集，由政府根据不同地方的生产资料状况来合理支配生产和消费。那么如何来避免人的自私心对于政府公心的干扰呢？在康有为看来，既然太平世不再有家庭、国家，又辅之以教化，自然会以公共利益为生活目标。

康有为对于中国古代的井田制和傅立叶的"空想社会主义"都提出了批评，认为那些设想不具有可行性。所以他要设计出一套涵盖农业、工业和商业的新体系。康有为的经济制度的核心是"公有制"和"计划经济"。

对于大同之世的农业，康有为认为首先要做的就是消灭私有财

---

① 康有为：《大同书》，载《康有为全集》第七集，第154页。

产,"举天下之田地皆为公有,人无得私有而私买卖之"[1]。公政府设立农业部来负责制定计划,来安排种植、畜牧、渔业生产若干。这些工作人员虽然生活有保障,但却需要服从统一管理。"其耕耘、收获、牧养、渔取,皆有部勒程度,其每日工作皆有时限。世愈平乐,机器愈精,则作工之时刻愈少,然作工之时,坐作进退几如军令矣。"[2]这些工作人员按照他们劳动技能的不同,领取工钱。不过,也有对懒惰者的处罚,最重的就是被农场除名。但康有为并没有说明这些被除名者的去处。

工业也一样,所有的制造厂、铁路、轮船港口等都归公,不许有独人之私业。政府每年制定计划决定每一种物品的生产和销售。这样就不会产品过剩,产生"余货",不会对环境和自然界的产出物造成破坏。随着机械化程度的提高,工人所需付出的劳动时间则不断减少。相比于农牧渔业工作人员,工人的待遇似乎要更高一些。"夫为工人之独身计之,既无内顾、仰事、俯畜之忧,又无婚姻、祭祀、庐墓之计,人皆出自学校,不患无生事之才能,少时之工,不待惰逐而不忧无工之苦。为工而不待沾手涂足,少时工讫,即皆为游乐读书之日,工厂既可男女同居,又有园林书器足乐,游乐以养魄,读书以养魂。故太平世之工人,皆极乐天中之仙人也。"[3]

大同之世的商业活动并不是通过交换而产生利润的经营活动,而是商部"核全地人口之数,贫富之差,岁月用物品几何,既令所宜之地农场、工厂如额为之,乃分配于天下"[4]。在没有私有财产的时

---

[1] 康有为:《大同书》,载《康有为全集》第七集,第156—157页。
[2] 康有为:《大同书》,载《康有为全集》第七集,第159页。
[3] 康有为:《大同书》,载《康有为全集》第七集,第161页。
[4] 康有为:《大同书》,载《康有为全集》第七集,第162页。

代,即使是负有管理责任的人也不再会盗窃侵吞。综上,康有为说,要达到大同,当然最难在消灭国家,而去民私业,此事不算难,关键在"去家"。先去家,再去国,"若其农田、工厂、商货皆归之公,即可至大同之世矣。全世界之人既无家,则去国而至大同易易矣"[①]。

至此,康有为的逻辑链条就完整了,他认为私有制起源于家庭,强固于国家,而家庭的形成则因为男女之间不平等,或者说,围绕家庭而形成的价值强化了男女之间的不平等,因此,人类要完全实现自己的权利,首先就要达成男女平等,并在男女平等的基础上改变迄今为止的社会秩序和价值原则,并最终达到大同极乐世界。"故全世界人欲去家界之累乎,在明男女平等、各有独立之权始矣,此天予人之权也。全世界人欲去私产之害乎,在明男女平等、各自独立始矣,此天予人之权也。全世界人欲去国界之争乎,在明男女平等、各自独立始矣,此天予人之权也。全世界人欲去种界之争乎,在明男女平等、各自独立始矣,此天予人之权也。全世界人欲致大同之世、太平之境乎,在明男女平等、各自独立始矣,此天予人之权也。全世界人欲致极乐之世、长生之道乎,在明男女平等、各自独立始矣,此天予人之权也。全世界人欲炼神养魂、不生不灭、不增不减乎,在明男女平等、各自独立始矣,此天予人之权也。欲神气遨游、行出诸天、不穷、不尽、无量无极乎,在明男女平等、各自独立始矣,此天予人之权也。"[②]

家国之界已去,地球上就以"度"作为分界,每个人属于不同的度。度并不是按地形来划分的,而是根据经纬度,不同度的

---

① 康有为:《大同书》,载《康有为全集》第七集,第163页。
② 康有为:《大同书》,载《康有为全集》第七集,第163—164页。

人可以迁徙。对这些具有高度道德的生活在不同度的人的管理上不再需要强制性的权力机构，在行政体系上应该推动"地方自治"的发展。

在一个所有的财富公有化并需要高度计划性的大同之世里，康有为对治理体系的设计过于"简略化"。经济的高度计划和财富的共享机制，往往需要集权和专政才可能实现。与当时的无政府主义者一样，康有为也反对人为的干预。所不同的是，康有为更为注重大同之世在人与人完全平等的环境下，如何保持人的进化而防止退化。一旦因失去竞争性而导致人的退化，那么大同世界就不可能持续，不久就会复归于乱世。由此，他认为大同社会要注重教育，鼓励已经成为"独人"的大同之民在"闲暇时间"进行各种创造发明。而对此，公政府所要鼓励的并非造成人们之间不平等的爵位和职务，而是授予"仁人"和"智人"。在知识和技能上多有创获者获得"智人"，并发展为多智人和大智人、上智人，"其尤卓绝者则为哲人，其卓绝而不可思议者则为圣人"[1]。而"仁人"则主要授予那些从事社会服务的人士。

康有为说，在大同之世不再有邦国，无需军队；无君主，无人再图谋权力；无夫妇，则无奸淫、禁制等。如此等等，在社会高度发展的环境下，不再需要法律和刑罚，只需要"约法四章"：即禁懒惰、禁独尊、禁竞争、禁堕胎。

康有为的大同理想是建立在去苦求乐的人性假定基础上的，如此，大同之世也就会被描述成一个极乐世界，物质极大丰富、自然

---

[1] 康有为：《大同书》，载《康有为全集》第七集，第176页。

环境和起居生活极为方便,连两性如何交欢、病人如何离世都做了"极乐的设计"。大同之世最为发达的是医学,人的健康日进,可以轻松活到一两百岁到千数百岁。于此之时,人们最为热衷的是养生炼形之学。中国传统知识中,《易学》和神仙之学将大兴,"言君臣、夫妇之纲统,一入大同即灭"。"大同太平,则孔子之志也,至于是时,孔子三世之说已尽行,惟《易》言阴阳消息,可传而不显矣。盖病已除矣,无所用药,岸已登矣,筏亦当舍。故大同之世,惟神仙与佛学二者大行。"[①]康有为说,仙学追求长生不死,是世间学的极致。而佛学不离乎世而出乎世,已经逐渐出乎大同之外了。大同之世,人类的历史已经终结,遁入仙佛之学,并向天游之学转进。

西方近代的空想社会主义是西方资本主义体系自我批判思潮的一种,并最终发展为具有实践性的马克思主义。而中国近代的大同理想与无政府主义思想的兴盛,亦是对西方现代化思潮和现代民族国家体系进行批判性反思后的结果。康有为的三世历史哲学,其核心的诉求是提供中国维新变法的合法性依据,从而吸纳民主、人权等现代价值。而三世说所带有的未来导向和中国在近代民族国家体系中的处境,催生出康有为有强烈的现实批判精神。由此导致了康有为思想的矛盾性。对儒学发展的推进和经学变革的结合,本身已经导致儒家经典体系的自我危机,而以未来为导向的现实批评,对传统的制度和价值否定过激,使康有为到底是新儒学的推动者还是儒学的埋葬者,成为晚清民国学术界的聚讼难定的议题。萧公权先生认为,康有为的思想具有二重结构,他指的是康有为民族主义和

---

① 康有为:《大同书》,载《康有为全集》第七集,第188页。

世界主义之间的二重结构，即康有为既有报国之志，又有超越国家的世界主义理想。由此来肯定康有为思想的新儒学属性。

的确，康有为的"二重性"正是儒家现代困境的一种体现。[①]梁启超认为康有为是做了试图将儒家价值和现代社会之间的勾连。"有为以《春秋》'三世'之义说《礼运》，谓'升平世'为'小康'，'太平世'为'大同'。《礼运》之言曰：'大道之行也，天下为公，选贤与能，讲信修睦。故人不独亲其亲，不独子其子；使老有所归，壮有所用，幼有所长，鳏寡孤独废疾者皆有所养；男有分，女有归。货恶其弃于地也，不必藏诸己；力恶其不出于身也，不必为己。……是谓大同。'此一段者，以今语释之，则民治主义存焉，天下……与能。国际联合主义存焉，讲信修睦。儿童公育主义存焉，故人不……其子。老病保险主义存焉，使老有……有所养。共产主义存焉，货恶……藏诸己。劳作神圣主义存焉。力恶……为己。有为谓此为孔子之理想社会制度，谓《春秋》所谓'太平世'者即此。"[②]不过，问题恰好也在这里，三世说预示了儒学的自我消

[①] 萧公权著，汪荣祖译：《近代中国与新世界：康有为变法与大同思想研究》，江苏人民出版社1997年版，第363页。对此，汪晖的分析更为充分。他说："'大同'逻辑对国家的批判建立在一种历史演化的概念之上，即从传统社会向国家的转变，再从国家向大同的转变，从而对国家的克服又必须以国家为前提。在这个意义上，'大同'逻辑不但提供了强国逻辑的世界观前提，而且又包含了个人主义、理性主义和民族主义的知识体系。因此，'大同'在这里是一种紧张和矛盾体的综合：现实世界的对抗关系与知识上的对抗关系构成了一种内在的张力，我们可以将之初步地概括为'超越现代性的逻辑'（它表现为大同的理想和世界管理的构想）与'现代性的逻辑'（以强国运动为目标的变法改制论）之间的冲突。既不是大同逻辑，也不是富强逻辑，而是超越民族—国家的大同逻辑与寻求富强的强国逻辑之间的持久纠缠、矛盾和分离，构成了康有为思想的内在基调。"（见汪晖：《现代中国思想的兴起》上卷，第747页）

[②] 梁启超：《清代学术概论》，载《梁启超全集》第十集，第275页。

解的结局，当我们生活在一个国际联合主义、儿童公育主义、共产主义的社会时，当家庭、国家都不再成为社会结构的核心时，儒家的价值体系和纲常秩序便不再有存在的空间，反而成为实现理想的最大障碍。这也就是后来中国的社会主义者肯定大同理想而一直批判儒家的根本原因。

三、《大同书》与中国的社会主义思潮

康有为的《大同书》承继中国传统的大同观念，这种观念以"天下为公"的诉求，成为近代中国人接受社会主义思想的重要基础。有人甚至认为康有为的后半生几乎完全在致力于建设中国式社会主义的理想国。[①]对此，沟口雄三可谓慧眼：他将中国近代视为"大同式近代"，并认为这是一种与西方不同的近代化的模式，体现了中国的独特性。"比起个人自由更志向于总体的自由，而这种排除个人自由即私人自利的、反专制性质的总体自由，由于其排除个人私利的独特的共和原理，从而使民权主义不只是停留在政治层面上，同时和经济上的总体的自由，即追求四亿人民总体的丰衣足食

---

① 孙春在说：相比于独立、自由、民权等现代政治的要素，康有为更注重"平等"。"这一方面是由于19、20世纪之交的西方世界是以社会主义为主要思潮。公羊思想家本来是锐于接纳新观念的，当他们出国目睹了西方资本主义的黯淡面之后，很快地就对社会主义这一当时尚在鼓吹的阶段的学说加以附和。另一方面，由传统方向来检讨，则不论是《论语》中的'均无贫、和无寡、安无倾'，《孟子》中的'井田'制，乃至于《礼记》'礼运'勾划'大同'的一段，在在提供了诱因，促使思想家把传统与现代的平等观念相结合。由于内外的因素，使康有为的后半生几乎完全致力于建构中国式社会主义的理想国。"（见孙春在：《清末的公羊思想》，第214页）

的民生主义联系在了一起,这是中国近代的一个重要特征。"①

沟口雄三认为,毛泽东领导的革命起源于传统的大同思想,"毛泽东革命以农村无产阶级为基础,实行农村包围城市的革命战略,并因此而更有资格成为大同式近代正统的继承人"②。

沟口雄三的说法并非无所依凭。许多材料证明,毛泽东在思想的形成期深受康有为、梁启超的影响,特别是对康有为的《大同书》情有独钟。在埃德加·斯诺的《毛泽东自传》中,毛泽东回顾他在湘乡的"东山高等小学堂"学习时,他的表兄"给我的关于康有为改革运动的两本书。一本是梁启超编的《新民丛报》。这两本书我读而又读,一直等到我能背诵。我崇拜康有为和梁启超,我很感激我的老表"③。虽然我们无从知道他看的另外一册书是什么内容,但可见毛泽东这个时期对于康有为是十分推崇的,尤其是康有为对于西学的了解,让他十分钦佩。1915年6月,他在给一个朋友的信中说要效法康有为,四十岁之前学遍中国学问,四十岁之后,又吸收西国学问之精华。同年九月他在给朋友的信中,还说要离开长沙第一师范,隐居山林读书,实际也是想模仿康有为离开朱九江而在西樵山读书的经历。④相比于康有为,毛泽东显得更为谦虚一些,康有为自称他三十岁的时候,思想已经成形,也就不再变化了。

毛泽东在长沙读书的时候,读到了更多的政治读物,特别是以

---

① 沟口雄三著,孙军悦译:《作为方法的中国》,生活·读书·新知三联书店2011年版,第17页。
② 沟口雄三著,孙军悦译:《作为方法的中国》,第19页。
③ 斯诺等著,刘统等编:《早年毛泽东:传记史料与回忆》,生活·读书·新知三联书店2011年版,第10页。
④ 陈晋:《毛泽东阅读史》,生活·读书·新知三联书店2014年版,第26页。

孙中山为代表的民族主义的刊物。不过这个时期的毛泽东并不能分别康梁和孙中山在革命立场上的差别。所以,他当时还主张,"应将孙中山由日本召回就任新政府的总统,并以康有为任总理,梁启超任外交部长"!①

1914年,毛泽东入湖南第一师范读书,并认识了杨昌济,并从杨昌济那里读到更多的书籍和报刊,尤其喜欢"西洋伦理学史"课程,并经常就社会和政治问题与杨昌济交流看法,坚定了改造社会的志向。

至少到1917年,毛泽东还是依然接受康有为的"大同"理想的。1917年8月23日,他写信给黎锦熙说,他认为要从哲学和伦理学的改造入手,转变国人的观念。这个时候,毛泽东虽然已经读到《新青年》等新文化运动的杂志,但他的思想中还有许多儒家公羊三世的痕迹。"如世但有君子,则政治、法律、礼仪制度,及多余之农、工、商业,皆可废而不用。""彼时天下皆为圣贤,而无凡愚,可尽毁一切世间法,呼太和之气而吸清海之波。孔子知此义,故立太平世为鹄,而不废据乱、升平二世。大同者,立德、立功、立言以尽力于斯世者,吾人存慈悲之心以救小人也。"②尽管当时康有为的《大同书》只发表甲、乙两部,并非全本,但从这封信中可以想见毛泽东已然读过《大同书》的部分内容。他也是将《春秋公羊传》的三世之说结合《礼运》"大同"说来谈的,其改造社会的逻辑也十分一致。

是年秋天之后,杨昌济开设修身课,教材是《伦理学原理》,毛泽东在此书上做了大量的批注,但在批注中,也可以看到康有为

---

① 斯诺等著,刘统等编:《早年毛泽东:传记史料与回忆》,第11页。
② 李锐:《毛泽东的早年与晚年》,贵州人民出版社1992年版,第26页。

对于大同世竞争问题的看法对他的影响。"吾知一入大同之境,亦必生出许多竞争抵抗之波澜来,而不能安处于大同之境矣。""吾尝梦想人智平等,人类皆为圣人,则一切法治均可弃去,今亦知其决无此境矣。"①

李锐在《毛泽东早年读书生活》一书中,对此也有所描述:《大同书》中对理想社会的政治、社会生活、工农业生产乃至家庭与婚姻等,都有十分具体的描写。毛泽东对这些极感兴趣。从1919年12月《湖南教育月刊》上发表的他所作的《学生之工作》一文中,可以明显看出所受于《大同书》的影响。文中说:"我数年来梦想新社会生活,而没有办法。七年(1918)春季,想邀数朋友在省城(长沙)对岸岳麓山设工读同志会,从事半耕半读……今春回湘,再发生这种想象,乃有在岳麓山建设新村的计议,而先从办一实行社会说本位教育说的学校入手。此新村以新家庭新学校及旁的新社会连成一块为根本理想。"②

当然,从后来社会主义在中国被接受的状况看,儒家的大同思想只是让人们在接受社会主义思潮时,更具有亲和力。而中国社会主义运动的真正开展,则来自十月革命之后苏联社会主义成功的刺激。1918年11月,李大钊在《新青年》杂志发表了《庶民的胜利》和《布尔什维克主义的胜利》,指出社会主义革命是世界历史的潮流,而该年十月开始,毛泽东在北京大学图书馆担任书记员,但毛泽东并没有与这些早期的马克思主义的传播者有深入的交流。他的

---

① 中共中央文献研究室编:《毛泽东年谱(1893—1949)》修订本,上卷,中央文献出版社2013年版,第29页。
② 李锐:《毛泽东早年读书生活》,辽宁人民出版社1992年版,第65—66页。

一个比较密切的交谈者是当时还在北京大学求学的朱谦之。相比之下，朱谦之更倾向于无政府主义①。

1919年之后，毛泽东在长沙、北京、上海等地奔走，并逐步确立无产阶级信仰，在1921年的新民学会新年大会上，认为"急烈方法的共产主义，即所谓劳农主义，用阶级专政的方法，是可以预计效果的"②。他与何叔衡一起，作为湖南的代表，参加了中国共产党的成立大会。

在经历了种种复杂的斗争经历之后，到1935年之后，毛泽东开始有比较系统的理论创造，并最终形成了将马克思主义与中国实际相结合的毛泽东思想。

具体到对历史发展的认知，毛泽东在延安时期建立起比较复杂的历史哲学，有两种并不完全重合的分期说构成，一是正统马克

---

① 朱谦之对于无政府主义有比较深入的阐发，他的许多想法与毛泽东后来对中国革命的主张也有一些接近的地方。比如在《革命哲学》一书中，朱谦之将他的革命对象设定为六个方面。一、首先是政治的革命。朱谦之认为政治是真情的障碍物，因为政治的实质是"命令""强制"和"威吓"。而作为政治的具体体现：（1）国家，无论是法制国家、立宪国家还是文化国家，都会限制个人的意志自由；（2）政府，是权力的代名词，各种横暴不仁、灭人个性、压制人的创造力，都说明政府是万恶之源；（3）法律，只是保护统治人的权力，而对于弱者，并不能真正的获得保护。所以，革命就是要把政治组织完全消灭。二、其次是经济方面的革命。朱谦之认为私有财产制度和雇佣制度是保持社会贫富不均之怪现状的。三、宗教方面。宗教是以错误虚伪为基本，核心是让人接受现有的秩序，因此也需要根本推翻。四、道德方面。道德也是虚伪的假面具，是权威示我们当为的事。五、家庭方面。朱谦之认为家庭非废除不可，因为家庭是妇女解放的障碍物。对于自由的爱而言，婚姻制度是最大的束缚，所以要打破。六、风俗习惯方面。风俗和习惯，让人有保守性和不进步性。因为风俗和习惯依赖一种历史的惰性。这样的环境下，革命的思想不能发生，所以要革命，就是要打破麻木不仁的旧风俗、旧习惯。而这六条总而言之，是政治制度和经济制度的根本破坏。（见《朱谦之文集》第一卷，福建教育出版社2002年版，第301—305页）1927年，朱谦之还出版过《大同共产主义》，认为孙中山的民生主义事实上就是"大同共产主义"。

② 中共中央文献研究室编：《毛泽东年谱（1893—1949）》修订本，上卷，第76页。

思主义的社会发展五阶段理论。尽管这种五阶段论对于中国社会而言存在许多复杂的问题，比如马克思的著作中所明确提出的亚细亚生产方式的问题，比如如何理解中国的资本主义问题。二是以和平作为标准划分历史时期，认为历史可以分为和平时期、和平破坏时期、永久和平时期。"两种分期形式的标准存在很大差异，同时使用这两种形式，必然产生调和历史分期的难度，随后这种难度会变得更为明显。毛泽东自己并不认为这两种时间体系存在矛盾，而是仅把公认的'五阶段'的马克思主义分期添加到内含'三时代'的中国方案中罢了。"①而奈特认为三时代的方案背后则是公羊三世说的儒家历史发展观念。

其实，无论是五阶段还是三时代，不同的分期法来解释中国自身的历史的时候，都不能令人满意，但是作为五阶段的历史目的地"共产主义社会"和三个时代的"永久和平"时代，在历史发展的方向上却有着一致性。

在对历史发展目标的描绘上，延安时期也确定了由新民主主义向社会主义过渡的路线。在共产主义的理想之下，毛泽东特别强调历史发展的阶段性。比如他在《新民主主义论》中就反复强调，中国只有进入到社会主义时代才是真正幸福的时代，但在反帝反封建的任务没有完成之前，社会主义是谈不到的。中国革命必须要经过新民主主义革命阶段，才能走向社会主义。②1942年在谈到"人类之爱"的时候，毛泽东也认为"真正的人类之爱是会有的，那是在

---

① 尼克·奈特著，闫方洁译：《再思毛泽东：毛泽东思想的探索》，中国人民大学出版社2014年版，第110页。
② 《毛泽东选集》第二卷，人民出版社1991年版，第683页。

全世界消灭了阶级之后。阶级使社会分化为许多对立体,阶级消灭后,那时就有了整个的人类之爱"①。虽然我们在毛泽东的言辞里看不到大同之世的表述,但他通过对不同历史阶段的划分,将阶级社会和消灭了阶级之后的理想社会之间在价值和秩序上的差异做了清晰的区分。类似的问题也体现为关于战争与和平关系的讨论中。比如,1936年12月,他在《中国革命战争的战略问题》一文中,提到了人类社会将会到达一个"永久和平"的时代。"人类社会进步到消灭了阶级,消灭了国家,到了那时,什么战争也没有了,反革命战争没有了,革命战争也没有了,非正义战争没有了,正义战争也没有了,这就是人类的永久和平的时代。"②

1938年,毛泽东在《论持久战》中,进一步强调中国人民的抗日战争是世界战争的一部分,这次战争与第一次世界大战一样,是资本主义社会矛盾发展到一定阶段的结果,所以其结果必然是资本主义世界的崩溃,从而达到"永久和平"的时代③。

1949年6月,中国革命胜利在望,毛泽东回顾中国共产党成立二十八年的历史,认为中国革命的实践证明了资产阶级的文明、资产阶级的民主主义、资产阶级共和国的方案,都不能解决中国的问题,而通过人民共和国来达到社会主义和共产主义,达到阶级的消灭和世界的大同,成为现实的可能性。"康有为写了《大同书》,他

---

① 毛泽东:《在延安文艺座谈会上的讲话》,载《毛泽东选集》第三卷,人民出版社1991年版,第871页。
② 毛泽东:《中国革命战争的战略问题》,载《毛泽东选集》第一卷,人民出版社1991年版,第174页。
③ 毛泽东:《论持久战》,载《毛泽东选集》第二卷,第475页。

没有也不可能找到一条到达大同的路。"①我们并不能说马克思所设想的共产主义社会与康有为所描绘的太平世的大同社会是一样的，但毛泽东却愿意使用"大同"来作为共产主义社会的代名词，而他的政治理想也的确是实现了社会平等，消灭了国家的、阶级的，充满了人类之爱的新世界。

1949年，新中国成立之后，许多人倾向于认为传统儒家以家庭为核心的价值系统与旨在实现平等的公有制社会之间存在着不可调和的矛盾，因此，儒家思想和资产阶级思想一样是属于"思想改造"的主要内容。但是，"大同"理想对毛泽东的影响并没有随着时间的推移而减弱。1958年，他在成都的一次会议上的讲话中说，"家庭是在原始共产主义后期产生的，将来要消亡，有始有终。康有为在《大同书》中已认识到这一点"。也有人说，毛泽东的农村社会主义改造中很多主张都能看到《大同书》的影响，并认为最初是由谭嗣同的影响而将康的思想传播到湖南的。②

在马克思主义经典著作中，毛泽东对列宁的《国家与革命》阅读得比较持续和仔细。目前所能看到的确切记录是毛泽东1946年在延安时期就开始阅读此书，尤其对其中暴力革命的内容部分，画了许多杠杠。1958年，新版的《国家与革命》出版，毛泽东又仔细阅读，并对国家消亡、社会主义与共产主义差别，做了许多记录。1964年和1970年又读过几遍。③《国家与革命》虽是列宁摘抄马克

---

① 毛泽东：《论人民民主专政》，载《毛泽东选集》第四卷，人民出版社1991年版，第1471页。
② 魏斐德著，李君如等译：《历史与意志：毛泽东思想的哲学透视》，中国人民大学出版社2005年版，第95页。
③ 陈晋：《毛泽东阅读史》，第147页。

思恩格斯关于国家问题的许多论断，但这本书中，对于社会主义向共产主义过渡、国家最后消亡的未来前景的讨论，或许会让毛泽东想起天下为公的大同社会。

四、余论：《大同书》与现代新儒学

追求平等和正义是儒家始终如一的态度，因而现代的儒学运动在肯定民主和科学价值的基础，对西方启蒙以来的个人本位的权利思想却始终持有批评的态度，在此意义上，与所有进行现代性批判的思想有其一致性。儒家思想与社会主义之间存在着亲缘关系。梁漱溟和熊十力均对中国的社会主义体制进行了正面的肯定。而他们亦是从"天下为公"来阐述儒家大同社会与社会主义的关系的。

在如何论述儒家大同思想与社会主义之间的关系上，梁漱溟和熊十力之间存在差异。按梁漱溟自己的说法，他与熊十力之间的差异主要在于熊十力"总是自己站在儒家立场讲话，而我则宁愿先从旁面来观察它"[1]。这种方法论上的差异，导致了他们立言态度的差异。梁漱溟批评熊十力简单地将现代所出现的"民主""阶级""共产主义"与古代典籍的话进行比附，而成了"空想"。所以，跟康有为著的《大同书》"正同此一例"，"熊先生盛称《周官》（《周礼》）：远瞩前世以造端，其大无遗，其细悉备，纲举目张，宏通可久。而其实在学术思想上并无多大价值"[2]。

---

[1] 梁漱溟：《勉仁斋读书录》，载《梁漱溟全集》第七卷，山东人民出版社2005年版，第755页。
[2] 梁漱溟：《勉仁斋读书录》，载《梁漱溟全集》第七卷，第755页。

不过，虽然在思想方法上有很大的差异，但梁漱溟和熊十力在中国文化尤其是儒家的精神将在未来世界大行这一点上的认识则是共同的。其实在《乡村建设理论》时期梁漱溟就试图在寻找一条不同于西方的社会发展道路，因此，他随后的《中国文化要义》和《人心与人生》等书，就是要在理论上证明中国文化的独特性以及所具备的价值上的特殊性和优越性。这种信心在《中国——理性之国》一书中达到集中的体现。他说："我预见到中国人不存狭隘国家主义，夙有'天下为公'的襟怀，在不远的未来世界上，必将得到显扬。"[1]在梁漱溟的逻辑中，国家至上的观念在万国竞争的阶段比较有利，但这并不是人类所期待的理想社会。国家是有局限的，而"天下"则不是，所以，中国人的天下一体观念、以对方为重的伦理情谊，"在进入共产社会问题上，今后中国人所可能较易者，他方社会殆未必然也"[2]。

与梁漱溟相比，熊十力与公羊三世的关系就十分密切了。虽然熊十力对康有为多有微词，说康有为特重《礼运》与公羊三世的做法来自宋儒胡文定，并贬斥康有为只是"揣摩风会，未堪言学术也"，但他的言谈却是与康有为如出一辙。他在解释论语中"老者安之，少者怀之"时说："明是社会主义，以养老、育幼有公共团体负责，与《礼运》不独亲亲子子适合。尧舜禹汤本为小康世之圣王，《礼运》称美之词恰如其分。……判大夫、谋革命，而孔子皆欲往，可见孔子已有实行民主、废弃统治阶层之志。"他说汉宋群儒均未发现孔子之

---

[1] 梁漱溟：《中国——理性之国》，载《梁漱溟全集》第四卷，山东人民出版社2005年版，第442页。
[2] 梁漱溟：《中国——理性之国》，载《梁漱溟全集》第四卷，第442页。

"圣意","若识孔子志在进世太平,期全人类抵于群龙无首之盛,则尧舜禹汤只是小康时代之圣王,夫复何疑?"[1]在《原儒》解释此段话的时候,更为直接地将后世三纲判定为对孔子思想的"背叛"。[2]

熊十力看重《周官》,解释"惟王建国",即是以王道仁政观念治理国家,并由此反对一切的剥削和不平等,以及帝国主义欺负弱小的霸权行为。这与《大同书》的精神一脉传承。在革命和平等的问题上,比较值得关注的是《原儒》一书,在这本被徐复观等弟子激烈批评的著作中,熊十力对儒家经典所做出的判别其激烈程度要超过康有为的《新学伪经考》。康有为的《新学伪经考》基本上还是站在今文经的立场上,强调了公羊口说的重要性,从而为他的三世说的历史观奠定基础。而熊十力则于今古文、汉宋之争概不着意,而以是否主张平等、实现大同为真伪之准绳。"儒学既不行于晚周,而六艺经传以千万数又亡失于汉初……今存之五经,虽自西汉传来,其实皆遭汉人改窜者,六经之外王学,实不容许有少数人宰割天下最大多数人之统治阶级存在。"[3]所以,在熊十力重新厘定的经典系统中,只有《周易》《春秋》和《周官》才是孔子"真传"。而墨子、惠施、农家,"或为科学之先导,或为社会主义之开山,皆儒家之羽翼,不可不延续其精神也"[4]。

熊十力的《原儒》一书,真正的对话者是康有为,首先是他对康有为的三世说提出了严厉的批评。在他看来孔子作《春秋》,目

---

[1] 熊十力:《论六经·中国历史讲话》,载《原儒》,上海古籍出版社2019年版,第25页。
[2] 熊十力:《原儒》,上海古籍出版社2019年版,第53页。
[3] 熊十力:《原儒》,第51页。
[4] 熊十力:《原儒》,第94页。

的在于消灭阶级,不允许有贵族君主来统治天下百姓,董仲舒虽然了解孔子的本义,但他在《春秋繁露》中所提出的三世说,将孔子贬低为"为汉制法",对君臣上下等级反而有所肯定,这就将孔子的大同之义掩盖了。熊十力讥讽康有为有抄袭的弊病,虽然推崇董仲舒,其实并不了解《春秋繁露》。"康有为《孔子改制考》本由杂抄而成册,取昔人之偶发一议,有异乎恒规陋习者,皆视为与《春秋》改制不异。其所抄集浮乱至极,而《春秋》废除君主制度,即推翻最少数人统治天下最大多数人之乱制,其义蕴广大宏深却被康氏胡乱说去。"[1]熊十力说康有为因为不能分辨《公羊传》和《春秋繁露》已经与孔子的思想不同,所以他虽然推崇《春秋》《礼运》,但却又做出复辟帝制这样自相矛盾的事情。

熊十力认为《公羊传》根本不可信,康有为根据"大义"和"微言"来区分据乱和太平之别是"妄说《春秋》"。"据乱世之大义,正与天下一家之公道极端背反。"[2]只有何休的解释才留下了孔子三世说的一些素材。因为在何休这里,孔子的三世并非不同的历史发展阶段,而是孔子假托历史以明其理想的三个步骤,即在据乱之世要拨乱反正,即以革命的手段推翻不平等的秩序。但要为全人类开辟太平,还必须经历升平世[3]。由此,在康有为的三世说中十分纠结的三世与大同小康或三世与平世乱世的搭配,在熊十力这里涣然冰释,因为他认为《礼运》就是表达"大同"理想的,孔子并没有属意"小康"。所以,康有为并没有真正读懂《礼运》。他

---

[1] 熊十力:《原儒》,第85页。
[2] 熊十力:《原儒》,第102页。
[3] 熊十力:《原儒》,第127页。

说:"康有为盛弘此篇,而剽窃其篇首大同义数条,实未通晓全篇文义,不悟后仓、小戴已变乱圣言,乃臆想孔子元有大同小康二种之说,见道不真,立义不定,将令后学思想浑乱,行动无力,圣学何至如此?"[①]熊十力在书中批评康有为之处比比皆是,更为激烈的是他甚至认为孟子都没有领会孔子的春秋大旨。不过,与康有为所处的时代不同的是,康有为的《新学伪经考》和《大同书》被梁启超看作火山地震,而熊十力的打通后壁的做法并没有引发社会反响,而这使他迁移到港台的弟子十分不解。

作为熊十力的学生和精神的传承者,牟宗三对于自康有为以来的大同设计中有关国家和家庭的否定十分警惕,认为文化的理想必须在现实中加以展开,这一"现实"就包括国家、家庭和个人。文化根植于人性之中,任何具有人性尊严的人,必然会尊重国家和家庭,因此那种超越了具体国家和民族的"真理"是虚妄的。"我尊重我自己,我亦必尊重他人。我尊重我自己民族的圣哲及其所铸造之文化,我亦必尊重他民族的圣哲及其文化。真理之为普遍的,岂必即因而抹杀国家乎?横逆之来而无动于衷,这种人根本无怵恻之感的良知之觉,根本是陷溺于个人的自私而无客观精神。无怵恻之感,无客观精神的人,根本说不上追求真理。"[②]在牟宗三的《历史哲学》等著作中,他利用"良知坎陷"和"内圣开出新外王"等一系列专门的范畴,用来说明儒家思想缘何没有发展出科学和民主的思想。因此,在牟宗三的思想里,儒家的理想社会被置换成以儒家

---

① 熊十力:《原儒》,第97页。
② 牟宗三:《道德的理想主义》,吉林出版集团有限公司2010年版,第58页。

的道德自觉来"提升"和"矫正"的民主政治上。①所以，他并不看重超越国家的"天下一家"，而是认为唯有在肯定家庭和国家的前提下，天下才有意义。这种观念也可以看作对传统儒家道德价值的回归。在此，牟宗三认为，只有儒家的理想社会是具体的和现实的，而非如佛教和基督教是外在于现实世界的，"天下一观念之有意义，完全在其对家庭国家之肯定而期有以融合之上而有意义。若谓天下离开家庭国家而可以自成一阶段，则它那个阶段便是空乏的，荒芜的"②。

牟宗三所设想的天下大同的制度是一个大一统的整体系统，与家国个人这样的纵贯系统不同的是，天下所要处理的是国与国之间的关系，因此其内在的精神要求不能是力量型的，而必须是理性、精神的谐和。

天下"是国家间的一个综合，它是容许'各自发展的异'中之同，它是承认它们而又处于它们之上的一个谐和，它不是由一个国家强制其他，因此，他不能不王道，不能不代表理性"③，否则就是一种侵略性和强制性的"同"。因为天下至大无外，所以它与一般民众的生活是间接的，而只是政治家之间的活动体现民众与这一体系之间的关系。牟宗三认为康有为式的大同是一个"梦想"，这个梦想以"外部的时间阶段之观点，以为家庭国家的阶段已过去，

---

① 牟宗三说，中国文化开创了道德的自由和艺术的自由，西方文化发展了政治自由和理智的自由，我们要了解中国之短，然后找到中西文化契合之处。这就是说政治和科学是中国所要着力发展的。（见牟宗三：《历史哲学》，广西师范大学出版社2007年版，第74页）
② 牟宗三：《道德的理想主义》，第65页。
③ 牟宗三：《道德的理想主义》，第63页。

以为要实现大同,必须否定已经过时的家庭国家之封界,以为大同是为时间上一个可以独立的阶段,一个可以不要家庭国家为其充实之内容的阶段,把大同完全看成是一个外部的虚悬阶段"[1]。这样只可能否定个体,泛滥无归。

如果说,《大同书》的普遍主义倾向弱化了儒家的面向的话[2],那么牟宗三的论述则既顾及了儒家观念的连续性,也考虑到多元一体的文化普遍主义的图景,从而避免了康有为《大同书》中消除一切差异,甚至消除种族差异这样的极端主义倾向。所以消除一切差异的"进步"其下一步必然是暴力专权和埋没个体,最终只可能是灾难。

不过,现代儒家群体中,亦有持历史主义倾向的钱穆等对《大同书》评价不高。

"分析《大同书》含义,虽若兼容并包,主要不过两端:一曰平等博爱,此西说也,而扬高凿深之,乃不仅附会之于墨翟,并牵率之于释迦。一曰去苦求乐,此则陈义甚浅,仅着眼社会外层之事态,未能深入人性、物理之精微。试问如长素说,无国界、种界,乃至无形界,男女同栖,一年一换,乃至无类界,人与鸟、兽、虫、鱼一视平等,果遂为至乐矣乎?孔、释、耶立教,皆有

---

[1] 牟宗三:《道德的理想主义》,第61页。
[2] 萧公权就认为康有为在将孔子世界化的时候,其中国性和儒家性被削弱。他说:"康氏在《大同书》以及其他著作中,显然将孔子世界化了,孔子不再是中国的至圣先师,而是全人类大同理想的先知。因此康氏神话孔子,似也同时降低了孔子的中国性格。作为《大同书》的作者,康氏当然并不特别关怀如何荣耀孔圣,而是要如何使人间制度完美,以指出通往全人类快乐之路。《大同书》的结论也能看出康氏不以某派儒者自居,他于结论中预见儒教与其他由个别文明所产生的诸教,都将消蚀。"(见萧公权:《近代中国与新世界:康有为变法与大同思想研究》,江苏人民出版社2007年版,第391—392页)

‘无我’一义，《大同书》首曰‘入世界观众苦’，此等描写，乃佛书烂套耳。苟会得孔、释、耶之无我，则此所谓众苦者，或皆非苦矣。长素独不虑此，虽打破国界、种界、形界、类界，苟使有我见尚存，恐终难觅极乐之趣。要之长素此书，其成之于闻见杂博者，乃长素之时代；其成之于扬高凿深者，乃长素之性度。三百年来学风，久务琐碎考据，一旦转途，筚路蓝缕，自无佳境，又兼之时代之剧变，种种炫耀惶惑于其外，而长素又以高矜之心理遇之，遂以成此侈张不实之论也。"①

在钱穆看来，康有为的大同思想中的平等、博爱来自西方和墨家、佛教，有一定的理据。但儒家之博爱说，亦由来已久。康有为之"大同书"固然有许多值得推敲的地方，但仅仅以"侈张不实"来评价，恐怕不能理解乌托邦式的理想对于社会改造的正面作用。尤其是身处帝国主义侵略的民族危机阶段，追求美好的未来更是鼓励民族团结和奋发的力量。科学主义固然造就了理性和实证的态度，因此难以对理想性的维度引发共鸣，但据此来进行诛心式的推断，恐亦不是理解康有为的合适路径。

---

① 钱穆：《中国近三百年学术史》（二），九州出版社2011年版，第742页。

第二章
理财观念与现代国家建构：
中国近代思想家的"理财救国"论

1840年之后，面对西方的挑战，中国的知识界开始了全方位的回应，总体而言，以往人们的注意力比较集中于制度变革所带来价值观念的变革。在"富国强兵"的背景下，让国家富强成为时代的共同诉求，那么，如何才能实现"富国"的目标呢？以往，人们侧重于关注官督商办的企业（李鸿章、左宗棠等人在洋务运动中所创办的企业）、弃官从商的状元（张謇）、红顶商人（胡雪岩）等人在企业运行和角色转换等方面的尝试，但对于全球性的经济形态转型对中国的影响、西方财政金融理论的引入及付诸实践方面的研究却不甚深入。而对于晚清时期最具影响的思想家的经济思想更是关注甚少。其实，无论是康有为、梁启超还是张之洞、杨度等都有许多专门的财政金融方面的论述，他们不是专门的经济学者或实业家，他们的论述让我们看到传统士人知识体系的巨大转型，折射了近代所面临的三千年未有之大变局的诸多面向，体现了近代价值观念和知识阶层自我定位的转化。

一、中西历史的分叉点

"经济"一词在中国本为经邦济世之简略表述。即使到晚清，大部分人使用这个概念依然指向国家治理的各个方面，曾国藩有一篇名文《劝学篇示直隶士子》，其中说："为学之术有四；曰义理，曰考据，曰词章，曰经济。"按他自己的解释，"经济者，在孔门为政事之科，前代典礼、政书，及当世掌故皆是也"[①]。"经济"用以作为"economy"的对应翻译，与近代大多数学科名词一样，也来自日本，按照金观涛等人的研究，一直要到1905年之后，经济主要的对应概念才限定在"理财、税收、节用、奖励工商业"这些方面[②]，这样"经济"这一名词的内涵才发生了根本性的转变。

"经济"这个词的内涵由"经邦济世"转变为"理财、税收"这些为道学家所不屑的对象，意味着到晚清时期，随着中西冲突的加深，人们对国家治理以什么为本的认识有了转变，与以往偏重道德教化不同的是，理财、税收、工商等这些事务已是最让人关切的内容了。将财富作为一个国家的核心竞争力，是全球性现代化运动的产物，中国被西方殖民运动卷入全球市场之后，寻求富强就成为国家所首先要追求的目标。与此同时，在太平天国之后，清政府财政体系崩溃，如何增加国家的财政收入也是现实的要求。

彭慕兰认为："几乎没有理由认为，1750年前甚至1800年前的

---

① 曾国藩：《劝学篇示直隶士子》，载《曾国藩全集·诗文》，岳麓书社1986年版，第442页。
② 金观涛等：《从"富强"、"经世"到"经济"》，载《观念史研究：中国现代重要政治术语的形成》，法律出版社2009年版，第306—307页。

西欧比同时代旧大陆其他各类人口密集区域有更强的生产力。当我们转向土地与劳动的要素市场时，我们发现了令人非常难以置信的事实，即中国看起来至少与1800年前的西欧同样符合新古典主义的有效经济制度的理论。"[1]历史的分叉点似乎在1800年前后，欧洲逐渐建立起"完善"的民族国家体系和资本主义的市场体制，而东方国家则没有。历史何以分叉，这是有巨大争议的论题，而为什么欧洲在近代的成功，亚洲及其他地区逐渐成为欧洲征服的对象，则是与前一个议题相关的、但又进一步延伸的争议点。在欧洲中心主义与"东方主义"的联合作用下，作为东亚秩序代表的中国的制度体系和价值观念受到了空前的怀疑。

不过问题就在这里。现代企业的出现和市场秩序的建立需要中央集权，人们认为欧洲的成功是因为有效的市场和财产所有权制度的出现，而这恰好需要政府的支持，民族国家体系应运而生。当市场需要突破国家的界限的时候，国家则是其最坚强的后盾，甚至是战争的发动者。这些在欧洲成功的"经验"放到中国则容易"语无伦次"。比如，当人们去分析中国为什么没有建立起有效的市场的时候，把原因定位于中国的中央集权和政府过于强大，对于私有财产抱有敌意，或是过于软弱，在企业家与其他社会力量发生冲突时，并不能提供有效的保护。这就是说，"集权"在欧洲成为市场的助力，在中国则成为阻力。

为了避免这种自相矛盾的论述，人们需要更为深入地去分析中国的社会结构。人们发现清代虽然在政治上高度专制和集权，但在

---

[1] 彭慕兰著，史建云译：《大分流：欧洲、中国及现代世界经济的发展》，江苏人民出版社2003年版，第103页。

社会控制上，则存在着中央集权和地方相对自治的矛盾现象。一方面是地理上的广大区域所带来的控制上的难度，二是财政匮乏给地方政府带来的"灵活空间"。正如日本学者岩井茂树所言："对于一个在空间和数量上拥有无比庞大社会的国家来讲，不论是它的政治体系还是财政体系，要将国家的法令和计划贯彻到方方面面来具体实现一元化的、集权制的理念，这本来就是一件不可能的事情。国家，只能是一个由集权制的核心和分散而又具有高度独立性的基层组织组成的复合体。"①

清政府的中央集权在经济领域并不十分彻底，清政府的主要财政来源是土地税以及其他的盐、漕等收入，统一收到户部之后，再由户部分拨给各地。但这些经费即使在平常的日子里也不敷各地使用，地方政府及其附属于政府的成员就只能通过各种摊派和其他途径来解决行政费用和官员包括非体制内的官员的收入问题。由此造成一个吊诡的行为，即虽然清政府一直希望把农民的税负限制在比较低的范围内，但在普通百姓看来，地方政府是如此的腐败而又富有。

这样的体制虽然不够有效率，在太平天国起义发生之前还能维持运转。然而当太平天国起义席卷清政府主要的财政供给区域的时候，清政府脆弱的财政体系被摧毁。因为没有足够的地方税收被上交，因此，由户部所例行的拨款变成中央给地方的"额度"，即财政支出的范围，而费用本身需要地方政府自行筹集，由此，地方官员可以"合法"地增加新的税收或其他摊派来筹集资金，比如"厘

---

① 岩井茂树著，付勇译：《中国近代财政史研究》，社会科学文献出版社2011年版，第353页。

金",这也导致在原有的制度体系中产生了"次级制度",最终成为瓦解清政府统治力的"地方势力"。

新的国家体系的形成,必须是旧体制难以维系,而促成新的政治和经济形态的更大的动力来自于西方战争所带来的赔款和西方强大所产生的制度吸引力。这使人们对于自身的文明体系乃至士人的自身角色产生深刻的反思。

就价值体系而言,对于儒家的秩序理念是否能够应付新的政治格局,是晚清知识群体的矛盾爆发点,几乎每一次社会变革都会产生剧烈的争论。总体的趋势是新的观念不断传入,并在士人心中产生出新的价值观,这些价值观以日益尖锐的方式来挑战传统的观念,并因为清政府政治合法性的日益稀薄而越来越多地获得掌声。

在鸦片战争耻辱性的失败之后,如何增强国家的经济实力进而增强国家对内和对外的双重功能已经成为魏源等人思考的重点。与传统儒家相比,一部分知识群体对于国家的政治秩序的首要目标产生了偏离,追求国家富强的实务开始成为关注的对象,而研习心性的玄思则受到质疑。比如,魏源就对儒家的"王道"概念提出了新解。他说,只有不王道的富强,而没有不富强的王道。"王道至纤至悉,井牧、徭役、兵赋,皆性命之精微流行其间。使其口心性,躬礼义,动言万物一体,而民瘼之不求,吏治之不习,国计边防之不问;一旦与人家国,上不足制国用,外不足靖疆圉,下不足苏民困,举平日胞与民物之空谈,至此无一事可效诸民物。天下亦安用此无用之王道哉。"[①]

---

① 魏源:《默觚·治篇一》,载《魏源集》上册,中华书局1976年版,第36页。

虽然，一般而言，道德修养与经世、守边等具体事务之间是一种"内圣外王"式的逻辑一致，但传统儒家对于通过经济手段获得财富始终抱有疑虑。这样的争论几乎贯穿儒学发展的历史，比如汉代的御史大夫和贤良文学之间关于盐铁问题的争论，程颐等对于王安石变法的质疑。到了1940年之后，这样的争论愈发尖锐，尤其是倭仁和恭亲王奕䜣对于同文馆改革的争论以及康有为与朱一新之间的争论都有很大的代表性。

但形势的压迫比任何的成见都更有力量。新的国家观念的传入，使西北中俄边境问题和东部的海疆问题改变了传统对外关系中的夷夏观念，中国被迫加入万国竞逐的局面已经成为共识，那么如何化解中国被瓜分的危机和寻求独立所需要的经济能力，则使得财政金融逐渐成为知识群体必须了解的新领域。

二、国家观念与"理财救国"

在接受了西强中弱的基本格局之后，不同立场的人所讨论的问题集中于向西方学什么、怎么学。最初，国人震惊于西人武器的精良，随之而来慨叹人才的匮乏，主张开办学校。到甲午战争之后，有日本作为参照系，人们相信日本的成功源自他们对于西方宪政制度的模仿，制度变革成为共识。康有为、梁启超所主导的戊戌变法（包括在义和团运动之后20世纪头十年的"新政""立宪"）就是基于对西方制度追慕的反应。戊戌变法失败之后，康有为、梁启超开始了在世界范围的"流亡"，尤其是康有为，足迹遍及日本、东南亚、欧洲、美洲，这些眼见为实的经历，使他能够立足于世界而回望中国。作为一个有政治抱负的人,他不仅开始全面思考中国未来的政治走向,还具体到一些专业性很强的领域,比如财政金融领域。

1904年写作的《物质救国论》标志着康有为对于中国落后的认识有了很大的转变。他认为,与其讨论那些根本制度的改革,还不如将精力集中于具体的治国方略上。他断言,在同治年间由曾国藩、李鸿章等人开其端绪的洋务运动不能做到"对症下药",没有把握西方之所以富强的最根本的原因,所以不可能成功。他认为,中国缺乏竞争力的原因在于科技、工艺等的落后不能支撑国家在财富增长的方面的要求,中国的落后并不是制度和道德方面的原因。

在康有为看来,转变中国与欧洲的强弱对比的"动能"不在于"道德哲学",甚至,崇尚竞争的欧洲并没有"文明",而只有"武明",西方国家总凭借其武器和经济上的优势,对于弱小的国家和种族进行欺凌和掠夺。相比之下,中国之道德教化冠绝世界。由此,弃绝自己的文明法度而模仿西方,是弃己之长而逐人之短。

在《物质救国论》中,康有为指出,欧洲近一二百年的强大关键在于其发明的新工艺及其背后的科学进步。康有为将之称为"物质文明"。"吾国人之所以逊于欧人者,但在物质而已。……于物质之中,先从事其工艺、兵炮之至粗者,……夫炮舰、农商之本,皆由工艺之精奇而生;而工艺之精奇,皆由实用科学及专门业学为之。"[①] 基于此,康有为认为中国要学习西方的首先在工业制造领域,国家如果要派学生出国留学,主要应学习其科学技术和工艺设

---

① 康有为:《物质救国论》,载《康有为全集》第八集,中国人民大学出版社2007年版,第67页。

计。国家应优先创设公司来从事武器和民用商品的生产。这样，制度改革应主要在明晰产权，鼓励私人企业来从事工艺和制造业的发展；在个人财产得到保障的前提下，落实公民自治，建构新的财政体系，康有为将之称为"理财术"，并认为是让国家富强起来的关键。

随后，康有为在这方面的思考越来越具体化。写于1908年的《金主币救国议》一书，集中体现了康有为在那个阶段对于货币发展历史和当时货币制度的认识，并指出西方对于中国的掠夺有一个看不见的战争，即"货币战争"，如果不能有效回应这种借助"理财术"的财富掠夺，那么中国就很快会失去经济上的自主性。

在书中，康有为回顾了人类使用货币的历史，并认为确立金银成为主要的流通货币，是人类商业活动的频率和范围不断扩大的结果。中国在明清年代基本上以银和铜作为基本的流通货币，这导致了1500年之后的很长时间内白银大规模地流入中国[①]，但因为世界上主要经济体改用金主币，而导致世界上银的使用量减少并进一步流入中国，这样，当西方国家以国际上不断落价的银来换取中国的物产的时候，中国会造成双重损失。首先，以银来决算，则实质上造成中国物产的贱卖；其次，银大量流入中国，则导致中国物价的上涨；第三，中国货币的贬值，则中国学生出国留学将付出更多的学费，购买国外的机器也需要付出更多的费用。"二十年前，各国未改金币，故未见大患；积今十年，外银无用而倒入，外债日加而偿出，二者交汇伏流，至今乃大发溃。若今不及改，二三年间，全国

[①] 彭慕兰著，史建云译：《大分流：欧洲、中国及现代世界经济的发展》，第149页。

可破产而乱亡。"①

因此,要使国家强大,则必须学会"理财"之术。尤其是在货币体系方面,应该与主要经济体保持一致,确立以金为本位的货币制度。

除确定金主币之外,康有为认为国家应建立银行体系来使货币得以正常流通,集中分散的资金。"银行之用,其在都会者,汇兑为主;其在乡野者,劝业为主。如乡野骤未能立银行,则乡野中皆有当押之店,宜令其资本报官而核之,令暂充银行。"②康有为认为应发行纸币,来取代铜钱。纸币携带方便,有利于商业的拓展。国家可以通过利率来调节纸币的发行量,也可以适当地超发以增加流动性。不过,纸币的缺陷是在面对经济危机之时,政府通常会"妄发纸币"来增加货币供应,直接后果是造成通货膨胀,"纸币减价,商务紊乱""物价腾踊",缺乏国力支持的纸币难以在国际上流通,因此,在对外商务活动的时候,会要求以"所备实金"来偿付,最终导致货币信用的进一步崩溃。③从上述论述来看,康有为对西方市场国家在货币领域的发展有初步的认识,而对于国家如何通过货币手段来刺激经济、扩大生产则有着十分细致的认识。

不知是否是出于康有为的安排,在这个阶段康有为的重要弟子之一陈焕章在美国哥伦比亚大学攻读经济学博士,而他的博士论文《孔门理财学》也是中国人写作的第一部现代经济学著作,得到了包括凯恩斯在内的许多重要经济学家的肯定,该书以生产、消费等

---

① 康有为:《金主币救国议》,载《康有为全集》第九集,第69页。
② 康有为:《金主币救国议》,载《康有为全集》第九集,第65页。
③ 康有为:《金主币救国议》,载《康有为全集》第九集,第76页。

现代经济学的框架来梳理儒家的经济思想以及在传统中国的影响。我猜测康有为的许多现代经济学知识应该受益于陈焕章所提供的相关资料。

中华民国成立之后，民国政府财政困穷，袁世凯政府开始了大借债，由此引发了全国性的抗议。康有为认为适度地通过借款来解决短时期的财政困难，这是可以理解的，"当共和新立，促统一以理财政，立国之大经也。而民穷财尽，为银行货币生利之业，不得已而出于借外债，犹可原也"[①]。但如果以丧失国家主权为代价来借款，则是举五千年之中国，分赠之各国，而在外国财团的监理之下，则难以使国家富强。面对这种局面，康有为决定刊布《理财救国论》。

在书中，康有为认为民国政府靠借债度日是不可持续的，试图通过激发国民的爱国热情捐献自己的财产来渡过难关也只能是权宜之计。要解决国家的财政困难，只能通过发展生产，提高国家的经济实力。但在当今的世界，要增加国家的财力和民众的收入，合理利用金融工具是必要的。

康有为将他的理财术概括为一个系统性的金融制度设计："夫所谓理财之道者，妙用银行以为枢，通流至虚之纸币公债以为用，搜藏至实之金银以为备，铸行划一之金币以为符而已。"[②]康有为强调银行的重要性，其步骤是：首先要设立国家银行来调节金融体系，发行纸币，整顿币制。不过，中国国土广大，中央银行的调节会因为缺乏比较畅通的交通系统的支持而受到阻滞。这样，必须

---

① 康有为：《大借债驳议》，载《康有为全集》第九集，第356页。
② 康有为：《理财救国论》，载《康有为全集》第九集，第386页。

建立地方性的金融机构来补充。康有为认为可以模仿西方一些国家建立"国民银行"的做法。国民银行既可以改善边远地区的资金流通，还可以调动民间资本来补充中央银行的资金短缺问题。康有为提出，也可以通过发行公债等方法，来充实中央银行的资本金。

针对国民普遍贫穷的现状，国家不能一味通过征税来聚敛财富，而是应该激活国民的存量资产，并获得收益。康有为主张设立"宅地抵当银行"来应付物质竞争时代的原始资本积累问题。他说："吾国人多价贱，物产繁多，实为农工之国；然民贫已极，非国家奖助，欲兴农工，其道无由。"[1]在他看来，德国迅速超越英法而强大，也有金融创新的功劳。德国的创新点就在于设立土地抵押银行，来汇聚分散的资金，满足现代工业和集约化农业发展所需的庞大资金。

康有为还十分超前地提出建立证券市场的设想。他提出应该模仿纽约证券交易所，在中国建立股票交易所。在现代社会，要实业富国必须依靠资本的力量。如果只依赖银行来筹集资金，则因为抵押物的要求，所能获得的贷款有限。而资本市场则可以通过"预期"收入来获得"溢价"。针对股市会刺激"投机"和"破坏实业"的批评，康有为辩护说，股市"投机行为"和"积累资本"并存，关键是看利弊。同时，股票的价格取决于企业的赢利能力，会刺激企业经营者致力于提升企业管理能力和技术的进步，以获取更大的利润。

康有为所提出的让人"骇异"的方案是以消费来促进生产的方

---

[1] 康有为:《理财救国论》，载《康有为全集》第九集，第407页。

案。在他看来，节俭对于个人而言是美德，但也会抑制财富的流通和工艺的进步，因此，"尚俭"是"一个人之私德，而不知公众富美之义也，故国富民生无藉也。欲求富美文明，奖民美屋为上，美器次之，衣服为下；若饮食则为奢侈，宜厉禁之"①。

康有为总结自己的理财救国方案是"先定国民银行，以集中央银行之资本公债，而发行纸币于上；各省县乡有组合银行，以交通国民于中；有劝业兴业银行、股票交易所，以裕民于下；有正金银行，以平通、汇兑、借贷外债于外；有特权银行，以辟富源、佐边用于边。数者并举，而中国犹患贫者，未之有也"②。即使在今天看来，这套金融改革体系也并不能说过时了。

在康有为写作《金主币救国议》的前后，杨度写下了影响广泛的《金铁主义说》，认为中西竞争，不仅是武器的竞争，还是货币的竞争。中国应该认清西方民族国家的多重价值取向，以及现代经济竞争中货币的重要性。同时期的盛宣怀、张謇等人也都提出了设立银行的建议，而张謇更是通过南通的实践，探索了现代中国地方现代化的可能性。

当如何建立现代国家、参与万国竞争成为近代知识群体的共识，那么，对于财政金融等经济问题的关注，既是他们建国理想的现实性方案，也体现了中国传统的知识分子，正面临着其社会角色定位和价值目标的重大转型。他们不再满足于儒家经典的研习和实践，如何通过财富来让国家强盛、人民富足成为他们治国平天下的"入手"处。

---

① 康有为:《理财救国论》，载《康有为全集》第九集，第409页。
② 康有为:《理财救国论》，载《康有为全集》第九集，第412页。

第三章
如何从历史和信仰来理解国家和民族：
康有为与章太炎的分歧

我个人有一个或许会被很多人批评的观点，即我认为就近百年的中国思想而言，康有为和章太炎是最为值得关注的双峰。就思维的深刻性和对于全球时代的反思能力而言，无能出章太炎其右者。而就对儒学转折、新国家形态的复杂性的认知而言，康有为有其独到的卓识。他们或合或分，但都具有超越同时代人的人类性的视野，并为我们描绘了平等、自由的未来世界图景。把他们放在一起讨论，有汪荣祖先生的《康章合论》珠玉在前，本文欲就经史和孔教问题做一些新的解释以附骥尾。

一、引领和追随

章太炎最初与康有为的相识，应该属于"精神层面"的，在他的《自订年谱》中，提到康有为的《新学伪经考》出版之后，"时人以其言奇谲，多称道之"①。康有为在路过杭州的时候，曾经将此书送给当时章太炎在诂经精舍的老师俞樾，俞樾跟章太炎说："你自称私淑刘歆，而康有为专门与刘氏为敌，你们之间势如冰炭啊。"的确，章太炎曾经做《春秋左氏传》的《叙录》，专门驳难主今文学的刘逢禄，不过很显然学术上的分歧并没有阻碍章太炎被康梁的维新思潮所感召②，当康有为在公车上书之后组织强学会，章太炎也出资加入，并因此得到汪康年和梁启超邀请加入《时务报》任记者，章太炎也决意要发表争论，推进变革。

康有为到底是何年将《新学伪经考》呈送给俞樾的目前并无确切的记载，但是该书所引发的反应，并非"多称道之"，而是群情沸腾。康有为之《我史》就记载，1894年7月，余晋珊（联沅）等上奏，认为康有为自号长素，是"以为长于素王"。此书所造成的"惑世诬民"的后果，堪比华士、少正卯，要求销毁《新学伪经考》，至于如何惩办作者，由皇帝决定。光绪帝同意了余的销毁建议。但康氏经多方活动，包括托张謇去说动翁同龢来打通关节。最终当时的两广总督李瀚章为康有为辩护，认为《新学伪经考》本意是为弘扬孔子学说，"本意尊圣，乃至疑经"，虽出版并没有大肆发行，主要是"自课生徒"。尤其是说以"长素自号"，只是为了延年益寿③，实在令人哑然。

---

① 汤志钧编：《章太炎年谱长编》（增订本），上册，中华书局2013年版，第17页。
② 章太炎在《瑞安孙先生伤辞》中说："会南海康有为作《新学伪经考》，诋古文为刘歆伪书。炳麟素治《左氏春秋》，闻先生治《周官》，皆刘氏学，驳《伪经考》数十事，未就，请于先生。先生曰，是当哗世三数年，荀卿有言：狂生者不胥时而落，安用辩难？其以自熏劳也。"（见《章太炎全集·太炎文录初编》，上海人民出版社2014年版，第231页）
③ 茅海建：《康有为〈我史〉笺注》，生活·读书·新知三联书店2009年版，第42页。

章太炎终究不能掩饰他与康门之间的分歧。他在《自订年谱》中概括的分歧包括对康有为倡言孔教的不满，改革方向的分歧以及论述方式的不同。在孔教问题上，他认为康有为字长素，弟子们称超回、轶赐，是"狂悖滋甚"。据冯自由的描述，章太炎在1896年上《时务报》当记者的时候，就已经不同意其建立孔教会的主张。"岁丙申，夏曾佑、汪康年、梁启超发起《时务报》于上海，耳章名，特礼聘为记者，章、梁订交即在此时。章尝叩梁以其师宗旨，梁以变法维新及创立孔教对，章谓变法维新为当世之急务，惟尊孔设教有煽动教祸之虞，不能轻于附和。"①

　　在改革方向上，他提倡推翻满洲贵族的统治是目标，故而看重王夫之的《黄书》；而康门则主张在保存皇权基础上的政治变革，常引用黄宗羲的《明夷待访录》。在写作方法上，他主张科技变革和政治变革分道而论；而康梁则经常将算数物理与政事混为一谈。

　　这样的分歧最终以"斗殴"并章太炎离开《时务报》为了结：

　　　　麟自与梁、麦诸子相遇，论及学派，辄如冰炭。仲华亦假馆沪上，每有议论，常与康学牴牾，惜其才气太弱，学识未富，失据败绩，时亦有之。卓如门人梁作霖者，至斥以陋儒，诋以狗曲，面斥之云狗狗。麟虽未遭謷诟，亦不远于辕固之遇黄生。康党诸大贤，以长素为教皇，又目为南海圣人，谓不及十年，当有符命，其人目光炯炯如岩下电，此病狂语，不值一笑。而好之者乃如蛣蜣转丸，则不得不大声疾呼，直攻其狂。

---

① 冯自由：《中华民国开国前革命史》第十四章，转引自丁文江、赵丰田编《梁启超年谱长编》，上海人民出版社2009年版，第44页。

尝谓邓析、少正卯、卢杞、吕惠卿辈，呦此康瓠，皆未能为之奴隶。若钟伯敬、李卓吾，狂悖恣肆，造言不经，乃真似之。私议及此，属垣漏言，康党衔次骨矣。会谭复生来自江南，以卓如文比贾生，以麟文比相如，未称麦君，麦忮忌甚。三月十三日，康党麕至，攘臂大哄，梁卓霖欲往殴仲华，昌言于众曰：昔在粤中，有某孝廉诋康氏，于广座殴之，今复殴彼二人者，足以自信其学矣。噫嘻！长素有是数子，其果如仲尼得由，恶言不入于耳邪？遂与仲华先后归杭州，避蛊毒也。[①]

章太炎在1897年创刊的《经世报》上连续发表《变法箴言》和《平等论》，主张要躬行变法，"去君臣、绝父子、齐男女"[②]。1898年正月，他上书李鸿章，提出与日本联合抵抗欧美强权的主张。此年春天又去武汉，见张之洞。对于章太炎去武汉之事，记载甚多，比较一致的说法是他受当时张之洞的幕友钱恂（钱玄同的兄长）的招募。当时张之洞反对公羊家所提倡的平权思想，先是写作了《劝学篇》，再则办《正学报》来系统驳斥康有为的思想。

张之洞写作《劝学篇》是为了批康有为的"邪说"，此有他自己的日记为证。比较形象的描述来自辜鸿铭的《中国牛津运动故事》。在该文中，辜鸿铭称康有为的变革方案接近于法国大革命时期的雅各宾主义，这与张之洞所主张的渐进方案不合，故而在短暂的接触之后，就"舍弃"了康党。在戊戌年间，当康有为以皇帝的

---

① 章太炎：《与谭献》（三通），载《章太炎全集·书信集（上）》，上海人民出版社2017年版，第13—14页。
② 汤志钧编：《章太炎年谱长编》（增订本），上册，第28页。

名义发布各种变革法令的时候，张之洞所思考的是如何阻止康思想的传播。辜鸿铭说最充分的证据是《劝学篇》。辜鸿铭指出："外国人认为此书证明了张之洞赞成康有为的改革方案，其实大谬不然。这本著名的书，实在我们于武昌棉纺厂召开那次议事会之后立即写出来的——它是张之洞反抗康有为雅各宾主义的宣言书，也是他的'自辩书'。该书告诫他的追随者和中国所有文人学士，要反对康有为的改良方法。"[①]

相比于当时其他的疆臣，张之洞似乎投入了更多的精力在思想意识领域，在广州和武昌主政期间，延募了各类人士，形成了在他周围学人的聚集。张之洞并不拒绝新学人士，这从他在《马关条约》签订之后对康有为和梁启超的欣赏可以看到。[②]也因为如此，许多逐渐惊骇于康有为学说的人，逐渐开始愿意接近张之洞甚至直接投靠。

基于康梁对新学话语的垄断，张之洞表达了他的警惕。比如致信陈宝箴，要他对《湘学报》中的极端言论进行校正，并筹划编辑《正学报》来抵御湖南的舆论风暴。而与康梁有分歧的章太炎就成了招募对象。

---

① 黄兴涛编：《辜鸿铭文集》上册，海南出版社1996年版，第319—320页。对于辜鸿铭所提出的有人将张之洞的《劝学篇》看作是支持康有为变法，并非无据。其实康有为与张之洞的区别不在于是否要改革，而是改革的方式问题。刘梦溪先生认为《劝学篇》是在西方强势文化冲击下，希望在不失去自身文化特性下的渐进式变革。在张之洞等人看来，民权和平等所颠覆的是纲常，乃是一种激进的变革。刘梦溪先生进而指出："康有为、梁启超等主张的变法是激进的变革，张之洞的变法主张是渐进的变革。"（见刘梦溪：《陈宝箴和湖南新政》，载《中国文化》2002年第十九、二十期，第46页）

② 陆胤说："张之洞善于将新学家说吸纳为一己观点，与此同时，又注意过滤掉其中不符合自己利益、身份的主张。"（见陆胤：《政教存续与文教转型——近代学术史上的张之洞学人圈》，北京大学出版社2015年版，第71页）

张之洞之属意章太炎当是以其"不熹公羊家,有以余语告之者,之洞属余为书驳难"[①]。所谓"正学"者就是要正康有为之"邪说",并不是张之洞自己有明显的古今意识,在章太炎看来,张之洞的关注点在"怪说"。"余昔在南皮张孝达所,张尝言国学渊微,三百年发明已备,后生但当蒙业,不须更事高深。张本好疏通,不暇精理,又见是时怪说流行,惧求深适以致妄,故有是语。"[②]

但他与张之洞之间的共同点也不多,特别是他的种族革命的思想要比民权和平等更激烈。冯自由的记述虽多有"虚构"的成分,但对章太炎和张之洞之间分歧的描述却是十分传神。"戊戌春间,鄂督张之洞以幕府夏曾佑、钱恂二氏之推荐。专电聘章赴鄂。章应召首途,颇蒙优遇。时张所撰《劝学篇》甫脱稿,上篇论教忠,下篇论工艺,因举以请益。章于上篇不置一辞,独谓下篇最合时势。张闻言,意大不怿。两湖书院山长梁鼎芬一日语章,谓闻康祖诒欲作皇帝,询以有所闻否?章答以'只闻康欲作教主,未闻欲作皇帝。实则人有帝王思想,本不足异;惟欲作教主,则未免想入非非'云云。梁大骇曰:'吾辈食毛践土二百余年,何可出此诳语。'怫然不悦。遂语张之洞,谓章某心术不正,时有欺君犯上之辞,不宜重用。张乃馈章以程仪五百两,使夏曾佑、钱恂讽其离鄂。"[③]冯自由设计的梁鼎芬与章太炎的问题,看上去是"量身定做"的,因为并没有任何线索可以得出康有为有想当皇帝的念头。章太炎的确一直

---

① 章太炎:《自订年谱》,载汤志钧编《章太炎年谱长编》(增订本),上册,第37页。
② 章太炎:《自述学术次第》(一九一四年五至六月间),载《章太炎全集·太炎文录补编》(下),上海人民出版社2017年版,第506页。
③ 冯自由:《中华民国开国前革命史》,载汤志钧编《章太炎年谱长编》(增订本),上册,第38页。

认为康有为有"教主"之心，但当教主的难度要大于当皇帝，而皇帝则是人人可当的。

在湖北期间，他并不愿意附和张之洞的幕僚们对康有为的攻击，在1899年发表于《台湾日日新报》上的《〈康氏复书〉识语》一文中，章氏回忆道："曩在鄂中，时番禺梁鼎芬、吴王任俊、秀水朱克柔皆在幕府，人谓其与余同术，亦未甚分泾渭也。既数子者，或谈许、郑，或述关、洛，正经兴庶，举以自任，聆其言论，洋洋满耳。及叩其指归，裔卷逡巡，卒成乡愿，则始欲割席矣。嗣数子以康氏异同就余评骘，并其大义亦加诋毁。余则抗唇力争，声震廊庑。举室愕眙，谓余变故，而余故未尝变也。及革政难起，而前此自任正学之数公者，乃皆垂头塌翼，丧其所守，非直不能建明高义，并其夙所诵习，若云阳尊阴卑、子当制母者，亦若瞠焉忘之。"① 在章太炎看来，张之洞幕友的表现是一种"乡愿"，他为康有为所做的辩护，让梁鼎芬等人认为章太炎"变故"，因而也就不会再让他来为《正学报》撰稿了。

在前述冯自由的故事中，章太炎与张之洞算是和平分手，而且还获得了五百两的遣散费。但在刘禺生的记述中，章太炎要狼狈得多，因为他是被"打跑"的。

刘禺生回忆说："楚学报第一期出版，属太炎撰文，太炎乃为排满论凡六万言，文成，钞呈总办；梁阅之，大怒，口呼反叛反叛、杀头杀头者，凡百数十次。急乘轿上总督衙门，请捕拿章炳麟，锁下犯狱，按律治罪。予与朱克柔、邵仲威、程家柽等闻之，

---

① 章太炎：《识康有为复书》（一八九九年一月十二日），载《章太炎全集·太炎文录补编》（上），上海人民出版社2017年版，第105页。

急访王仁俊曰：先生为楚学报坐办，总主笔为张之洞所延聘，今因排满论酿成大狱，朝廷必先罪延聘者，是张首受其累，予反对维新派者以口实。先生宜急上院，谓章太炎原是个疯子，逐之可也。仁俊上院，节庵正要求拿办；仁俊曰：章疯子，即日逐之出境可也。之洞语节庵，快去照办。梁怒无可泄，归拉太炎出，一切铺盖衣服，皆不准带，即刻逐出报馆；命轿夫四人，扑太炎于地，以四人轿两人直肩之短轿棍，杖太炎股多下，蜂拥逐之。太炎身外无物，朱、邵等乃质衣为购棉被，买船票，送归上海。陈石遗诗话某卷第二段，曾言太炎杖股事，故太炎平生与人争论不决，只言'叫梁鼎芬来'，太炎乃微笑而已。"[①]刘禺生的回忆有一些明显的错误，比如《楚学报》当为《正学报》之误，章太炎虽然写过许多仇满文字，但并不在这个时期。虽然章太炎未必是被人打跑的，但肯定也不会是重金礼送的。

离开湖北之后，章太炎又回到上海。先前供职的《时务报》，汪康年与梁启超相争，最后梁离开，汪将《时务报》改名《昌言报》，聘章太炎主持笔政。戊戌变法失败之后，六君子血溅菜市口，章太炎表示愤慨，撰《祭维新六贤文》，后又写《书汉以来革政之狱》，认为历史上因变革而所付出的牺牲，可能不会立刻被平反，但必然会在后世获得昭雪。1898年底，因受政变案的影响，章太炎前去台湾避祸，并充任《台湾日日新报》的记者。

1898年12月，流亡中的康梁创办《清议报》，由梁启超任主编，继续宣传政治改良，反对慈禧、拥戴光绪。章太炎也不时在

---

① 刘禺生：《章太炎被杖》，载《清代史料笔记：世载堂杂忆》，中华书局1960年版，第127页。

《清议报》发表文章,这个时期可能是康有为和章太炎关系最为融洽的时期。

1898年底,章太炎曾给康有为去信表示两个意思,一是他与康有为虽然学术上有分歧,但"论事大符",基本的政治立场有相符的地方;二是希望康有为及其弟子要包容异见,团结一切力量,尤其是与孙中山等人联合,来与慈禧的势力作斗争。[①]

对此,1898年12月27日康有为复信说:

枚叔先生仁兄执事:

曩在强学会,辱承赐书,良深感仰,即以大雅之才、经卫之懿告卓如。倾者政变,仆为戮人,而足下乃拳拳持正议,又辱书教之,何其识之绝出寻常而亲爱只深耶!台湾瘴乡,岂大君子久居之所?切望捧手,得尽怀抱。驰骋欧美,乃仆夙愿,特有待耳。兼容并包,教诲切至,此事易明,仆岂不知?而抱此区区,盖别有措置也。神州陆沉,尧台幽囚,惟冀多得志士相与扶之,横睨豪杰,非足下谁与?惟望激昂同志,救此沦胥![②]

章炳麟接到此书后,写了长长一篇识语,连同康有为回信发表于1899年1月13日的《台湾日日新报》:

---

① 该《寄康氏书》,乃由彭春凌教授发现的《台湾日日新报》1899年1月1日汉文第12版而加以整理的。(见氏著:《儒学转型与文化新命》,北京大学出版社2014年版,第435—436页)
② 康有为:《康氏复书》,见《台湾日日新报》1899年1月13日,汉文第3版。载张荣华编校:《康有为往来书信集》,中国人民大学出版社2012年版,第549页。

> 余于十一月上旬驰书长素工部，其稿为同人持去，业登报章。数旬以来，屏居枯坐，戚戚寡欢，念凤好之凋零，悲天纲之溃决，疚怀中夜，不能奋飞。昨者晨起，殷忧填膈，忽得工部报书，眉宇盱扬，阳气顿发，盖不啻百金良药也。
>
> 书中称誉，不无过情，然工部非妄有阿借者。至其自述怀抱，卓诡切至，语不缴绕，而入人肝脾，志士诵之，靡不按剑。故录其原稿，登之报章，以备贤哲省览焉。或曰：子与工部，学问涂径故有不同，往者平议经术，不异升元，今何相昵之深也？余曰：……所与工部论辩者，特《左氏》《公羊》门户师法之间也，至于黜周王鲁、改制革命，则未尝少异也……学无所谓异同，徒有枉直焉耳。持正如工部，余何暇与论师法之异同乎？阴历十二月朔，支那章炳麟识。①

在这封回信中，章太炎强调他与康有为的差别主要在于《春秋左传》和《公羊传》之间的今古文门户之见。但这个时期，章太炎并不完全拒绝"王鲁"和改制革命这些公羊学的最基本义理。针对日本人对于康有为因受恩于光绪，却在光绪蒙难之际逃身自存所谓"道德污点"的攻击，章太炎也在《答学究》一文中做了最为坚决的辩护。

章太炎说在戊戌变法时期，就已经有很多人开始非议康有为，他"固已心怪之"，到台湾之后，有人说康有为泄露了光绪皇帝给他的密诏而导致光绪被囚，以及攻击慈禧太后的行为违背了儒家

---

① 章太炎：《识康有为复书》（一八九九年一月十二日），载《章太炎全集·太炎文录补编》（上），第105页。

"忠恕"之道。章太炎说慈禧的阴贼要远超汉代的吕后，无论康有为是否泄露光绪的计划，都难逃被囚的后果：

> 且夫华士之选懦亦甚矣，彼拘于成俗，而不足以陟皇之赫戏者，横九服而皆是也。是故山崩陵阤，而宴卧者如故，非有驰檄则气何自作？愤何自发？四邻何自动？武蜂精兵何自附？……夫谓康氏者，其当杜门宛舌，以责成亏于上天乎？其抑当哗釦而与天下陈其义也。若夫以讦发宫闱为婞直者，则可谓僮隶之见耳矣。古者绝交必曰无恶声，居其国必曰不非其大夫，此经常之论。执雌免祸之道，非所语于行权之事也。今祸患之端，始于宫邻，卒于金虎掖庭之上，而罪人在焉。讨之尤可，况数其罪乎？①

在此文中章太炎称赞康有为超越世俗的利害计较，发出改革的呼号，是唤醒国民的勇敢之举。他说现在日本或台湾出现的污蔑康有为的言论违背了"绝交不出恶声，居国不议大夫"的古训。中国的祸患之源头在于宫廷内部，而康有为的一系列看上去不合规范的行为只是"行权"而已。

在这个时期，章太炎理论上声援康有为的文字最可注意者为《客帝》，此文之所以具有象征意义还因为在章太炎确立革命立场之后，首先进行自我否定的就是这篇《客帝》②，从中也可以看到

---

① 章太炎：《答学究》，载《章太炎全集·书信集（上）》，第56—57页。
② 《客帝》一文载于《訄书》初刻本，1904年重订本出版将此文刊落，并著文《客帝匡谬》，以示与自己过往的政治立场告别，也就是与清政府彻底决裂。

他与康有为所发生的由政治立场到学术观点的全面对抗。

《客帝》首先说,古代中国有客卿之说,现在的满洲皇帝只是"客帝",因此,逐满之论,可以熄矣。既然有"客",那必然就会有几千年不易之主,这就是孔子及其后裔衍圣公。"昔者《春秋》以元统天,而以春王为文王。文王孰谓?则王愆期以为仲尼是已。"欧洲的教皇等也曾经作为共主而存在,中国的共主就是"仲尼子世胄"。在中国历史上,只要得民心,都可以成为帝王,但其地位只是齐桓晋文这样的霸主而已,而只有衍圣公才是两千年不变的"共主"。

有人指出,衍圣公的爵位很低,何以能成为天下之共主?章太炎的回答是孔子之地位并非某一代君王所可废黜,神州之王统存于衍圣公。①

很显然,章太炎在"客帝"的论述中接受了公羊学中孔子为素王的思想②,也能看出受到康有为对于君主立宪制度中"君主"设想的影响。在康有为的思路中,为了保全中国,最好的选择是在保有清帝的前提下,进行现代国家的建构。而替代性方案是以衍圣公来作为"虚君",虽然这样的后果可能会导致其他少数民族的"认同危机"。康有为的思想中,吸收了日本明治维新以来的尊君立宪

---

① 章太炎:《客帝第二十九》,载《章太炎全集·訄书初刻本》,上海人民出版社2014年版,第65—67页。
② 刘巍说章太炎在《訄书》初刻时期受康有为影响巨大,所举例子即是《尊荀》和《客帝》二文,章太炎在《孔子改制考》中,就认为荀子之"后王"即孔子,此为章太炎在《尊荀》中所接受;而在《客帝》中接受以文王为孔子,以孔子为天下之共主,也受康有为《春秋董氏学》的影响。(见刘巍:《"今古文辨义":康有为、章太炎的经学争议与现代人文学术》,载《中国学术之近代命运》,北京师范大学出版社2013年版,第124—125页)

的观点,但与日本人所建构的天皇"万世一系"的思路却存在着张力。然在章太炎的"客帝"思路中,则明确接受衍圣公为"共主"的观念,这也与他始终存在的"种族革命"观念相一致①。

在此阶段的康章关系中,值得关注的还有围绕着湖南新政所引发的"翼教派"对于康有为、梁启超的攻击。

在戊戌变法前一段时间里,湖南的谭嗣同和唐才常等人在陈宝箴、江标等人的支持下,创办《湘报》和时务学堂等,大力提倡变法,而梁启超主持的时务学堂则在孔教改制的基础上,宣讲民权、平等和公法,这引起了以王先谦、叶德辉为代表的一批人的反对。②他们的言论集中在由苏舆编辑的《翼教丛编》中,他们以护卫正统儒家的姿态,对于康梁等人的思想特别是孔教思想进行了激烈的攻击。苏舆在序中说梁启超"其(梁启超)言以康(有为)之《新学伪经考》《孔子改制考》为主,而平等、民权、孔子纪年诸谬说辅之。伪六籍,灭圣经也。而托古改制,乱成宪也。倡平等,堕纲常也。伸民权,无君上也。孔子纪年,欲人不知有本朝也"③。他们对梁启超在长沙讲学时用的《春秋界说》《孟子界说》和康有为的《长兴学记》逐条进行批驳,主要的攻击点集中在以平等的观念来摧毁礼教等级,用孔子纪年来否定本朝的正统,而以

---

① 彭春凌说,以孔子后裔为天下共主与章太炎革命时期的排满主张不矛盾,反而能为其革命主张提供基础。在"革命"与"一统"这样的儒家基本价值上,康有为和章太炎有着共同之处,相比与日本所建构的天皇符号,他们的思考里始终存在着"多民族现代国家"的思考维度。(见氏著:《儒学转型与文化新命》,北京大学出版社2014年版,第79、83页)
② 对于戊戌变法前后湖南的新旧之争,可参见刘梦溪的《陈宝箴和湖南新政》一文,载《中国文化》2002年第十九、二十期。
③ 苏舆:《翼教丛编》序,载苏舆编《翼教丛编》,上海书店出版社2002年版,第1页。

西方宗教的范型来改造儒家传统是"用夷变夏"。叶德辉说："康有为隐以改复原教之路德自命，欲删定六经，而先作《伪经考》，欲搅乱朝政，而又作《改制考》。其貌则孔也，其心则夷也。康有为之公车上书，诋西人以耶稣纪年为无正统，而其徒众又欲废大清统号，以孔子纪年。无论其言行之不相顾也，即言与言亦不相顾。"①

到1898年，康有为得到光绪的赏识，提出了许多变法维新主张，与此相对应的是，对他的参奏文书也就越发的多，用词也就越发激烈。比如他创办的保国会，就引发了"保中国不保大清"的非议。陈宝箴虽然曾经促成湖南时务学堂的开办和梁启超在湖南讲学等活动，但对康有为试图用西方教会的仪式来改造儒家的做法并不赞同，认为只是拾人牙慧而已。他在《请釐正学术造就人才折（光绪二十四年五月，1898年）》中批评康有为说，《孔子改制考》一书，会导致民权平等学说横行，"不知有君臣父子之大防"，但依然认为康有为是"可用之才，敢言之气"②，主张以销毁《孔子改制考》作为处置方案。

不过王先谦对康有为就没那么客气，他给陈宝箴的信中直言康梁之徒有"仇视君上之心"，因此指责陈宝箴保护康有为乃是遗留祸根，其奏折会养虎遗患。"康有为心迹悖乱，人所共知，粤中死党护之甚力，情状亦殊叵测。若辈假西学以自文，旋通外人以自重，北胡南越，本其蓄念，玉步未改，而有仇视君上之心，充其伎俩，何所不至。我公盛德君子也，如康因此疏瓦全，不可谓非厚幸，但

---

① 叶德辉：《叶吏部与刘先端黄郁文两生书》，载苏舆编《翼教丛编》，第165页。
② 茅海建：《康有为〈我史〉笺注》，第627页。

恐留此祸本，终成厉阶，有伤知人之明。"①

另一位有影响的官员曾廉在奏文中，指出康有为提倡平等的改制主张会危害皇权。他说康有为：

> 其字则曰"长素"。长素者，谓其长于素王也。臣又观其所作《新学伪经考》《孔子改制考》诸书，燀乱圣言，参杂邪说，至上孔子以神圣明王传世教主徽号。盖康有为尝主泰西民权平等之说，意将以孔子为摩西，而己为耶稣；大有教皇中国之意，而特假孔子大圣借宾定主，以风示天下。姑平白诬圣造此为名，其处心积虑，非寻常富贵之足以厌以欲也。康有为之书，亦咸同后经生著作之体例，前列经史子旧说，而后条附以己意。盖一浅陋迂谬之经生，而出之以诡诞，加之以悖逆，浸假而大其权位，则邪说狂煽，必率天下而为无父无君之行，臣诚不知其置于皇上于何地也。②

曾廉说如此狂悖之人，应当斩之以塞邪恶之门，这样天下自安。因为光绪看到这折十分严厉，所以并没有将之呈交慈禧太后。

翼教派对康有为展开的系统攻击，在学术立场上与章太炎存在许多共同点，比如在今古文的差异上，尤其是对于"孔教"，他们有共同的"抵制"。章太炎甚至在很长一段时间"容忍"了今文家"素王"观，但对孔教的否定态度是一生不变的。即便如此，章太

---

① 王先谦：《王祭酒致陈中丞书》，载苏舆编《翼教丛编》，第160页。
② 曾廉：《应诏上封事（光绪二十四年六月）》，载翦伯赞等编《戊戌变法》，神州国光社1953年版，第492页。

炎则依然坚持学术上的分歧不能成为政治迫害的理由。更何况这个时期，他主张变法，倡导平等。

面对湖南士绅的攻击，章太炎作《翼教丛编书后》来回护康有为。他指出，《翼教丛编》对于康有为将经典判为伪经的批评有些是切中要害的，不过，历史上的疑经由来已久，包括程朱，为什么只攻击康有为而不及其他人呢？尤其是将学术批评和反对政变主张搅和到一起，则是居心叵测的行为。"虽然，诋其说经而并及其行事，此一孔之儒之迂论，犹可说也。乃必大书垂帘逐捕之诏以泄私愤，则吾所不解也。"①章太炎把翼教人士对康有为的攻击比拟为明末宦官专权时期对于东林党的陷害。他认为康有为"忠于行事"，是值得尊重的。"今之言君权者，则痛诋康氏之张民权；言妇道无成者，则痛诋康氏之主张男女平等。清谈坐论，自以孟、荀不能绝也。及朝局一变，则幡然献符命，舐痈痔惟恐不亟，并其所谓君权妇道者亦忘之矣。夫康氏平日之言民权与男女平等，汲汲焉如鸣建鼓，以求亡子，至行事则惟崇乾断、肃宫闱，虽不能自持其义，犹不失为忠于所事。彼与康氏反唇者，其处心果何如耶？"②

二、教主与史家

"教主"和"史家"是基于康有为和章太炎对于孔子的定位。虽然在维新时期，章太炎一度也接受公羊家的"素王"观念，将孔

---

① 章太炎：《翼教丛编书后》，载汤志钧编《章太炎年谱长编》（增订本），上册，第51页。
② 章太炎：《翼教丛编书后》，载汤志钧编《章太炎年谱长编》（增订本），上册，第51页。

子视为中华之"共主",但他以《左传》为进路的学术方向决定了这样的角度只可能是一种权宜之计。从1899年8月开始到1900年2月连载于《清议报》的《儒术真论》表明,章太炎试图重构属于他自己的孔子形象①。

(一)孔教问题是康章的死结

章太炎在诂经精舍的时候,细读过《新学伪经考》和《孔子改制考》,并反复强调他反对康有为要做"教主"的企图。其实,在康有为这里,孔子既是为万世制法的圣王,同时也是孔教的教主。在《孔子改制考》的序言中,康有为说:"天既哀大地生人之多艰,黑帝乃降精而救民患,为神明,为圣王,为万世作师,为万民作保,为大地教主。"②孔子生于乱世,但立三世之法,期待太平大同之世。因为刘歆伪造《左传》,"降孔子之圣王而为先师",这样公羊改制之微言湮没无闻。而在章太炎看来,孔子之所以伟大,就是因为他摆脱了鬼神迷信而树立理性化的思维方式,这才是儒术之"真"。

在《儒术真论》中,章太炎借用《墨子》中的公孟与墨子的对话来展开他的论证。首先,章太炎说"素王"是孔子以天下共主自任,并非谶纬妄言。"按:玄圣素王,本见《庄子》。今观此义,则知始元终麟,实以自王,而河图不出,文王既丧,其言皆以共主

---

① 彭春凌说:"当章太炎的'孔子'凌驾诸圣之上、成为创制'真'儒术之'素王'时,章太炎已经决意以是否'敬天明鬼'为依据,要和康有为进行一场'孔子'的争夺战。"(见氏著:《儒学转型与文化新命》,第109页)
② 康有为:《孔子改制考·序》,载《康有为全集》第三集,中国人民大学出版社2007年版,第3页。

自任，非图谶妄言也。"[①]章太炎借助墨子的口说，儒家否定鬼神和命运，不相信天有意志，以"天为不明"。由此，章太炎总结说："按：仲尼所以凌驾千圣，迈尧、舜、轹公旦者，独在以天为不明及无鬼神二事。"接着章太炎以他所了解的科学知识来解释天体的构成和其他自然现象，认为古代中国人对于星辰和天帝的说法，都只是想象而已。因此，天"非有恩威生杀之志，因上帝而有福善祸淫之说，其害犹细，其识已愚，因是以及鬼神，则诬妄日出，而人伦殆废"[②]。在章太炎看来，早期的儒生都是知道敬鬼神而远之的道理，即使是秦汉之间的儒生依然是坚持无鬼神的义理。一直到汉武帝和汉昭帝的时代，儒家无鬼神的立场才逐渐丧失。而试图以科学理性的方式来理解儒学的特性，客观上会造成对儒家以及孔子本身的去魅，随即章太炎就开启了订孔反儒的风潮。

其实，当西方殖民主义者与现代化运动杂糅在一起的时候，

[①] 章太炎：《儒术真论》（一八九九年八月六日），载《章太炎全集·太炎文录补编（上）》，第165—166页。后来，章太炎极力要把"素王"中有德无位的意思解构，他在《国故论衡·原经》中云："盖素王者，其名见于《庄子》（原注《天下篇》），伊尹陈九主素王之法，守府者为素王；庄子道玄圣素王，无其位而德可比于王者；太史公为《素王眇论》，多道货殖，其《货殖列传》已著素封，无其位，有其富厚崇高，小者比封君，大者拟天子。此三素王之辨也。仲尼称素王者，自后生号之。"（见章太炎著，庞俊、郭诚永注：《国故论衡疏证》，中华书局2008年版，第256—257页）据马勇的整理，与庞注略有出入："盖素王者，其名见于《庄子》，《天下》篇。责实有三：伊尹陈九主素王之法，守府者为素王；《庄子》道玄圣素王，无其位而德可比于王者；太史公为《素王眇论》，多道货殖，其《货殖列传》已著素封，无其位，有其富厚崇高，小者比封君，大者拟天子。此三素王之辨也。仲尼称素王者，自后生号之。"（见章太炎：《原经》，载《章太炎全集·国故论衡校定本》，上海人民出版社2017年版，第232页）这就是说，素王可以有多种含义，甚至也可以指那些"有钱人"。
[②] 章太炎：《儒术真论》（一八九九年八月六日），载《章太炎全集·太炎文录补编（上）》，第166—167页。

儒学的正当性和效能必然会面临最为严酷的挑战。从魏源的"师夷之长技以制夷",到洋务派,再到冯桂芬、张之洞的"中西体用"论,从对西方的称呼的变化,我们就可以看出儒学一直在"边战边退",寻找新的定位。康有为的"大地教主"也是因应基督教的挑战而做出的反应,章太炎通过科学理性的角度来反对教主化的孔子,亦是这个大背景下的探索。

在当时大多数儒家的眼里,康有为的民权、平等思想对儒家价值的颠覆性要更为可怕。的确,儒家在那个时代受到的最为激烈的批评来自康有为阵营的谭嗣同。当康有为提出据乱世、升平世和太平世的三世说作为其变法和君主立宪的理论基础的时候,作为变法集团的重要成员的谭嗣同则以三世说为依据开始直接攻击"君统"和名教纲常伦理。他认为近代中国社会正由据乱世向升平世转变,根据圣人"因时立法"的原则,原先的政治理念和道德原则已经不适应变化社会的需要,应进行改革。

他指出:"非君择民,而民择君也"[①],这一秉承了晚明启蒙意识的对于君主制度的怀疑还不是谭嗣同的终极目标,他所想的则是对于君主制度本身的变革。在谭嗣同看来,变革首先要变思想。他指出,为什么君主专制能如此有效地实施其统治,其原因除了国家机器之外,还有一套思想体系,这就是"名教"。他说:"俗学陋行,动言名教,敬若天命而不敢渝,畏若国宪而不敢议,嗟呼,以名为教,则其教已为实之宾,而决非实也。又况名者,由人创造,上以制其下而不能不奉之,则数千年来,三纲五伦之惨祸烈毒,由

---

① 谭嗣同:《仁学》三十一,载《谭嗣同全集》下卷,中华书局1981年版,第339页。

是酷焉矣。君以名桎臣，官以名轭民，父以名压子，夫以名固妻，兄弟朋友各挟一名以相抗拒，而仁尚有少存焉者得乎。"①谭嗣同对于儒家纲常伦理的批判点集中于"上以制其下"的等级制度上，进而提倡一种平等和自由的精神，所以他明确地说，他之创立"仁学"，其目的就是"冲决网罗"，"初当冲决利禄之网罗，次冲决俗学若考据、若词章之网罗，次冲决全球群学之网罗，次冲决君主之网罗，次冲击伦常之网罗，次冲决天之网罗，次冲决全球群教之网罗，终将冲决佛法之网罗"②。

谭嗣同将名教产生的原因归结为荀子，并指出名教是对儒家根本精神的歪曲，他矛头直指纲常等儒家核心价值，其"冲决网罗"的破坏性思维方式是激进反儒学思潮的渊薮。

20世纪初孔子形象的迅速低落也与日本在"脱亚入欧"的过程中，对于孔子和儒家的否定有关。章太炎曾在《订孔》一文中引述日本人远藤隆吉的话说："孔子出于支那，则支那之祸本也。"③后世的人视孔子之言为万世不易之真理，"革一义若有刑戮，则守旧自此始"④。而且因为儒家独尊，诸子之学被排斥，这导致孔子的思想成为统治者玩弄权力的利器。在这篇文章里，章太炎认为孔子是"古之良史"，孔子死后，与其名实相抗衡的就是刘歆。这显然是直接针对康有为的刘歆伪经说的。的确，章太炎和康有为对孔子形

---

① 谭嗣同：《仁学》八，载《谭嗣同全集》下卷，第299页。
② 谭嗣同：《仁学·自叙》，载《谭嗣同全集》下卷，第290页。
③ 章太炎：《订孔上》，载《章太炎全集·检论》，上海人民出版社2014年版，第430页。
④ 章太炎：《订孔第二》，载《章太炎全集·訄书重订本》，上海人民出版社2014年版，第132页。

象的认知上的最大差异还是在于"教主"和"史家"之别。

在《訄书》中,章太炎有四五篇文章讨论"教",其中核心部分的内容则是如何看待西方宗教对中国的冲击,而此类问题就是康有为孔教论的关键。

在章太炎看来,宗教是人类特性之一,并不涉及文明优劣问题。也就是说不能因为西方人批评中国是无教之国而倍感失落,而非要"建构"一种宗教来抗衡。章太炎翻译过斯宾塞的作品,故而他认为基督教"诸科学之所轻,其政府亦未重,纵之以入支那,使趋于相杀毁伤,而已得挟其名以割吾地,其计划黠矣"[①]。即这些宗教在西方已经趋于没落,但进入中国之后,被殖民主义利用成侵略的工具。章太炎列数在中国发生的著名教案,并认为这已经激起中国人的反感,建立孔教反而会成为中西竞争的阻碍力量。

章太炎说可怕的是基督教偷梁换柱,通过中国古代的典籍来行传教之实,这样我们终究是被基督教化了。在章太炎看来,康有为模仿基督教的做法来建立孔教其实就是着了基督教的"道"。

的确,康有为戊戌变法之前的孔教主张,多为模仿基督教而设,甚至梁启超也将康有为视为孔教的"马丁·路德"。不过,戊戌变法失败之后,康有为开始了他的流亡生涯,而在这个阶段,康有为有了更多的时间接触和了解西方的宗教,从而从理论和实践上修正了他变法之前所提出的孔教主张。康有为认为儒家摆脱了西方一神教所带来的外力对于人类行为的控制,在写于1904年的《意大利游记》中,他系统地探讨了中西宗教的差异。在这篇游记中,康

---

① 章太炎:《忧教第五十》,载《章太炎全集·訄书重订本》,第294页。

有为开始反驳只有神道才算宗教的说法，而从功能上去理解"教"字，认为所有劝告人们为善去恶的理论均可以称之为"教"，无论是以神道的方式还是以人伦的方式，抑或两者兼具，都是"教"。他说：

> 或有谓宗教必言神道，佛、耶、回皆言神，故得为宗教；孔子不言神道，不为宗教。此等论说尤奇愚。试问今人之识有"教"之一字者，从何来？秦、汉以前，经、传言教者，不可胜数。是岂亦佛、回、耶乎？信如斯说，佛、回、耶未入中国前，然则中国数千年为无教之国耶？岂徒自贬，亦自诬甚矣！夫教之为道多矣，有以神道为教者，有以人道为教者，有合人、神为教者。要教之为义，皆在使人去恶而为善而已，但其用法不同。①

康有为还从人类认识发展的不同阶段来划分"教"的形态的发展，认为远古人们因为智力发展的限制，害怕神鬼，因此，圣人就用神鬼来警示人们向善去恶。他说：

> 孔子恶神权之太昌而大扫除之，故于当时一切神鬼皆罢弃，惟留天、地、山川、社、稷五祀数者，以临鉴斯民。虽不专发一神教，而扫荡旧俗如此，功力亦极大矣！……况孔子实为改制之教主，立三统三世之法，包含神人，一切莫不覆帱，

---

① 康有为：《意大利游记》，载《康有为全集》第七集，第374页。

至今莫能外之。其三世之法，与时变通，再过千年，未能出其范围。朱子不深明本末，乃仅发明《论语》，以为孔子之道在是，则割地偏安多矣。此乃朱子之孔子，非真孔子也。或乃不知孔子实为儒教之祖，误以为哲学之一家，乃以梭格拉底比之，则亦一朱子之孔子而已。但孔子敷教在宽，不尚迷信，故听人自由，压制最少。此乃孔子至公处，而教之弱亦因之。然治古民用神道，渐进则用人道，乃文明之进者。故孔子之为教主，已加进一层矣。治较智之民，教主自不能太尊矣。①

1906年，因为《苏报》案而经历了三年牢狱之灾的章太炎出狱，并被迎往日本。是年7月15日东京留日学生开欢迎会，章太炎发表了热情洋溢的讲演。在谈到当下的活动方法的时候，章太炎提出了两条方法。"第一，是用宗教发起信心，增进国民道德；第二，是用国粹激动种姓，增进爱国的热肠。"②

在这个演讲里，章太炎的有些表述与别的地方有所不同，比如他并不认同斯宾塞等人的宗教衰落论，而是相信宗教对于增进道德的作用。对于中国的宗教，他也相信孔教的好处，即孔教比较少迷信的成分。但他又说，孔子并不是一个好的宗教榜样，因为他是一个没有勇气善于钻营的人。"他教弟子，总是依人作嫁，最上是帝师王佐的资格，总不敢觊觎帝位。及到最下一级，便是委吏乘田，也将求去做了。诸君看孔子生平，当时摄行相事的时候，只是依傍鲁

---

① 康有为：《意大利游记》，载《康有为全集》第七集，第375页。
② 章太炎：《东京留学生欢迎会演说词》，载《章太炎全集·演讲集（上）》，上海人民出版社2015年版，第4页。

君,到得七十二国周游数次,日暮途穷,回家养老,那时并且依傍季氏,他的志气,岂不一日短一日么?所以孔教的最大污点,是使人不脱富贵利禄的思想。自汉武帝专尊孔教之后,这热衷于富贵利禄的人,总是日多一日。我们今日想要实行革命、提倡民权,若夹杂一点富贵利禄的心,就像微虫霉菌,可以残害全身,所以孔教是断不可用的。"①既然孔教以富贵利禄为目标,那就不能承担增进道德的功能,因此,不能依靠孔教,还是要依赖佛教。佛教强调众生平等,而满洲人的统治造成了社会普遍的不平等,故而与排满革命正好合拍。

  章太炎提倡"国粹"并不是要人相信孔教②,这个国粹的内容,主要是语言文字、典章制度和人物故事,这些都是民族凝聚力和爱国精神的源头。就此两条而言,其实所针对的依然是康有为,从而也否定了康有为以孔教为提振国民信心的动力的意图。

---

① 章太炎:《东京留学生欢迎会演说词》,载《章太炎全集·演讲集(上)》,第4—5页。
② 章太炎虽是"国粹派"的重要人物,但他对于孔教会的态度并不能代表国粹派的一致立场。其实,国粹派虽然在很多方面与康有为等人相左,但在认孔教为国教方面倒是互通声气。针对当时诸子学受到重视的状况,许多学者认为孔子(儒家思想)的影响应该要远远大于诸子学,而许之衡对于孔教的论述也特别值得注意,他反对梁启超《保教非所以尊孔》中的说法,认为孔教是宗教,并指责章太炎将孔子与刘歆并列,使孔子失去其价值。"孔子之为中国教,几于亘二千年,支配四百兆之人心久矣。而忽然夺其席,与老墨等视。夫老墨诚圣人,然能支配四百兆之人心否耶?夫以孔子为宗教家,徒以其乏形式耳。孔子之不立形式,正其高出于各教,使人破迷信而生智信也。除形式外,殆无不备教主之资格者。"他指出墨老等先秦诸子并不具备成为宗教的价值,而耶教虽然伟大,却与我们民族并不能契合,所以只要说到信教,就只能信孔教。"种族不始于黄帝,而黄帝实可为种族代表;宗教不始于孔子,而孔子实可为宗教之代表。彼二圣者,皆处吾国自古迄今至尊无上之位,为吾全历史之关键,又人心中所同有者,以之为国魂,不亦宜乎?"(见许之衡:《读〈国粹学报〉感言》,载桑兵等编《国学的历史》,国家图书馆出版社2010年版,第53—54页、第56页)

章太炎并不否定宗教，他所反对的是借助神力的信仰。他认为宗教已经成为一种社会习俗，要从宗教中吸取大无畏的精神。1906年章太炎作《建立宗教论》一文，他认为，宗教起源于遍计所执、依他起和圆成实三性，都是人对于世界的认识的局限。①在他看来，康德区分经验世界和自在之物的二分法只是回避了问题，并不能真正解决信仰所带给人们的问题。他说："宗教之高下胜劣，不容先论。要以上不失真，下有益于生民之道德为其准的。"②不同的宗教虽然信仰形态各异，但最终目的是要建立有益于人们生活的道德准则。章太炎认为，既然以道德为终极目标，那么一切信仰形式只是人们建立道德风俗的桥梁，一旦风俗形成，宗教的使命也就完成了。"尝试论之，世间道德，率自宗教引生。彼宗教之卑者，其初虽有僧侣祭司，久则延及平民，而僧侣祭司亦自废绝。则道德普及之世，即宗教消镕之世也。"③章太炎认为孔子、老子、苏格拉底等中外哲人，都是将宗教的道德内涵加以总结，而以哲学来代宗教的。但是这样的思想进程也有反复，欧洲出现了基督教，儒道发展到汉代，哲学又复归到宗教。"中国儒术，经董仲舒而成教。至今阳尊阴卑等说，犹为中国通行之俗。"④但在现代这个时代，人们不再身处原始愚昧的时代，故继孔老之言而起的，当为佛教。但是佛教中人们所熟悉的六道轮回、地狱变相等教义也难以打动人心。"非说无

---

① 章太炎在《建立宗教论》中有云："白日循虚，光相煖相，遍一切地，不为祠堂丛社之幽寒而生日也，而百千微尘，卒莫能逃于日外，三性亦然。云何三性？一曰：遍计所执自性；二曰：依他起自性；三曰：圆成实自性。"（见章太炎：《建立宗教论》，载《章太炎全集·太炎文录初编》，第423页）
② 章太炎：《建立宗教论》，载《章太炎全集·太炎文录初编》，第429页。
③ 章太炎：《建立宗教论》，载《章太炎全集·太炎文录初编》，第440页。
④ 章太炎：《建立宗教论》，载《章太炎全集·太炎文录初编》，第440—441页。

生，则不能去畏死心；非破我所，则不能去拜金心；非谈平等，则不能去奴隶心；非示众生皆佛，则不能去退屈心；非举三轮清静，则不能去德色心。"①他认为这几条，就是一般的佛教徒也做不到，但可以成为人们的精神动力。因此，未来的宗教只可能是佛教，而不可能是孔教或基督教。

民国成立之后，中国的政治社会局面并没有好转，反而陷入了秩序和价值的双重危机之中，对此，康有为认为原因在于尽弃国粹、模仿西法。这样不但制度运转不灵，国民之凝聚力也因为信仰的缺失而丧失。为此他提出一系列政治法律主张，甚至自拟《中华民国宪法草案》。同时，在思想价值领域，他提出了以孔教为国教的主张。

在康有为的支持下，陈焕章于1912年10月7日，即当时认可的孔诞日，在上海成立了孔教会。在此之前，康有为专门为这个会写了两篇《孔教会序》②，进一步明晰他的设想。在第一篇《孔教会序》中，康有为尤其强调了国教是"中国之魂"，唯有此魂，"令人缠绵爱慕于中国者哉？有此缠绵爱慕之心，而后与中国结不解之缘，而后与中国死生存亡焉"③。

在第二篇《孔教会序》中，康有为说，现在中国社会普遍羡慕欧美，但不知道欧美的发展是政治、物质和教化的并立，而政治与教化则是互相依赖的。孔教会的实际操作者陈焕章在《论废弃孔教与政局之关系》的一文中，也强调了这一点。他以惯有的问答式解释道：

---

① 章太炎：《建立宗教论》，载《章太炎全集·太炎文录初编》，第440页。
② 1912年9月写了第一篇，后来文字有了大量的增订修改，于是在1912年10月写成了第二篇。
③ 康有为：《孔教会序》（1912年9月），载《康有为全集》第九集，第341页。

或曰:"民国并未废弃孔教,子何强加之罪乎?"曰:"此事实之不可掩也。小学不读四书,大学不读五经,则废孔教之经典矣;春秋不释奠,望朔不释菜,文庙无奉祀之官,学校撤圣师之位,则废孔教之祭祀矣;破坏文庙,烧毁神主,时有所闻,乃至内务教育两部,亦甘为北京教育会所愚弄,而夺圣庙之学田,则废孔教之庙堂矣。"夫国民不欲废孔教,而政府甘冒不韪,悍然废之,此不合于共和原理者实甚。[①]

虽然袁世凯政府废除了跪拜礼,但同时却于1913年6月下令各省尊孔祀孔。在章太炎看来,建立孔教是"无中生有",持此种主张者别有动机,实际上又是借孔教而谋求政治利益的所为。在1913年,他写了《驳建立孔教议》,开篇就说:"近世有倡孔教会者,余窃訾其怪妄。宗教至鄙,有太古愚民行之,而后终已不废者,徒以拂俗难行,非故葆爱严重之也。"[②]他说中国本无宗教,孔子也是主张道德教化而不是宗教,不能因为西方宗教的传入,而牵强地建树孔教以相抗衡。孔子在中国历史上的主要功绩是"制历史,布文籍,振学术,平阶级",孔子为中国的文明奠定了基础,但将他拜为教主,就好像木匠拜鲁班为师,只是行业崇拜而已。他说孔子不语怪力乱神,他主张述而不作,"故以德化,则非孔子所专;以宗教,则为孔子之所弃。今忘其所以当尊,而以不当尊者奉之,适足以玷阙里之堂,污泰山之迹耳!"[③]这就是说,道德教化也非发端孔

[①] 周军编:《陈焕章文录》,岳麓书社2015年版,第60页。本文引用时标点有所调整。
[②] 章太炎:《驳建立孔教议》,载《章太炎全集·太炎文录初编》,第200页。
[③] 章太炎:《驳建立孔教议》,载《章太炎全集·太炎文录初编》,第203页。

子，神秘的宗教更不是孔子所推崇的。

> 盖孔子所以为中国斗杓者，在制历史，布文籍，振学术，平阶级而已。……孔子于中国，为保民开化之宗，不为教主。世无孔子，宪章不传，学术不振，则国沦戎狄而不复，民陷卑贱而不升，欲以名号加于宇内通达之国，难矣。今之不坏，系先圣是赖！是乃其所以高于尧、舜、文、武而无算者也！①

对于孔教会提倡者说要以孔教作为新建立的民国的凝聚力一说，章太炎也并不以为然。他认为国家的统一首先要依赖政治、军事手段，而宗教最多起一种巩固作用而已。"孔教本非前世所有，则今者固无所废；莫之废，则亦无所建立矣。"②

民国二年（1913年），章太炎在北京化石桥的共和党本部开国学会讲学，当时正值袁世凯尊孔，所以章便在墙上贴了这样一则告示："余主讲国学会，踵门来学之士亦云不少。本会本以开通智识，昌大国性为宗，与宗教绝对不能相混。其已入孔教会而复愿入本会者，须先脱离孔教会，庶免薰莸杂糅之病。章炳麟白。"③

据当时参加这个讲学的顾颉刚回忆："他演讲了：先说宗教和学问的地位的冲突，又说现在提倡孔教的人是别有用心的。又举了王闿运、廖平、康有为等今文家发的种种怪诞不经之说。他们如何解'耶稣'为父亲复生，如何解'墨者巨子'即十字架，如何解

---

① 章太炎：《驳建立孔教议》，载《章太炎全集·太炎文录初编》，第202—203页。
② 章太炎：《驳建立孔教议》，载《章太炎全集·太炎文录初编》，第203页。
③ 章太炎：《国学会讲学通告（一通）》，载《章太炎全集·书信集（下）》，上海人民出版社2017年版，第739页。

'君子之道斯为美'为俄罗斯一变至美利坚；他们的思想如何起源于董仲舒，如何想通经致用，又如何妄造了孔子的奇迹，硬捧他做教主。"显然章的讲演的效果还是很好的，因为顾颉刚"听了这些话真气极了，想不到今文家竟是这样的妄人"[①]！

接着章太炎又写了《反对以孔教为国教篇，示国学会诸生》，他强调：第一，中国本来没有国教，孔子也没有教名。用儒教来称呼儒家是名实不符。第二，孔教的称呼来自妄人康有为，是今文经师的流毒，"推其用意，必以历史记载为不足信，社会习惯为不足循，然后可以吐言为经，口含天宪"[②]。第三，他说康有为的学生徐勤所设计的孔教会仪式，让人感觉"孔子者，乃洪钧老祖、黄莲圣母之变名，而主持孔教者，亦大师兄之异号耳"[③]。而以宗教来救道德沦丧则更不可能，他说康有为和陈焕章等人本身就道德有亏，适成反作用。

（二）制法者和史家

经史问题是今古文之争的关键。在今文家看来，六经为孔子所作，乃是因为孔子有德无位，因此与其垂之空文，不如见诸史料来阐明治国之道。在这些经典尤其是《春秋》中，所呈现的是孔子为汉乃至为万世所制之法。康有为认为《春秋》是孔子为改制而作，其意志来自天意，"孔子之创制立义，皆起自天数。盖天不能言，

---

① 顾颉刚：《走在历史的路上》，远流出版公司1989年版，第49页。
② 章太炎：《反对以孔教为国教篇，示国学会诸生》，载汤志钧编《章太炎年谱长编》（增订本），第264页。
③ 章太炎：《反对以孔教为国教篇，示国学会诸生》，载汤志钧编《章太炎年谱长编》（增订本），第264页。

使孔子代发之。故孔子之言，非孔子言也，天之言也。孔子之制与义，非孔子也，天之制与义也"①。孔子作为一个"制法者"，通过对公羊的"三统三世"的阐释，预先为不同的历史阶段确立了不同的制度体系。在某种程度上，康有为认为他是孔子口说在这个时代的宣示者，他意识到这是一个新的时代，需要改制，从而建立起符合升平世之时代要求的新制度。

康有为的托古改制说，是通过认定了《左传》等古文经为刘歆伪造的《新学伪经考》来呈现的，前文已述，这引发了巨大的社会震动。而章太炎在摆脱维新派的思想影响后，在外在形态上看，则是重回经学的古今之争中，但实际上，章太炎吸收了西方文明史的观念，对"事实"的强调也明显地渗透了"近代科学"的态度，从而确立了经史关系的新维度。

在1900年发表的《征信论》一文中，其上篇主要是关于何为"历史事实"的方法论研究。他区分了"习俗"和"事状"。这里所谓的"习俗"相当于事物发展的趋势，这是可以通过"推校"而得到结论的。而"事状"即为对一个事件的具体细节的描述，就必须通过官方记录和私人的回忆对照，尽量多地占有资料。《征信论》下则讨论历史发展过程中的因果关系，并以此来批评公羊学的三统论和三世说。"三统迭起，不能如循环；三世渐进，不能如推毂；心颂变异，诚有成型无有哉？世人欲以成型定之，此则古今之事，得以布算而知，虽燔炊史志犹可。"②这段话实质上是针对康有为的三世说而发的。康有为改造公羊三世说，而提出的据乱、升

---

① 《康有为全集》第二集，第365页。
② 章太炎：《征信论下》，载《章太炎全集·太炎文录初编》，第51页。

平、太平的三世,目的是要为他引入西方的政治制度的维新变法提供依据,而这实质上会产生对历史发展的"机械性"的理解,这也为章太炎逐渐形成的民族革命说提供了思想支持。

在1902年《尊史》中,章太炎提出了"文明史"的观点,他说:"非通于物化,知万物之皆出于几,小大无章,则弗能为文明史。"[①]在章太炎看来,以往的历史著作,主要关注政治社会,对于器物的制作和发展的"工艺"却缺少关注。因此他十分关注《世本》中的《作篇》。他说,在我们现在看起来的一器一物,都是古人从一件件单独的发明综合而成的,因此关注文明的发展就需要更为长的时间跨度,而不是公羊家的三世所能囊括的。"世儒或意言三世,以明进化。察《公羊》所说,则据乱、升平、太平,于一代而已矣。礼俗革变,械器迁讹,诚弗能一代尽之。"[②]而且,不同的地域,器物的形成和发展状况多有差异,很难用单一的标准来衡量。

1906年,在《与王鹤鸣书》中,针对王鹤鸣所说的,从通经致用的角度,古文不如今文,朱陆比不上颜李,章太炎回应说,如果从实践效用的角度看,经典的价值甚至比不上法吏,因此,学者的使命在于"实事求是"。他说:"近世翁同龢、潘祖荫之徒,学不覃思,徒捃抚《公羊》以为奇觚,金石刻画,厚自光宠,然尚不敢言致用。康有为善附会,媚以拨乱之说,又外窃颜、李为名高,海内始彬彬向风,其实自欺。"[③]翁同龢等人自己并不一定推崇公羊学,因为他们将康有为推荐给光绪,被章太炎顺带骂进去。而章太炎想

---

① 章太炎:《尊史第五十六》,载《章太炎全集·訄书重订本》,上海人民出版社2014年版,第317页。
② 章太炎:《尊史第五十六》,载《章太炎全集·訄书重订本》,第324页。
③ 章太炎:《与王鹤鸣书》,载《章太炎全集·太炎文录初编》,第153页。

说的是，康有为附会公羊学，以三世说来推动社会变革，引导了社会风尚，而实际上则仅是附会而已。

1910年章太炎写作《信史》。《信史上》采用答问的方式，来延续经学的事实面和价值面的紧张。问者认为，如果就记事而言，司马迁和班固都要优于孔子，所以说经典的意义在于讬之经来传达价值。因为经典不完整或为秦火所毁，因而也会借助纬书来补充。章太炎说，微言虽立意造端与一般文字不同，但并非如方士之神符不可解读，反倒是用以补充经的那些纬书更为难解。章太炎认为既然经典毁于秦火，为何那些纬书能独存，而今文一般都有明确的师承，纬书的"师法"何在呢？可见纬书乃后人假托。

章太炎认为，今文家指斥《左氏春秋》和《周官》是刘歆伪造的，那为什么不将之理解为刘歆也是借助这些著作来传达圣人之法呢？

章太炎以宋翔凤解《论语》为例，认为其中多有附会，破析文义。他发挥说，古代的经典多有断章不可解之处，应该通过各种地下文物和其他文献来参证，以尽量接近事实本身。公羊家利用谶纬穿凿难以辨别人事变迁。我们知道宋翔凤和刘逢禄既为晚清公羊学之大宗，也是康有为之学脉所承，章太炎之攻击宋翔凤自可收隔山打牛之效果。

《信史下》的重点在批评三统、三世。三统说认为夏尚忠、殷尚质、周尚文。章太炎说，现代的进化论认为社会是一个不断进化的过程，并不会呈现循环。从器物发展的角度来看，人类的制造工艺只可能越来越精微，虽然欣赏趣味上可能会转换，但工艺水准不会倒退。在章太炎看来，对历史的考察需要以更为长时段作为基准，不能以数百年的政治社会发展作为背景来做出判断。这事实上也是反对以夏商周的政治变迁来为三统说做依据。

章太炎秉承章学诚的六经皆史说而加以折中阐发。1910年《教育今语杂志》刊载章太炎的白话文演讲《经的大意》，他说经最初是指官书，但后来逐渐诸子所作之书也可以称为经。再后来，孔子删定的六本书成为经，这倒并非说其他的书没用，只是重要性产生了差异。历代以来对六经的本质认识不清，直到章学诚提出"六经皆史"才拨开乌云见青天。他说："《尚书》《春秋》固然是史，《诗经》也记王朝列国的政治，《礼》《乐》都是周朝的法制，这不是史，又是甚么东西？惟有《易经》似乎与史不大相关，殊不知道，《周礼》有个太卜的官，是掌《周易》的，《易经》原是卜筮的书。古来太史和卜筮测天的官，都算一类，所以《易经》也是史。古人的史，范围甚大，和近来的史部有点不同，并不能把现在的史部，硬去分派古人。这样看来，六经都是古史。所以汉朝刘歆作《七略》，一切记事的史，都归入春秋家。可见经外并没有史，经就是古人的史，史就是后世的经。"①

他在《国故论衡》的《原经》中，认为六经并非皆为孔子所作，而《春秋》也并非"为汉制法"。在他看来，春秋二百四十二年不足以尽人事之变，而《春秋》的《公羊》《穀梁》为说各异，"是则为汉制惑，非制法也"。之所以近世的公羊家继续强调制法，是因为要自比于汉代的博士，走企图以经术获得官职的老路。

国家之有凝聚力，在于其拥有悠久的历史。不敢毁弃的旧章，

---

① 章太炎:《经的大意》（一九〇七年至一九一〇年讲于日本），载《章太炎全集·演讲集（上）》，第99—100页。

就是孔子所记载的历史。章太炎说，今文家想尊崇孔子，却并不知道孔子真正伟大之处是因为他是一个"史家"而非"制法家"，说到制法者，那么百代皆行秦制度，还不如说李斯是为后世制法。①所以，陈壁生清楚地点出章太炎与其前的郑玄、章学诚不同，不在于他们都将六经看成"史"（官书），而在于他们对"史"（官书）的态度。他说："郑玄将六经视为'法'，旨在使六经之法贯通而为一圆融整体，可以继续求致太平之迹。章学诚将六经视为'史'（官书、政典），旨在阐明'官师合一'，使人重当世时王政典，考求古经新用。而章太炎不但视六经为'史'（官书、政典），更重要的是，以'历史'的眼光、态度来看待六经，因此，六经一变而成为'上世社会'的实录。在这一意义上，章氏之六经，已经不止是'史'（官书、政典），而且是'历史'。对'史'可以有不同的理解，对'历史'的理解只有一个，那就是遥远的古代。"②

三、革命与改良

章太炎自述自己从小就树立了仇满的思想，但一直到19世纪末他都没有摆脱维新思想的影响，比如他会承认"客帝"的合理性。不过维新运动的失败和随后清政府的荒蛮表现，让他埋在心里的仇满意识又得到激发。这种转变的标志是1900年他参与唐才常于7月26日和29日召集的"国会"。这个会议推举容闳为会长，严复为副会长，唐才常任总干事。这个"国会"的宗旨看起来充满着互相

---

① 章太炎：《原经》，载《章太炎全集·国故论衡校定本》，第231—235页。
② 陈壁生：《章太炎的"新经学"》，载《中国哲学史》2013年第2期，第127页。

冲突的主张：比如强调保全中国的主权和领土，不承认清政府有统治中国的权力，可是又要请光绪皇帝复辟。这些矛盾也反映出维新思想家在新秩序和旧皇帝之间的取舍困境。章太炎愤而退出了这个组织，并剪掉了自己的辫子。这个举动表明了他自己"不臣满洲"的立场，也与康有为的保皇党决裂了，而梁启超则几度游移自己的立场[①]，一部分激进的康有为弟子则直接投入到革命派的阵营。对此，康有为试图通过控制梁启超、欧榘甲等人来扭转康门内部的立场纷争，他警告梁启超等人说，如果我们背弃光绪，就是不义，你们若背叛我，也是不义，你们若要投奔革命派，那么只有公开宣言与师门决裂。为此，梁启超在他主持的《清议报》上发表了《中国积弱溯源论》，认为中国的落后主要是因为慈禧等人的专权，若能把权力还给光绪皇帝的话，便可转弱为强。章太炎认为梁启超是屈服于老师而不明事理。针对《中国积弱溯源论》一文，章太炎撰写了《正仇满论》（1901年8月10日，刊于《国民报》）予以批驳，从内容和具体的理由看，都可以视为1903年康有为和章太炎关于革命的争论之前奏，在《驳革命书》一文中，章太炎甚至大量地引用了《正仇满论》中的文字。

在《正仇满论》中，章太炎指出，他主张革命，是由于"理势所趣"。他强调，排满，并非为了报满洲的私仇，而是顺应历史的潮流。他说，满族人在漫长的清朝时期对汉族人进行屠剑、焚掠、钳束，而义和团等事件则表明满族统治者已经没有能力统领这个国

---

① 梁启超在给康有为的信中说，现在是民族主义时代，非此难以立国，并转告康有为、欧榘甲等人在文章中已经直接用"满贼"等词汇。（见张荣华编校：《康有为往来书信集》，第593页）

家走出困境,所以就应该通过革命来推翻。革命乃社会之公理而非为汉族之复"私仇"。

章太炎对梁启超的论证做了反驳,他说光绪并非梁启超所描述的那种圣主,光绪所进行的改革也非真正为了民权,只是为了巩固满族统治而已。满汉之间从来没有一体化,不排斥满族,要形成国家的凝聚力是不可能的。他尤其反对了梁启超以欧洲各国君统乏嗣,迎立异国公族为例来说明异族统治的合理性的做法,尽管他在《客帝》篇中,也引述过类似的例子。不过这个时候,他开始反思"客帝"论,他从庚子事变中百姓不支持满洲政府得出结论:"满洲弗逐,欲士之爱国,民之敌忾,不可得也。"① 故而决定在《訄书》的新版中删去《客帝》这篇文章。

章太炎进一步说,排满是让满族人回到他们原来生活的东北,而中原恢复为汉族的国家。他将之概括为"保生命不保权位",这个说法所针对的是戊戌变法前康有为创立保国会时所提出的"保中国不保大清"的说法。章太炎说,康梁既然有"保中国不保大清"的态度,说明他们与清政府皇权也有裂隙。章太炎最后说,立宪与否在于是否能确立民权,不能把立宪的希望寄托在皇帝身上,因此,君主立宪本身有冲突,康梁的做法其实并非是要立宪,而是要"忠君"。②

总而言之,章太炎认为既然满洲政府无力抵御外敌,又难以成为凝聚民气之核心,所以必须以逐满作为革命的手段,否则国家终

---

① 章太炎:《客帝匡谬》,载《章太炎全集·訄书重订本前录》,上海人民出版社2014年版,第120页。
② 章太炎:《正仇满论》(一九〇一年八月十日),载《章太炎全集·太炎文录补编(上)》,第222—227页。

将成为欧美的奴隶。

《正仇满论》是近代革命派对改良派进行理论批驳的第一篇文献。在这个阶段，康有为发表了《答南北美洲诸华商论中国只可行立宪不能行革命书》等文章，继续阐发他的改良立场、民族观念和他对未来中国的理解。章太炎则写下了《驳康有为论革命书》来系统回击康有为的政治立场。章太炎主张革命反对保皇，并以历史民族来对治康有为的文化民族观念。在思想上，继续对作为改良派思想基础的今文经学进行批判。文章的发表及随后的系狱，使章氏如此艰深的文章得到广泛的传播，堪为近代革命派里程碑式的文献。

在《答南北美洲诸华商论中国只可行立宪不能行革命书》中，康有为着力要解决排满所带的"民族"问题。此问题在近代中国尤其重大，当现代民族国家观念传入中国，如何促成多民族的大帝国转型为现代民族国家，取决于人们对于"民族"的认知。在这方面，康有为所采取的具有明显公羊学色彩的夷夏观念，即民族的身份并不是来自种族而是取决于"文化认同"，也即"夷狄进于中国则中国之"的文化民族观念。这种观念强调民族的融合，而反对种族的对立。在《答南北美洲诸华商论中国只可行立宪不能行革命书》中，他说，中国疆域上的不同种族在历史演进过程中不断融合。"当时中国民数，仅二三千万，计今四万万人中，各种几半，姓同中土。孰能辨其真为夷裔夏裔乎？若必并此而攘之，恐无从检姓谱而行之也。"[①]在这样的情形下，不可能再区分种族而驱逐异类。康有为说："夫夷夏之别，出于春秋。然孔子《春秋》之义，中国而

---

① 康有为：《答南北美洲诸华商论中国只可行立宪不能行革命书》，载《康有为全集》第六集，第327页。

为夷狄则夷之，夷而有礼义则中国之。……然则孔子之所谓中国、夷狄之别，犹今所谓文明、野蛮耳。故中国、夷狄无常辞，从变而移。当其有德，则夷狄谓之中国；当其无道，则中国亦谓之夷狄。将为进化计，非为人种计也。"①满族人在入主中原之后，接受了儒家教化，所以，事实上已近于中国。

　　章太炎还引入西方的种族观念指出："近世种族之辨，以历史民族为界，不以天然民族为界。"②"历史民族"概念对于理解章太炎的民族观念十分重要，他所要强调的是共同生活的历史对于民族认同的重要性。对此，在写于1904年的《序种姓》一文中他进行了更为深入的阐述："然自大古生民，近者二十万岁……亟有杂殽，则民种羯羠不均。古者民知渔猎，其次畜牧，逐水草而无封畛；重以部族战争，更相俘虏，羼处互效，各失其本。燥湿沧热之异而理色变，牝牡接构之异而颅骨变，社会阶级之异而风教变，号令契约之异而语言变。故今世种同者，古或异；种异者，古或同。要以有史为限断，则谓之历史民族，非其本始然也。"③在他看来，即使从起源上是同一种族，基于不同的历史和地理环境的影响，形成了不同的文化和风俗习惯，这样，也就自然变成不同的民族了。看上去"历史民族"的观念与公羊学"夷狄进于中国则中国之"有类似的地方，但仔细分析，其区别甚为关键。章太炎所强调的历史民族更强调主体民族的共同生活经历，这其实也回应了日本和韩国在明代之后，认为他们更能够代表中国的论调。从现实的状况看，日本对

---

① 康有为：《答南北美洲诸华商论中国只可行立宪不能行革命书》，载《康有为全集》第六集，第327页。
② 章太炎：《驳康有为论革命书》，载《章太炎全集·太炎文录初编》，第176页。
③ 章太炎：《序种姓上第十七》，载《章太炎全集·訄书重订本》，第169页。

于文明意义上的"中国"的自认,容易成为日本军国主义侵略中国的理论说辞。

康有为提倡民族融合论反对排满革命自有其现实考量,在他看来,接受满洲所开拓之疆土是推动现代中国国家建立的前提。而且国家之强大,必须"旁纳诸种":"国朝之开满洲、回疆、蒙古、青海、藏卫万里之地,乃中国扩大之图,以逾唐、汉而轶宋、明,教化既益广被,种族更增雄厚。俄罗斯所以为大国者,岂不以旁纳诸种之故?然则满洲之合于汉者,乃大有益于中国者也。"①在外敌环伺的情形下,唯有团结国内各民族,才能增强抵抗外侮的实力。

或许是认为民族问题引发的纠葛过多,梁启超吸收"国民"②的观念以取代"族民"的观念。梁启超接受了伯伦知理(Bluntchli Johann Caspar)的国家学说,结合日本人对于citizen一词由"公民"向"国民"的转换,从而理解"国民"与"族民"或种族之间的不同。这个问题域的转换十分重要,即可以发展为讨论未来的"国民"应包含哪些人。然而对于这个问题,章太炎到1906年前后才进行了系统的讨论。其在1903年的《驳康有为论革命书》中,主要强调的则是驱逐满族的种族革命,对于如何对待境内其他民族的问题,则并没有仔细地考虑。在民族和国家凝聚力的问题上,章与康的看法迥异。章太炎认为正是因为满族长期排斥汉族,养尊处优,适成为其自我毁灭的祸根。而统治者的无能恰好是中国失去凝聚力、缺乏抵抗力的元凶,因此,非逐满无以成新国,要建立富强的

---

① 康有为:《答南北美洲诸华商论中国只可行立宪不能行革命书》,载《康有为全集》第六集,第328页。
② 1899年梁启超作《论近世国民竞争之大势及中国之前途》一文,即从民与国之间的依存关系来使用国民概念,从而使"国民"有了新的现代政治学上的含义。

国家，首先要驱逐满族人。

　　章太炎的思想整体上是种族主义还是民族主义，这在目前的学术界有很大的争议①，但是，如果从不同阶段的思想特征而言，章太炎在1903年前后激烈的种族主义色彩是十分明显的。他自己在1906年前后对这种种族主义立场进行了解释。有人如是问：晚清的民族矛盾的核心应该是对外敌，确切地说是西方的殖民侵略，而满族已经积弱，所以"反对强种可也，何取以排满为帜耶？"章太炎的回答是："民族主义非遍为人群说法，顾专为汉人说法耳。夫排满洲即排强种矣，排清主即排王权矣。"②章太炎指出，排满乃是当时最为合宜的策略，排满或许不是一个"高尚"的主张，但却是当时最为有效的革命动员手段，似乎承认排满是革命的"策略"。

　　沿着这个思路，章太炎并不避讳说：他之提倡民族主义主要是关切汉人的利益，并非考究所有人的利益，因此他的思想立场也是从汉人的立场出发的。他对康有为们的普遍主义立场提出了尖锐的批评。他在《学隐》篇中，就对以大同为理想而模糊民族边界的做法提出了批评，认为这样的学说无疑是在为"汉奸"③张目。

　　章太炎与康有为对于满汉关系的另一个争论点在于如何理解满洲贵族统治之下满汉是否平等，汉人在清朝时期是否是满族人的奴隶。

　　康有为在《答南北美洲诸华商论中国只可行立宪不能行革命

---

① 汪荣祖认为章太炎之排满是出于政治目的的宣传策略，并非一种信念，因此，不能将章太炎归入"种族主义者"（racist）。（见《章太炎对现代性的迎拒与文化多元思想的表述》，载氏著：《学人丛说》，中华书局2008年版，第137页）
② 章太炎：《复仇是非论》，载《章太炎全集·太炎文录初编》，第282页。
③ 章太炎：《学隐》，载《章太炎全集·检论》，第491页。

第三章　如何从历史和信仰来理解国家和民族：康有为与章太炎的分歧

书》中认为，清朝在价值观上接受了儒家的观念，即已经"汉化"了，而只是在服装和发辫上以满洲为准，这个做法被康称之为"化汉"。而且清朝还废除了明朝的一系列苛政，并推行纳丁于地的一条鞭法，这样的制度使得造成人们妻离子散的徭役永久被废除，称得上是"古今之最仁政"。①因此革命党对于清朝统治的批评，也不应上升为种族排斥。

康有为进一步认为，汉族人在清朝并没有受到歧视，汉人有才者，也可以为宰相，而在晚清，实际的政治控制权已经在汉族人手中。康甚至认为满汉并设，是有利于汉人的做法。只是对于八旗之设，康有为并没有为之辩护，而是指出一直以来就有人提出改变的方案，以除其弊端，比如让八旗子弟改业农工商贾，自谋生计，或是采取屯田的办法。总之，如果光绪帝复辟的话，一定会"妥筹良法安置而改之"②。

对于康有为的上述言论，章太炎反驳说满族人刻意维护他们的特权，清政府所采取的接受儒家之教化的策略只是"愚民之计"而已。在章太炎看来，汉人在满洲贵族统治的几百年内一直没有实质性的平等，即使是晚近曾国藩、左宗棠等人，虽然掌握了一定的权力，也只是供满族统治者驱使而已，正好说明汉族人是满族人的奴隶。"夫所谓奴隶者，岂徒以形式言耶？曾、左诸将，倚畀虽重，位在藩镇，蕞尔弹丸，未参内政。"③清政府对于汉族人始终存有防范

---

① 康有为:《答南北美洲诸华商论中国只可行立宪不能行革命书》，载《康有为全集》第六集，第327页。
② 康有为:《答南北美洲诸华商论中国只可行立宪不能行革命书》，载《康有为全集》第六集，第328页。
③ 章太炎:《驳康有为论革命书》，载《章太炎全集·太炎文录初编》，第179页。

之心，在章太炎看来，康有为百般为满族统治者辩护，是要让其统治永远延续，而使汉族人永为奴隶。

康有为一直以保皇为职志，所以在他笔下，光绪皇帝则是一个英明勇武之君主，甚至认为光绪那种"公天下而无少私，视天位如敝屣"①的境界，不仅欧洲各国所未有，而且也是中国数千年所未闻。在他看来，晚清的政治失败完全在于慈禧和荣禄，是他们割地丧权、推翻新政、串通义和团，造成了中国的失败。因此，汤、武革命，是要杀无道之桀纣，而不是有道且试图改革的光绪。因此，合理的做法应该是"勤王讨贼"，也就是救出皇帝而讨伐慈禧、荣禄。

只是在章太炎看来，光绪皇帝连自己的权力都难以施展，怎能担得勇武之名。光绪皇帝即使想推行新政，其目的也并非真是为了立宪，而只是为了维护自己的统治权力而已。相信满洲贵族是为国家之利益而着想就好比想象大海之水变成酒一样，是彻底的幻想。康有为之所以依然相信光绪，完全是为了自己的私人前途，即希望在这个机缘中获得机会，且从此成为"彼固终日屈心忍志以处奴隶之地者尔"②。

康、章之间的政治立场的差异，与他们在经学立场上的古今之

---

① 康有为：《答南北美洲诸华商论中国只可行立宪不能行革命书》，载《康有为全集》第六集，第315页。
② 章太炎说："载湉小丑，未辨菽麦，铤而走险，固不为满洲全部计。长素乘之，投间抵隙，其言获用，故戊戌百日之政，足以书于盘盂，勒于钟鼎，其迹则公，而其心则只以保吾权位也。"（见章太炎：《驳康有为论革命书》，载《章太炎全集·太炎文录初编》，第180页）

异关系密切。①

有学者通过对《訄书》初刻本的研究认为，章太炎在这个时期的经学观念依然深受康有为的影响，而要到1904年的《訄书》重订本的出版，"反映了章氏经学观念上的激变，他将古文经学改造为史学的基本倾向大致奠定，与康有为分道扬镳的独立的新古文经学的基本观念也做了初步的规划"②。而这个时间，已然是他写完《驳康有为论革命书》之后了。

康有为的经学立场同样复杂。如果说康有为在1890年代刊行的《新学伪经考》和《孔子改制考》主要是发挥公羊学的"托古改制"思想的话，那么1898年后在流亡期间，他更为看重如何使公羊学能够面对万国竞逐的"新世界"。

康有为十分注重三世说所内含的"时"的观念，他认为以当时中国人心未化之状态，不应妄想立刻出现一个华盛顿。孔子之所以并未倡导大同之天下，而西方也没有立刻推行大同的方法，这也是孔子之所以并未倡导大同之天下，而西方也没有立刻推行大同的方法之原因。他说："今革命民主之方，适与中国时地未宜，可为理想之空言，不能为施行之实事也。不然，中国之人，创言民权者仆也，创言公理者仆也，创言大同者仆也，创言平等者仆也；然皆仆

---

① 汪荣祖说："今古文经学岂能作为变法与革命思潮的分野？严夷夏之防的春秋大义，恰恰是今文经学的发明。何以主今文经的康有为不排满革命呢？……惟独主古文经的章炳麟要大力排满呢？所以，纯从经学的师承来说明政治动向，是讲不通的。长素倡导变法维新，非全赖今文经学；太炎宣讲种族革命，更非寄托于古文经学。传统的经今古文门户之争原不能涵容康、章两氏的政治思想。"（见汪荣祖：《康章合论》，新星出版社2006年版，第17页）
② 刘巍：《从援今文义说古文经到铸古文经学为史学——对章太炎早期经学思想发展轨迹的探讨》，载《近代史研究》2004年第3期，第80页。

讲学著书之时，预立至仁之理，以待后世之行耳，非谓今日即可全行也。"①康有为举例说，他虽然主张天下大同，但是在这个列强交争的时代，他必然会先爱自己的国家，这符合据乱世要先内其国外诸夏的原则。同样，虽然主张天下为公，但是在这个家族主义的时代，必然要先爱护自己的家人，总不会先去关心路人。"仆生平言民权、言公议、言国为民公共之产，而君为民所请代理之人，而不愿革命民主之事，以时地相反，妄易之则生大害，故孔子所以有三世三统之异也。"②在康有为看来，中国既然是由据乱到升平，那么所应采用的自然只有君主立宪，因此，他必反对以革命的方式走向共和，无论从民众的素质和对共和的了解诸方面看，当时还不是革命之"时"。

　　章太炎《驳康有为论革命书》采用的是借力打力的手法，经常用康有为自己的立论来指出其内在的矛盾之处。

　　其一，驳斥康有为的天命说。康有为反对社会上普遍流行的清朝天命已绝的说法，认为光绪历经患难而复出的经历，均是天命所归的表征。章太炎嘲笑康有为拿天命说来为光绪甚至清王朝的命运背书，类似于王莽面对刘秀的军队时所说过的"天生德于予，汉兵其如予何？"那种诳语。事实上，王莽最终被绿林军所杀。章太炎之所以用王莽来比拟康有为，是因为康有为在《新学伪经考》中说刘歆伪造《左传》是为了助王莽篡汉，在这里是拿王莽来比喻康有为着力维护的光绪帝，认为光绪身上并无"天命"。

---

① 康有为：《答南北美洲诸华商论中国只可行立宪不能行革命书》，载《康有为全集》第六集，第321页。
② 康有为：《答南北美洲诸华商论中国只可行立宪不能行革命书》，载《康有为全集》第六集，第321页。

章太炎还玩起了文字游戏，他说，《中庸》书中以"天命"为始，以"上天之载，无声无臭"终，而光绪的名字是"载湉"，恰好带有"载"，所以意味着努尔哈赤皇朝命运的终止，共288年。他说："往时魏源、宋翔凤辈，皆尝附之三统三世，谓可以前知未来，虽长素亦或竺信者也。"[①]这里便是借公羊家之三世说来预示清朝的命运到光绪帝就该终结了。

　　其二，康有为认为对于境内的少数民族，应该采用公羊中"内其国"的策略来融摄，而未来的太平世，各种族必然平等。章太炎说据乱世和升平世依然处于民族主义的时代，在这个时代宣传满汉一家的民族融合论，则是自悖其三世说的。"长素固言大同公理，非今日即可全行，然则今日固为民族主义之时代，而可混淆满、汉以同熏莸于一器哉！时方据乱，而言太平，何自悖其三世之说也？"[②]在章太炎看来，既然当下非大同之世，那么，康提倡大同时代才可能的种族平等也属于躐等。

　　公羊学主复仇，这点却为康有为所反对，因此也反对章太炎所主张的仇满观念。对此，章太炎认为康有为违背了公羊义例。他讽刺康有为说："向之崇拜《公羊》，诵法《繁露》，以为一字一句，皆神圣不可侵犯者，今则并其所谓复九世之仇，而亦议之。"[③]章太炎揶揄说，康有为如果是一个真诚的公羊学家，就应该主张向满族复仇。

　　公羊学是儒家"革命"理论之大宗，但康有为却主张改良反

---

① 章太炎：《驳康有为论革命书》，载《章太炎全集·太炎文录初编》，第183页。
② 章太炎：《驳康有为论革命书》，载《章太炎全集·太炎文录初编》，第177页。
③ 章太炎：《驳康有为论革命书》，载《章太炎全集·太炎文录初编》，第178页。

对革命。康有为担心中国像法国一样,因暴力革命而使国家处于混乱的局面中。"夫革命非一国之吉祥善事也。……夫今志士仁人之发愤舍身命而倡大变者,其初岂非为救国民哉?乃必自杀数万万人,去中国人类之半而救之,孟子言杀一不辜而得天下不为,况于屠戮同种数万万人哉?且杀子而救其孙,既不为智,况并孙而不能救,终于相持而赠他人。试问中国同胞何仇于彼,而造此无量之苦海恶孽乎?"①

因此,康有为设想了一种社会发展的路线图,他认为无君和均产的社会属于未来理想社会,"欧洲须由立宪君主,乃可渐致立宪民主;中国则由君主专制,必须历立宪君主,乃可至革命民主也"②。他比较了欧洲各国的宪政历程,认为英国是因为看到了法国大革命所造成的社会混乱和生灵涂炭的后果,故而采取了君主立宪制,而最值得赞赏的则是德国用"专制之权以变法,乃今最适时之灵药、曾效之验方,吾亲服之而致效。今德国骤强,亦天下所共见也。亦愿抄此验方,与诸君共服之"③。

康有为伸张王权的主张还有一个重要的考虑是反对革命派所主张的自立主张,他并专有一封信④致梁启超和其他康门弟子,专门讨论印度自立而导致印度被英国所吞没的教训。他认为在中国面临强

---

① 康有为:《答南北美洲诸华商论中国只可行立宪不能行革命书》,载《康有为全集》第六集,第316—317页。
② 康有为:《答南北美洲诸华商论中国只可行立宪不能行革命书》,载《康有为全集》第六集,第325页。
③ 康有为:《答南北美洲诸华商论中国只可行立宪不能行革命书》,载《康有为全集》第六集,第320—321页。
④ 康有为:《与同学诸子梁启超等论印度亡国由于各省自立书》,载《康有为全集》第六集,第334—349页。

敌的情势下，唯统一而成一大国，才有可能抵抗外敌，否则力量分散，更有可能被各国所灭亡。"今真能自立，则必各省相争；即令不争，而十八省分为十八国。……则国势不过为埃及、高丽而已，更受大国之控制奴隶而已，如印度之各省独立而授之外人而已。……夫今地球竞争，为何时乎？自吾身所见，弱小之邦，岁月被灭，不可胜数。"①反之，德国和意大利，则因为将国内各小国合而为大国，所以一跃而成为欧洲之强国。"普国独伸王权，开尊王会，卒能合日耳曼二十五邦而挫法，合为德国，称霸大地。嘉富洱乃力倡民权者，而必立萨谛尼为共主，备力设法，而合十一邦为意国，故能列为欧洲之强国。使二子者，但言革命民主，则日尔曼、罗马纷乱数十年，必永为法、奥、俄所分割隶属而已，岂能为强霸之国哉！"②这或许是康有为在印度流亡的直接经验所带给他的启示。

对于康有为主张立宪、反对革命的论说，章太炎的反驳则主要集中于三点：

一是革命和立宪都必然要经历暴力的阶段。章太炎认为暴力阶段并不能避免，任何社会变革必须经过漫长的斗争才可获得，并不能指望满洲政府自动放弃他们的利益。"长素以为革命之惨，流血成河，死人如麻，而其事卒不可就。然则立宪可不以兵刃得之耶？既知英、奥、德、意诸国，数经民变，始得自由议政之权。民变者，其徒以口舌变乎？抑将以长戟劲弩，飞丸发礉变也？近观日本，立宪之始，虽徒以口舌成之，而攘夷覆幕之师在其前矣。使前日无此

---

① 康有为：《答南北美洲诸华商论中国只可行立宪不能行革命书》，载《康有为全集》第六集，第323页。
② 康有为：《答南北美洲诸华商论中国只可行立宪不能行革命书》，载《康有为全集》第六集，第324页。

血战，则后之立宪亦不能成。故知流血成河，死人如麻，为立宪所无可幸免者。"①章太炎亦以世界各国的历史特别是日本的历史为例来论证暴力的合理性。

章太炎进而认为康有为所主张的由君主主导的立宪并非真正意义上的立宪，而依然是专制。因为立宪要依赖于民权而非君权，那种祈求君主发仁心来立宪是于理不通而可笑的。所谓革命，就是推翻阻碍变革的人，而不是去请求其同意。

二是民智要待革命来开启。章太炎认为康有为对"革命者"提出了过高的智力和道德的要求。进而言之，革命是培育人的智慧和勇气的最佳方式，"人心之智慧，自竞争而后发生，今日之民智，不必恃他事以开之，而但恃革命以开之"②。革命是扫除旧俗、启发公理的良药。

章太炎进一步将革命的合理性诉诸民意。他说，从太平天国起义和义和团起义来看，清朝已经失去了广大人民的支持，因此，清朝就应该是被革命的对象，为了实现革命目标，甚至于借助外力乃至割据自立都是可以被接受的。一部分人的自由也比所有人均遭受奴役要好一些。

三是章太炎认为君主立宪不具有操作性。在章太炎看来，君主立宪的最大困境是如何安置满洲贵族的问题，如果议院中的议员多是满洲贵族的话，会导致汉人在议会政治中难以主张自己的权利，君主立宪依然会是有君主而无立宪。的确，1905年之后的预备立宪过程中的皇族内阁的出现，也证明了章太炎的预见性。

---

① 章太炎:《驳康有为论革命书》，载《章太炎全集·太炎文录初编》，第182页。
② 章太炎:《驳康有为论革命书》，载《章太炎全集·太炎文录初编》，第184页。

从革命派日渐壮大的趋势看，这次围绕着"革命"的康章论战，章太炎取得了巨大的胜利。不过章太炎也因为直接攻击皇族而获罪下狱。

铁窗生涯促成了章太炎思想的一个重大转折，他在狱中阅读了《瑜伽师地论》等大量佛教作品，章太炎完成了他的"转俗成真"的思想转化。尽管反满革命的立场并没有发生变化，但是在《民报》时期，他对于平等、国家、人类的前景等有了系统的思考，撰写了《齐物论释》《俱分进化论》《国家论》和《五无论》等作品。而流亡初期的康有为，则在重新注释《论语》《孟子》《中庸》等作品的过程中，丰富他的三世说，并在这个阶段完成了他影响巨大的《大同书》。

有研究者指出，康有为的大同理想具有一种强烈的普遍主义倾向，因此他并不认为特殊的历史是重要的，而章太炎则主张"一事一理"，所以，会偏向于民族主义，并强调民族主义的核心力量建立于特殊的历史之上。章太炎在给铁铮的信中，开始比较明确地表明这种差别。"仆以为民族主义，如稼穑然，要以史籍所载人物制度、地理风俗之类，为之灌溉，则蔚然以兴矣。不然，徒知主义之可贵，而不知民族之可爱，吾恐其渐就萎黄也。孔氏之教，本以历史为宗，宗孔氏者，当沙汰其干禄致用之术，惟取前王成迹可以感怀者，流连弗替。《春秋》而上，则有六经，固孔氏历史之学也。《春秋》而下，则有《史记》《汉书》以至历代书志、纪传，亦孔氏历史之学也。若局于《公羊》取义之说，徒以三世、三统大言相扇，而视一切历史为刍狗，则违于孔氏远矣！"①这封信可以解释章太炎所一贯保持的历史民族主义特色，但令人不解的是，这个时期的章太炎始终存在着行动上的坚决性和理论上的超越性之间的紧张。比如革命派的共和理念以实现平等的社会秩序和国际秩序为目标，但他的《齐物论释》却要告诉人们"平等"本身所可能造成的悖论，即对于差异性和多样性的忽视。排满革命的目标是建立一个新的国家，但章太炎却看到了国家可能对于"个体"的压制。他说："一、国家之自性，是假有者，非实有者；二、国家之作用，是势不得已而设之者，非理所当然而设之者；三、国家之事业，是最鄙贱者，非最神圣者。"②出于对三世说中所包含的进化主义因素的不满，章太炎在《俱分进化论》中提出了善恶互为助力的可能性，这都构成了章太炎所特有的多层次的思考能力，也体现出在排满和反对殖民主义的多重目标下，革命理论本身所需要的多重面向，尽管这样的思考对于革命实践本身也构成了自我解构。

在章太炎如此复合层次的思想层面，我们却看到了他与康有为在社会理想上的"一致性"。在《五无论》中，章太炎说，现代人不敢突破自然的局限，所以会接受国家和政府，而民族主义则是这

---

① 章太炎：《答铁铮》（一通），载《章太炎全集·书信集（上）》，第255—256页。
② 章太炎：《国家论》，载《章太炎全集·太炎文录初编》，第484页。林少阳指出："章太炎《国家论》对'国家'和'政府'的关系处理似乎比较含糊。章太炎在高扬个体价值上与自由主义政治思想相近，而对代议制与金权等关系应如何处理上又与自由主义对宪政的理想化有距离。章太炎主张法治，并不反对宪政本身，只是对主权、国家权力的问题有着更为复杂的思考。在认为国家是压抑个人的装置方面——因为在理论上根本否定国家方面——他更与社会主义、共产主义色彩的无政府主义者相近。"（见林少阳：《鼎革以文——清季革命与章太炎"复古"的新文化运动》，上海人民出版社2018年版，第300—301页）的确，林少阳看到了这些矛盾的存在，但这并不是"含糊"，而是复合层次的呈现，体现出自相矛盾的样子。

些社会建制的价值基础。因此他向往一种超越民族主义的"五无"境界，即无政府、无聚落、无人类、无众生、无世界。[①]这会令我们想起康有为《大同书》中所设想的未来社会。康有为之佛学积累虽不若章太炎，但他的《大同书》亦是从众生皆苦出发，来分析人类苦难的来源，并寻求解脱这些困难的可能性。他认为个体存在、家、国、种族这些因素都是人类利己心和互相争夺的原因，由此，他主张要破除这些制约人类幸福的"界"而直奔大同理想。不过，康有为认为大同理想乃是他对未来社会的设想，密藏而不发表，也没有记录表明章太炎读过《大同书》。但从《五无论》和《大同书》中，我们却可以看到他们分歧背后的一致性，这就是对人间苦难的怜悯不忍之心。所差别在于章太炎是以"无"来解构"有"，而康有为则是存"有"体"无"。

四、余论：固执的敌对

1911年中华民国成立，共和政体确立，各种政党蜂拥而起，然真正有独立的政治立场和民众基础的政党并不多见。这样的现象也是康有为、章太炎在各自的建国目标下所担心的局面。康有为的观念很坚决，他说革命党要为民国成立之后的政治混乱负责，那种违背国民的政治能力的制度移植并不会成功。但康有为及其弟子们也并不准备遁迹山林，而是试图建立政党来参与民国初期的政治建设，康有为在与陈焕章讨论孔教会的事宜时就提到，主张保皇的政

---

① 章太炎：《五无论》，载《章太炎全集·太炎文录初编》，第455—458页。

党可能难以获得民意,所以先建立孔教会以获得群众基础。

逐渐成为建国元勋的章太炎依然没有忘记讽刺康有为及其弟子们。1911年10月,他在马来西亚槟榔屿的《光华日报》上分三期连载《诛政党》一文,对民国初年蜂起的政党现象进行嘲讽,认为这些政党"自浮夸奔竞,所志不同,源流亦异,而漫以相比"[1],无非是试图在新的政治格局中谋取利益而已。他所讽刺的七类政党中,首当其冲的就是康有为所代表的维新党。

在文章中,章太炎说康有为治公羊学,远不及戴望,却因为写《新学伪经考》暴得大名,吸引门生千数,以大儒自居。然后给清帝上书,得到关注,自炫"受殊知"。事败之后,苟且逃生。及至海外,欺骗华侨捐款,供自己挥霍。"政府立宪,意别有在,辄为露布天下,以为己功,乘此以结政党,谓中国大权,在其党徒,他日爵秩之尊卑,视今政进钱之所多寡,贪饕罔利,如斯其极。"[2]至于汉族人的生死却从不计较,欧游期间,"舟车馆舍,比于王侯"。章太炎也说梁启超:"若夫学未及其师,而变诈过之,拾岛国贱儒绪说,自命知学。作报海外,腾肆奸言,为人所攻……文不足自华,乃以帖括之声音节凑,参合倭人文体,而以'文界革命'自豪。后生好之,竞相模仿,致使中夏文学扫地者,则夫已氏为之也。"[3]这篇文字以异于章太炎所惯常的典雅生僻文辞,直将康梁师徒斥为将

---

[1] 章太炎:《诛政党》(一九一一年十一月二十六日),载《章太炎全集·太炎文录补编(上)》,第380页。
[2] 章太炎:《诛政党》(一九一一年十一月二十六日),载《章太炎全集·太炎文录补编(上)》,第380页。
[3] 章太炎:《诛政党》(一九一一年十一月二十六日),载《章太炎全集·太炎文录补编(上)》,第381页。

导致汉种灭亡的第一妖党。

　　康有为和章太炎无疑是那个时代最具思考力的思想家，或许是成名更早，社会影响更大，加上无论政治生涯沉浮飘荡也不影响康有为铺排的生活方式，这些都激发章太炎之"好斗心"，甚至直接影响到他自己的日常生活习惯。他的学生回忆说："先生治学严谨，这是大家所熟知的。但有时失之过激，往往为人们所不理解。这中间包括继承汉学家法坚守经古文学营垒；以及对今文的运用抱审慎态度和对甲骨文的出土抱怀疑态度，等等。所有这些，与其说是'保守'，勿宁说是由于'严谨'而失之偏激。而且先生这种偏激之情，又往往跟他的政治思想倾向联系在一起的。在先生跟我的言谈当中，时时流露出折中情绪。例如，对康有为的经今文学家观点的敌视，往往跟憎恶康的维新保皇相纠缠。推广之，乃至康尊北碑，先生则倡法帖；康喜用羊毫，先生则偏爱狼毫。"[①]

　　这一点，章太炎自己也是承认的，直到章太炎逐渐从政治风云中隐退而回归传统书院式的教学方式，他开始反思自己的"偏执"态度。在1922年给柳翼的信中，他承认自己因为跟康有为学问、为人的不同而产生的"对立情绪"。他说："鄙人少年本治朴学，亦唯专信古文经典，与长素辈为道背弛，其后深恶长素孔教之说，遂至激而诋孔。中年以后，古文经典笃信如故，至诋孔则绝口不谈，亦由平情斠论，深知孔子之道，非长素辈所能附会也。而前身已放，驷不及舌，后虽刊落，反为浅人所取。又平日所以著书讲学者，本以载籍繁博，难寻条理，为之略陈凡例，则学古者可得津梁。不意

---

① 汤炳正：《忆太炎先生》，载陈平原等编《追忆章太炎》，中国广播电视出版社1996年版，第461—462页。

后生得吾辈书，视为满足，经史诸子，束阁不观，宁人所谓'不能开山采铜，而但剪碎古钱，成为新币'者，其弊正未有极。"①在这个时候，他反思自己因为反对康有为而对孔子过于尖锐的批评以及因强调史学而导致人们对于经典的忽视，甚至重新强调读经的必要性。

　　章太炎对康有为的态度也影响了他的弟子们，除钱玄同之外，大多数章门弟子对康有为也没什么好的印象，行文多有讥讽。比如作为章太炎最为看重的学生黄侃，在日记中记录了他读到报纸关于康有为的报道时的一个反应，他说："见今日汉口《大汉报》载：杭州伶人演剧，名曰《光绪帝痛史》。康长素方寓西湖丁家山，入城观是剧。演至戊戌政变之际，康在坐痛哭，哭声与剧中之君臣相应。观剧者不观台上之优孟，而注目于坐上之叔敖。康归，有诗记其事，决非赝作。周狗嗥而沐猴舞，殆不悉世间有廉耻事矣。……劝子幽母，利用童昏之帝，以肆篡窃之谋，轻率致败，党中死者数人，同身独敖游海外，箕敛金钱，以自存活，抑独何以哉！"②这里对康有为的批评与章太炎在《诛政党》中的说法完全一致。

　　章太炎与梁启超的关系十分复杂，有分歧，也有合作，需要另文详述。但对梁启超的学术，章太炎多有微词。这点也影响到他的弟子们对梁启超的评价。同为《黄侃日记》中记载道："行可日前言梁启超来鄂，赴中华大学暑期讲演。第一日发讲，即有无数笑柄。彼云：春秋时，楚都武昌，三国时，吴亦都武昌。又举湖北先贤五

---

① 章太炎：《与柳诒徵》（二通），载《章太炎全集·书信集（下）》，第971—972页。
② 黄侃：《黄侃日记》，江苏教育出版社2001年版，第118页。

人，老、庄、屈子、葛相、造以道安。夫楚凡四都，未尝居鄂；吴虽中徙，乃今鄂城。老则苦县；庄为蒙人；诸葛，阳都；道安，扶柳。楚国惟善以为宝，宁不欲致彼众贤？君子不轻去其邦，恐不必玩斯芳草。"[1]黄侃说楚国都城有四处，老子、庄子、诸葛亮和道安分别出生于不同的地方，而不是现在的武昌，并借用屈原的诗句来劝告梁启超不要随意谈论自己不熟悉的事物。

（致谢：该章的写作得到中国社会科学院高思达博士的帮助，尤其在文字和引文的订正上，费心尤多）

---

[1] 黄侃：《黄侃日记》，第118页。

第四章
民族主义与现代中国的政治秩序：
章太炎与严复围绕《社会通诠》的争论

《社会通诠》一书，系严复根据英国思想家甄克思（Edward Jenks）所著之 *A Short History of Politics* 翻译而成。一部通俗性读物缘何会成为严复所选定的翻译作品，出版之后为何会在晚清思想界产生如此巨大的影响？对前一个问题，有人提出严复翻译此书最为直接的刺激来自义和团运动之后的排外风潮。因为在严复看来，排外无异于是对于文明的拒绝。[1]基于这样的社会氛围，严复寄望于这本通俗著作能以明快的方式建构起一种社会发展的模式。他借助甄克思的图腾、宗法、军国民三阶段论，将当时的中国社会确定为由宗法社会向军国社会发展的过渡阶段，并以此为基础，指出中国走向文明的道路，即宪政民主政治框架。这个动机在严复自己所写的《读新译甄克思〈社会通诠〉》（1904年4月20日起在《大公报》

---

[1] 关于严复缘何选择在这个时间段翻译《社会通诠》，学界有诸多的研究，相关的综述可参看王宪明先生的描述。（见王宪明：《语言、翻译与政治——严复译〈社会通诠〉研究》，北京大学出版社2005年版，第39—60页）

连载四期，总第651号至654号）中有明确的表述。在这篇介绍性文字中，严复强调了宗法社会与排外思想之间的关系，并将排外思想的源头归之于民族主义，认为排外既无法使中国的经济获得发展的动力，也难以真正与列国竞逐。"总之，五十年以往，吾中国社会之前途，虽有圣者，殆不敢豫；而所可知者，使中国必出以与天下争衡，将必脱其宗法之故而后可。而当前之厄，实莫亟于救贫。救贫无无弊之术，择祸取轻，徐图补苴之术可耳。彼徒执民族主义，而昌言排外者，断断乎不足以救亡也。"[1]换句话说，严复希望中国人接受一个带有普遍意义的政治制度和社会形态的发展模式，这也是他对"民族主义"特别要加以批评的原因。在严复看来，中国传统的思维方式和政治形态，"偏离"了这个普遍性的路径，因而需要"校正"，要接受西方已经成功的社会新形态。

对于严复翻译《社会通诠》之因由，史华慈（Benjamin I. Schwartz，旧译为"史华兹"）的分析也值得注意。他说，严复虽然试图从文化的多样性中寻找中西方不同的制度根源，但这样的推论并没有导出中国可以产生自己的制度体系的结论，而是认为中国的文化传统导致了中国制度的落后，并且儒家要为这样的局面"负责：《社会通诠》的按语最集中地体现了严复的逐渐进化的信念是坚信不移的，也就是说，他坚定不移地在近代西方寻找人类未来的形象。儒教的价值观念不仅仅本身是错误的；它们还是一个时代的错误的反映，是一个早该退出而还未退出历史舞台的社会发展阶段

---

[1] 严复：《读新译甄克思〈社会通诠〉》，载汪征鲁等主编《严复全集》卷七，福建教育出版社2014年版，第138—139页。

与时代不合而引起的错误反映"①。

在严复的思想世界中,通过将文明与野蛮对立,进而将西方的社会制度和价值体系视为人类普遍性的路径。尽管严复也意识到这种西方制度体系并不能简单地移植到中国,还需要国民在知识、道德和身体等方面的配合。但是,严复早年坚信,这些文明的基本要素:民智、民德和民力并不能真正从中国自身的传统中获得。所以,在《社会通诠》的按语中,严复所呈现的则是中国政治文化传统对于民权的压制,至于说那些"治人者"可以由百姓推举,就是古代圣人所没有想到的。②

严复对中国民众接受文明的能力表示担忧,并把这种能力的"低下"归咎于政治传统:"且吾民之智、德、力,经四千年之治化,虽至今日,其短日彰,不可为讳。顾使深而求之,其中实有可为强族大国之储能,虽摧斫而不可灭者。夫其众如此,其地势如此,其民材又如此,使一旦幡然悟旧法陈义之不足殉,而知成见积习之实为吾害,尽去腐秽,惟强之求,真五洲无此国也,何贫弱奴隶之足忧哉!"③认为只有排除这些积习,中国人的创造力才可能爆发出来。

也许是深受斯宾塞(Herbert Spencer)的社会有机体理论的影响,也许是基于晚清国家积弱的现实感受,对于国家与个人的关系,严复更多考虑的是国家整体的力量,因而对于逐渐兴起的、以

---

① 本杰明·史华兹著,叶凤美译:《寻求富强:严复与西方》,江苏人民出版社1996年版,第171页。
② 严复:《〈社会通诠〉按语》,载汪征鲁等主编《严复全集》卷三,福建教育出版社2014年版,第472页。
③ 严复:《〈社会通诠〉按语》,载汪征鲁等主编《严复全集》卷三,第477页。

排满为口号的革命党所倡导的民族主义立场怀有深深的忧虑。在我看来，严复倾向于赞成以增加国家能力的方式来使国家迈向文明，而认为革命的方式和革命派的主张，都会阻碍国家的富强。

对于严复的态度，革命派也洞若观火。因此，当《社会通诠》出版之后，新创刊的革命党的机关刊物《民报》所设定的论战对象除了梁启超之外，就是严复。汪精卫、胡汉民等纷纷在《民报》上发表文章反击严复对民族主义的批评，而其中最为充分的则是章太炎所著之《〈社会通诠〉商兑》一文。可见，正是因为严复在书中对于民族主义的批评而导致本书成为革命派竞相讨论的文本，进而产生了重大的社会影响。本章将围绕章太炎对于社会发展规律的认识以及对于宪政、议会等制度的质疑，来剖析晚清思想界对于如何建立新的国家这一问题的不同思路。

一、汪精卫和胡汉民对《社会通诠》按语中"民族主义"的评析

在严复所著之《社会通诠》的按语中，有这样一段话：他说中国传统宗法思想盛行，所以人们接受种族思想亦比较容易，"是以今日党派，虽有新旧之殊，至于民族主义，则不谋而皆合。今日言合群，明日言排外，甚或言排满，至于言军国主义，期人人自立者，则几无人焉。盖民族主义，乃吾人种智之所固有者，而无待于外铄，特遇事而显耳。虽然，民族主义，将遂足以强吾种乎？愚有以

决其必不能者矣"①。这段话引发了汪精卫、胡汉民和章太炎的共同兴趣。如果说胡汉民通过曲折的辩解，试图建立起严复与民族主义之间的正相关联系的话，那么，汪精卫和章太炎则是要反击严复借助甄克思的框架所产生的对民族主义的误解，从而澄清革命派排满革命的真实意图。

20世纪初，中国社会思潮的一个巨大的变化就是出现了以排满为口号的革命派的兴起，这具有鲜明的民族主义色彩，加上民族国家思想的传入，也助推了通过种族革命来建立新国家的革命实践。

在经历了《辛丑条约》的巨额赔款、清皇室"西狩"等事件之后，新近形成的新式知识群体和其他的政治团体质疑满族统治者的合法性，以推翻清王朝为目的的革命派群体逐渐壮大。

革命的兴起很大程度上源于对改良路径的绝望。统治者的无能尤其是异族统治可以被利用为改变统治权力结构的理由。这样，以民族独立为目标的政治革命自然而然地成为革命派的最佳武器。革命派的崛起改变了原先的政治论说模式：是选择基于原有统治格局进行变革，还是推翻现存的满族统治阶层，成为改良派和革命派思考未来中国面貌的不同立足点。"1903年前后，在中国知识分子中产生了一场辩论，他们在有关中国民族主义的性质问题上出现分歧。直至20世纪的最初几年，以梁启超为代表的早期民族主义的主要倾向是反对帝国主义。但在1905年前的二三年里，这一倾向开始发生变化，愈来愈多的中国知识分子放弃民族主义的反帝方向，转

---

① 严复：《〈社会通诠〉按语》，载汪征鲁等主编《严复全集》卷三，第445页。

而将反满作为中国民族主义的重要信条。"[1]的确，深受伯伦知理（Bluntschli Johann Caspar）等国家主义思想影响的梁启超等人，由于担心反满的情绪会影响到国家整体目标的确定，更倾向于从文化而非血缘的角度来提倡一种"大民族主义"，即以国家为诉求的国族主义。而严复所翻译的《社会通诠》及其按语，在很大程度上也应和了梁启超等对革命派所主张的、以反满为口号的"小民族主义"的批评，这势必成为革命派与立宪派争论的主题。

新创办的《民报》成为革命派的重要舆论阵地，而其于1905年的创刊号中刊出的汪精卫的长文《民族的国民》，就是要系统地回应梁启超和严复的问题。他也通过引述伯伦知理的《国家学》中的"民族"（nation）和"国民"（volk）[2]来回应严复将民族主义与宗法社会联系起来从而将民族主义定义为"落后"观念的做法；同时指出康梁"满汉一体"的主张不是建立现代民族国家的唯一途径。

基于伯伦知理等人的观念，汪精卫说，民族是由血缘与风俗等因素凝聚而成的团体，是人种学上的名词，而国民一词则是法律意义上的名词。"自事实论以言，则国民者构成国家之分子也。盖国家者团体也，而国民为其团体之单位，故曰国家之构成分子。自法理论言，则国民者有国法上之人格者也。自其个人的方面观之，则独立自由，无所服从。自其对于国家的方面观之，则以一部对于全

---

[1] 张灏著，崔志海、葛夫平译：《梁启超与中国思想的过渡（1890—1907）》，江苏人民出版社1995年版，第186页。

[2] 当时改良派和革命派都看重伯伦知理的思想，且都来自日本学界的翻译。伯伦知理认为，以民族建国固然是当时的大势，但民族之于国家也有害，会抵抗国家、限制国权。（见郑匡民：《梁启超启蒙思想的东学背景》，四川人民出版社2021年版，第311页）

部，而有权利义务，此国民之真谛也。此惟立宪国之国民惟然，专制国则其国民奴隶而已，以其无国法上之人格也。"①

既有基于"民族"和"国民"的区分，那么国家的构成就可以有很多种可能，比如，单一民族可构成一个国家，多个民族也可共同组成一个国家，等等。在多民族构成的国家中，既有互相平等的民族之间的同化，也有通过征服等手段达成不同地位民族之间的同化方式。在汪精卫看来，满族就是通过征服手段对汉族进行压制，这样，汉族寻求建立民族国家的诉求也就具有追求民族独立自主的道德正义。

在汪精卫看来，严复只是看到了社会进化的大趋势，而不能看到由种族发展为国民的复杂性。因此，严复民族主义的批评实属错失了准星。汪精卫说，从清政府的政治、军事安排而言，满汉之间并没有融合，满洲贵族擅用各种专属特权来奴役汉人。虽然满族皇帝也试图用"君臣大义"来涵摄种族差异，但他这么做的真实目的是为了让汉族人顺从地接受统治。据此，汪精卫进一步批评了康有为、梁启超的"满汉一体"论，认为民族革命与政治革命有不同的目标，即民族革命以排满为目的，而政治革命则是要建立一立宪国家。②革命党并非只有民族革命一个目标，而是将民族革命视为实现政治革命的必要前提，其最终目标必然是实现以"立宪"为形式

---

① 汪精卫：《民族的国民》，载《民报》1905年10月第1期。（见黄季陆主编：《中华民国史料丛编·民报》第一册，中华书局1983年版，第14页）
② 汪精卫和严复的争论，有一个巨大的背景，即《新民丛报》和《民报》的争论。在这个争论中，梁启超等人认为排满可能将建国的事业窄化为"复仇主义"。而在革命派看来，梁启超他们所要建立的国家，即是清政府的另一个名称而已。如果参考这样的背景，章太炎对于严复《社会通诠》的讨论会有更为复杂的问题意识，比如，在章太炎等革命派那里，民族主义与国民主义是革命的双重目标。（见汪晖：《现代中国思想的兴起》下卷，生活·读书·新知三联书店2004年版，第1057—1059页）

的现代国家。汪精卫说:"深观乎国民之所以欢迎立宪说者,其原因甚繁。而其最大者,则国民主义与民族主义,皆幼稚而交相错也。夫国民主义,从政治上之观念而发生;民族主义,从种族上之观念而发生。二者固相密接,而决非同物。设如今之政府为同族之政府,而行专制政体,则对之只有唯一之国民主义,踣厥政体,而目的达矣。然今之政府,为异族政府,而行专制政体,则驱除异族,民族主义之目的也。颠覆专制国民主义之目的也。民族主义之目的达,则国民主义之目的亦必达,否则终无能达。乃国民梦不之觉,日言排满,一闻满政府欲立宪,则辗然喜,是以政治思想刬灭种族思想也。岂知其究竟政治之希望,亦不可得偿,而徒以种族供人鱼肉耶。"[1]建立同族政府和实现立宪政治便构成了一个统一体,如此,民族主义便成为实现宪政的前提。

革命党另一舆论骄子胡汉民亦有《述侯官严氏最近政见》一文发表于《民报》与《大公报》等报刊。在该文中,他结合严复的其他译作和观点,对严复与民族主义的关系做了清理。在胡汉民看来,严复翻译《社会通诠》之目的是要矫正因《天演论》等而激发的民族主义思潮。"自严氏书出,而物竞天择之理,厘然当于人心,而中国民气为之一变。即所谓言合群、言排外、言排满者,固为风潮所激发者多,而严氏之功盖亦匪细。严氏乃惧其仅为种族思想不足以求胜于竞争剧烈之场也。故进以军国主义而有《社会通诠》之译。"[2]将进化论与中国民族主义的产生关联起来,是胡汉民精审的

---

[1] 汪精卫:《民族的国民》,载《民报》1905年10月第1期。(见黄季陆主编:《中华民国史料丛编·民报》第一册,第38页。)
[2] 胡汉民:《述侯官严氏最近政见》,载黄季陆主编:《中华民国史料丛编·民报》第一册,第245页。

观察所得。严复之提倡进化，是要说明历史大势，而中国人在接受进化观念的过程中却产生了亡国灭种的危机感，反而从观念上拒斥普遍趋势，进而寻求中国的独特性。因此，如何将民族主义与"历史趋势"相结合则是胡文的关键。

基于对严复翻译《社会通诠》的出发点的认识，胡汉民首先要破除的是民族主义与军国主义之间的排斥关系。胡汉民认为，严复从斯宾塞的有机国家论出发，论定社会发展的规律性，而实际上，有机国家论作为与社会契约论的对勘之作，二者或注重国家的整体，或注重个人的权利，各有优长，也各有局限。因此，要分析社会发展的趋势不能以某种学说为定论，最合理的方式是将国家的整体和个人的权利进行有机的结合。

胡汉民认为，严复所反对的是只知排满、排外而不知寻求富强的民族主义，而不是民族主义本身。胡汉民更是根据严复在《法意》等书中的按语认定，严复自己就是一个民族主义者。首先，严复批评明代之后人们以君臣之义取代种族思想，使亡国而不以为耻。其次，严复认识到殖民国家是不会给那些被征服国家制定"仁法"的，而这样的说法则足以激起亡国之民的悲痛情感。所以胡汉民认为，不能从严复表面的言辞来判定严复的思想，而是要从其内在的理路中发现严复思想之实质。

从上述的讨论中，我们可以看到，从汪精卫到胡汉民，其对民族主义所进行辩护的要点之一在于民族革命并非与某一个特殊的历史阶段相结合，而且民族主义并非革命的唯一目标，革命的目标还在于发展民权和宪政。

相比于汪精卫和胡汉民在基本赞同甄克思理论的立场上来为在

民族主义指导下的种族革命进行辩护，章太炎的批评可以说是入室操戈，他对于宗法社会、军国民社会和民族主义等进行了更为深入的反思，从而呈现出带有更为复杂的历史和哲学色彩的思想面貌。

二、"总相"与"别相"：章太炎对《社会通诠》中宗法社会与民族主义之关系的评论

章太炎对于严复的总体评价是"知总相而不知别相"，这句话出自他与吴承仕谈话所录的《菿汉微言》："严复既译《名学》，道出上海，敷坐讲演，好以《论》《孟》诸书证成其说。沈曾植笑之曰：'严复所言，《四书题镜》之流，何以往听者之不知类邪？'严复又译《社会通诠》，虽名通诠，实乃远西一往之论，于此土历史贯习固有隔阂，而多引以裁断事情。是故知别相而不知总相者，沈曾植也。知总相而不知别相者，严复也。"[①]章太炎认为严复是以一种西方的历史发展模式来裁剪中国社会的，所以，只知道"总相"而不知"别相"。其实更确切地说，是以西方的地方性知识（别相）来判别中国社会事实，肯定会不得要领。

作为一个立志改变中国社会，并追求国家富强的人而言，严复所致力的是以西方之长来补中国之短。所以，他总是在试图进行中西价值观念和思维方式的比较。此类比较一般而言会着眼于中西之别，因而有许多总体性的概括难以照应到所有的情况，就会产生许

---

① 章太炎：《章太炎全集·菿汉微言》，上海人民出版社2015年版，第48页。

多"知总相而不知别相"的判断。①而章太炎对于《社会通诠》所作的"商兑"，虽然从总体上是要为民族主义辩护，然其方式则是抽丝剥茧式的层层推进，以甄克思的结论和严复的按语为依据，对其文从推论方式到具体的观点做了递进式的批驳。

严复秉持以西方为模板的现代化路径，认为这是由社会进化的公理所决定的，因此，他的社会进化路径总体而言是单线式的，虽然在国权和民权的优先性上，严复有过很多的纠结，但是他依然坚持，中国要摆脱困境获得发展，就必须对西方的价值体系、政治理论和社会制度体系加以接受和模仿。严复的翻译计划很大程度上是以这样的目的为指向的，如果我们阅读《原强》等文章，可以看出严复的翻译很大程度上是对他那些富强策略的理论支持，进一步说，他的富强策略来自他对于英国模式的认识。

这个时期的章太炎，思想极其混杂，与严复或康梁接受西方式的现代化模式并将之视为社会发展的"公理"的看法不同，章太炎糅合了佛教与庄子"齐物"的思想方法，对于"公理"②本身，以及由此依附于这个"公理"的自由、国家、议会等概念，进行了彻底的解构，从某种意义上，章太炎具有一种反现代性的因素，但他又不是那种顽固派式的拒绝现代化，而是对于现代化所可能带来的

---

① 严复在《论世变之亟》中罗列了中西因自由观不同而产生的差异，如中国重三纲，西人首明平等；中国亲亲，而西人尚贤；中国以孝治天下，而西人以公治天下；中国尊主，而西人隆民，等等。说到知识方面，认为中国夸多识，而西人尊新知。虽然严复说只是罗列不同，并无优绌之分，但是其中西文野之分的意味是很明显的。（见《严复全集》卷七，第12—13页）

② 章太炎在《四惑论》中指出，所谓的公理，是以自己的学说为公，并非所有人所公认。"言公理者，以社会抑制个人，则无所逃于宙合。然则以众暴寡，甚于以强陵弱。而公理之惨刻少恩，尤有过于天理。"（见《章太炎全集·太炎文录初编》，第474—475页）

问题的前瞻性思考。

　　章太炎对于与公理建构相关的现代科学方式的有效性提出了怀疑。在《〈社会通诠〉商兑》一文中，他首先质疑的是《社会通诠》的结论所依据的方法，即归纳法和社会学的方法。章太炎认为社会学与自然科学（质学）之不同在于，"心能流行，人事万端，则不能据一方以为权概"[①]，即很难以一种计量的方法，对变化万端的人类活动做出精确的分析。而且，社会学这样的学科成立时间很短，其结论的科学性需要时间的检验。由此所建立的所谓社会规律，就很难真正令人信服。章太炎不满严复和杨度以此为据来分析中国社会。章太炎提出，社会学作为一种学科，存在不过百年，而专业的学者，也还没有形成一种成熟的方法。"盖比列往事，或有未尽，则条例必不极成。以条例之不极成，即无以推测来者。夫尽往事以测来者，犹未能得什之五也，而况其未尽耶？"[②]而严复据此做出的断语，被政客用以改造社会，会造成社会的混乱。

　　深受英国经验主义哲学影响的严复十分推崇归纳逻辑，然章太炎正是看到了归纳法所必然会面临的经验事实难以穷尽的困境，这样的方法所推论的结论自然是难以具备普遍性的意义。从方法的局限出发，章太炎进一步要质疑的就是甄克思所提出的社会发展阶段论对于分析中国社会的有效性。

　　甄克思在《社会通诠》书中，把社会演化的进程划分为太古社会、宗法社会、国家社会。"在翻译的过程中，严复对原作所描述的社会类型及相应的时空系统进行了改造"，甄克思并不断定人类社

[①] 章太炎：《〈社会通诠〉商兑》，载《章太炎全集·太炎文录初编》，第337页。
[②] 章太炎：《〈社会通诠〉商兑》，载《章太炎全集·太炎文录初编》，第337页。

会必须经历此三种社会形态,而且所依据的材料主要涉及欧洲、美洲、非洲和澳洲,并未涉及中国。而"严译《社会通诠》对甄克思原作中这种并不十分明确的时空序列进行了重新排列,认定人类社会'进化之阶级,莫不始于图腾,继以宗法,而成于国家'",并把原作中所不涉及的中国社会纳入这一发展序列中。①严复在翻译过程中有意要强调的恰好是章太炎着力要批评的。当然需要说明的也在此,由于严复在翻译过程中有意识的词汇选择和倾向强调,所以导致译作和原作之间存在一定的差异,这样的差异并不一定为章太炎或同样引以为据的杨度等人所了解,这就意味着,章太炎对于甄克思的批评很大程度上就是对严复立场的批评。

甄克思在描述宗法社会和军国民社会的时候,提出了四条基本的差别。其一为"重民而不地著"。即认为宗法社会没有明确的国民意识,只有种族观念;而军国民社会的人则以其所居地为准,住在哪个国家就成该国的国民。其二是"排外而锄非种"。宗法社会或仇视或奴役国内别的种族,而军国民社会则主动吸收移民以增强竞争力。其三是"统于所尊"。认为发展程度高的社会以个人为本位,所以平等;而宗法社会以一族一家为本位,则有依附关系。其四是"不为物竞"。即宗法社会,一切以祖法和习俗为规则,所以人的竞争能力并不能获得展现;而文明社会,则可以"各竭其心思耳目之力、各从其意之所善而为之",从而个人有充分的决断力。②这四条差别其实也就是严复所要强调的古典社会和现代社会的差

---

① 王宪明:《语言、翻译与政治——严复译〈社会通诠〉研究》,北京大学出版社2005年版,第231页。
② 章太炎:《〈社会通诠〉商兑》,载《章太炎全集·太炎文录初编》,第339页。

别，其意图是要让中国人逐渐摆脱宗法社会对个人独立自由的束缚而进入摆脱了人身依附关系的军国民社会。

上述思想，在严复为《社会通诠》所写的按语中被进一步强调。严复在讨论"宗法社会"时的按语是："作者举似社会，常置支那，盖未悉也。夫支那固宗法之社会而渐入于军国者，综而覈之，宗法居其七。而军国居其三。"[①]

在这个按语中，严复已经点明了甄克思在进行社会分析时，并没有考虑到中国的情况。对此，严复的判断是甄克思可能并不了解中国社会的情况。然而这个说明并不意味着严复试图将中国视为例外，他依然认为这个模式对中国社会发展过程存有解释力，并按照甄克思的模式认为当时的中国社会形态处于由宗法社会向军国民社会发展的阶段，即所谓七分宗法，三分军国民。尽管与惯常一样，严复会强调这个判断的个人化特性，不过严复依然自信地认为，基于其所掌握的"先进知识"，对于当时的国人具有极大的影响力。

不过，在章太炎看来，甄克思对于宗法社会的四个特征的描述，或完全、或部分不符合中国社会的实际情形，如此，中国传统社会并不能简单以"宗法社会"概括。章太炎根据史实指出，传统中国，有宗法之秩序者，唯在社会上层，而礼不下庶人，民间并无宗法可守。继之，章太炎以丰富的历史资料和人口流动的状况，认为中国古代人口的流动十分频繁，并不以其出生地为限。同样中国古代也并不排外，不但外国人在中国可以安居乐业，甚至外来宗教也逐渐成为中国文化之有机组成部分。至于所谓的人身依附关系，

[①] 严复：《〈社会通诠〉按语》，载汪征鲁等主编《严复全集》卷三，第373页。

章太炎认为战国以前或存在过，但战国之后，国家和宗族对人民并不具备绝对的控制力，所以"有合于古，不合于今也"。关于第四条，章太炎提出，中国古代虽然有子承父业的说法，但是职业的变动并没有限制，所以"甄氏以其所观察者而著之书，其说自不误耳。而世人以此附合于吾土，则其咎不在甄氏而在他人。若就此四条以与中国成事相稽，惟一事为合古，而其余皆无当于古"[①]。即使都从宗法社会而论，古代的宗法与当今的宗法也有很大差异。总之与民族主义并无关系，严复将宗法引申为民族主义并无文献上的根据。

章太炎之所以要对甄克思的社会模型进行批评，关键是要反对甄克思所提出的"宗法社会，以民族主义为合群者也"[②]的结论。虽然，有研究者指出严复在翻译《社会通诠》的时候所使用的"民族"或"民族主义"大多是在"宗法""宗族"和"家族"意义上使用的，与后世的"nationalism"有很大的不同。[③]但从另一个角度看，我们则可以认为严复是有意将甄克思所批评的家族、宗族主义思想转化为对"民族主义"思想的批评的，其手法则是将民族主义视为宗法社会的思想意识，因而是一种落后的观念，并不能使中国

[①] 章太炎：《〈社会通诠〉商兑》，载《章太炎全集·太炎文录初编》，第345页。
[②] 甄克思：《社会通诠》，载汪征鲁等主编《严复全集》卷三，第409页。
[③] 王宪明教授通过对严复所翻译《社会通诠》的文字的比对，发现"严复所说的'民族'不是对应于甄克思原文中的'nation'，而是对应于原文中的'tribe''clan''patriarch''communities'等数个不同的词，其基本意思主要是指处于宗法社会阶段的'宗族''家族''家长''群体'或以此为特点的社会组织，是建立近代国家过程中所必须扫除的过时之物。严复在《社会通诠》正文中所加出的与原文没有对应关系的'民族'以及按语中所提到的'民族'或'民族主义'基本都是在'宗法''宗族''家族'意义上使用'民族'一词的，而与后来流行的'民族主义'的'民族'完全不同"。（见王宪明：《语言、翻译与政治——严复译〈社会通诠〉研究》，第121页）

走向现代。这有点类似于"设靶自射"的做法。

严复在《社会通诠》的按语中根据宗法与军国民社会的阶段划分,认为中国的法律就是一种家族法,而非普通法。"中国社会,宗法而兼军国者也,故其言法也,亦以种不以国。观满人得国几三百年,而满、汉种界,厘然犹在;东西人之居吾土者,则听其有治外之法权;而寄籍外国之华人,则自为风气,而不与他种相入,可以见矣。故周孔者,宗法社会之圣人也,其经法义言,所渐渍于民者最久,其入于人心者亦最深,是以今日党派,虽有新旧之殊,至于民族主义,则不谋而皆合。今日言合群,明日言排外,甚或言排满,至于言军国主义,期人人自立者,则几无人焉。盖民族主义,乃吾人种智之所固有者,而无待于外铄,特遇事而显耳。虽然,民族主义,将遂足以强吾种乎?愚有以决其必不能者矣。"①严复认为中国人没有国家观念,各种政治力量在民族主义层面取得了共识,而这种主义所导致的是排外的思想,所以不能"强吾种"。在他自己所写的《读新译甄克思〈社会通诠〉》中则将宗法社会与排外思想、民族主义进行了进一步的勾连。②

由此,章太炎对《社会通诠》的批评转入了对严复所"有意"引入的"民族主义"的讨论。

章太炎并不像前文所提到的胡汉民那样,试图将严复本人的思想与民族主义挂钩而证明民族主义的合理性,而是直接批驳严复

---

① 严复:《〈社会通诠〉按语》,载汪征鲁等主编《严复全集》卷三,第447页。
② "宗法社会之民,未有不乐排外者,此不待教而能者也。中国自与外人交通以来,实以此为无二惟一之宗旨。……而自谓识时者,又争倡民族之主义。夫民族主义非他,宗法社会之真面目也。"(见严复:《读新译甄克思〈社会通诠〉》,载汪征鲁等主编《严复全集》卷七,第136页)

的观点。他说严复对民族主义的判断"污谬之甚"。"民族主义者,与政治相系而成此名,非脱离于政治之外,别有所谓民族主义者。然就严氏所译甄说,则民族主义,或为普遍之广名,如是则外延甚巨,而足以虚受三种形式。"①也就是说,民族主义这样的观念,在图腾社会,则以图腾作为民族主义的表现形态;在宗法社会,则以谱牒等为收族之道,其功能都在于凝聚民众。

章太炎认为,民族主义并不是特定社会历史发展阶段的产物,而是在所有的政治形态中均可以产生的思想形态,故而民族主义本身并不一定附着于某种特定的社会,在军国民社会依然可以发挥作用。只是不同时期的民族主义有不同的呈现方式。在军国民阶段,国家成为主导性的社会形态,因此,这个阶段的民族主义的核心在于国家的主权和富强,而不仅仅是种族的利益。

对于民族国家时期的民族主义,章太炎概括说:"且民族主义之见于国家者,自十九世纪以来,遗风留响,所被远矣。撮其大旨,数国同民族者则求合,一国异民族者则求分。"②在以民族建构国家的指向下,分布在不同地区的同一民族力图建立一个统一的国家,如意大利和德国就完成了建构起一个大国家的使命。而在同一国家中的不同民族则希望独立,例如爱尔兰则希望脱离英国。

作为多民族融合典范的美国和以超越民族国家为指向的社会主义思潮,其民族主义思想有什么不同的特点呢?章太炎也进行了分析。

他认为美国因其国家新建,所以广泛吸纳各种族的人口,但是

---

① 章太炎:《〈社会通诠〉商兑》,载《章太炎全集·太炎文录初编》,第346页。
② 章太炎:《〈社会通诠〉商兑》,载《章太炎全集·太炎文录初编》,第347页。

其中白人和黑人及其他种族之间在权利上的差异是明显的，所以，存在着事实上的民族主义。而以阶级划分为核心的社会主义思潮，虽然看上去是一种超越种族主义的思潮，但章太炎引用不具名的欧洲学者的言论认为，社会主义运动所得利者，只在于少数白人，这样，社会主义与民族主义也并非背道而驰。由此，章太炎所试图证明的是，即使在甄克思所认定的军国民社会，民族主义依然是一种普遍存在的意识，而不是如严复所谓民族主义是一种宗法社会特有的思想。

我们难以断定章太炎是否阅读了伯伦知理的国家学说，不过章太炎在论述中是可以看出种族与国民之间的分辨的。这一点与汪精卫等当时的革命派类似，即中国的民族革命有两大任务，一是通过排满恢复汉族的统治，二是建立现代国家，确立国民意识。所以，章太炎指出，革命党的民族主义与西方的民族主义不同，其任务有二：一是恢复国家主权，二是逐渐"化合"各民族。"若吾党之言民族主义……惟曰以异民族而覆我国家，攘我主权，则吾欲与之分，既分以往，其附于职方者，蒙古之为国仇，则已解于半千岁上，准回、青海，故无怨也。西藏则历世内属，而又于宗教得中国之尊封者也。浸假言语、风俗渐能通变，而以其族醇化于我，吾之视之，必非美国之视黑民。若纵令回部诸酋，以其恨于满洲者刺骨而修怨及于汉人，奋欲自离以复突厥花门之迹，犹当降心以听，以为视我之于满洲，而回部之于我可知也。至不得已，而欲举敦煌以西之地，以断俄人之右臂者，则虽与为神圣同盟可也。若是，而曰此民族主义者，即是宗法社会，则何异见人之国旗商标，而曰此有徽章者，犹未离于图腾社会也。且今之民族主义，非直与宗法社会不相一致,而其力又有足以促宗法社会之镕解者。"①也就是说,民族主义不但不一定是宗法主义,也有可能是化解宗法主义的因素。

章太炎何以认为民族主义可以促进宗法社会的"镕解"呢?对此,他从"历史民族"②的观念出发,认为历史上蒙、藏、回各民族一直在不断融合,以一种平等的态度来建构民族意识。因此,新的民族之间不会出现美国式的异族歧视。

从现实的活动组织方式而言,章太炎也认为革命党的活动目的是要建立起国族和国家。他借助晚明会党活动的例子来说明,革命党其活动的方式,延续了会党的传统,即以国家利益为上,超越于家族与地方利益的局限。而革命的成功,还将"定法以变祠堂族长之制,而尽破宗法社会之则矣"③。最终建立起与这个新的主权国家相符合的"国族"观念,"民知国族,其亦夫有奋心,谛观益习,以趋一致。如是,则向之隔阂者,为之瓦解,犹决泾流之细水,而放之天池也"④。所以,章太炎说,革命党的民族主义,不仅不是宗法主义,反而是宗法主义的解放者。

严复反对民族主义之原因,是认为民族主义所具有的排外特性会阻碍国家的富强。对此,章太炎认为,是否能让种族强盛,并非基于某种主义,关键是在具体的"术",即达成民族主义,或社会

---

① 章太炎:《〈社会通诠〉商兑》,载《章太炎全集·太炎文录初编》,第348页。
② 章太炎在《訄书·序种姓上》中认为当下欧美区分人民,或以国民,或以族民,其有不同的旨归。国民是就国家而言,而族民则是以种族而言的。对于种族,章太炎主张一种"历史民族"的观点,认为民族并不完全依赖于血缘,而是因为战争、游牧等原因,不断融合,"各失其本"。"故今世种同者,古或异;种异者,古或同。要以有史为限断,则谓之历史民族,非其本始然也。"(见《章太炎全集·訄书重订本》,第169页)
③ 章太炎:《〈社会通诠〉商兑》,载《章太炎全集·太炎文录初编》,第349页。
④ 章太炎:《〈社会通诠〉商兑》,载《章太炎全集·太炎文录初编》,第349页。

主义、人道主义诸如此类主义的方法。章太炎认为，只以有用无用来断定一种思想的方法，是"功利主义"思维习性的产物，并非严复一个人的问题，而是"儒人之天性"。章太炎所要批评的则是关于"成败之策"，即促使一种主义得以实现的方式方法。

关于达成民族主义的方法，章太炎认为有两种：一种是武力实现，另一种是舆论鼓动。他说："今日固决死耳，岂曰无衣，与子同袍，修我戈矛，与子同仇。此民族主义所任用，而于宗法社会无忽微之相系也。"①也就是说，以民族主义来激发革命的热情，推翻旧的王朝，这跟宗法社会并无瓜葛。他甚至认为，如果再出现洪秀全、杨秀清，就不会再有曾国藩和胡林翼这样维护清王朝的汉族官吏了。

对于舆论上的民族主义，章太炎相信舆论鼓动强于军事活动，是革命党的软肋，然其作用依然不可小觑。"徒以大风所播，合军民为一心，而效死以藩王室者少，故民党得因之成业。"②的确，革命党因其财力限制，并没有相应的武装力量来支持其政治诉求的达成。然而革命党所进行的革命宣传，使革命和改良成为晚清政治发展的一个选项，而一些体制内的力量，比如地方督抚、新军、地方绅士集团，在辛亥革命的前后，成为革命势力的重要组成部分。这不能不说是拜革命舆论宣传之效。

接下来，章太炎开始对反对民族主义革命的群体及其原因进行了分析。在他看来，政客之所以不认同民族主义的路径，而热衷于以"立宪"来解决政治问题，其原因可以分为两类：第一类是

---

① 章太炎：《〈社会通诠〉商兑》，载《章太炎全集·太炎文录初编》，第351页。
② 章太炎：《〈社会通诠〉商兑》，载《章太炎全集·太炎文录初编》，第351页。

"热中干禄,而以立宪望之满洲政府者";第二类是"欲以国民自竞……以倡国会于下,使政府震怖"。他认为这种方式其实与革命没有什么差别,因此没必要"局促于立宪之辕下"。①

最后,章太炎认为,如果固执地认定军国民社会高于宗法社会,并将之视为进化之铁律,而不知在历史上成败并不一定与社会文化的发展程度环环相扣,就会转而相信不如直接迎立西方元首来统治中国,这样比中国人自己努力还要强百倍。章太炎认为,这样的做法虽然为所有中国人所唾弃,却被严复等人视为合理之举,这不啻为卖国之举了。

史华慈有一段话可以被看作是关于严复和章太炎等人争论的总结。史华慈认为,严复把解决中国社会问题的希望寄托在由皇帝推动的现代化的努力之上,因此,他反对革命派基于民族主义的情绪去鼓吹革命,因为这样的革命会造成社会混乱。"在严复眼里,由孙中山、汪精卫、章炳麟和其他革命者培育起来的反满情绪代表着他们为了革命的利益任意毁灭改革的希望,而这种革命在当时中国的进化阶段里只能导致毫无希望的混乱。更为重要的是,这种反满情绪代表了中国社会的最具宗法性的反动特征即集团的或宗族的排外主义的复活。"②而章太炎等人则认为,要实现国家的富强,不能再依赖毫无作为的清王朝,唯有将其推翻才有实现国家富强的可能,而要推翻清政府,民族主义则是最有效的手段。

---

① 章太炎:《〈社会通诠〉商兑》,载《章太炎全集·太炎文录初编》,第351—352页。
② 本杰明·史华兹著,叶凤美译:《寻求富强:严复与西方》,第169页。

三、立宪政治与追求富强：严复和章太炎对于国家与社会秩序建构的歧见

行文至此，本来章太炎对于严译《社会通诠》之批驳似可告一段落，然而由《社会通诠》引发的相关争论并没有结束，而是继续向纵深发展。

这个发展分为两个方向，其一是章太炎针对杨度根据《社会通诠》而作的《金铁主义说》所展开的未来国家形态所进行的争辩，其核心的思想体现在章太炎1907年所作的《中华民国解》一文中，主张以文化认同而非种族认同来建构未来的中国。其二则是针对严复在《社会通诠》《法意》等译作所提出的立宪政治作为军国民国家的主要政治体制而进行的争论，其主要的代表作品包括《代议然否论》《四惑论》等。因本章主要关涉章太炎与严复之间的争论，所以章太炎与杨度之争论当另文讨论，而这里聚焦章太炎与严复关于立宪和议会制度是否可以解决中国的困境所进行的争论。

甲午战争后，日本的胜利被视为中国走向制度变革的转折点，国人将日本的胜利看作是明治维新的胜利。而1905年日俄战争中日本的胜利，则进一步被"描述"为立宪对专制的胜利。在这样的思维模式下，严复认定传统中国的政治是一种专制政治，而中国想要获得富强，则唯有立宪一途，这乃"天演大进之世局"。[1]

---

[1] 严复在《论国家于未立宪以前有可以行必宜行之要政》一文中说："夫中国自三古洎兹，所以治其国者，虽道撰法守，运有污隆，固无一朝非为专制。而专制之治，又非泰西之所未行也。国小民谨，行之不胜其弊，以千余年之蜕化，乃悉出于立宪之规，而国以大治，称富强焉。夫政治之界，既专制先有，立宪

严复自从在《原强》中提出自由为体、民主为用之后，便一直强调西方的富强自有其价值与制度为依托，此为体用合一。这样的观念可以说贯穿其思想发展的不同阶段，区别在于不同的时期其落实西政之方式各有不同。他翻译《社会通诠》提出社会发展的不同阶段论，其目的也是要强调中国要从宗法社会上升至军国民社会，关键在于"政理程度"的差别。而"今泰西文明之国，其治柄概分三权：曰刑法，曰议制，曰行政"①。因此，中西富强和积弱之根源在于政体之文明与野蛮之别。

严复有时会将制度的差异归结为文化上的原因。在严复看来，中国并无民权观念，自古以来的圣贤，从不认为其赋税等行政手段需要获得老百姓的认可，甚至韩愈在《原道》中直接说，民若不出租赋就可以对其直接诛杀。而相比之下，欧洲各国即便是处于最黑暗的历史时代中，当时之政府虽然也将"养兵为民"作为征税之借口，但仍需要获得民众的允诺才可进行实质征税。这就是西方民权之所以形成、议院制度之所以产生的原因。

严复在翻译孟德斯鸠的《法意》和甄克思的《社会通诠》时，都不同程度地表现出制度决定论的思想。与《社会通诠》建构起的社会发展三阶段相应，如果与宗法社会相对应的政治制度是专制皇权的话，那么军国民社会的理想制度则是立宪、议会政治。

后成，则可知立宪乃天演大进之世局。列邦异种，林立地球，优者以顺天而独昌，劣者为自然所淘汰，此非甚可惧者耶！由此言之，将无论中国民智幼稚如何，国家旧制严立何若，一言求存，则变法立宪不可以已。"此文最初发表于1905年9月20日至10月4日之《中外日报》，载汪征鲁等主编《严复全集》卷七，第168页。

① 严复：《读新译甄克思〈社会通诠〉》，载汪征鲁等主编《严复全集》卷七，第135页。

根据严复对甄克思在《社会通诠》中对西方现代国家政治体制介绍的翻译,以及严复自己所作的按语,他认为中国应该实行的政治体制,有如下一些基本要素:第一,采行英国式的准共和制或美国式的共和制,中央政府"其权不止于诘戎议制,乃并刑法行政二大权而有之";第二,中央政府实行立法、司法、行政三权分立,并相应地采行代表制和政党制;第三,在中央政府的指导下实行地方自治。而要实现这一蓝图,必须始终处理好国家与小己之间的关系,打破二者之间的任何环节特别是宗法性的家族与宗族组织,使国家与小己之间发生直接联系。同时国家应适当限制自己的权力(或更确切地说,适当限制国家的权力),凡与"诘戎""议制""刑法""行政"诸大权无关而只关系到民生事业者,应放手任民众自为,以培养国民的自立能力,培养小己的国家思想,以此为基础,建设强大的近代国家。①

在经过了短暂的迷信国际公法可以保护中国的阶段之后,更多的中国人认识到民族国家体制必然带来以本国利益至上的游戏规则,即杨度所精确概括的"对内文明,对外野蛮"的国际格局。因此,在国家独立和个人自由之间必然需要一种次序上的分辨。严复在稍后的《法意》按语中说:"虽有至仁之国,必不能为所胜亡国之民立仁制也。夫制之所以仁者,必其民自为之,使其民不自为,徒坐待他人之仁我,不必蕲之而不可得也。"②所以,国家的主权独立对于仁义制度的建立是必要的前提。在这样的认识下,严复尤其心

---

① 王宪明:《语言、翻译与政治——严复译〈社会通诠〉研究》,第167页。
② 严复:《〈法意〉按语》,载汪征鲁等主编《严复全集》卷四,福建教育出版社2014年版,第206页。

152 理想的国度:近代中国思想中的国家观念

仪斯宾塞的国家有机体的思想，认为个人在一个有机的国家中要担负其各自的责任。"特观吾国今处之形，则小己自繇，尚非所急，而所以祛异族之侵横，求有立于天地之间，斯真刻不容缓之事。故所急者乃国群自繇，非小己自繇也。求国群之自繇，非合通国之群策群力不可。欲合群策群力，又非人人爱国，人人于国家皆有一部分之义务不能。欲人人皆有一部分之义务，因以生其爱国之心，非诱之使与闻国事，教之使洞达外情，又不可得也。"①用现代的话来说，负责任的政府与有义务感的民众之间的协调，是中国的当务之急。

在民智民德民力未臻完善之际，遽开议院、强调权力制衡徒害无益，要先从培养国民的责任感开始。因此，最现实的途径是让民众参与国家事务，实行地方自治。"地方自治之制，乃刻不容缓者矣。窃计中国即今变法，虽不必遽开议院，然一乡一邑之间，设为乡局，使及格之民，推举代表，以与国之守宰相助为理，则地方自治之基础矣。使为之得其术，民气不必缘此而遂嚣，而于国家纲举目张之治，岂曰小补？上无曰民愚不足任此事也，今之为此，正以瘳愚。但使人人留意于种之强弱，国之存亡，将不久其智力自进，而有以维其国于泰山之安。且各知尊主隆民为人人之义务，则加赋保邦之事，必皆乐于自将。"②

严复翻译《社会通诠》的时候，在其中涉及的地方自治四个优点的第一点中，特意"增加了原作所没有的地方自治'使国民人人有国家之思想'这一重要内容，在第四个优点中增加了中央政府

---

① 严复：《〈法意〉按语》，载汪征鲁等主编《严复全集》卷四，第291页。
② 严复：《〈法意〉按语》，载汪征鲁等主编《严复全集》卷四，第291页。

'可专意会神于纪纲之大者'这一内容,使得地方自治制度看起来不仅有利于地方,而且更有利中央政府"①。这依然是试图在培育民权素质的同时,关照国家的整体性利益。严复在《社会通诠》有关地方自治的按语中比较了现代政治秩序下的地方自治和中国传统的地方治理制度的区别:"地方自治之制,为中国从古之所无。三代封建,拂特之制耳,非自治也。秦、汉以还,郡县之制日密,虽微末如薄尉,澹泊如学官,皆总之于吏部。其用人也,以年格而非以才;其行政也,守成例而非应变。此吾国之治,所以久辄腐败,乃至新朝更始,亦未见其内治之盛也。总之,中西政想,有绝不同者。夫谓治人之人,即治于人者之所推举,此即求之于古圣之胸中,前贤之脑海,吾敢决其无此议也。……考为上而为其下所推立者,于中国历史,惟唐代之藩镇。顾彼所推立者,为武人,非文吏也,故其事为乱制。往顾亭林尝有以郡县封建之议,其说甚健,然以较欧洲地方自治之制,则去之犹甚远也。"②这里严复所说的顾炎武的郡县封建之议,核心是在大一统的格局下,给各地以一定的自治权,这样可以弥补大一统在应对各地多样性上的缺陷,但严复认为这其实也不能算是自防自治。

严复认为,封建制度并不能等同于地方自治。在郡县制之后,官吏由吏部任命,地方官员并非由当地民众推举,即使是晚明大儒顾炎武所主张的"寓封建于郡县之中",即提高地方官员的地位,扩大地方经济的空间的设想,与欧洲的地方自治也不一样。因此,

---

① 王宪明:《语言、翻译与政治——严复译〈社会通诠〉研究》,第161—162页。
② 严复:《〈社会通诠〉按语》,载汪征鲁等主编《严复全集》卷三,第472—473页。

严复主张的地方自治的关键是地方治理者由被治理者推举，而逐渐进行现代政治观念的落实。

地方自治这个主张为许多革命党人所支持，因为这也可以理解为是对朝廷权力的分解。但是，这个主张却为章太炎所反对[①]，其理由同样是基于国家的建立应从秩序和语言、价值的趋同入手，而地方自治则可能造成地区特别是民族之间的疏离，不利于国家认同的形成。

提到国家认同，章太炎思想的复杂性就体现出来了，这也是章太炎与其他革命党人产生分歧的重要原因。以鼓吹民族主义而著称的他，对于以民族建立一个国家，以获取爱国之心，以及以国家为单位而造成对别的民族和国家进行侵略和欺压的格局持有深深的怀疑。

然而，在找到更为合理的生存形态之前，如果将国家作为一个暂时必须建立的机构的话，那么地方自治可能是危险的，尤其对于当时的中国来说，更为有害。章太炎说："今之务在乎辑和民族，齐一语言，调度风俗，究宣情志，合之犹惧其隔阂，况剖分之？……在昔魏氏代汉，梁氏代唐，以合为分，以博为俭，则讴歌者有怨志。三国分而晋混一之，南北分而唐混一之，五季分而宋混一之，江表唐蜀亦有文思憔杀之人，未闻以灭宗为怨，何者？幸同气之和

[①] 章太炎固然反对地方自治，但认为其要好于立宪。"世有谈革命者，知大事之难举，而言割据自立，此固局于一隅，所谓井底之蛙不知东海者，而长素以印度成事戒之。虽然，吾固不主割据，犹有辩护割据之说在，则以割据犹贤于立宪也。"在章太炎看来，唯一可以使中国摆脱被奴役地位的则是民族精神。（见章太炎：《驳康有为论革命书》，载《章太炎全集·太炎文录初编》，第185—186页）

合为一家,不至以戈矛相见也。故当伏其阴极,轩其阳极,令民族亲如昆弟,宁可以联州促其骚离哉?"①章太炎以历史上的事实说明,应该增加民族之间的凝聚力,而不是分离的情绪。而若地方自治萌芽,那么各省之间会产生疏离感。

章太炎虽然在民族观念上与康有为多有不合,但是在反对地方自治的立场及其理由方面,他们却多有一致,即忧虑地方势力的发展会损害国家的统一和竞争力。

章太炎最为引起人们疑惑的是他对于立宪制度的否定,虽然有人指出,章太炎之所以反对立宪,其所针对的是晚清满族王朝"仿行宪政"政策的虚伪性,然细考其相关讨论,我们可以了解章太炎所关注的是议会和立宪等制度是否真正能够建立起一种合理的政治秩序,达成国家富强的目的。而这也可以看作是对严复所主张的政体进化必臻至议会立宪的一种质疑。在《记政闻社员大会破坏状》一文中,章太炎特意指出,他之反对立宪,与排满等革命活动之间并无关系,而完全是就宪政制度能否在中国推行所提出的独特思考。他说:"原吾辈所以遮拨立宪者,非特为满、汉相争,不欲拥戴异族以为共主;纵今日御宇者,犹是天水、凤阳之裔,而立宪固不适于中国矣。是何也?宪政者,特封建世卿之变相耳。其用在于纤悉备知,民隐上达,然非仍封建之习惯者,弗能为欧洲诸国之立宪也。其去封建时代,率不过二三百岁,日本犹近。观其上、下二院所以并设,岂故为钤制哉,藩侯贵族渐替,而为地主握赋役之枢纽者,惟是为重,异于中国所置名号,王侯空无凭藉,故二院不得不

---

① 章太炎:《代议然否论》,载《章太炎全集·太炎文录初编》,第316—317页。

同时并立。观其二院并立，而因仍封建可知也。"①章太炎认为中国封建制早就消失了，人民之间平等而少等级，选举议员反而会增加一个阶层。

他说，我们不能因为欧洲、日本实行立宪致国家富强而认定中国必须推行宪政，现时中国应该推行的政体或许是唐代专制。"综观中外之历史，则欧洲、日本去封建时代近，而施行宪政为顺流；中国去封建时代远，而施行宪政为逆流。中国欲立宪，惟两汉之世差可，今则时已去矣。诚欲求治，非不在综核名实也。然观贞观、开元之政，综核之严，止于廉问官吏，于民则不为繁苛。夫惩创贪墨，纠治奸欺，宁非切要可行之政哉？要之，民所上于有司者，一丝一粟，有司悉以归之左藏，而监守自盗者必诛，挪移假借者必戮，是在今日亦足以救弊扶衰。至于民间之有容隐，虽时时检括，终于无可奈何。夫如是则立宪无益，而盛唐专制之政，非不可以致理。"②从具体的国家治理而言，加强吏治或许更为重要。

对于立宪制度的解构，更为严密的理论推理来自章太炎在1908年发表的《代议然否论》一文。在文中，他对于共和政体表示了怀疑，认为原先的主张未考虑到国家的规模，以及选举总统和选举一般议员的差别，而其关键在于民权与民生二主义之间的内在张力。所以，章太炎提出了他自己的政治主张：第一，选举总统，限制总统的权力；第二，司法和教育独立，总统及行政系统不得干涉司法，法律面前人人平等；第三，轻谋反，重谋叛，提倡对国家的忠

---

① 章太炎：《记政闻社员大会破坏状》，载《章太炎全集·太炎文录初编》，第394—395页。
② 章太炎：《记政闻社员大会破坏状》，载《章太炎全集·太炎文录初编》，第396—397页。

诚高于对权力的服从;第四,新闻出版自由;第五,实行实物货币制;第六,确定继承法,反对官员子弟经商和商人子弟从政,以防止利益输送。①

在章太炎看来,作为宪政之关键的代议制,只是封建制度之变相,并不能真正保障人的权利。"代议政体者,封建之变相。其上置贵族院,非承封建者弗为也。民主之国,虽代以元老,蜕化而形犹在。"②而下院的设计,则与古代问计于民的做法接近,因此,这样的制度对于去封建不远的欧洲、日本而言,是一种自然的选择,而对于已经取消等级制久远的中国而言,创置国会,规设议院,不但对百姓毫无益处,反而让其丧失平等的权利。

章太炎借用管子"千里之路不可扶以绳,万家之都不可平以准"的话,来说明在超大面积和超多人口的国度,实行代议制所可能带来的困难。在他看来,如果以人口的比例来选举的话,议员数量过多,便难以达成一致的意见,而议员人数过少,又难以真正表达其所代表的人的意愿。如果以纳税的多寡来选举的话,则议员的来源将集中于富庶之地,并使议院成为地主和豪强的俱乐部。因此,革命党虽然主张民权,但民权并不能通过代议制来得到伸张,"君主之国有代议则贵贱不相齿,民主之国有代议则贫富不相齿,横于无阶级中增之阶级,使中国清风素气,因以摧伤,虽得宰制全球,犹弗为也"③。

章太炎的这种颇具后现代色彩的思想方式,导致他对于国家、

---

① 章太炎:《代议然否论》,载《章太炎全集·太炎文录初编》,第317—323页。
② 章太炎:《代议然否论》,载《章太炎全集·太炎文录初编》,第311页。
③ 章太炎:《代议然否论》,载《章太炎全集·太炎文录初编》,第318页。

社会、政党以及公理等近代中国人所追求的目标本身都产生了一种跨越时代使命的思考，从而使自己由一个革命者，成为一个具有解构一切政治目标的批评性思想者，甚至对他所坚持的民族主义立场，他都有所保留。他在《五无论》中说，"五无"即"无政府""无聚落""无人类""无众生""无世界"，是一个理想的境界，但是人类虽有无涯之智，但其现实的限制颇多，就好像是骑着一头跛足的驴前行，必然受无穷之限制。因此，切近可行的依旧是民族主义。

  从某种角度来看，近代重要思想家的内心深处都存在一种无政府主义的色彩。无论是康有为《大同书》中的"公政府"，还是孙中山等人的社会主义，都期待形成一种超越民族国家的更为平等互助的秩序。这样理想的"世界"会被残酷的现实所击碎，所以康有为作《大同书》，树立理想却秘而不宣，认为不能超越现实急于实现理想。孙中山一定要把民族和民权、民生进行平衡。章太炎将国家、群体甚至民族都视为一种临时性的存在，因而必然会把社会活动的价值置身于"个体"之上，虽然"凡诸个体，亦皆众物集成，非是实有。然对于个体所集成者，则个体且得说为实有，其集成者说为假有。国家既为人民所组合，故各各人民，暂得说为实有，而国家则无实有之可言。……要之，个体为真，团体为幻，一切皆然"[①]。这样一个个体与国家社会之间的虚实关系，也体现了章太炎对于国家取向的社会思潮有可能对个体权利造成压制的担心，而国家的建立又是一个不得不然的"恶"，所以，民族主义，甚至复

---

① 章太炎：《国家论》，载《章太炎全集·太炎文录初编》，第484—485页。

仇主义都被章太炎所坚持，这也构成了章太炎思想的内在矛盾。按汪晖的概括，个体既是对传统思想的批判的道德资源，也是反现代的。个体一方面构成否定一切普遍性的集体认同的理由，但同时又是章太炎建立民族认同、建构国家的要素。[①]章太炎对传统与现代进行了双重解构，使他的思想超越了革命者眼前的使命，从而比孙中山和黄兴他们具有更为复杂的政治理念。然而，这样的否定也使其时常脱离中国现实革命发展的实际需要，从而与孙中山、黄兴等人产生思想和策略上的分歧。

在我看来，章太炎对于共相的怀疑，导致他从根本上怀疑西方式的国家和政治模式是中国的必由之路，这就与严复力图通过改变思维方式和价值目标，将中国纳入西方模式有根本的差异。而章太炎对于中国特殊性的坚持，与他作为革命家推翻专制走向现代国家的目标产生了奇异的矛盾。而在政治组织模式上，章太炎反对议会和自治等新的主张，甚至认为唐代的政治模式最适合推翻清朝之后的新的国家。

在这样的矛盾中，我们可以看到作为革命家的章太炎怀疑作为革命的不言自明的前提——"进化"思想。对于进化，章太炎也将之看作人类之"惑"，在《四惑论》中，他先借助质量守恒定律认为，物质之某方面的增进必以另一方面的减损为前提。人类的一切现象也是如此，人类竭尽一切力量追寻的事物首先并非人类的天性所乐从，即使基于天性，其追求所付出的，往往要超过得到的。更为关键的是，明日是否存在是一个不能确证的问题，因此，明天

---

① 汪晖：《现代中国思想的兴起》下卷，第1012—1013页。

胜于今天之论当为"戏言"而已①。如果明天并不一定胜于今天，那么革命乃至改良其合法性何在呢？是否可以做出这样一个结论：作为严复和康有为的论敌，章太炎在解构了严复和康有为的方案之后，他自己的方案也日渐哲学化而远离实际，日渐面目模糊。

---

① 章太炎在《四惑论》中说："明日有无，必非今日所能逆计。所以者何？未至明日，而言明日之有，即无证验。虽昨日之视今亦为明日，所更明日已多，而今日非昨日，则无比例。故明日尚不能知其必有，离于明日，何进化之可言？此则徒为戏论而已！"（见《章太炎全集·太炎文录初编》，第478页）

第五章
国家与个体：
严复与中国近代自由观念的困境

严复对于"自由"的理解以及严复思想立场的变化轨迹，一直深受思想史研究者的注意。早在1936年，周振甫先生在《严复思想述评》一书中，将严复的一生划分为全盘西化、中西折中和反本复古三个阶段。在周先生看来，严复的思想存在着由激进向保守，由批判传统到返本复古的转变。这样的一个表述在很长时间里作为对严复思想观念描述的典范性的结论，直到今天仍为多数学者所接受和发挥。

然而，美国学者史华慈在《寻求富强：严复与西方》一书中，则通过对严复的翻译的研究，仔细分析了赫胥黎和斯宾塞对于进化观念的不同认识，并讨论了严复的自由观是如何吸收不同的思想资源，并加以改造和最后成型的，从而开启了严复研究的新阶段。

史华慈认定，因为严复身上强烈的民族主义和社会达尔文主义的倾向，导致他并不能对斯宾塞的"放任的自由主义"和对个人价值的尊重做出充分的体察。因为曲解了斯宾塞的价值立场，"严复从斯宾塞的解放个人'才能'的观点中找到了人类自由的概念。民众的德、智、体能力在一个由自由制度及无拘束的经济领域内的生存竞争所构成的环境中茁壮成长。同时，所有这些被解放了的能力组织起来、融合到一起了，他们'合志'为社会机体即民族—国家的富强服务，而民族—国家也必须进行社会机体一级的生存竞争"①。

由此，史华慈进一步推论说，中国知识界接受西方思想的时候，强调国家和集体的价值，而对于个人尊严和道德自主，并不倾心，这也是中国现代集体主义观念的源头，这样的影响也体现在作为近代以来最早、最有影响的翻译家严复的翻译之中。对此，黄克武概括道，史华慈在《追求富强：严复与西方》一书中将严复描写为"主要受到国家主义（Nationalism）的驱策，景仰西方文化中浮士德—普罗米修斯精神所代表的动力（Faustian—Promethean nature of Western civilization dynamism），而在此过程中，个人的价值不在其本质上的意义，而在它对国家富强的贡献"②。

而这也是黄克武所要质疑的。他通过对严复的《群己权界论》翻译的研究认定，严复并不是将个人看作达到其他目标的手段，而是认为个人价值要建立在群己的平衡之上，"他既没有将个人置于群体之上，也没有将群体置于个人之上，而是秉持了一种植根于中国传统中'成己成物''明德新民'之观念，而有的第三种选择：个人与群体一样地重要。对他来说，个人自由与社会利益（即传统语汇

---

① 本杰明·史华兹著，叶凤美译：《寻求富强：严复与西方》，第67页。
② 黄克武：《自由的所以然：严复对约翰·弥尔自由思想的认识与批判》，上海书店出版社2000年版，第2页。

中的群己、公私、利义）可以携手并进而不相冲突"①。并认为严复的思想并非后来中国的集体主义观念的前驱，而是被新儒家或其他的思想家所接受。

黄克武试图解释严复自由观的内在根据，他指出，严复由于秉承中国思想传统中的乐观主义，对理性和智慧的能力不能存有一种幽暗意识，所以针对史华慈认为严复并不能理解个人自由的终极意义，因而在己轻群重，还是己重群轻之间权衡的观点，黄克武通过仔细对照严复的翻译和原文，认为严复主张个人和群体之间的平衡，只是他没有体会到密尔（即弥尔）认识论中的悲观主义倾向，因为密尔认为并不存在一个有效的办法，并借此来达到政治权力、知识、道德与个人自由之间的圆融一致。所以，严复认为要限制政治权力、保障个人自由，并把知识与道德标准变成一个每一个人可以自由地加以质疑的对象。②因此，卢梭式③民主观念与传统儒家的政治理想与普遍流行的道德语言，构成了近代中国自由主义的基本色调。

最近还有一些研究者试图用柏林的"积极自由"和"消极自由"之间的区分来讨论严复的自由主义。比如，林爵载认为严复具有典型的自由主义的立场，他承认个人的自繇，包括言论和思想自繇，在经济上减少政府的干涉及工业规则的束缚，反对官督商办；也肯定政治自由，主要体现在政令简省。然而在严复的自由观念中："国家生存、政府权威与国民程度成为他的三个主要关心，它们

---

① 黄克武:《自由的所以然：严复对约翰·弥尔自由思想的认识与批判》，第3页。
② 黄克武:《自由的所以然：严复对约翰·弥尔自由思想的认识与批判》，第17页。
③ 卢梭认为只要人民—知识与道德的基础形成公共的意志，而政府来使这些意志得以实现，那么政治权力、道德和个人自由之间就能达到和谐。

的关系是：只有国家立于天地之间，政府权威才能建立；同时，也只有政府权威建立了，国家才能独立生存，进而谋求国民程度的提高；最后，当国民程度提高了，人民才能享受自由。"[1]这是严复思想前后一致的地方。从这个意义上看，严复的自由主义更为接近一种"积极自由"的立场。

对于严复思想立场的这样的多元化分析，或许可以看作是严复思想本身复杂性的体现。这种复杂性不仅体现在他对自由本身理解的复杂性，也体现在严复思想前后的变化上。

一、严复的自由观

如果仔细追究，严复所致力的与其说是对于国家富强的追求，莫不如说是对于实现富强目标的途径和方法的探求。严复在《原强》中说，中国之法有过常胜的时期。而时过境迁，在与西方的法相遇的时候，便是"颓隳朽蠹如此之敝"，而竞争的残酷性决定了人民在生存和毁灭的危机关头去选择那些适用的法而抛弃那些不适用的法。在严复看来，中国要实现富强和独立，就必须采用"以自由为体，以民主为用"[2]的建国策略。

（一）自由与自繇

严复对于"自由"这个"体"的关注来自对张之洞的"中体西

---

[1] 林载爵：《严复对自由的理解》，载刘桂生等编《严复思想新论》，清华大学出版社1999年版，第236页。
[2] 严复：《原强》（修订稿），载汪征鲁等主编《严复全集》卷七，第29页。

用"论的反驳。很显然，张之洞之强调中国之体，就是纲常秩序，因而对于当时开始受人关注的"自由"观念也有他自己的理解。比如在《劝学篇》中，张之洞就用"公道"来翻译"自由"。他说："至外国今有自由党，西语实曰'里勃而特'，犹言事事公道，于众有益，译为'公论党'可也，译为'自由'非也。"①

对于来自西方的自由概念在中文中应该如何表达，严复经过了反复斟酌。首先，他反对张之洞主张将自由翻译成"公道"的做法。他认为，自由是与臣服、约束和奴隶等相反的词，而公道在西文中有专门的词汇来表达，即justice，它们之间虽有一定的关系，但绝对不能混同。

用什么样的中文词来翻译liberty，熟悉传统中国思想的严复有更多的考虑。一方面严复要体现自由所包含的放任的部分，比如自由的经济活动、言论自由等。但严复也试图表达自由中所包含的责任和奉献。严复一生喜读老庄的著作，他认为无为而治的精神很符合自由的思想，但是道家舍弃社会责任而追求的"自由"却是严复所不能接受并要加以批评的。他说庄子在《人间世》中的自由之论，"固美矣，虽然，察其究竟，则所言者期于乘物而游，讬不得已以养中，终其天年而已。顾吾闻之，人之生于世也，俯仰上下，所受于天地父母至多，非人类而莫与。则所以中三才者，固必有其应尽之天职，而由是杀身成仁、舍生取义之事兴焉。此亦庄所谓不可解于心、无所逃于天地之间者。岂但知无用之用，远祸全生，遂为至人已乎。且生之为事，亦有待而后贵耳。使其禽视兽息，徒曰支离

---

① 张之洞：《劝学篇·正权》，上海辞书出版社2002年版，第20页。

其德，亦何取焉"[1]。所以他要用"群己权界"来翻译liberty,在使用中文的词的时候也刻意用"自繇"来取代"自由"，以期与不受约束的"自了"行为相区分。

严复尤其警惕中文中"自由"所包含的放诞等含义，他考虑到国人可能出现的对于自由的偏见，因此，选择一个新词"自繇"来翻译。"自繇"之义，"始不过谓自主而无罣碍者，乃今为放肆，为淫佚，为不法，为无礼。一及其名，恶义坌集，而为主其说者之诟病乎？"所以他要用"自繇"来取代"自由"[2]。

"自由"在中国传统的语境中是"自己做主"，但是这种自己做主的自由，主要是指对于外在制度性限制的逃避，也就是对人伦秩序和政治原则的躲避。如果在制度之内，则自由很容易变成否定的、贬义的。而严复所要引介的自由则是西方政治学意义上的尊重他人权益基础上的自由。他说："真实完全自繇"，"形气中本无此物，为上帝真神，乃能享之。禽兽下生，驱于形气，一切不由自主，则无自繇，而皆束缚。独人道介于天物之间，有自繇亦有束缚。治化天演，程度愈高，其所得以自繇自主之事愈众。由此可知自繇之乐，惟自治力大者为能享之"[3]。现实中的"自由"都是有限的，是人需要提升自己的能力才能享受的。

严复以自由立论来勾画中西之异的重要文章是《论世变之亟》和《原强》，在这两篇文章中，严复对于中西政治的不同做了系统的比较，得出的结论就是西方之所以富强，最重要的原因则在于

---

[1] 严复：《庄子评语》，载汪征鲁等主编《严复全集》卷九，福建教育出版社2014年版，第113页。
[2] 严复：《〈群己权界论〉译凡例》，载汪征鲁等主编《严复全集》卷三，第255页。
[3] 严复：《〈群己权界论〉译凡例》，载汪征鲁等主编《严复全集》卷三，第255页。

"自由"。他说：

> 夫自由一言，真中国历古圣贤之所深畏，而从未尝立以为教者也。彼西人之言曰：唯天生民，各具赋畀，得自由者乃为全受。故人人各得自由，国国各得自由，第务令毋相侵损而已。侵人自由者，斯为逆天理，贼人道。其杀人伤人及盗蚀人财物，皆侵人自由之极致也。故侵人自由，虽国君不能，而其刑禁章条，要皆为此设耳。中国理道与西法自由最相似者，曰恕，曰絜矩。然谓之相似则可，谓之真同则大不可也。何则？中国恕与絜矩，专以待人及物而言。而西人自由，则于及物之中，而实寓所以存我者也。自由既异，于是群异丛然以生。粗举一二言之，则如中国最重三纲，而西人首明平等；中国亲亲，而西人尚贤；中国以孝治天下，而西人以公治天下；中国尊主，而西人隆民；中国贵一道而同风，而西人喜党居而州处；中国多忌讳，而西人众讥评。其于财用也，中国重节流，而西人重开源；中国追淳朴，而西人求驩虞。其接物也，中国美谦屈，而西人务发舒；中国尚节文，而西人乐简易。其于为学也，中国夸多识，而西人尊新知。其余祸灾也，中国委天数，而西人恃人力。若斯之伦，举有与中国之理相抗，以并存于两间，而吾实未敢遽分其优绌也。[1]

在这段大家十分熟悉的言论中，严复认为中国的"恕与絜矩"

---

[1] 严复：《论世变之亟》，载汪征鲁等主编《严复全集》卷七，第12—13页。

思想与自由观念最接近。但严复又强调说，接近并不意味着等同，它们之间的差异大：中国的恕道是个体待人的法则，自由则是事物本身的特性。正是因为这两者的差异，便出现了中西之间的差异。虽然，严复解释说这两种不同的方式不能分别其优劣，但是，读者自不难分辨严复的褒贬之所在。后来新文化运动中痛诋中国传统的话语模式大多来自严复这段似是而非的中西对比[①]。

在发表了这几篇言辞激烈的文章之后，严复便将自己的主要精力放在翻译上了，试图以西方近代的思想观念和学科知识来启蒙当时的国人，不过，晚清政局的复杂性，却使他主张平稳的社会局面而反对激烈的变革。他在给朋友的信件中不断批评康梁的主张和改革措施，认为不顾客观条件的激进改革反而导致崩溃性的后果。[②]

1905年前后，因为日俄战争中日本的胜利被中国舆论解释为宪政的胜利。所以，"立宪"和"议会"等西式政治理念和组织方式逐渐成为改革的目标。这些看上去十分对严复胃口的改革方案却并不让严复倾心，在这个时候，严复却开始讨论"政界自由"，着力区分"政界自由"和"个人自由"之间的不同，"盖政界自繇，其义与伦学中个人自繇不同。仆前译穆勒《群己权界论》，即系个人对于

[①] 对于五四中西古今之论与严复思想之间的继承性可参看陈来的《传统与现代——人文主义的视界》。（见陈来：《传统与现代——人文主义的世界》，北京大学出版社2006年版，第42—47页）

[②] 严复在给熊纯如（第三十封）的信中说："今夫亡有清二百六十年社稷者，非他，康、梁也。何以言之？德宗固有意向之人君，向使无康、梁，其母子固未必生衅，西太后天年易尽，俟其百年，政权ათ掇，徐起更张，此不独其祖宗之所式凭，而亦四百兆人民之洪福。而康乃踵商君故智，卒然得君，不察其所处之地位为何如，所当之沮力为何等，卤莽灭裂，轻易猖狂，驯至于幽其君而杀其友，己则逍遥海外，立名目以敛人财，恬然不以为耻。"（见汪征鲁等主编：《严复全集》卷八，福建教育出版社2014年版，第311页）

社会之自繇，非政界自繇。政界自繇，与管束为反对。政治学所论者，一群人民，为政府所管辖。惟管辖而过，于是反抗之自繇主义生焉"①。他之所以要做如此的分辨，表面上似乎是要清理被大众所"滥用"了的观念，而背后的原因或在于他温和的政治主张。

1906年，严复受邀做了政治问题的系列讲座，这个时期，正是"清末新政"以君主立宪为目的的政治改革时期，很显然，严复是支持帝制的，他甚至认为，若一定要说自由，帝制之下的人民才是最自由的。

在这个讲演中，他继续用有机的观点来看待社会系统，不过他的注意力似乎集中到政界自由上。他在讲演中反复区分世俗所称的自由与政界自由。"世俗称用自由，大抵不出三义：一，以国之独立自主不受强大者牵制干涉为自由。此义传之最古，于史传诗歌中最多见。二，以政府之对国民有责任者为自由。在古有是，方今亦然。欧洲君民之争，无非此。故曰自由如树，必流血灌溉而后长成。三，以限制政府之治权为自由。此则散见与一切事之中，如云宗教自由，贸易自由、报章自由、婚姻自由、结会自由，皆此类矣。……然此皆俗义，虽关系至重，科学不能从之。因科学名词，不容两歧，更不容矛盾。"因此严复认为，只有第三类意思可以与"政界自由"相匹配，也就是"拘束者少而管治不苛"。②这样，自由的讨论便远离个人自由的问题而集中于"治理方式"。因为在严复看来，专制的政治和议会的政治相比，专制之下的人们所能享

---

① 严复：《政治讲义》，载汪征鲁等主编《严复全集》卷六，福建教育出版社2014年版，第45页。
② 严复：《政治讲义》，载汪征鲁等主编《严复全集》卷六，第52页。

受的自由反而更多一些,而在现在的群治体系下,人们因为要负担许多的社会责任,相反要更不自由一些。"人动谓居于暴虐政府之下者,为奴隶国民。一若政府暴虐,则国民即无自繇之事者,此于事实,亦未尽符。盖使其民生逢仁爱国家,以父母斯民自任,然而耕则为定播获之时,商则为制庸赢之率,工则与之以规矩,士则教其所率由,其于民也,若繈负而绳牵之,毫末无所用发己之志虑。嗟呼!此在中国或将奉其上以神明父母之称,以其身所遭,为千载一时之嘉遇。顾彼西民则以如是之政府,为真夺其自繇,而己所居者,乃真无殊于奴隶。"[①]

在民国成立之后,他看到中国社会之乱象,反而将之看作是自由的副作用。他开始批评卢梭的人生而自由和平等的观念。1914年,严复应梁启超的约请,写了《〈民约〉评议》,对卢梭的《社会契约论》进行评论,在文中,严复批评卢梭的天赋平等的思想,认为卢梭的言论包含感情,容易打动人,因此危害尤其大。他认为卢梭的前提是不成立的,是将人类的理想境界作为现实问题的出发点。这种思想的出现对于中国的实际并无补益。"夫言自由而日趋于放恣,言平等而在在反于事实之发生,此真无益,而智者之所不事也。自不佞言,今之所急者,非自由也,而在人人减损自由,而以利国善群为职志。"[②]对于平等,严复则说,这是法律所规定的,但也是一种不得已而为之的办法,他以自己的海军经历作为例子说,在紧急关头,船长才是决定航行的唯一人选,如果让每一个船员都

---

① 严复:《政治讲义》,载汪征鲁等主编《严复全集》卷六,第45—46页。
② 严复:《〈民约〉平议》,载汪征鲁等主编《严复全集》卷七,第471页。

有发言权，那便会产生混乱。只能"以力不以约"[①]。那种人人自由，家家平等的社会在历史上并不存在。由此可见，严复由一个主张自由的人转而倾向于权威主义。

（二）自由和民权

自由主义者在近代中国经常被与全盘西化和激进论相提并论，而周振甫先生在描述严复1895—1898年的思想倾向的时候，就标之以"全盘西化"的定语，而其依据就是这个时候严复所发表的几篇主张改革的文章。

1895年严复发表了《辟韩》一文，对于儒家的道统观念和君臣、仁义等核心观念提出了尖锐的批评。选择韩愈，可能是一个策略，因为韩愈在儒家传承谱系中，位置相对特殊。虽然他是道统说的最先阐发者，但是他在道统谱系中的地位并不稳固。韩愈的《原道》一文对于儒家的道统和儒家的基本原则进行了新的论证，因此，严复盘算批评韩愈，政治风险略小而效果并不会减损。

严复是从经验事实来否定圣人是高于普通人的，并从责任和义务的关系来解构韩愈的君臣关系，他显然是受到社会契约论等启蒙观点的影响，认为民出赋税而设置君来组织政府机构保护他们的利益，而社会事物的繁杂导致君主也不能独治，需要有大臣来协助他管理，君臣之伦之所以成立是在于互相需要的，而不是像韩愈那样将君主高居于亿万人之上。[②]

严复还批评了中国政治组织中的君师合一的定式，中国的君

---

① 严复:《〈民约〉平议》，载汪征鲁等主编《严复全集》卷七，第473页。
② 严复:《辟韩》，载汪征鲁等主编《严复全集》卷七，第38页。

主,既作为政治的领袖,同时也作为精神上的导师,这样政治生活和精神生活被高度地统一,"西人之言政也,以其柄为本属诸民,而政府所得而操之者,民予之也,且必因缘事会,而后成之。察其言外之意,若惟恐其权之太盛,将终不利于民也者,此西说也。中国之言政也,寸权尺柄,皆属官家,其行政也,乃行其所固有者。假令取下民之日用,一切而整齐之,虽至纤息,终无有人以国家为不当问也,实且以为能任其天职"①。

尽管严复认为因为时机不成熟君臣之伦不能废弃,但社会必将进入自由之境界。严复认为儒家的经典不可尽信,特别是专制政治下,必然"坏民之才,散民之力,漓民之德",正是因为中西对于君民关系的认识不同,导致"西洋之民,其尊且贵也,过于王侯将相,而我中国之民,其卑且贱,皆奴产子也"②。

对于君臣一伦展开议论在当时的确属于十分激进的言辞,所以当严复知道张之洞对这篇文章很不满的时候,在给别人的信中表达了自己的担心。③

为了让他所介绍的自由主义观念被更多的中国人所接受,他指出民权的观点并非西方独有,而是古今之通义。他说:"卢梭之为《民约论》也,其全书宗旨,实本于英之洛克,而取材于郝伯思。洛克于英人逐主之秋,著《民政论》,郝氏著《来比阿丹》,二者皆西籍言治之先河也。然自吾辈观之,这卢梭书中无弃之言,皆吾

---

① 严复:《〈社会通诠〉按语》,载汪征鲁等主编《严复全集》卷三,第465页。
② 严复:《辟韩》,载汪征鲁等主编《严复全集》卷七,第39—40页。
③ 他在《与五弟严观澜》中说,发表《辟韩》的《时务报》告知严复,张之洞见文后大怒,并让屠墨署名写了《驳论》。(见汪征鲁等主编《严复全集》卷八,福建教育出版社2014年版,第451页)

国孟子所已发,问古今之倡民权者,有重于'民为重,社稷次之,君为轻'之三语者乎?殆无有也。"①

这里,严复将"民为贵"误引为"民为重",但却是确定无疑地想表达出民权思想的普遍性。在严复看来,提倡民权即是将国家主权的重心落在人民而不是统治者那里。这是对中国几千年来,以天下为一人之天下的一个重大的批评。

将西方的一些观念与中国传统观念相挂搭,这是近代学者的惯常做法,但严复所要突显的不是以中国的观念来解读西方的价值,而是在这样的挂搭中,展现民权思想的要点。在严复看来,只有制度的保障而不是依靠统治者仁心的展现才是民权的真正保障。"国之所以常处于安,民之所以常免于暴者,亦恃制而已,非恃其人之仁也。恃其欲为不仁而不可得也,权在我者也。使彼而能吾仁,即亦可以吾不仁,权在彼者也。在我者,自繇之民也;在彼者,所胜之民也。必在我,无在彼,此之谓民权。"②一个制度是否是仁民爱物,并不取决于君主,而是取决于人民。

我们知道,中国儒家的政治传统中,特别强调人的道德表率作用在社会秩序建立中的作用,因此,君主自然要承担起美德的化身并成为国民之榜样,来感化和教育百姓。而制约性的制度相对缺乏。这背后的真正原因是因为权力归属于君主和官僚阶层,而普通的民众则成为无制度保障的被管理者。因此,严复认为自由之权来自民众平等的地位,没有平等就无所谓权利和自由。严复所提出

---

① 严复:《宪法大义》,载汪征鲁等主编《严复全集》卷七,第283页。
② 严复:《〈法意〉按语》,载汪征鲁等主编《严复全集》卷四,福建教育出版社2014年版,第206—207页。

的新的制度包括立宪、地方自治、选举、政党制度等，只有主权在民，老百姓才有归属感和对于国家主权的认同，然后也才能真正将国家的利益与个人的利益结合起来。

严复的"合私以为公"的理念来源于西方近代的启蒙思想，但是也有人考虑到明末清初的黄宗羲和顾炎武对于公私问题的思考对严复的刺激，特别是黄宗羲在《明夷待访录》中，关于"有生之初，人各自私，人各自立也……后之为人君者……使天下之人，不敢自私，不敢自利，以我之大私为天下之大公"的表述，作为对专制政治的批评，已经而且实际上也为近代思想家接受民主的观念，提供了价值上的对接处。

在严复的社会理想中，民主制度是对于君主制度的超越，并认为民主制度是世界上最为合理的制度，一旦进入到民主的制度架构中，便不会再回转到君主制度。

（三）有机体、群与小己：总体目标和个人自由

对于严复为何要强调自由，目前有很多的解读。最为人所熟悉的如史华慈说："中国读者可能从《群己权界论》中不能得出关于穆勒、斯宾塞和斯密在自由问题上的区别的清楚印象。假如说穆勒常以个人自由作为目的本身，那么，严复则把个人自由变成一个促进'民智民德'以及达到国家目的的手段。"[①]

事实上，严复并非如史华慈所言完全不了解个人自由，严复在翻译《原富》的时候，坚信个人自由是国家自由的基础，民权是国

---

① 本杰明·史华兹著，叶凤美译：《寻求富强：严复与西方》，第133页。

家权力的基础。"处大通并立之世,吾未见其民之不自由者,其国可以自由也;其民之无权者,其国之可以有权也。且世之黜民权者,亦既主变法矣,吾不知以无权而不自由之民,何以能孤行其道以变其夫有所受之法也。"①严复还正确地区分了个人和社会之间的职能分野,并认为中国的社会管理思想比较注重国家,而不关注个人的权利。"东学以一民而对于社会者称个人,社会有社会之天职,个人有个人之天职。或谓'个人名义不经见,可知中国言治之偏于国家,而不恤人人之私利'。此其言似矣。然仆观太史公言'《小雅》讥小己之得失,其流及上'。所谓小己,即个人也。大抵万物莫不有总有分总曰拓都,译言全体;分曰么匿,译言单位。……国拓都也,民么匿也。社会之变象无穷,而一一基于小己之品质。是故群学谨于分,所谓名之必可言也。"②他提出西方之群体建立于个体之上,与中国偏于国家不同。

严复在介绍斯宾塞的社会有机体思想的时候,是接受个人利益为整体利益的前提这种看法的。严复深受斯宾塞有机体理论的影响,作为现代工业社会生产方式而导致的分工合作的深刻体察者,斯宾塞强调了个体之间的互相依赖,以获得整体性的力量,这一点对严复有巨大的影响。③1913年夏天,他在演讲中说:"生物之有机体,其中知觉惟一部主之,纵其体为无数细胞、无数么匿所成,是无数者只成为一。至于社会有机体,则诸么匿皆具觉性,苦乐情想几于人

---

① 严复:《〈原富〉按语》,载汪征鲁等主编《严复全集》卷二,第611页。
② 严复:《群学肄言译余赘语》,载汪征鲁等主编《严复全集》卷三,第10页。
③ 对此,吉登斯甚至认为,斯宾塞更可以成为19世纪自由主义的代言人。(见氏著:《民族—国家与暴力》,生活·读书·新知三联书店1998年版,第25—26页)

同，生物知觉聚于脑海，而以神经为统治之官，故以全体得遂其生，为之究竟。至于社会团体则不然，其中各部机关通力合作，易事分功，求有以遂全体之生固也，而不得以是为究竟。国家社会不别具独具之觉性，而必以人民之觉性为觉性。其所谓国家社会文明福利，全属其人民之文明福利，舍是，即无可言，生物有时以保进生命，其肢体可断，其官骸可隳，而不必计肢体官骸之苦乐。君形者利，不暇顾其余故也，而社会无此独重之特别主体也。"①

严复之所以通过翻译赫胥黎的《天演论》来介绍进化论思想，重要的原因是赫胥黎强调人类社会可以通过自己的努力来改变自然竞争的结局，并试图以此来给处于竞争弱势的人们以激励。

他比较刘禹锡的"天论"和赫胥黎的"自然天论观后"指出，"天"主要是自然的，无所谓善恶，而人的行为则是需要一些制度规范来制约的。"刘梦得《天论》之言曰：'形器者有能有不能。天，有形之大者也；人，动物之尤者也。天之能，人固不能也；人之能，天亦有所不能也。故天与人交相胜耳。天之道在生植，其用在强弱；人之道在法制上，其用在是非……故人之能胜天者，法大行，则是为公是，非为公非，蹈道者赏，违道者罚，天何予乃事耶！……故曰：天之所能者，生万物也；人之所能者，治万物也。'案此其所言，正如赫胥黎氏以天行属天，以治化属人同一理解，其言世道兴衰，视法制为消长，亦与赫胥黎所言，若出一人之口。"②进化论虽然是一种普遍化的法则，但是对于自然而言，人却是相对独立的存在。这样严复

---

① 严复：《进化天演》，载汪征鲁等主编《严复全集》卷七，第435页。
② 严复译：《〈治功天演论〉（手稿本）·论十六按语》，载汪征鲁等主编《严复全集》卷一，福建教育出版社2014年版，第65—66页。

与斯宾塞的社会达尔文主义有了很大的不同,他接受赫胥黎的思想,进而强调通过伦理的进化来凸显人类进化的独特性。

据此,在国际秩序层面,严复呼吁那些强势国家不要以力侮人,而是通过建立平等的公法来处理国际事务,而在国民层面,则是通过提高民智、民德和民力来增强国家的实力,最终达到两个自由,"外对于邻敌,为独立之民群,此全体之自由也;内对于法律,为平等之民庶,此政令之自由也"①。

很显然,严复对于赫胥黎的接受十分符合对当时中国饱受强敌欺压和国内政治不平等的现状的认识。但是,严复认为对抗外敌的欺压是更要紧的任务,所以,他特别强调群体的凝聚力和成长性,并以此来约束个人的自由。"特观吾国今处之形,则小己自繇,尚未所急,而所以祛异族之侵横,求有立于天地之间,斯真刻不容缓之事。故所急者乃国群自繇,非小己之自繇也。求国群之自繇,非合通国之群策群力不可。欲合群策群力,又非人人爱国,人人与国家皆有一部分之义务不能。欲人人皆有一部分之义务,因以生其爱国之心,非诱之使与闻国事,教之使洞达外情,又不可得也。"②

史华慈从严复肯定赫胥黎强调宇宙进程和社会进程的对立这一点来论证严复否定自由的个体的意义,但是汪晖的研究却指出,斯宾塞的有机体理论与他的放任的自由主义之间也存在着矛盾,因为有机体理论本身也可以导向对于集体主义和权威主义的认同,"因为有机论把这种神经系统的较大的集中形式,亦即部分对于整体的

---

① 严复:《宪法大义》,载汪征鲁等主编《严复全集》卷七,第283页。
② 严复:《〈法意〉按语》,载汪征鲁等主编《严复全集》卷四,第291页。

更大程度的臣服，看作是较高阶段的展示"①。这样的讨论有助于增加我们对于严复强调"群"的意义的理解和领会，但是有一点我们可以确定，严复的思想倾向的确是将群体利益作为自由的最高目的。因而我们的讨论应该集中于这样的问题，是什么让严复将自由作为实现富强的目的而不是以自由本身为目的。

二、自由的条件

史华慈认为追求国家强盛的目标使近代中国人将自由作为手段而轻视自由本身的价值，黄克武认为严复是因为不能认识到理性的局限而将自由理想化，也有人认为是张之洞的震怒而导致严复改变了自由主义的立场而转向权威主义。但在我看来，虽然严复从1898年之前的激烈文字和1906年的《政治讲义》中对于自由的解释有了很大的变化，从以自由为本到要求破除对于自由的盲目崇拜，但其背后则存在着一个一致的看法，即自由即使作为富强的根本，也是需要有一定的条件的。最主要的条件是民智、民德和民力。

（一）民智、民德和民力：严复的国情论

严复在《原强》中说："夫所谓富强云者，质而言之，不外利民云尔。然政欲利民，必自民各能自利始；民各能自利，又必自皆得自由始；欲听其皆得自由，尤必自其各能自治始；反是且乱。顾彼民之能自治而自由者，皆其力、其智、其德诚优者也。是以今日

---

① 汪晖：《现代中国思想的兴起》下卷，第862页。

要政，统于三端，一曰鼓民力，二曰开民智，三曰新民德。"[1]严复认为，作为一个在列强环伺之中的中国，其政治的施行必须有轻重缓急，相比之下，自由可以看作是一个远期目标，而鼓民力、开民智、新民德应是当务之急，所以严复提出的社会改革方案主要是围绕这三条展开的，比如要改善国民的体质，废除吸食鸦片、缠足等不良习俗；要开民智就应废除科举并建立以经验论为基础的科学方法；而新民德是三者中最为困难的，这是要让百姓有责任和承担意识，"同力合志，联一气而御外仇"[2]。

这些问题，被严复反复强调，他在翻译孟德斯鸠的《法意》的时候又提到"民品"，也就是我们现下所谓的国民素质问题。自由既然涉及个人对于群体的奉献，那么个人的素养便成为关键。"民主者，治制之极盛也。使五洲而有郅治之一日，其民主乎？虽然，其制有至难用者。何则？斯民之智、德、力，常不逮此制也。夫民主之所以为民主者，以平等，故班丹（亦译边沁）之言曰：'人人得一，亦不过一。'此平等之的义也。顾平等必有所以为平者，非可强而平之也，必其力平，必其智平，必其德平。使是三者平，则郅治之民主至矣。"[3]

有人说，近代知识群体在提倡自由主义的时候有一种精英主义的意识，这对于从旧式的士人转变而来的新知识群体而言，应该是不可避免的情结。但严复将自由看作是一个集腋成裘的过程的观点则是一以贯之的，因此，他反对激进的革命，甚至连康梁的改良也

---

[1] 严复：《原强》（修订稿），载汪征鲁等主编《严复全集》卷七，第32页。
[2] 严复：《原强》（修订稿），载汪征鲁等主编《严复全集》卷七，第36页。
[3] 严复：《〈法意〉第八卷按语》，载汪征鲁等主编《严复全集》卷四，第128—129页。

反对，他坚信中国如果没有一个强有力的领导群体是不可能为民主建立起基础的。这个认识通过1905年他和孙中山在伦敦见面的谈话而令人印象深刻。当时，他因开平矿务的诉讼到伦敦，孙中山特意拜访，谈话中，严复强调中国的民品低劣，改革并不可能解决实际的问题。他认为，当务之急是从教育上入手。传言说孙中山的回答是，"俟河之清，人寿几何，君为思想家，鄙人乃执行家也"。也就是说不可能等到人的素质提升之后，再进行政治革命。这个时候，严复五十三岁，孙中山四十岁。

（二）野蛮人能享受"自由"吗

虽然如此，严复并非对"民智"抱有完全的信心，他也说过这样的话：民智未开，这不免于外侮。民智既开，旧的秩序被打破，国家会陷入混乱，因此，所急者是国家的自由，而不是个人的自由。"但使人人留意于种之强弱，国之存亡，将不久其智力自进，而有以维其国于泰山之安。"①这是说，爱国心可以推动民智的开发。

对于严复而言，最重要的是国家的独立和强盛，自由是很重要的基础，不过，严复一直未将自由看作社会变革的首要任务。究其原因还在于自由理论的创立者本人也认为自由只是"文明人"所能享用的，而野蛮人和被战胜的国度，是谈不上民主和自由的。

在密尔的《论自由》（《群己权界论》）的开篇，我们能看到他对于自由的"限定"，即"任何人的行为，只有其中涉及其他人的那一部分，才有义务服务社会。至于仅于他本人有关的那一部分，

---

① 严复译：《〈法意〉第十七卷按语》，载汪征鲁等主编《严复全集》卷四，第291页。

他的独立性是他的绝对权力。个人对于他自己,他自己的身体和思想,拥有至高无上的权力"。但是他马上指出,这个原则只适用于各项能力已经成熟的人类,至于那些其种族可以被视为处在未成年期的落后社会状态,他们可以不予考虑。①这段话,在严复的翻译中是如此表述的:自繇,是针对及格的成人所设的,未成年的人,不得以自繇论。自繇是文明社会的专利。"若夫浑沌狉榛之民,其一群无及格者,虽以为皆幼稚可也。夫人群进化,本其自力最难。故当此时,而有亶聪明之元后,则出其化民之具,以鼓进之是固不可以前理论。何则?其心固出于至仁,而文明之幸福至难致也。故待野蛮之众,舍专制之治,且无可施,而辨所为之合义与否者,必从其后效而观之。"②人民的自由是要自己争取的。

很显然,这段话对严复有很深的刺激,作为一个社会竞争中处于失败地位的中国人,在面临保种处境的时候,他意识到中国人在"文明世界"中的形象。严复也知道,自由必须由自己争取,而不是战胜国所能强给的。因此,如果没有国家的独立和自强,自由便只能成为屠龙之术,而难以真正实现。

后来他在翻译《法意》的时候,看到了同样意思的一段话,使他感觉"惊心动魄"。在孟德斯鸠看来"所胜之民"根本无民主和

---

① 詹姆斯·斯蒂芬著,冯克利、杨日鹏译:《自由平等博爱:一位法学家对约翰·密尔的批判》,广西师范大学出版社2008年版,第25页。严复在英国期间,正值英国殖民的高峰时期,他显然是看到了自由理念的扩展,正如吉登斯所说"与其说促进了经济进步,毋宁说从一开始就与战争联姻同行"。(见氏著:《民族—国家与暴力》,生活·读书·新知三联书店1998年版,第305页)也就是说,自由理念的扩展和强权的逻辑之间存在着一种难以划清的界限。这促使作为边缘国家一员的严复,对于普遍主义有一种逐渐增强的拒斥心理。
② 严复译:《群己权界论》,载汪征鲁等主编《严复全集》卷三,第263页。

自由可言。孟德斯鸠说，只有首善之区的人，才能实施三权分立的制度，而那些被战胜的地区，则不能"独具文武行政所宜有之权，实且并其议制之权，说不宜有者而亦具之"。

据此，严复认识到"虽有至仁之国，必不能为所胜亡国之民立仁制也。夫制之所以仁者，必其民自为之。使其民而不自为，徒待他人之仁我，不必蕲之而不可得也。……（权）在我者，自由之民也；在彼者，所胜之民也。必在我，无在彼，此之谓民权。彼所胜者，尚安得有权也哉？"[1]这里严复陷入了近代中国人所共同感受到的一个悖论：西方的强盛是因为自由，而中国的自由又必须以强盛为前提。

出于对当时中国国情的了解和强权国家对外的殖民政策，严复深感自由和强权之间的矛盾关系。在德国强占胶州湾且受到《泰晤士报》"肯定"这样的事件中，严复批评了这种建立在强权基础上的所谓自由，认为这是对公理和公道的最大破坏。"故强权之世，无自由之人，其所谓自由者，特纵奴耳，无所谓天直也，无所谓国法也。天直、国法者，神明道德之事也，公理之事也；而强权所资，气力而已，认强权为天发为国法者，天下安得有自由之人类乎？"[2]严复认识到自由不仅仅是国内的政治秩序，在一个不平等的国际格局中，难以实现真正的自由。这让严复选择了权威主义，认为这才是国家富强之关键。

---

[1] 严复译：《〈法意〉第十一卷按语》，载汪征鲁等主编《严复全集》卷四，第206—207页。
[2] 严复：《有强权无公理此言信欤》，载汪征鲁等主编《严复全集》卷七，第224页。

三、权威主义与严复的选择

严复在1906年《政治讲义》的时候,已经开始批评那些听到自由便无端欢呼的状况。他对于自由的复杂性进行分梳的目的也是要说明,自由并非只是西方所独有的。而这个时候,他越来越把政治变革的希望寄托在强有力的政治人物的身上,甚至是他自己很不喜欢的袁世凯。民国之后,他"被动"参与了为袁世凯复辟造势的筹安会和定"孔教"为"国教"的活动。为此,人们认为他完全放弃了自由的立场。

对于袁世凯,严复认为并不是最理想的人,但是或许是当时唯一的选择。这是基于他对当时中国政治的十分现实的看法,他多次批评梁启超鼓动舆论,搅动社会,对何以治理国家,并无好的方法,所以,"今日政治惟一要义,其对外能强,其对内能治,所用方法,则皆其次"①。他并不认为袁世凯是最好的领袖,所以当杨度问他,是同意君主立宪还是共和的时候,严复认为,这个问题并不难回答,他的答案当然是君主立宪,他被拉入筹安会自有被动的成分,但多少也符合他对于当时政治的一个看法。他叙述经过时说:"至于去秋(1914年秋),长沙杨皙子以筹安名义,强拉发起,初会之顷,仆即告以共和君宪二体,孰宜吾国,此议不移晷可决,而所难者,孰为之君。此在今日,虽有圣者,莫之适从,武断主张,危象立见,于是请与会,而勿为发起。"②但是杨度还是将他的名字

---
① 严复:《与熊纯如三十八》,载汪征鲁等主编《严复全集》卷八,第324页。
② 严复:《与熊纯如三十二》,载汪征鲁等主编《严复全集》卷八,第315页。

184 理想的国度:近代中国思想中的国家观念

写在发起者那里了，事实上，虽然列名，但他并未实质性地参与其中的许多活动。

严复对袁世凯的为人也很不赞同，但是他依然认为袁世凯不失为一个好的过渡人选。"夫袁氏自受委托组织共和以还，迹其所行，其不足令人满意者何限！顾以平情冷脑，分别观之，其中亦有不可恕者，有可恕者，何则？国民程度如此，人才消乏，而物力单微，又益之以外患，单一目前之利害存亡言，力去袁氏，则与前之力亡满清正同，将又铸一大错耳。愚以谓使国有人，而以存国为第一义者，值此袁氏孤危戒惧之时，正可与之为约，公选稳健之人，修约法，损其政权，以为立宪之基础，使他日国势奠安，国民进化，进则可终于共和，退则可为其复辟（此时亦不相宜），似较之阳争法理，阴攫利权，似有间也。"[1]严复坚信复辟是当时最有效的改变中国混乱政局的办法，甚至认为袁世凯做得最好的事是解散国会。不过严复似乎不愿意将这些看法公开化，他在信中反复叮嘱熊不要将他的观点跟别人谈及。

严复的立场是明确的，他认为帝王和总统这些名号或许不是最重要的，但是，他断然相信中国的政体以君主为宜。"吾国今日之事，亦视力之如何耳？至于其余，大抵皆装点门面之事，虽史策之上，累幅盈篇，置之不观可耳！故问中华国体，则自以君主为宜。"[2]他甚至有点替袁世凯遗憾，认为要不是操之过急，复辟之事便可以成功。"国体之议初起，时谓当弃共和而取君宪，虽步伐过骤，尚未大差。不幸有三四纤儿，必欲自矜手腕，做到一致赞成，

---

[1] 严复：《与熊纯如三十》，载汪征鲁等主编《严复全集》卷八，第312页。
[2] 严复：《与熊纯如二十六》，载汪征鲁等主编《严复全集》卷八，第306页。

弊端遂复百出，而为中外所持，及今悔之，固已晚矣。窃意当时，假使政府绝无函电致诸各省，选政彼此一听民意自由，将赞成者，亦必过半，然后光明正大，择期登极，彼反对者，既无所藉口，东西邻国亦将何以责言。"①

有趣的是，严复晚年的想法大多数与康有为趋同。"鄙人年将七十，暮年观道，十八、九殆与南海相同，以为吾国旧法断断不可厚非。"他所谓的旧法，主要是君主制度。"共和国体即在欧美诸邦，亦成于不得已，必因无地求君，乃行此制，而行之亦乱弱其常，治强其偶，墨西哥、南美诸邦，可以鉴矣。至于中国，地大民众，尤所不宜，现在一线生机，存于复辟，然其事又极危险，使此而败，后来只有内讧瓜分，为必至之结果，大抵历史极重大事，其为此为彼，皆有天意存焉，诚非吾辈所能豫论者耳。"②这与康有为在民国初期对共和制的评价如出一辙。

严复，作为最早系统地传播自由理念的中国人，从他思想的前后变化来看，其立场似乎是一个不断放弃他对自由追求的过程，但是，就其基本立场而言，其实并没有变化，那就是在弱势国家实现"自由"是需要前提的，因此他强调群体的凝聚，强调个体对于有

---

① 严复:《与熊纯如二十九》，载汪征鲁等主编《严复全集》卷八，第308页。
② 严复:《与熊纯如四十八》，载汪征鲁等主编《严复全集》卷八，第338页。其实，即使是梁启超，后来也对他曾积极宣传的自由思想在中国的实际效果做了一些反省，这也影响到他自己对于国家利益与个人自由的关系的重新思考。梁启超说："外界之竞争无已时，则内界之所以团其竞争之具者亦无已时。使滥用其自由，而侵他人之自由焉，而侵团体之自由焉，则其群固已不克自立，而将为他群之奴隶，夫复何自由之能几也？"（见梁启超:《新民说·论自由》，载汤志钧等编《梁启超全集》第二集，中国人民大学出版社2018年版，第567页）对此，严复后来说之所以梁启超之约写《自由平议》，目的就是为了破除对于自由的迷信。

186　理想的国度：近代中国思想中的国家观念

机体的服从，甚至不惜支持独裁人物来保证国家意志的统一。这样的认识不仅来自中国近代现状的刺激，也来自自由主义经典文本对于自由和民主限度的说明。

　　严复之思想悖论不是缘于他对于个人自由的忽视（史华慈），也不是他对于认知局限性的认识不足（黄克武），而是基于他对中国现实做出分析后的一种现实的选择。然而在五四新的激进的自由主义者看来，严复和康有为一样，他们对于极权和专制的幻想是因为不能与儒家思想完全切断联系，所以他们选择了彻底的反传统的做法来推进自由主义的理念。

第六章
保教非所以立国：
梁启超对儒家态度的转折

梁启超的思想复杂多变，尤其是他的政治主张，随着时代的变迁差异很大，所以最好的方式，是勾勒他的思想演变线索，来追踪他的思想与时代共振的脉络。

在清末民初，人们政治观念的转变往往可以从他们对儒家的态度的变化中窥见。梁启超也是这样，然此方面目前研究并不充分，本章即是以他对儒家思想的态度的矛盾来探讨他对"国家"与"天下"等问题的思考。

梁启超在投师康有为之后，在万木草堂与其他康门弟子一起，研读《春秋公羊传》和《春秋繁露》，因而他也成为晚清公羊学的追随者。不过，按梁启超自己的叙述，最令他激动的是康有为的"大同义"，曾决意要宣传而被康有为以时机不成熟阻止。但是，康梁之间对儒家如何引领当时思想的路径分歧在康有为集合学生撰作《新学伪经考》时期，就已经有所表现。"启超治《伪经考》，时复不慊于其师之武断，后遂置不复道。其师好引纬书，以神秘性说孔子，启超亦不谓然。"①的确，为了强调公羊学对于"改制"的意义，康有为多有引述纬书，将孔子视为"大地教主"的说法，而这些是梁启超所不能认同的。不过，梁启超的反抗也许并不十分激烈，1897年他去长沙时务学堂开讲，主要的内容即是宣传康有为的思想，其中也包括陆九渊、王阳明的哲学和公羊家的思想。②

戊戌变法失败之后，梁启超流亡到日本，接触了日本思想界译介西方的许多言论③。同样也与革命派多有往来，在1903年春夏之交，甚至与一部分康门弟子一样，转而支持革命派的主张，引发了康梁之间的思想分歧。这个时期，他开始写作影响巨大的《新民说》，就在写作《新民说》期间，即1903年前后，他的思想发生了很大的变化，一方面，在康有为的严厉斥责下，他放弃了甚为激烈的革命主张，又重新回到康有为的君主立宪的立场，他写下了《开明专制论》，主张在中国实行开明专制，而反对革命派的"共和制"理想。按张朋园等先生的说法，在1903年以后，梁启超改变了救国的方针。1903年以前的梁启超，"与其说他是维新派，不如说他是革命派，更为接近事实，更为合理"④。然而在考察了美国等地之后，梁启超发现民主制度并不如他想象的那么完美，他接受国家

---

① 梁启超：《清代学术概论》，载《梁启超全集》第十集，第277页。
② 苏舆所编的《翼教丛编》中收录有叶德辉批评梁启超《春秋界说》《孟子界说》文字一篇，其中《春秋界说》中主要阐发的还是托古改制等公羊学的思想。由此可见在戊戌变法之前，梁启超并没有真正放弃春秋学的观点，可能是不同意大地教主的思想。（见叶吏部：《正界篇》，载苏舆编《翼教丛编》，第89—94页）
③ 郑匡民先生说，梁启超利用"和文汉读法"广泛阅读日本书以及日译西籍，涉猎了当时日本各个流派的思想，以及摄取了西方思想的许多方面。并经过他所创办的《清议报》《新民丛报》《新小说报》等刊物向国内广泛传播。（见郑匡民：《梁启超启蒙思想的东学背景》，四川人民出版社2020年版，第2页）
④ 张朋园：《梁启超与清季革命》，吉林出版集团有限责任公司2007年版，第79页。

有机体的观念，强调群体自由高于个人自由，认为国家的建立需要有强有力的权威来支撑。通过跟孙中山等人的接触，梁启超反而认为在缺乏政治基础的国家采用共和政体，可能的后果是诞生一个不负责任的专制政府。因此，他转而主张"开明专制"，认为这是在当时的中国最为合理的政治体制。特别是革命派所主张的民族革命的手段，让梁启超担心民族分离主义的滋长。在梁启超看来，中国注定是要建立成一个多民族的国家，采用种族主义的革命可能会导致国家的分裂。因此他开始提倡大民族主义，并首先提出了"中华民族"概念。

虽然在政治上与康有为再度合流，但另一面，他在孔教问题上却与康有为越走越远。与康有为将建立孔教视为新的国家建立共信的思路不同，梁启超认为创立孔教与建立现代国家的目标并无直接的关联，更与国家是否强大无关。他说："启超自三十以后，已绝口不谈'伪经'，亦不甚谈'改制'。而其师康有为大倡设孔教会、定国教、祀天、配孔诸议，国中附和不乏，启超不谓然，屡起而驳之。"① 从这段梁启超的自述中我们可以看到，对于康有为保教立国的设想，他不但不同意，而且还写专文批驳。梁启超流亡到日本之后，深受日本进化主义思想的影响，将宗教视为迷信和丧失独立人格的根源，因此，反对视孔子为教主，认为尊孔的本质是"依傍"，他说："此病根不拔，则思想终无独立自由之望……然持论既屡与其师不合，康、梁学派遂分。"②

由此，许多学者认为，康梁在孔教问题上的分途，表明梁启超

---

① 梁启超:《清代学术概论》，载《梁启超全集》第十集，第279页。
② 梁启超:《清代学术概论》，载《梁启超全集》第十集，第280—281页。

的思想实质上已经离开了儒家，比如列文森和张灏等人均认为，梁启超思想不再是儒家传统的现代发展。同样的观点以刘纪曜先生的表述最为系统，他认为"梁氏在形式上虽仍跟着传统，但是在实质上已离开传统。……在理想上，梁氏肯定追求基本的道德社会，然而却已完全放弃儒家'内圣外王'的理想；在手段上，他不再以圣人作为中心枢纽，而以国民全体作为手段的诉求对象；在论证上，他除了保留形式的道德本体之信念与修养工夫之论证外，其他传统儒家在'心性'方面的论证，都已被抛弃"[1]。他的结论是梁启超与丁文江和胡适的思想立场更为接近。

当然，将梁启超和胡适、丁文江这样的对儒家传统多持否定意见者相提并论有些持论太过。梁启超固然在20世纪初对孔教多有过激的言辞，但并没有否定儒家思想作为中国人道德价值的基础。他在民国建立之后，也参与了立孔教为国教的活动。特别是作为巴黎和会代表游历了第一次世界大战以后的欧洲之后，他对儒家的态度有很大的"反转"。据此，也有许多学者认定梁启超没有脱离儒家立场。黄克武先生从四个方面论证了梁启超在1903年之后与儒家传统之间的连续性。他指出，首先，针对个人修养，梁启超依然持道德优先，这与传统儒家的为己之学是一致的。其次，虽然梁启超重新定义了道德的范围，一度批评儒家缺乏公德只重私德。但1903年之后，他又强调公德的养成不能离开私德的基础，私德和公德之间是内在统一的，这与《大学》的修齐治平和《中庸》的成己成物的

---

[1] 刘纪曜：《梁启超与儒家传统》，博士学位论文，台湾师范大学历史研究所1985年。转引自黄克武：《一个被放弃的选择：梁启超调适思想之研究》，新星出版社2006年版，第25—26页。

理想之间有连续性。再次，他对宋明理学中道德形而上学的部分虽然讨论不多，但是他思想中的良知本体论和其他修身功夫是紧密相连的。最后，梁启超继承了清中叶以来的经世传统，企图解决内在道德、知识追求和外在事功上的成就的统一，并一直尝试着会通中西，这样的观念被牟宗三和唐君毅等人所继承[①]。这种强调梁启超与现代新儒家的连续性的说法，是将整个近代儒学视为一个整体发展过程的一种比较公允的看法。

梁启超与儒家关系的诸多分歧很大程度上是源自其思想复杂多变，也是因为他思想上的新旧交战和性格上的矛盾纠结，正如他自己所说："其保守性与进取性常交战于胸中，随感情而发，所执往往前后相矛盾；尝自言曰：'不惜以今日之我，难昔日之我。'世多以此为诟病，而其言论之效力亦往往相消，盖生性之弱点然矣。"[②]将保守性和进取性的"交战"解释为生性上的弱点，多少是把近代士人的普遍性的困境个体化了。近代中国知识阶层虽然在接触西方的过程中试图学习西方，但包括与梁启超关系密切的严复等西学先驱在内，他们身上总是能体现出由激进的反传统向温和的儒家传统的"回转"。梁启超生命历程复杂，所以，他在立场上的转变表现得更为复杂和多元。

早年梁启超转投康有为的万木草堂，改宗公羊学，在湖南时务学堂时期主要以传播公羊学以及变法革新思想，由此引发了翼教派的攻击。梁启超虽然积极传播康有为的公羊学观念，但并不能看出

[①] 黄克武：《梁启超与儒家传统：以清末王学为中心之考察》，载李喜编《梁启超与近代中国社会文化》，天津古籍出版社2005年版，第146—147页。
[②] 梁启超：《清代学术概论》，载《梁启超全集》第十集，第279页。

他有坚定的经学立场。有趣的是，到了晚年，梁启超又开始借助一些公羊学的因素来进行他的学术研究。

在1920年所作的《孔子》中，梁启超在讨论孔子的政治思想的时候，就强调《春秋》是孔子政治观念的载体，并列专门的章节来说明"春秋的性质"。他说，第一，《春秋》非史。如果春秋是记录史实的，那么孔子就不是好的史家，因为春秋含有太多的褒贬和"曲笔"，如果把《春秋》看成是历史的话，既把《春秋》毁了，也把史学毁了。第二，《春秋》是孔子改制明义之书。《春秋》是一部革命性的政治书，要借它来建设一个孔子的理想国，所以《春秋》说的是"天子之事"，为万世立法则。第三，治《春秋》当宗公羊传，辅之以《穀梁传》和《春秋繁露》。这一点继承了康有为将《左传》看成刘歆增裂改窜的说法，重视《春秋繁露》也是康有为的一贯理路。第四，《春秋》的微言大义，传在口说。第五，存在着未修《春秋》与既修《春秋》。最后两条都是在用公羊义理说明孔子的许多政治理想要从《春秋》的字里行间仔细品读出来，而不能拘泥于字面。

在这里我们可以看到，虽然梁启超对谶纬之学做了有限度的批评，但基本立场是回复到乃师康有为的今文家的立场上去了。所以，梳理梁启超对儒学、儒教的认识，也可以从另一个侧面了解梁启超政治哲学的演变。

一、大变局中的儒家的政治、道德观念：
从《新民说》到《欧游心影录》

从效果而言，梁启超的言论以破坏为特色。不过，对儒家思想他始终是褒贬并举。在影响巨大的《论中国学术思想变迁之大势》一文中，梁启超在谈到儒学统一时代的到来所产生的影响时认为，儒学对于中国人的风俗、名节和民志的确立意义重大。他列举说："一曰名节盛而风俗美也。"儒家以名教行世，把名节看作是公私道德的根本，并转化为社会风俗，这样便抑制了人们求利的冲动。"二曰民志定而国小康也。"儒家虽以大同为目标，但发展却不可躐等，小康是通向大同的必经之路，这样，小康社会秩序也有其合理性。

而在不良后果方面，他也提出两条："三曰民权狭而政本不立也。儒教之政治思想，有自相矛盾者一事，则君民权限不分明是也。……儒教之所最缺点者，在专为君说法，而不为民说法。"规劝君主要行仁政和体恤民意，这固然是儒家所坚持的，若民无权制约，如或有君不行仁政，那些劝说就没有任何的效果。因为君有权而无义务，民有义务而无权利，这样中国几千年的政体，是"儒其名而法其实也"①。

还有一项不良的后果是"一尊定而进化沈滞也"。深受进化论影响的梁启超坚信只有竞争才能促进事物的发展，政治上的权力独

---

① 梁启超：《论中国学术思想变迁之大势》，载《梁启超全集》第三集，中国人民大学出版社2018年版，第61—62页。

占谓之专制,而不容别的学说之发展的思想控制也是专制。儒家思想的一尊造成了中国的思想专制,这虽非孔子之本意,"夫吾中国学术思想之衰,实自儒学统一时代始"①。应该说,这个评判还是比较公允的。

梁启超对儒家思想进行更为仔细剖析的是《新民说》,与《论中国学术思想变迁之大势》(第三至二十二号,五十三至五十八号)、《保教非所以尊孔》(二号)一样,《新民说》(第一至十四号)也是《新民丛报》时期的作品。

梁启超《新民说》的写作,是在流亡日本时期大量接触当时在日本影响巨大的思想家福泽谕吉、中村正直、中江兆民等人的作品后有感而发的。一直致力于制度变革却以失败告终的他深感国民的素质对于国家发展的重要性。因此,期待塑造一代新的国民,就要从道德和价值观上入手。他认为一个国家的文明要发展,要在世界上有竞争力,关键在于国民的素质。他比较中西差异之后,指出西方之所以获得成功,关键是有其国民素质和价值观念做支撑。他希望中国的国民也具备这样一些"长处",所以要"新民"。

由此可见,《新民说》很大程度上可以看作是梁启超对中西不同道德和价值观念之间所进行的对比,并取长补短。所以,在书的开头,梁启超就宣称:新民是要面对内政和外交这两个当时所面对的关键问题,"新民"并非完全移植外来的价值,而是面对内政疲弱和国际上的"民族帝国主义",我们需要一种新的"国民"。"新民云者,非欲吾民尽弃其旧以从人也。新之义有二:一曰,淬厉其所

---

① 梁启超:《论中国学术思想变迁之大势》,载《梁启超全集》第三集,第63页。

本有而新之；二曰，采补其所本无而新之。"[1]并说，他既反对墨守成规的保守，也反对"心醉西风者流"。但是从作品的陈述中，我们可以看到他的倾向性，他更多的是要用西方近代的观念来"革新"中国人的观念，而"淬厉"本有道德的工作并没有真正展开。

《新民说》中与儒家思想关系最为密切的部分是讨论天下国家观、公德、私德之辨和自由民权意识的培育。

（一）对于天下国家

梁启超认为欧洲近代以来的社会发展主要是基于"民族主义"和"国家意识"，他说："自16世纪以来（约四百年前），欧洲所以发达，世界所以进步，皆由民族主义（Nationalism）所磅礴冲激而成。民族主义者何？各地同种族、同言语、同宗教、同习俗之人，相视如同胞，务独立自治，组织完备之政府，以谋公益而御他族是也。此主义发达既极，驯至19世纪之末（近二三十年），乃更进而为民族帝国主义（National Imperialism）。民族帝国主义者何？其国民之实力，充于内而不得不溢于外，于是汲汲焉求扩张权力于他地，以为我尾闾。其下手也，或以兵力，或以商务，或以工业，或以教会，而一用政策以指挥调护之是也。"[2]并举俄国和德国的扩张例子来佐证。这是对西方近代民族国家体系的一种十分清晰地描述，并指出民族主义在对外关系上，往往会发展为"民族帝国主义"，对弱小的民族国家进行扩张和倾夺。中国近代的衰弱就是受

---

[1] 梁启超：《新民说·释新民之义》，载《梁启超全集》第二集，第533页。
[2] 梁启超：《新民说·论新民为今日中国第一急务》，载《梁启超全集》第二集，第530—531页。

到民族帝国主义的欺凌，而中国自身则缺乏这种意识。

梁启超评论道，中国的儒者，开口就是平天下治天下，将国家视为渺小的一物，这导致中国人知有天下而不知有国家，知有一己而不知有国家。梁启超将是否发展出"国家"的观念视为文明与野蛮之别。以前的中国人只知有朝廷，而不知有国家，所以并没有发展出爱国的精神。在国际关系中，持有万物一体、天下一家的世界主义立场，也会产生对国家在价值上的轻视。他说，世界主义固然是美好的理想，但是在充满竞争的国际格局里，国家才应成为一切关怀的基点，他在《论国家思想》一节中，对"国民"概念做了解释。他说，人类早期并无国家思想，只有部落思想。"有国家思想，能自布政治者，谓之国民。天下未有无国民而可以成国者也。"[①]有了世界，就有国家之观念，即你与别的国家一起构成"世界"。"宗教家之论，动言天国，言大同，言一切众生，所谓博爱主义，世界主义，抑岂不至德而深仁也哉？虽然，此等主义，其脱离理想界而入于现实界也，果可期乎？此其事或待至万数千年后，吾不敢知，若今日将安取之？夫竞争者，文明之母也，竞争一日停，则文明之进步立止。由一人之争竞而为一家，由一家而为一乡族，由一乡族而为一国。一国者，团体之最大圈，而竞争之最高潮也。若曰并国界而破之，无论其事之不可成，即成矣，而竞争绝，毋乃文明亦与之俱绝乎！况人之性非能终无竞争者也。然则大同以后，不转瞬而必复以他事起竞争于天国中，而彼时则已返为部民之竞争，而非复国民之竞争，是率天下人而复归于野蛮也。今世学者非不知此主

---

① 梁启超：《新民说·论国家思想》，载《梁启超全集》第二集，第543页。

义之为美也，然以其为心界之美，而非历史上之美，故定案以国家为最上之团体，而不以世界为最上之团体，盖有由也。然则言博爱者，杀其一身之私以爱一家可也，杀其一家之私以爱一乡族可也，杀其一身、一家、一乡族之私以爱一国可也。国也者，私爱之本位，而博爱之极点，不及焉者野蛮也，过焉者亦野蛮也。何也？其为部民而非国民一也。"①在这里，梁启超认为古代儒家的天下主义和其师康有为的大同主义都是不切实际的理想化的方案，如果方案过于理想而难以落实，则又为野蛮者也。

（二）对于公德和私德

公私问题为近代思想家所关注的大问题。梁启超一度认为传统的儒家伦理主要是在私德上着力，导致国民缺乏公德，而公德是国家所赖以成立的根本因素。梁启超对公私观念作了新的说明，并开始用新旧来描述中西伦理观念上的差异。他说：

> 今试以中国旧伦理与泰西新伦理相比较。旧伦理之分类，曰君臣，曰父子，曰兄弟，曰夫妇，曰朋友；新伦理之分类，曰家族伦理，曰社会（即人群）伦理，曰国家伦理。旧伦理所重者，则一私人对于一私人之事也；一私人之独善其身，固属

---

① 梁启超：《新民说·论国家思想》，载《梁启超全集》第二集，第544—545页。黄进兴说："梁氏的《新民说》毋庸讳言，充溢了强烈的国家意识，并且见证了中国从普遍王权（天下），至现代列国体系的转变；这个转变连带调整了固有的道德秩序。"（见黄进兴：《追求伦理的现代性：梁启超的道德革命及其追随者》，载《从理学到伦理学：清末民初道德意识的转化》，允晨文化实业股份有限公司2013年版，第118页）

于私德之范围，即一私人与他私人交涉之道义，仍属于私德之范围也。此可以法律上公法、私法之范围证明之。新伦理所重者，则一私人对于一团体之事也。以新伦理之分类，归纳旧伦理，则关于家族伦理者三：父子也，兄弟也，夫妇也；关于社会伦理者一：朋友也；关于国家伦理者一：君臣也。然朋友一伦，决不足以尽社会伦理；君臣一伦，尤不足以尽国家伦理。何也？凡人对于社会之义务，决不徒在相知之朋友而已，即绝迹不与人相交者，仍于社会上有不可不尽之责任。至国家者，尤非君臣所能专有，若仅言君臣之义，则使以礼、事以忠，全属两个私人感恩效力之事耳，于大体无关也。将所谓逸民不事王侯者，岂不在此伦范围之外乎？夫人必备此三伦理之义务，然后人格乃成。若中国之五伦，则惟于家族伦理稍为完整，至社会、国家伦理，不备滋多。此缺憾之必当补者也，皆由重私德轻公德所生之结果也。夫一私人之所以自处，与一私人之对于他私人，其间必贵有道德者存，此奚待言！虽然，此道德之一部分，而非其全体也。全体者，合公私而兼善之者也。①

梁启超从儒家五伦观念出发，认为儒家伦理中对于家族伦理有完整的系统，而对于社会国家的伦理则不完备。一个人应该公德和私德兼备，但以往的道德教育只提倡私德而不注重公德，造成了传统道德的偏向，也形成了公德和私德之间的障碍。"私德、公德，本并行不悖者也。然提倡之者既有所偏，其末流或遂至相妨。"②

---

① 梁启超：《新民说·论公德》，载《梁启超全集》第二集，第539—540页。
② 梁启超：《新民说·论公德》，载《梁启超全集》第二集，第540页。

其实,就公私关系而言,近代的中国人并不提倡西方启蒙意义上的个体观念,而是比较重视"群"的意识。严复在翻译西方的自由概念的时候,就考虑到个人权利和群体责任之间的关系,所以强调"群己权界"。对此,梁启超批评了不在其位不谋其政的思想,认为"人之生息于一群也,安享其本群之权利,即有当尽于其本群之义务"[①]。如果只享受权利,而不尽其义务,那么这个人不但无益于群体的利益,反而会称为群体之"蠹"。因此,每一社会成员要善于"合群",所以梁启超提倡的新道德就是以合群为目的的公德。"吾辈生于此群,生于此群之今日,宜纵观宇内之大势,静察吾族之所宜,而发明一种新道德,以求所以固吾群、善吾群、进吾群之道,未可以前王先哲所罕言者,遂以自画而不敢进也。知有公德,而新道德出焉矣!而新民出焉矣!"[②]因为梁启超深受日本的进化主义思想的影响,所以常持一种相对主义的态度来评断传统儒家伦理,提出"道德革命论"。这固然是种族竞争的大势所趋,但对于道德系统的稳定性也造成了一定的破坏。[③]

(三)自由和民权

梁启超的自由观深受中江兆民等人的影响,比较重视团体的自由,而不是个人的自由,他认为文明的发展就是不断由个人的自由向追求团体的自由方向发展。所以,他认为真正的自由是对于秩序和法律的服从。

[①] 梁启超:《新民说·论公德》,载《梁启超全集》第二集,第540页。
[②] 梁启超:《新民说·论公德》,载《梁启超全集》第二集,第542页。
[③] 郑匡民:《梁启超的政治哲学》,载干春松主编《中国政治哲学史》第三卷,中国人民大学出版社2017年版,第194页。

与此同时，梁启超的自由也指向思想的自由，主张不要成为心的"奴隶"，不要做古人的奴隶、世俗的奴隶、境遇的奴隶和情欲的奴隶。

对于权利的思想，梁启超特别反对中国传统所提倡的宽柔以教、以德报怨的妥协主义，他认为这会被人视为懦弱而变本加厉，在社会竞争中处于不利的地位。郑匡民先生认为梁启超受加藤弘之和宇都宫五翻译的《为权利而斗争》一书的影响，认为人的权利来自"强"。世界既然是一个竞争的场，所以无所谓道德和正义，只有生存竞争，而强者则是通过斗争才能获得。所以，他主张强权就是权利。[1]

梁启超借用儒家的仁来说明中国人缺乏权利意识的根源。指出：

> 大抵中国善言仁，而泰西善言义。仁者，人也，我利人，人亦利我，是所重者常在人也。义者，我也，我不害人，而亦不许人之害我，是所重者常在我也。此二德果孰为至乎？在千万年后大同太平之世界，吾不敢言，若在今日，则义也者。诚救时之至德要道哉！夫出吾仁以仁人者，虽非侵人自由，而待仁于人者，则是放弃自由也。仁焉者多，则待仁于人者亦必多，其弊可以使人格日趋于卑下，欧西百年前，以施济贫民为政府之责任，而贫民日以多。后悟此理，厘而裁之，而民反殷富焉。君子爱人以德，不闻以姑息，故使人各能自立而不倚赖他人者上也。若曰吾举天下人而仁之，毋乃降斯人使下己一等

---

[1] 郑匡民：《梁启超的政治哲学》，载干春松主编《中国政治哲学史》第三卷，第212页。

乎？若是乎，仁政者，非政体之至焉者也。吾中国人惟日望仁政于其君上也，故遇仁焉者，则为之婴儿；遇不仁焉者，则为之鱼肉。古今仁君少而暴君多，故吾民自数千年来祖宗之遗传，即以受人鱼肉为天经地义，而"权利"二字之识想，断绝于吾人脑质中者固已久矣。①

儒家的政治哲学之基础在于仁，由不忍人之心而发展出仁政。但在梁启超看来，这样的政体因为抑制了人们的竞争求生存之心，所以导致了人们缺乏权利意识，只是等待圣人来行仁政。所以，养成国民的权利意识是建构现代国家的一项基础性的工作，但他天真地认为个体权利之和就等于群体之权利，由此，他所谓的自由也不是个人基于权利基础上的自由，而是国家在竞争的世界中的平等权利。

从对于《新民说》的上述分析我们可以知道，1903年前后的梁启超虽然主张中西兼采，但是总体的倾向是贬低儒学，褒扬西方的价值观念，也就是说他的"新民"的基础是以西方的价值观念来改造中国人。

梁启超1903年有一次美国之行，在回国后，他的思想发生了重大的转变。并在《新民丛报》上发表《论私德》，当时就有人批评梁启超屡次自悔前论，适足淆乱人心。不过，因为过于从族群和国家的角度来看待自由和权利，梁启超言论的自相矛盾是不可避免的。他给自己辩解说："私德与公德，非对待之名词，而相属之名词

---

① 梁启超：《新民说·论权利思想》，载《梁启超全集》第二集，第559页。

也。……夫所谓公德云者，就其本体言之，谓一团体中人公共之德性也；就其构成此本体之作用言之，谓个人对于本团体公共观念所发之德性也。夫聚群盲不能成一离娄，聚群聋不能成一师旷，聚群怯不能成一乌获。故一私人而无所私有之德性，则群此百千万亿之私人，而必不能成公有之德性。"①梁启超说私德与公德之间不可区分。他自我批评道，以前所持建设新道德要尽弃旧道德之论有失偏颇，道德起源于人的良心，并无新旧之分，所以以别的社会的伦理原则来改造国民，就好像"吹沙求饭"，是不可能的。他还编写了《德育鉴》和《节本明儒学案》，认为儒家的价值观，特别是阳明心学对于培育国民的私德十分重要②。

　　1919年梁启超在游历刚刚结束第一次世界大战的欧洲的时候，发现欧洲人正在经历着一次价值观矛盾③，社会思潮中互相对立的比如个人主义与社会主义、社会主义与国家主义、国家主义与个人主义、世界主义与国家主义之间都在发生尖锐的冲突。对于科学也是这样，在上帝已经被人杀死的时代，人们在质疑人生的意义能否

---

① 梁启超：《新民说·论私德》，载《梁启超全集》第二集，第633页。
② 郑匡民认为梁启超由提倡公德向私德转变与访美体验和革命派的迅速发展有关。但他的目的依然在于固群，所以并不能将梁启超提倡私德和王学当作是政治上的后退。（见郑匡民：《梁启超的政治哲学》，载干春松主编《中国政治哲学史》第三卷，第218页）陈来认为梁启超重视个人道德的重要性，表明儒家思想对他的深刻影响。（见氏著：《儒家美德论》，生活·读书·新知三联书店2019年版，第132页）
③ 20世纪20—30年代，欧洲流行一种有关没落和衰败的言论，其主要症候是（1）反历史主义；（2）对非理性因素在历史中所扮角色的重新重视；（3）历史循环论的复活；（4）体认欧洲并不居于世界的中心，且处于文化没落的痛苦之中。很显然这些观点深深地影响到梁启超晚年的文化主张，使他更接近于折中主义。（见耿云志：《五四以后梁启超关于中国文化建设的思考》，载李喜所主编《梁启超与近代中国社会文化》，天津古籍出版社2005年版，第240页）

由科学方法来赋予。"现今思想界最大的危机，就在这一点。宗教和旧哲学，既已被科学打得个旗靡辙乱，这位'科学先生'便自当仁不让起来，要凭他的试验发明个宇宙新大原理。却是那大原理且不消说，敢是各科的小原理也是日新月异。今日认为真理，明日已成谬见。新权威到底树立不来，旧权威却是不要恢复了。所以全社会人心，都陷入怀疑、沉闷、畏惧之中，却好象失了罗针的海船遇着风、遇着雾，不知前途怎生好。"①由科学所带来的物质进步并没有给人带来预想中的幸福，反而是精神的迷茫，所以，梁启超呼吁人们从"科学万能"中醒悟过来。"一百年物质的进步，比从前三千年所得还加几倍，我们人类不惟没有得着幸福，倒反带来许多灾难。好像沙漠中失路的旅人，远远望见个大黑影，拼命往前赶，以为可以靠他向导，那知赶上几程，影子却不见了，因此无限凄惶失望。影子是谁？就是这位'科学先生'。欧洲人做了一场科学万能的大梦，到如今却叫起科学破产来。"②

如何解决这个问题，在文化上就是要对自己的文化传统存有敬意，并融合中西方文明，建立一个世界主义的国家。为什么要有国家呢？因为国家才容易把国家以内的一群人聚拢起来。然而我们却要去锻造一种新的文明，融合西方人的实验科学方法和中国人热爱和平的价值观。"我希望我们可爱的青年，第一步，要人人存一个尊重爱护本国文化的诚意；第二步，要用那西洋人研究学问的方法去研究他，得他的真相；第三步，要把自己的文化综合起来，还拿别人的补助他，叫他起一种化合作用，成了一个新文化系统；第四

---

① 梁启超：《欧游心影录》，载《梁启超全集》第十集，第63页。
② 梁启超：《欧游心影录》，载《梁启超全集》第十集，第64页。

步，把这新系统往外扩充，叫人类的全体都得着他的好处。"[1]而第四步则是要把这个新文化系统向外扩充，使世界受益。

在这个时期，梁启超的想法更像是一个调和论者，即中国的道德原则和西方的科学方法。具体地说就是把西方的物质文明与东方的精神文明，西方的个性解放和中国的人格修养结合起来。梁启超还创造了一个名词叫"尽性主义"来概括这种结合了东西方优点的新文明形态。"国民树立的根本意义，在发展个性，《中庸》里头有句话说的最好：'惟天下至诚能尽其性。'我们就借来起一个名叫'尽性主义'。这尽性主义，是要把各人的天赋良能，发挥到十分圆满。就私人而论，必须如此，这才不至成为天地间一赘疣，人人可以自立，不必累人，也不必仰人鼻息。就社会国家而论，必须如此，然后人人各用其长，自动的创造进化，合起来便成强固的国家、进步的社会。"[2]这种说法在《新民说》的"论私德"部分已经出现了，这里更为强调了其与儒家思想的同调性。

梁启超一直将竞争视为进化的根据和文明创造的动力，在这个阶段他了解了一些社会主义的理论，认为竞争和强者的权利会导致社会的不公，要用互动主义来补救，并认为中国古代就有丰富的互助精神。"中国社会制度颇有互助精神，竞争之说，素为中国人所不解，而互助则西方人不甚了解。中国礼教及祖先崇拜，皆有一部分出于克己精神和牺牲精神者。中国人之特性不能抛弃个人享乐，而欧人则反之。夫以道德上而言，决不能谓个人享乐主义为高，则中国人之所长，正在能维持社会的生存与增长。……因此吾以为不必

---

[1] 梁启超：《欧游心影录》，载《梁启超全集》第十集，第85页。
[2] 梁启超：《欧游心影录》，载《梁启超全集》第十集，第73—74页。

学他人之竞争主义，不如就固有之特性而修正扩充之也。"①与《新民说》时期极力主张竞争不同的是，这个时期的梁启超开始强调互助的重要性。

在政治制度上，梁启超一直主张国民的参与，而这个时候，他认为中国传统的民本主义，有一种超脱政治的态度，所以像袁世凯这样的强人政治并不符合中国人的政治习性。"其实自民本主义而言，中国人民向来有不愿政府干涉之心，亦殊合民本主义之精神，对于此种特性，不可漠视，往者吾人徒作中央集权之迷梦，而忘却此种固有特性，须知集权与中国民性最不相容，强行之其结果不生反动，必生变态，此所以吾人虽效法欧洲，而不能成功者也。"②梁启超在民国成立之后，一直主张共和，并不惜与康有为决裂来坚持民主政治的理想。在经历了许多政治波折之后，他改而认为民本主义和西方代议制的结合是最符合中国的政治体制的，并主张要把中国的国民性发扬光大。

在经济制度上梁启超也否认了中国应走资本集中的道路，主张应根据中国的实际，以农业为急促要务。

1922年春，梁启超应北京政法专门学校之请，讲授先秦政治思想史。同年秋天，他又在东南大学做同样主题的授课，并写成了《先秦政治思想史》。这本著作是在欧游之后所做，与《新民说》相比，其基本立场差异十分明显，虽然梁启超的立场一直是中西兼采，但是如果说《新民说》的大部分内容倾向于扬西抑中的

---

① 梁启超：《在中国公学之演说》，载《申报》1920年3月14日。（见丁文江、赵丰田：《梁启超年谱长编》，上海人民出版社2009年版，第579页）
② 梁启超：《在中国公学之演说》，载《申报》1920年3月14日。（见丁文江、赵丰田：《梁启超年谱长编》，第579页）

话,《先秦政治思想史》则倾向于肯定中国传统政治思想中的合理部分。

二、梁启超对儒家政治哲学的整理

在梁启超从政界退出而转入学术界之后,他对于制度移植和文化传统之间的关系有了全新的认识。首先,他认为欧洲近代以来所形成的国家思想,与中国人之习性不合,因此,移植西方的国家制度亦不可能有效。他说:"盖现代社会,本由多世遗传共业所构成。此种共业之集结完成,半缘制度,半缘思想,而思想又为制度之源泉。过去思想,常以历史的无上权威无形中支配现代人,以形成所谓国民意识者。政治及其他一切设施,非通过国民意识之一关,断不能有效。……近二十年来,我国人汲汲于移植欧洲政治制度,一制度不效,又顾而之他。若立宪,若共和,若联邦,若苏维埃……凡人所曾行者,几欲一一取而试验之。然而名实相缪,治丝愈棼,盖制度不植基于国民意识之上,譬犹掇邻圃之繁花,施吾家之老干,其不能荣育宜也。"[①]制度一定要建立在自身的风俗习惯和文化价值的基础之上,这本是康有为反对民国以后的共和制的主要理由,经历了民国政治起伏的梁启超看到国人在西方传入的观念和制度中打转,无所适从,由此,要让中国的新政治秩序有效运行,就必须建立在本国的传统价值之上。也就是说,要深入了解传统中国的政治思想。他批评五四以来的新潮青年的那种对中国传统政治体

---

① 梁启超:《先秦政治思想史》序论第一章,载《梁启超全集》第十一集,中国人民大学出版社2018年版,第421—422页。

制和治国之道缺乏认知，却肆意攻击先贤的做法。

当然，梁启超也不是顽固派，他并不认为只要拈出纲常秩序就可以化解近代以来的社会矛盾，不能期待从先哲的典籍中找到解决一切问题的现成方案，而应该以当下的国际形势和国内需要谋划合适的方案。

在梁启超看来，当时政治哲学的两大核心问题是精神生活和物质生活之调和问题以及个性与社会性之调和问题。

对于物质生活和精神生活的调和，梁启超说，人类之所以高于禽兽是因为人有精神生活。不过，精神生活离不开物质生活。他认为近代欧美的学说，无论是持资本主义立场还是社会主义立场，都在鼓励人们尽力满足自己的物质欲望，忽视了精神的需求。在中国古代的方案中，墨家的自苦和道家的无欲，都不是解决问题的有效方案，要使物质问题不妨害精神生活之追求，如何使科学主义和儒家所主张的"均安主义"相结合是时代的使命。

个性与社会性问题，也就是个人与社会的关系问题，梁启超认为儒家的"己欲立而立人，己欲达而达人"的原则可以指导传统社会的人过上合理的生活，而墨家和法家的社会秩序勾画中个性完全被社会性所吞灭，这是他所不赞成的。

梁启超认为现代社会远比古代社会繁复，出现了许多大规模的社会组织，个人在其中显得十分渺小。社会日趋扩大和复杂是一个不可逆转的趋势，且在国家主义和社会主义大为流行的当下，要解决精神与物质、个性与社会性之间的调和，以为人类提供一种新的生活样态。"如何而能使此日扩日复之社会不变为机械的，使个性中心之'仁的社会'能与时势骈进而时时实现？此又吾侪对于本国乃至全人类之一大责任也。"①

在《先秦政治思想史》的"前论"中,梁启超对中国政治思想的几个关键词做了梳理:

(1)"天道"。对于天道,梁启超认为中国人对于天的认识,由有意志的宗教意味的天抽象为哲学意味的天,并成为人类秩序的源头。梁启超说"洪范"的"范"是自然法则的"总相",也就是"儒家之所谓礼,法家之所谓法也。而其渊源则认为出于天。前此谓有一有感觉、有情绪、有意志之天直接指挥人事者,既而此感觉情绪意志,化成为人类生活之理法,名之曰天道,公认为政治所从出而应守。若此者,吾名之曰'抽象的天意政治'"②。相比于后来冯友兰先生乃至徐复观等人对于"天"的描述,梁启超的天道观略显简略,但他敏锐地觉察到中国传统政治是一种建立在天道基础之上的"天意政治"。

(2)"民本"。天道政治衍生出中国一个独特的政治名词"天子"。天子是天的代理人,真正的监督权必须通过人民的好恶来实现。因此,"天子政治"在理论上可以转变为"民本政治"。"所谓天者,恰如立宪国无责任之君主;所谓天子者,则当其责任内阁之领袖。天子对天负责任,而实际上课其责任者则人民也。"③在"天子"和"民意"之间建立起关联,而不是简单地斥之为专制,这也是梁启超在立宪运动中所考虑的责任政府的设想的延续。不过,梁启超也没有直接将传统民本政治等同于现代民主政治。他说,先秦

---

① 梁启超:《先秦政治思想史·结论》,载《梁启超全集》第十一集,第591页。
② 梁启超:《先秦政治思想史》,载《梁启超全集》第十一集,第436页。
③ 梁启超:《先秦政治思想史》,载《梁启超全集》第十一集,第444页。

的政治哲学虽然十分重视民意，但对于民意如何落实为一种真正的监督机制，却没有一套行之有效的办法。若遇到恶贯满盈的暴君，就只有"革命"一条路。

（3）"家族本位"。中国政治秉承亲亲尊尊的原则，因此，家族的因素在政治中占十分重要的地位。即所谓天下之本在国，国之本在家。而尊祖和敬天的观念的结合，甚至将全人类也看作一个家族，形成一个伦理共同体。[①]

（4）"封建"。"封建"一词，已经被现代汉语附加了许多内容。梁启超认为中国的封建制度起自周公，即天子将周边的区域分封给亲族和有功之人，而中央则以朝觐、巡狩、会同等制度确认与各诸侯国之间的主从关系。梁启超说封建的最大功用是"分化"和"同化"。分化就是"将同一的精神及组织，分布于各地，使各因其环境以尽量的自由发展"[②]。这样就形成了中国文化的多样化。而同化，是"将许多异质的低度文化，醇化于一高度文化总体之中，以形成大民族意识"[③]。这就是说，既保持各地的特色，又融贯共同价值的国家秩序最终造成了民族的融合，最后是中华民族的形成。

（5）"贵族"和"平民"。梁启超认为中国以农业为本的经济状况使中国没有发育出欧洲那样的奴隶制度，而贵族制度在春秋后期也逐渐崩溃，原先的作为地位象征的君子和小人也转变为道德性的称号，所以形成了万民平等的民本社会。

（6）"礼治"和"法治"。梁启超认为中国的刑原先只是针对

---

① 梁启超：《先秦政治思想史》，载《梁启超全集》第十一集，第453页。
② 梁启超：《先秦政治思想史》，载《梁启超全集》第十一集，第454页。
③ 梁启超：《先秦政治思想史》，载《梁启超全集》第十一集，第455页。

贵族团体之外的人，而后贵族制度的崩溃逐渐形成了针对所有人的刑和律。然而，在春秋时期，这些刑和律，"以助成伦理的义务之实践为目的。其动机在教化，此实法律观念之一大进步也。尤当注意者，其所谓伦理，乃对等的而非片面的，父兄之于子弟，其道德责任，一如子弟之于父兄，此又法律平等之见端矣"①。只是到春秋末叶，才开始有成文法的颁布，并形成了持续不断的礼治法治之争。

熟悉梁漱溟的《乡村建设理论》和《中国文化要义》等作品的人，会发现梁漱溟大量地征引了梁启超此书的内容，而且梁漱溟对中国社会的"伦理本位"和"职业分途"的概括，也明显地从梁启超对于贵族平民和礼法关系的分析中找到了灵感。

（7）"土地使用权"和"土地所有权"。

在梳理了上述基本概念之后，梁启超开始从儒道墨法不同的思想源流来梳理先秦的政治思想，这里主要讨论他对于儒家政治哲学的认识。

"仁"是儒家政治思想的总纲领。前文已述，梁启超在《新民说》中对"仁"和"天下主义"都有所批评。而在这里，梁启超从"彼我相通"来解释仁，他发挥郑玄"仁者，相人偶也"的说法，指出："二人以上相偶，始能形成人格之统一体。同在此统一体之中而彼我痛痒不相省，斯谓之不仁。反是斯谓仁。"②儒家思想强调人类之间的情感互通，建立"同类意识"，唯其如此，才能确立起基于同情心而产生的对他人的关爱和责任。同理，不仁的人就是缺乏

---

① 梁启超：《先秦政治思想史》，载《梁启超全集》第十一集，第462页。
② 梁启超：《先秦政治思想史》，载《梁启超全集》第十一集，第478页。

同类意识。所以儒家所说的"政者正也",就是要通过榜样的感召来引领民众共建社会秩序。在这个意义上,儒家形成了絜矩之道。这种行为方式具有鲜明的共生共存意识,是平等和互助的。

人的同类意识而产生的同情心,其起点在人自身,并不断向家族、国家和天下万物扩展,最终发展成为天下意识。"儒家之理想的政治,则欲人人将其同类意识扩充到极量,以完成所谓'仁'的世界。此世界名之曰'大同'。"[①]在游历了欧洲之后,梁启超感觉到国家主义的偏狭性,所以一反《新民说》中的国家主义立场,转而批评国家主义的偏狭而褒扬天下主义倡导的合类相亲。"儒家之政治思想,与今世欧美最流行之数种思想,乃全异其出发点。彼辈奖励人情之析类而相嫉,吾侪利导人性之合类而相亲。彼辈所谓国家主义者,以极褊狭的爱国性为神圣;异国则视为异类。"[②]国家主义会导致政治家驱使百姓以战争为光荣,鼓吹人与人之间的仇恨。而资本家也以极端的手段欺压劳工阶级。梁启超说以这样的政治原则是不可能引导社会健康发展的。

中国文化向来不以国家为最高团体,而有超越国家的意识在。"中国人则自有文化以来,始终未尝认为国家为人类最高团体。其政治论常以全人类为其对象,故目的在乎天下,而国家不过与家族同为组成天下之一阶段。政治之为物,绝不认为专为全人类中某一区域某一部分人之利益而存在。其向外对抗之观念甚微薄,故向内之特别团结,亦不甚感其必要。就此点论,谓中国人不好组织国家也可,谓其不能组织国家也亦可。无论为不好或不能,要之国家主

---

① 梁启超:《先秦政治思想史》,载《梁启超全集》第十一集,第481页。
② 梁启超:《先秦政治思想史》,载《梁启超全集》第十一集,第480页。

义与吾人夙不相习,则甚章章也。"①与《新民说》倡导的国家主义之言论不同,既然国人没有国家意识,好坏姑且不论,但中国人自有以超国家主义的天下为范围的大同观念在。

出于对责任意识的强调,梁启超特别关注儒家伦理中的"正名"思想。所谓"正名",就是要对自己所担负的责任和权利有所觉醒。比如,为人之父,就要知道作为父亲的责任和权利,否则便是名实不符。这里梁启超又回忆起他早年所推崇的公羊学。他说正名思想主要体现在《春秋》中,而不同时代的正名原则会有所变化。变化的依据则是春秋三世义。"始据乱、次升平、终太平。谓以此为教,则人类意识渐次觉醒,可以循政治上所悬理想之鹄而日以向上也。"②

梁启超将儒家的政治哲学名之为"人治主义"和"礼治主义"。儒家提倡贤者居位,通过自身的榜样性力量来达成社会理想,因此是一种贤能政治观念。这种观念所带来的问题是过于依赖居高位者的仁德,而如果不仁者居高位,则没有相应的措施来制约之。

对于儒家的人治主义,历史上或有法家式的严刑峻法来取代,或者是近代以来的"多数人"的民主政治来限制权力。梁启超认为儒家的政治已经在向民主政治发展的过程中。在这里梁启超把他在《新民说》时期的"民德论"转用到这里。他说,没有健全的人民是不可能有健全的政治的,只有养成多数人的政治道德、政治能力和政治习惯,那么理想的政治形态才可能真正建立。所以儒家倡导

---

① 梁启超:《先秦政治思想史》,载《梁启超全集》第十一集,第418—419页。
② 梁启超:《先秦政治思想史》,载《梁启超全集》第十一集,第486页。

礼治主义，反对单纯依赖政治的制裁力，目的就是要培养国民的政治素质。据此，梁启超认为，儒家的人治主义，并不是说仅仅靠一两个圣贤就可以治理好社会，而是要通过化民成俗，自然而然地达成政治目的。"要而言之，儒家之言政治，其唯一目的与唯一手段，不外将国民人格提高。以目的言，则政治即道德，道德即政治；以手段言，则政治即教育，教育即政治。道德之归宿，在以同情心组成社会；教育之次第，则就各人同情心之最切近最易发动者而浚启之。"①

梁启超还介绍了孟子和荀子的政治观念，特别是通过孟子的义利之辨来批评"功利主义"。他说，在儒家"正其谊不谋其利"的政治原则和欧美流行的以效率为目的之实用哲学之间，他毫不犹豫地支持儒家的立场。他还反对近代以来的权利观念，"质而言之，权利观念，全由彼我对抗而生，与通彼我之'仁'的观念绝对不相容。而权利之为物，其本质含有无限的膨胀性，从无自认为满足之一日。……置社会组织于此观念之上而能久安，未之前闻。欧洲识者，或痛论彼都现代文明之将即灭亡，殆以此也"②。所以，梁启超说要重新评价西方价值观之社会效果，建立在效率论基础上的社会是难以化解人类之争夺之心的，而儒家强调礼让，注重分享，并不以权利为人生之终极目的。因此，不能因为西方的富强而盲目地推崇西方。

虽然我们不能简单地把从《新民说》到《先秦政治思想史》的转变概括为从宪政民主的想法到传统儒家的回归，但是梁启超对于

---

① 梁启超：《先秦政治思想史》，载《梁启超全集》第十一集，第491页。
② 梁启超：《先秦政治思想史》，载《梁启超全集》第十一集，第495—496页。

儒家政治的基本原则的认同和对曾经肯定过的国家主义和自由民权思想的批评则是显而易见的。

梁启超是现代史学"新史学"的创始者，说明他是现代学科化的知识体系的奠基性人物。与对历史学的贡献不同的是，梁启超在儒家哲学上的探索相对不受重视，其实，他与王国维、梁漱溟一样，也是比较早的开始探索儒家哲学学科体系和研究方法的重要学者。

1920年，梁启超在写《孔子》的时候说，《易》是孔子哲理论的总汇；《春秋》，是孔子政治论的总汇。所以，他是从《易》中去探讨孔子的本体论和方法论的。

梁启超说，欧美和印度的哲学乃至中国的宋明哲学，都是喜欢研究宇宙本体的问题，但是独孔子说"神无方而易无体"。这里，梁启超将"无体"解释成孔子认为"宇宙万有是没有本体的"，并开始发挥说："讲学问的人，只好把这第一原因搁下，第一现象说起。"[1]梁启超接受了西方科学思想中的正负观念，认为乾坤代表物质中的正负的力，能推动事物的发展。也开始用归纳法来解释周易中的原则，不过这方面，梁启超主要依循焦循的观点，他自己并无特别的创见。

在《孔子》一书中，梁启超回复他的公羊学的立场，认为《春秋》是孔子政治论说之枢纽。然入手处却是大同和小康之别。他说，一般人都是从孔子提倡伦常礼教出发去理解他。这简直是把孔子等同于"大道废有仁义"了，其实孔子心目中的理想是大同。大

---

[1] 梁启超：《孔子》，载梁启超撰，干春松等编《儒家哲学》，上海人民出版社2009年版，第155—156页。

第六章　保教非所以立国：梁启超对儒家态度的转折　215

同社会主张"天下为公、选贤与能,自然是绝对的德谟克拉西了。讲信修睦,自然是绝对的平和主义,非军国主义了。大同社会,是要以人为单位不以家族为单位的,所以不独亲其亲,不独子其子"①等,这些都是孔子在政治和经济上的根本主义,就此而言,而借用康有为在《论语注》中的结论说,《论语》这部书是有子、曾子门人记的,没有把孔子的微言大义记录下来,应该与《礼运》对勘。

梁启超就认为"大同"说是孔子政治思想的核心,而纲常伦理只是一个救敝补偏的措施。他用现代政治的术语来解读大同和小康的区别:"第一,小康是阶级主义,大同是平等主义;第二,小康是私有主义,大同是互助主义;第三,小康是国家家族主义,大同是世界主义。"②所以,只有在"大同"和"小康"的视野下,《春秋》一书以及其中孔子要传达的微言大义,才可能被真正的了解。当他用儒家的大同思想来批判现代民族国家理论的时候,他的政治哲学也具有了反思现代性的一面。

在1926年秋季开始的新学年中,梁启超讲授了"历史研究法"与"儒家哲学"两门课,另外又在燕京大学以"古书真伪及其年代"为题做专门讲演。在儒家哲学系列讲座的开头,梁启超就明确指出如果以西方的"哲学"为规范,那么儒家思想最多可以算作是人生哲学,因为儒家所关注的主要是与人生有关的问题,包括"人之所以为人,及人与人的关系",所以"概括说起来,其用功所在,可以《论语》'修己安人'一语括之。其学问最高目的,可

---

① 梁启超:《孔子》,载梁启超撰,干春松等编《儒家哲学》,第168页。
② 梁启超:《孔子》,载梁启超撰,干春松等编《儒家哲学》,第169页。

以《庄子》'内圣外王'一语括之。做修己的功夫，做到极处，就是内圣；做安人的功夫，做到极处，就是外王。至于条理次第，以《大学》上说得最简明。《大学》所谓'格物致知诚意正心修身'，就是修己及内圣的功夫；所谓'齐家治国平天下'，就是安人及外王的功夫"①。

儒家思想着重于人生问题的特征让梁启超觉得与其用"哲学"来名之，不如用"道学"贴切。不过，"道学"在历史上曾特指程朱学派，所以他又觉得"道术"更为合适，道是讲道本身，术是讲如何去做，梁说只是因为大家习惯了，所以仍然采用"儒家哲学"的名称，在具体的讲述中，还是不断会出现"儒家道术"这样的说法。身处20世纪20年代，梁启超必须要回答一个问题，即为什么要研究儒家道术呢？对这个问题的回答，可以看作是梁启超对当时流行的五种对儒家的偏见的驳斥。

第一，儒家思想可以说是中国文化的核心部分，如果专打孔家店，要把线装书抛在茅厕里三千年，那么中国文化便没有什么内容了。

第二，儒家不是已经僵死的学问。梁启超从文化的时代性和超时代性的角度反驳将儒家哲学看作是"过去"和"旧"的学问的看法。梁启超指出，文化中有一些内容可能会因为外在环境的变迁而不适用于新时代，但是也有一些内容则是完全超时代的。在儒家思想中，外王部分，含有时代性的成分居多，但是"内圣的全部、外王的一小部分，绝对不含时代性。如智仁勇三者，为天下之达德，

---

① 梁启超:《儒家哲学》，载梁启超撰，干春松等编《儒家哲学》，第34页。

不论在何时何国何派，都是适用的"①。梁启超认为"术"可能有时代性，而道则是超时代的。

第三，针对一些人将儒家视为是贵族文化非平民文化的看法，梁启超认为，文化的平等虽是理想但还遥远，而且文化不能以普及程度之难易来衡量其价值。对于儒家只注重个人修养，而不注重社会意识的批评，梁启超指出个人和社会是不可分的。个人的人格培育必然会发展到社会关怀层面。儒家道术注重士大夫个人的修养，但这些人作为社会榜样人物，可以最大范围地影响到别人。

第四，有人说儒家哲学是拥护专制的学问，奴辱人民的学问。梁反驳说历代的帝王假借儒家的招牌来实行专制的现象的确存在。但历史上最具有反抗精神的也是儒学大师，孔孟固不必论，宋代的二程朱熹，均是以道抗势的例证。

第五，梁启超反对有人以提倡科学的目的而将儒学列为"玄学"，他说儒家向来注重现实，与科学不但不相悖，而且富有科学精神，至少不反对科学。

梁启超特别注重方法的提炼，这在《中国历史研究法》中就已经有其端倪。而在讨论儒家哲学的时候，他也归纳了儒家哲学的研究法。他借鉴西方哲学研究法，认为任何哲学都可以按问题研究法、时代研究法、宗派研究法这样不同的理路来展开。

所谓问题研究法就是对哲学史上讨论过的重大问题进行梳理，这种方法的优点是可以对问题的来龙去脉有清晰的掌握，缺点是所有的哲学问题都与别的问题相关联，单就某一问题展开就会把别的

---

① 梁启超：《儒家哲学》，载梁启超撰，干春松等编《儒家哲学》，第39页。

问题遮蔽，将所有问题都纳入讨论范围则会枝蔓丛生、难以穷诘。

哲学的历史就是不同时代的人对于一些重大的理论问题的不同切入方式的反映。或者说，哲学总是在试图回答时代所提出的问题。这种方法的优点是能看到哲学发展的时代特征，缺点是难以反映那些跨时代的问题。

哲学的发展经常以学派作为载体，所以宗派的研究也很重要。宗派的研究的优点是可以把各派的源流梳理得清晰明白，缺点是难以发现问题的时代性和社会背景，因此，在具体的研究中，这三种方法应该互相辅助使用。梁启超在叙述儒家发展的历史的时候，首先是关于历史和学派的结合。在这方面以清代儒学的发展论述最详。其次是关于问题的发展，在这方面他主要讨论了人性、天命和心体。很显然，他已经关注到西方哲学的方法，对于儒家的宇宙论和人性论多有侧重，而社会秩序的安排，则比较少涉及。

由于时人经常会提到梁启超属于清末今文学的代表人物，因此，在讨论儒家哲学的时候，梁启超有一种明晰的角色定位，即尽量抛开自己的观点而保持客观中立。不过，正如梁启超自己所评论的，其师康有为是过于坚持自己的立场，他自己是过于"变化立场"，但就哲学问题的讨论而言，客观中立是增强了解释力还是削弱了思想的力量，这本身就是一个值得反思的问题。这样的问题，同样可以反思梁启超在孔教运动中的表现。

三、保教非所以尊孔：梁启超与孔教运动之分合

儒学一直主张以其价值的普适性来吸引"化外之民"，因而强

调价值吸引而不是主动传播。但在康有为的宗教家的气质和晚清浓厚的佛学气氛之下,梁启超说他与其他万木草堂的学生都有浓厚的传教兴趣和责任感。他回忆说,他在万木草堂读书的时候,有模仿别教行传教之事的计划。因为觉得自己的所学不足以解决自己思想上的一些问题,还曾经想进山修炼一段时间,以便出来之后传教。"视一切事,无所谓成,无所谓败,此事弟子亦知之,然同学人才太少,未能布广长舌也。如此则于成败之间,不能无芥蒂焉矣。尚有一法于此,我辈以教为主,国之存亡于教无与,或一切不问,专以讲学授徒为事,俟吾党俱有成就之后,乃始出而传教,是亦一道也。弟子自思所学未足,大有入山数年之志,但一切已办之事,又未能抛撇耳。近学算读史,又读内典(读《小乘经》得旧教颇多,又读《律论》),所见似畴昔有进,归依佛法,甚至窃见吾教太平大同之学,皆婆罗旧教所有佛吐弃不屑道者,觉平生所学失凭依,奈何?属劝长者勿行,某亦以为然。然某于西行之说,颇主张者,某意以为长者当与世相绝。但率数弟子以著书为事,此外复有数人在外间说世间法,此乃第一要事。"[①]可见,这个时期梁启超一方面觉得康门立教的思想还比较零散,希望自己加以充实;另一方面也觉得同学中有才能者略少,在出世和入世之间颇有踌躇。

但他有一种传教的志向,认为救人类的使命要高于救国。他对"救国"和"救世"之间作了分疏:"某昔在馆亦曾发此论,谓吾党志士皆须入山数年,方可出世。而君勉诸人大笑之。……不知我辈宗旨乃传教也,非为政也;乃救地球及无量世界众生也。非救一国

---

① 丁文江、赵丰田:《梁启超年谱长编》,第39页。

也，一国之亡于我何焉。"①梁启超在为康有为作传记的时候，就以宗教家为开题，他之投师于康有为，也存有一种宗教式的情怀。

康有为的宗教家的气质使他产生将儒家"宗教化"的设想。康有为反复辩说儒家与其他宗教的差别，不过其他宗教的制度化形态则是康所倾心的。所以，在陈焕章的支持下，孔教运动成为康有为政治活动的一个重要延伸。

但梁启超的思想多变，他的宗教情怀也不确定，所以他与孔教运动之间的关系十分复杂。在万木草堂时期及保教运动之前，梁启超比较积极地支持康有为的孔教思路，即以建立孔教的方式来激动民意、鼓吹变法，实现"保国""保种"的目标，甚至认为保教比保国要更重要一些。按张灏的分析，梁启超这个时期看重保教的动机可能是看到了西方宗教对西方社会所起的规范和整合作用。更关键的是他们都认为中国在面对西方挑战的时候，需要文化认同的力量来支持，而孔教则是最好的资源。

作为康有为门下最具感染力的弟子，梁启超凭借其明快的文采和有效的组织能力，使康有为的孔教思路得到了广泛的传播。"梁发起的传教运动，不止在一个地方表达他要求维护文化认同的愿望。这种特点也反映在他将中国文化传统作为一个整体加以肯定以与西方相对抗上。在有关道德价值观和社会政治思想方面，梁在理智上仍相当程度地认同中国文化遗产；但他所肯定的中学，似乎经常远远超出他真正理智地评价为正确的东西。"②从梁启超早期的作品而

---

① 丁文江、赵丰田：《梁启超年谱长编》，第39页。
② 张灏：《梁启超与中国思想的过渡（1890—1907）烈士精神与批判意识》，新星出版社2006年版，第79—80页。

第六章 保教非所以立国：梁启超对儒家态度的转折 221

言，他对于中国的经学传统方面的理解主要来自经过康有为发挥的公羊学，而对于西方的了解也停留在一些二手的介绍上，所以，他经常在中国与西方的价值观念之间做许多比附性的类比。

19世纪末20世纪初，受到了严复和黄遵宪等人的影响，梁启超开始怀疑建立孔教与政治改良之间的一致性，也怀疑将儒家教会化必然会对社会道德建设产生正面的影响。1897年间严复和梁启超有多次的通信讨论变法和孔教的事宜，梁在给严复的信中描述了自己从严复的立场中所感受到"保教"活动所存在的内在矛盾，进而完全改变了自己的立场。"来书又谓教不可保，而亦不必保，又曰保教而进，则又非所保之本教矣。读至此，则据案狂叫语人曰：不意数千年闷葫芦，被此老一言揭破，不服先生之能言，而服先生之敢言之也。"①认为天下未定，的确需要凝聚，但若教定于一，也会束缚人的思想。中国民智未开，需要多样化的思想。

1898年6月3、4日和7、8日，严复连续在《国闻报》上发表《有如三保》和《保教余义》二文，阐述他对孔教运动的看法。在《有如三保》一文中，严复说："今日更有可怪者，是一种自鸣孔教之人，其持孔教也，大氐于耶稣、谟罕争衡，以逞一时之意气门户而已"②。他说，教之保最关键在行动而不是口号，一方面，当时的国民并没有遵循孔教的道理和规范，另一方面，孔教也并不着眼于具体的国家和民族，而是天下和世界。因此，保教与保国、保种之间没有关系。

---

① 梁启超：《与严幼陵先生书》，载丁文江、赵丰田《梁启超年谱长编》，第50—51页。
② 严复：《有如三保》，载汪征鲁等主编《严复全集》卷七，第80页。

在《保教余义》一文中，严复认为中国人所信奉的是佛教和本土的地方性宗教，而"孔教之高处，在于不设鬼神，不谈格致，专明人事，平实易行。而大《易》则有费拉索非之学，《春秋》则有大同之学。苟得其绪，并非附会，此孔教之所以不可破坏也。然孔子虽正，而支那民智未开，与此教不合。虽国家奉此以为国教，而庶民实未归此教也"①。在严复看来，儒家思想的优势就是没有鬼神而讲求理性，这是孔教的高明之处，但即使将这样的思想改造成宗教，也并不能吸引有信仰需求的普通民众。

康有为在戊戌变法失败之后的流亡初期，围绕公羊三世，有选择地注释重要的儒家典籍，建构起从据乱到升平，最终发展到太平大同世的历史哲学。而康有为的欧洲游历的过程，增进了他对宗教重要性的认识。这个阶段的梁启超则接触更多的是西方和日本的思想观念，并深受革命派思想的影响。这样，他从1902年之后，在孔教问题上完全和康有为分道扬镳，对此，他在《清代学术概论》中有清晰的梳理。他说："启超自三十（1902年）以后，已绝口不谈伪经，亦不甚谈改制。而其师康有为大倡设孔教会定国教祀天配孔诸义，国中附和不乏。启超不谓然，屡起而驳之。"②他在其他文章中，也谈到《新学伪经考》和《孔子改制考》这些引发国民争论的作品，并非完全是因为政治原因，也有著作本身不够严谨的因素。

这个时期受严复和夏曾佑等人影响，梁启超更为侧重于思想的独立与自由。"此诸论者，虽专为一问而发，然启超对于我国旧思想之总批判及其所认为今后新思想发展应遵之涂径，皆略见焉。中

---

① 严复：《保教余义》，载汪征鲁等主编《严复全集》卷七，第82页。
② 丁文江、赵丰田：《梁启超年谱长编》，第184页。

国思想之痼疾，确在'好依傍'与'名实混淆'。若援佛入儒也，若好造伪书也，皆本原于此等精神。以清儒论，颜元几于墨矣，而必自谓出孔子；戴震全属西洋思想，而必自谓出孔子；康有为之大同，空前创获，而自谓出孔子，及至孔子之改制，何为必托古，诸子何为皆托古，则亦依傍混淆也已。此病根不拔，则思想终无独立自由之望，启超盖于此三致意焉。然持论既屡与其师傅不合，康、梁学派遂分。"①对于梁启超自身而言，要从康有为的思想笼罩中独立出来，本身亦是其强调思想自由的应有之意。

1902年所撰《保教非所以尊孔论》，是梁启超与康有为思想分歧的重要文献。首先，梁启超声明该文的观点与自己以前的观点相反，所以要进行自我批判。他对自己改弦更张的原因做了系统的分析。"至倡保教之议者，其所蔽有数端：一曰不知孔子之真相，二曰不知宗教之界说，三曰不知今后宗教势力之迁移，四曰不知列国政治与宗教之关系。今试一一条论之。"②

他认为宗教与国家之间并非有直接的对应关系。国家是一个政治实体，而宗教则是跨国家的信仰组织。宗教是保人的，若有人说能通过自己的努力来保护宗教，则也太狂妄了。

问题在于，孔子的思想是否是一种宗教。梁启超认为孔子是哲学家、教育家、政治家，而不是宗教家，这才是孔子之"真相"。如此，保孔教则成其无目标的运动。"孔子者，哲学家、经世家、教育家，而非宗教家也。西人常以孔子与梭格拉底并称，而不以之与释迦、耶稣、摩诃末并称，诚得其真也。夫不为宗教家，何损于孔

---

① 丁文江、赵丰田：《梁启超年谱长编》，第184页。
② 梁启超：《保教非所以尊孔论》，载《梁启超全集》第二集，第676页。

子！孔子曰：未能事人，焉能事鬼；未知生，焉知死。子不语怪力乱神。盖孔子立教之根柢，全与西方教主不同。吾非必欲抑群教以扬孔子，但孔教虽不能有他教之势力，而亦不致有他教之流弊也。"① 孔子并非宗教家，将之改造成宗教家，非但不能建立宗教之势力，反而会带来其他宗教的弊端。接着梁启超分析说，中国古代有宗教家，比如张道陵等，"然则以吾中国人物论之，若张道陵即今所谓张天师之初祖也。可谓之宗教家，若袁了凡专提倡《太上感应篇》、《文昌帝君阴骘文》者。可谓之宗教家，宗教有大小，有善恶。埃及之拜物教，波斯之拜火教，可谓之宗教，则张、袁不可不谓之宗教。而孔子则不可谓之宗教家。宗教之性质，如是如是"②。

"持保教论者，辄欲设教会，立教堂，定礼拜之仪式，著信仰之规条，事事摹仿佛、耶，惟恐不肖。此靡论其不能成也，即使能之，而诬孔子不已甚耶？孔子未尝如耶稣之自号化身帝子，孔子未尝如佛之自称统属天龙，孔子未尝使人于吾言之外皆不可信，于吾教之外皆不可从。孔子，人也，先圣也，先师也，非天也，非鬼也，非神也。强孔子以学佛、耶，以云是保，则所保者必非孔教矣。无他，误解宗教之界说，而艳羡人以忘我本来也。"③

梁启超对孔子和其他宗教信仰人物的区分固然是有理有据，但作为曾经的孔教运动中人，他应该了解康有为建立孔教的复杂动机，以及康有为对儒家与别的宗教差异的种种说明。更为关键的是，孔教会之孔教论，其所谓"教"更多的是教化和文化意义上

---

① 梁启超：《保教非所以尊孔论》，载《梁启超全集》第二集，第678页。
② 梁启超：《保教非所以尊孔论》，载《梁启超全集》第二集，第678页。
③ 梁启超：《保教非所以尊孔论》，载《梁启超全集》第二集，第678页。

的，康有为也是从这一点上认为孔教要优于其他的宗教，且符合进化论的趋势。在这个阶段，梁启超要强化他与康有为的区别，这些内容都存而不论了。

梁启超运用当时流行的进化论观点来说明宗教是一种趋于衰落的文化，因此效仿西方宗教模式来建立孔教，是一种倒行逆施的行为。况且，宗教之传入，均会像佛教和其他宗教一样，被容纳进中国文化中，不必过于担心其消失。触发孔教会动机的另一个重要原因是近代教案的频发，需要有一个能代表中国的专门的宗教团体来应对。在梁启超看来，教案产生的真正原因是西方列强基于侵略而取得的霸权，这不是建立孔教会所能解决的，建立孔教反而会加剧教争。

梁启超了解西方现代化进程中所出现的政教分离趋势。他认为宗教和政治分属不同的领域，信教自由更是法律所明文规定，也是儒家思想的优越性之所在，而"今之持保教论者，其力固不能使自今以往耶教不入中国。昔犹孔自孔，耶自耶，各行其自由，耦俱而无猜，无端而画鸿沟焉，树门墙焉，两者日相水火，而教争乃起，而政争亦将随之而起。是为吾国民分裂之厉阶也。言保教者不可不深长思也"[1]。康有为建立孔教的动机之一就是防止西方殖民者借口教争来发动战争，所以试图将"教争"限制在宗教范围。而梁启超固然看到设立孔教可能带来的宗教纷争，但他在这个时期还不能认识传教在近代中国所附带的其他"功能"。

梁启超指出保教可能产生的最大的弊端是束缚国民的思想，"自汉以来，号称行孔子教者，二千余年于兹矣，百皆持所谓表章

---

[1] 梁启超：《保教非所以尊孔论》，载《梁启超全集》第二集，第680页。

某某、罢黜某某者，以为一贯之精神，故正学、异端有争，今学、古学有争。言考据则争师法，言性理则争道统，各自以为孔教，而排斥他人以为非孔教，于是孔教之范围益日缩日小"①。梁启超认为文明的发展仰赖于思想自由，所以，强调孔教在历史上束缚了人们的观念，而现在又将西方传入的新学比附在孔子头上，既是对孔子的诬蔑又阻碍了人们的思想自由之路。

梁启超认为文明进化导致仪式的衰亡是"天演之公理"，而孔子的思想因为关注人的伦理和教育，所以越来越重要，因此不但不会灭亡，而且会随着社会的进步而发展。由此说来孔子应广泛地吸收佛教和基督教的精神。"故如佛教之博爱也，大无畏也，勘破生死也，普度众生也；耶教之平等也，视敌如友也，杀身为民也。此其义虽孔教固有之，吾采其尤博深切明者以相发明。"②如果孔教中所没有的，那么应该加以吸收，万不能画地为牢。

梁启超说他自己由一个孔教运动的支持者到反对者，完全是因为爱自由、爱真理胜过爱老师，即使为此受到老师的批评也不会改变自己的立场。他还在1902年4月写信给康有为来解释他自己的想法。"至于保教一事，弟子亦实见保之无谓。先生谓巴拏马、星加坡各埠今方兴起，而弟子摧其萌蘖。今所欲办者，如巴、星各埠所办，果有益于事否乎？他地吾不敢知，横滨一埠则戊己庚辛四年皆庆诞，每年费二千余金，试问于孔教有何影响？于大局有何关系？徒为虚文浪费金钱而已。诚不如以之投诸学校之为妙矣。今星加坡集捐二十余万，建一孔子庙，弟子闻之实深惜之。窃谓此等款项，

---

① 梁启超：《保教非所以尊孔论》，载《梁启超全集》第二集，第680—681页。
② 梁启超：《保教非所以尊孔论》，载《梁启超全集》第二集，第684页。

若以投之他种公共事业,无论何事,皆胜多多矣。"[1]从各地孔教活动的状况看,梁启超认为其耗费巨大,收效甚微。

信里又说:"至先生谓各国皆以保教,而教强国强。以弟子观之,则正相反。保教而教强,固有之矣,然教强非国之利也。欧洲拉丁民族保教力最强,而人皆退化,国皆日衰,西班牙、葡萄牙、意大利是也。条顿民族如英、美、德各国,皆政教分离,而国乃强。今欧洲之言保教者,皆下愚之人耳,或凭借教令为衣食者耳。实则耶教今日亦何尝能强,其澌灭可立而待矣。哲学家攻之,格致学家攻之,身无完肤,屡变其说,以趋时势,仅延残喘,穷遁狼狈之状,可笑已甚,我何必更尤而效之。且弟子实见夫欧洲所以有今日者,皆由脱教主之羁轭得来,盖非是则思想不自由,而民智终不得开也。倍根、笛卡儿、赫胥黎达尔文、斯宾塞等,轰轰大名,皆以攻耶苏教著也,而其大有造于欧洲,实亦不可诬也。"[2]这里梁启超所反驳的是"教强则国强"的观点。他认为欧洲列强的宗教势力,在科学和理性的攻击下,已处于全面消退的状况。那么何以拯救危难中的国家呢,就只有引入新思想、新观念一条路。

"弟子以为欲救今日之中国,莫急于以新学说变其思想(欧洲之兴全在此),然初时不可不有所破坏。孔学之不适合新世界者多矣,而更提倡保之,是北行南辕也。先生所示自由服从二义,弟子以为行事当兼二者,而思想则惟有自由耳。思想不自由,民智更无进步之望矣。先生谓弟子故为立异,以避服从之义,实则不然也,其有所见,自认为如此,然后有利益于国民,则固不可为违心

---

[1] 丁文江、赵丰田:《梁启超年谱长编》,第183页。
[2] 丁文江、赵丰田:《梁启超年谱长编》,第183页。

之论也。故先生以其所见之谬而教诲之，则弟子所乐受，而相与明辨，若谓有心立异，则不敢受也。弟子意欲以抉破罗网，造出新思想自任，故极思冲决此范围，明知非中正之言，然今后必有起而矫之者，矫之而适得其正，则道进矣。即如日本当明治初元，亦以破坏为事，至近年然后保存国粹之议起。国粹说在今日固大善，然使二十年前而昌之，则民智终不可得开而已。此意弟子怀之数年，前在庇能时与先生言之，先生所面责者，当时虽无以难，而此志今不能改也。……至谓弟子从耶教，实则不然。耶教之不宜今日也尤甚，孔教且不欲保，何况于耶？请先生勿过虑也。"①梁启超说他之所以提出这个观点，并不是为了故意与康有为"立异"，并辩解说他自己并没有加入基督教。此后，梁启超就开始写《新民说》来推行他的"道德革命"以及国民人格新理想。

梁启超的尊孔而"不保教"的立场，即使在民国建立后也没有根本的变化，如1915年12月，发表《孔子教义实际裨益于今日国民者何在欲昌明之其道何由》说："盖中国文明，实可谓以孔子为之代表……吾国民二千年来所以能抟控为一体，而维持于不敝，实赖孔子为无形之枢轴。"所以"诚欲昌孔子教旨，其第一义当忠实于孔，直绎其言，无所减加，万不可横己见、杂他说以乱其真，然后择其言之切实而适于今世之用者，理其系统而发挥光大之，则吾侪诵法孔子之天职焉矣"②。梁启超认为孔子思想最为有益于世界者，乃在于健全人格，而非宗教信仰，他反对康有为、陈焕章等人

---

① 丁文江、赵丰田：《梁启超年谱长编》，第183—184页。
② 梁启超：《孔子教义实际裨益于今日国民者何在欲昌明之其道何由》，载梁启超撰，干春松等编《儒家哲学》，第318页。

立孔教会为国教的主张:"则自海通以来,见夫世界诸宗多有教会,党徒传播,其道乃昌,欲仿效之以相拒圉,于是倡教部之制,议配天之祀,其卫道之心良苦,其仪式结集,且大有异于昔儒之所为。吾以为此又欲推挹孔子以与基督摩诃争席,其蔽抑更甚也。"[①]他认为教会的产生是历史形成的,不能依靠人的力量来特意设立,这样做会让人忽略孔子思想中真正值得关注的内容,而从事于与儒家思想相背离的部分。对于将孔子思想作为国民教育之大本的宪法修正案,梁启超认为孔子哲学中的性理之学作为哲学的一部分,有超越时代的意义,而礼仪规范和人伦道德,十有八九不符合时代的要求,应该把这两部分内容从国民教育的内容中去掉。[②]

梁启超并没有积极地参与发起孔教会,而是由他的同门陈焕章和麦孟华等人来操办。不过,1913年孔教会在宪法修订过程中所提出的"立孔教为国教"的请愿书,作为进步党主要人物的他就是发起者之一,他同时也参加了孔教会在北京的一些活动。

简明地说,梁启超对于儒家的道德的评判存在着前后不一的情况,以1903年的《新民说》为标志,代表他否定传统道德的最为激烈的阶段。随后梁启超的思想越来越倾向于调和。中西调和、古今调和。虽继续输入新知,但认为道德发人人心,制度起于传统,所以对传统的温情渐进发展。梁启超经常以今日之我来否定昨日之我,然其思想有一个立场并没有变化,就是不断探索救国、强国之道,他的自我否定也意味着探索的艰巨性。

[①] 梁启超:《孔子教义实际裨益于今日国民者何在欲昌明之其道何由》,载梁启超撰,干春松等编《儒家哲学》,第316页。
[②] 梁启超:《孔子教义实际裨益于今日国民者何在欲昌明之其道何由》,载梁启超撰,干春松等编《儒家哲学》,第318页。

第七章
张謇的改革策

张謇在中国近代政治史上的重要性，近年来逐渐得到更多元的研究，他早年参与袁世凯平息朝鲜的政治动荡。考取状元之后，却投身经商和作为现代城市南通的规划和建设上。在立宪运动中，作为横跨政商两界的社会活动家，积极组织立宪团体，推进晚清的政治变革。在清朝到民国的转型中，他积极谋划政权的和平转移，并起草了近代政治史上的重要政治文本《清帝逊位诏书》。这些都构成了张謇政治家形象的重要组成部分。

本章主要集中讨论张謇在从朝鲜回国，到成为立宪派领袖之前的政治理念，相比于在晚清立宪运动中的重要影响，他在1890年到1905年间所展现出来的政治家面貌依然有值得发掘的空间。

在这个阶段，中国面对了两次巨大的冲击。首先是甲午战争及其后果的《马关条约》，意味着中国所处的地缘政治中心地位的失去，接连的变革呼声，也伴随着光绪和慈禧两大政治集团的矛盾激化，导致了康有为等人所推动的戊戌变法的失败。另一大冲击则是由义和团运动所激发的八国联军进京以及《辛丑条约》的签订。

慈禧太后等人的"西狩"使清政府的合法性资源严重流失。因此，改革的措施被再度提上日程，这次由张之洞等人操盘的政治经济变革，也被称为"清末新政"。

张謇在戊戌变法和清末新政中所扮演的角色非常复杂。因为地缘的关系和师生之谊，在对待康梁变法的态度上，张謇的基本立场与翁同龢一致：既希望有所变革，但又不信任康有为。在甲午战争后全国觉醒的背景下，维新派所提出的变法主张得到了包括翁同龢在内的许多人的同情。但康有为过于大胆的舆论手法和激进的变革方案，让翁同龢很快拉开了与康有为的距离。

不过，张謇是一个审时度势的政治家，还是一个善于经营的商人，他对于政治和经济关系的平衡性思考，必然会影响他与晚清时期重要的政治家的交往策略。比如，翁同龢与张之洞的关系也渐行渐远，而张謇与张之洞之间的联系却十分稳固，张謇的许多投资就来自张之洞。这种变通自如的行为逻辑，反而促成了他在戊戌变法之后新的变法活动中可以发挥更为重要的作用。

在清末新政的过程中，张謇与清末新政的设计者张之洞等人过从甚密，这让他比较深入地介入了这次改革，他在新政前所撰写的晚清最为完整和系统的改革"策论"，即《变法平议》，也对张之洞的新政设计有很大影响。因此，这里将以此为基础系统地分析张謇的"改革策"的内容及其意义。

一、张謇与戊戌变法

戊戌变法的根本原因在于日本崛起而导致的东亚地缘政治格局

的转变，其关键点则在于朝鲜。

张謇去吴长庆军中做幕僚，使他对于朝鲜问题的重要性有远胜于同时代人的切身感受，对这种东亚新格局的认识影响了他在戊戌变法中的态度。就在他担任吴的幕僚后不久，袁世凯也前来投靠。光绪八年（1882年）六月，朝鲜发生"壬午兵变"，朝廷派丁汝昌、吴长庆前去处理朝鲜的危局。兵变很快被平定，但是张謇已经意识到，日本对于朝鲜的企图心将成为中日俄在东亚争夺的焦点。基于他在这方面的经验和认识，他在光绪二十年（1894年）六月作《代某公条陈朝鲜事宜疏》，详细阐发了他对于朝鲜事务的看法。

张謇认为，中国以朝鲜为外户，朝鲜亦倚中国为长城，但朝鲜已经成为日俄的企图心之所寄托。"日本力不逮俄，而较俄为近。既攘中国之流虬为己有；得陇望蜀，益思图我朝鲜。其君臣上下，处心积虑，亦非一年。"[①]张謇认为琉球这个朝贡国的丧失已经引发越南等地的连锁反应，而如若朝鲜再由日本控制，则中国内地的危险就日益逼近了。据此，朝廷需要制定整体性的方案来处理朝鲜问题。张謇提出，首先要强化与朝鲜的旧约，向朝鲜派兵驻扎，训练海军。在南洋的海口，也严兵屯守，不让日本有声东击西的可能。如果能做到这一点，即使朝鲜短时间内被日本所占领，也能"规复"。因此，坚决不能与日本议和，以杜绝日本的"窥伺"之心。"今日本野心日张，无理日甚，彼方以中国为其演试军事之地。若遇事轻许，自取损失，彼力有什伯于日本者，迭起效尤，何

---

① 张謇：《代某公条陈朝鲜事宜疏》，载《张謇全集1·公文》，上海辞书出版社2012年版，第9页。

以应之？"①很显然张謇是看到了日本在东亚的战略企图，因此，提出了加强东三省和朝鲜的关联的建议，即使已经到宣统三年（1911年），他也没有改变这个主张，在与人讨论朝鲜局势的时候，他依然为当时政府没有采纳他的建议而愤然不平。②在甲午战争前，翁同龢就是主战派，战争失败之后，是否能保护自己的战略利益就不能仅从利害关系着眼，而是如何减少损失的问题了。

张謇看到朝鲜的战略意义，所以当日构衅朝鲜的时候，他是主战的③，所以在光绪二十年（1894年）的九月上书弹劾主和派的代表李鸿章。他认为，光绪八年（1882年）与英美各国签订的条约中，对于朝鲜为中国属国这一地位的认定，在日文版本中并无相关表述，这是作为签约者李鸿章的重大失误，并认为随后北洋军队和李鸿章所一心谋求的议和目的，导致贻误战机。张謇认为："自来中外论兵，战和相济。西洋各国，惟无一日不存必战之心，故无一人敢败已和之局。"④他认为是李鸿章一味谋和，造成了目前的败局。

对于中日关系的认识及其对未来中国的重要性，张謇在光绪二十一年（1895年）替张之洞所撰的《立国自强疏》中，表述得最为清楚。在张謇看来，《马关条约》带来了短暂和平之局，但中国并不能因此而高枕无忧。对于中国领土的企图是日本国家战略的一部分。奏疏说日本对于朝鲜是"有意之挑衅，无理之决裂"，目的

---

① 张謇：《代某公条陈朝鲜事宜疏》，载《张謇全集1·公文》，第12页。
② 张孝若：《南通张季直先生传记》，张謇研究中心2014年版，第48页。
③ 对于张謇在中日战和问题上的作用，也有人认为作为翁同龢门生的张謇是最有力的主战派，对此，张孝若先生在《南通张季直先生传记》中稍有辨析，认为主战主和，朝廷内部意见纷纭，并非某一个人所可以单独决定的。（见张孝若：《南通张季直先生传记》，张謇研究中心2014年版，第63页）
④ 张謇：《呈翰林院代奏劾大学士李鸿章疏》，载《张謇全集1·公文》，第13页。

就是要尽占朝鲜，并进一步犯我辽东内地，最后攻入北京。[①]"久闻日人扬言，此次和约，意欲使中国五十年后不能自振，断不能再图报复。"[②]且日本已参与帝国主义对中国的瓜分计划，因此，必须进行制度性的变革，才能抵御日本的瓜分企图。这个计划包括，军事操练和部队建制；建立船厂和铁路；开学堂；讲商务；求工政；多派游历人员；设立更多的行宫，以备战时之需。

该奏疏中比较值得关注的是"广开学堂""速讲商务"和"讲求工政"部分。在"广开学堂"的改革设计中，张謇指出，不能只看到西方的强大而忽略了强大的原因，他认定日本的强大就在于学习西方，并把学成归国的人员都按其所学安排在适合的岗位上。中国也应根据国家发展的需要，派出学习各国语言文字和农业、制造、商务、军事的人才。他尤其强调说国家花费大量的经费派出的留学生回国，若不受重视、学非所用，是对人才的巨大浪费。

张謇的商务实践经验是他受到张之洞器重的重要原因。纵观晚清改革的种种策论，张謇在商务上的建议是最具可操作性的。在这个文本中，他提出要增加本国产品的出口，并建立进出口的渠道："中国上下之势太隔，士大夫于商务尤不素究，但有征商之政，而少护商之法。"他提出要在各省设立商务局，"令就各项商务悉举董事，随时会议，专取便商利民之举，酌其轻重，而官为疏通之"[③]。杜绝随意征税，避免工商从业者之间的无序竞争。同时，国家的招商局应加以改革，应设立董事会来加强专业性。

---

① 张謇:《代鄂督条陈立国自强疏》，载《张謇全集1·公文》，第15页。
② 张謇:《代鄂督条陈立国自强疏》，载《张謇全集1·公文》，第16页。
③ 张謇:《代鄂督条陈立国自强疏》，载《张謇全集1·公文》，第22页。

在张謇看来，要发展工商业，就应该设立一个相对独立的商务机构，这样，商人的利益就会得到保护，并促进工商业的发展。

最后是关于"讲求工政"，这相当于"制造立国"。张謇说西方国家的商务立国背后是产品的先进。中国人口众多，仅仅依靠农业很难真正实现国家富强，必须依靠制造业的发展。"查西洋入中国之货，皆由机器捷速，工作轻巧，较原来物料本质，价贵至三四倍、十余倍不等。……即如日本，尤重工政。该国于通商都会编设劝工场，聚民间所出器用百货，第其最精，此亦仿西洋之例。国家予牌以赏，俾使专其利。是以百工竞劝，制造日精，销流日广。"[1]张謇的确是较早地认识到工业发展和制造业的重要性的人。当时大多数人认识到西方强大是由于制度的作用，还不能认识到制度的形成和发展要建立在技术进步及由此带来的生产关系的长期转变基础上。西方的工商立国政策也是因为以蒸汽机为代表的近代工业的发展，带来了生产力水平的提升，资本主义生产方式才得以确立。

说到因日本崛起而引发的中国改革，我们当然不能不提到康有为。因此，讨论康有为与张謇的关系，对于分析张謇的改革策十分关键。

张謇与康有为最有可能因为1889年同在北京参加科举考试而结缘，就作者目力所及，并没有发现他们开始交往的具体材料，但从康有为所赠张謇的诗中，可见科第失败后的安慰和鼓励。

第一首题为《赠张季直孝廉謇，兼呈沈乙盦刑部》：

---

[1] 张謇：《代鄂督条陈立国自强疏》，载《张謇全集1·公文》，第22页。

> 天池日蛙黾，仁者意云何？龙凤难潜逸，耕渔且隐歌。
> 侧身思俊及，落日睨山河。且上金台望，排云问大罗。

第二首题为《送张季直下第还山》：

> 天时日榛塞，无事恋微波。浮海材应取，藏山事孰多？
> 收身合屠钓，回首怅山河。与尔将偕隐，烟波行醉歌。①

对此事，张孝若先生的传记中也有描述，说两人"其时相识，很有往来，康并且还做了好几首诗送给我父，表示他的钦迟"②。但《传记》中又说康这时排场很大，所以张謇没有应答，对比张謇《日记》中的描述，应是张孝若先生把张謇的两段不同时间的记述混淆所致。

不过，张謇和康有为关系中最为复杂、也最为关键的人物是翁同龢。翁同龢与张謇既是同乡，又深为赏识。加上翁与康有为在戊戌变法时期的复杂关系，必然会影响到张謇与康有为等人的交往。

康有为有宏大的政治抱负，但在北京又缺乏真正的依靠，所以，一直在寻求把他的变法设想上达的渠道。光绪十四年（1888年）秋，康有为来京参加顺天府乡试时，以布衣身份，欲上书皇帝，想请翁代递，但因种种原因未能遂愿③。时隔六年，康氏来京参加会试，再次希望借助翁同龢来传递他的变革主张，并送呈自己

---

① 《康有为全集》第十二集，中国人民大学出版社2007年版，第162页。
② 张孝若：《南通张季直先生传记》，第66页。
③ 汤志钧：《康有为〈上清帝第一书〉新探——翁同龢摘抄手迹读后》，载《学术月刊》2000年第7期。

的作品。对此,翁同龢的日记有所记载,是年五月初二记:"看康长素(祖诒,广东举人,名士)《新学伪经考》,以为刘歆古文无一不伪,窜乱六经,而郑康成以下皆为所惑云云,真说经家之一野狐也,惊诧不已。"同月初五日又记:"答康长素,未见。"[①]

康有为因其公羊学的作品《新学伪经考》等引发巨大的争议,翁同龢自然也不能接受这种将古代儒家经典判为"伪经"的过于大胆的结论。

甲午战争前后,翁同龢和李鸿章的冲突日益公开化,而日益紧迫的形势和光绪皇帝急于改革以图强的期待,导致康有为逐渐受到重视。张之洞也一度支持康有为主持的强学会,并提供了最初的经费。张謇的日记里记录了梁鼎芬来信让他列名强学会的事件。不过这与其看作是张謇与康有为的关系,还不如看作是张謇对于张之洞的追随。虽然因为"孔子纪年"等过于激进的举动导致张之洞逐渐与康有为疏远甚至对立。但这没有影响康有为不断扩大的影响力,在几次接近翁同龢未果之后,康有为获得了张荫桓和高燮等人的推荐并得到光绪皇帝的赏识。在这个过程中,翁同龢是知情者,在办理公务的层面,也是谨慎的支持者。但马忠文仔细地梳理材料后,认为翁同龢并没有如康梁等人自称的那样有过向光绪直接推荐的举动。"以至戊戌年初就有张、翁引康变法的传言。但是,翁、康之间从未有过私人交谊,戊戌年春更是如此。因此,就事实的层面来说,翁同龢没有荐过康,真正向皇帝密荐康氏的是张荫桓。"[②]这也

[①] 陈义杰整理:《翁同龢日记》第5册,中华书局1997年版,第2696、2697页。
[②] 马忠文:《张荫桓、翁同龢与戊戌年康有为进用之关系》,载《近代史研究》2012年1期。

意味着张謇也不会与康有为有特别密切的联系。

1895—1896年,在家为父守丧的张謇,受两江总督张之洞委派,回到南通创办通州实业公司,开办大生纱厂,并任江宁文正书院院长。这也使得张謇在这个阶段离开了变法运动的中心。1898年,张謇回北京销假,这个时候,康有为、梁启超已经成为光绪最为信赖的改革派。他们之间也再度发生联系。"在京闻康有为与梁启超诸人图变政,曾一再劝勿轻举,亦不知其用何变法也。至是张甚,事固必不成,祸之所届,亦不可测。康本科进士也,先是未举,以监生至京,必遍谒当道,见辄久谈,或频诣见,余尝规讽之,不听。此次通籍,寓上斜街,名所居为万木草堂。往晤,见其仆从伺应,若老大京官排场,且宾客杂遝,心讶其不必然,又微讽之,不能必其听也。"①

从年谱中的这段记载可见,张謇对康有为改革措施有过规劝,但没有被康有为接受。张謇还对康有为比较铺张的生活方式有所议论,这意味着他们之间并没有深交。

张謇与康有为之间在改革方略上的根本差异,还是要归结到翁同龢的态度上。上文所述,翁同龢只是为了维护与张荫桓的关系而不阻挠张等人对康有为的举荐,但翁不仅是不同意康有为借助今文经学对意识形态的突破,更不接受康有为过于激进的改革方案。

翁日记中所载,他对皇帝索取黄遵宪《日本国志》的消极态度,对张荫桓主持的仿效西法改革外交仪节的抵触和反对,以及"西法不可不讲,圣贤义理之学尤不可忘"的言论,都体现了他对

---

① 张謇:《啬翁自订年谱》,载《张謇全集8·日记、年谱》,上海辞书出版社2012年版,第1013页。

第七章　张謇的改革策　239

于改革所持的"限度"。康有为自述:

> 正月初二日,总理衙门总办来书,告初三日三下钟王大臣约见。至时李中堂鸿章、翁中堂同龢、荣中堂禄、刑部尚书廖寿恒、户部左侍郎张荫桓相见于西花厅,待以宾礼,问变法之宜。
>
> 荣禄曰:祖宗之法不能变。我答之曰:祖宗之法以治祖宗之地也,今祖宗之地不能守,何有于祖宗之法乎?即如此地为外交之署,亦非祖宗之法所有也。因时制宜,诚非得已。
>
> 廖问宜如何变法?答曰:宜变法律,官制为先。
>
> 李曰:然则六部尽撤,则例尽弃乎?答曰:今为列国并立之时,非复一统之世。今之法律官制,皆一统之法,弱亡中国,皆此物也,诚宜尽撤。即一时不能尽去,亦当斟酌改定,新政乃可推行。
>
> 翁问筹款,则答以:日本之银行纸币,法国印花,印度田税,以中国之大,若制度既变,可比今十倍。于是陈法律、度支、学校、农商、工矿政、铁路、邮信、会社、海军、陆军之法,并言日本维新仿效西法,法制甚备,与我相近,最易仿摹,近来编辑有《日本变政考》及《俄大彼得变政记》,可以采鉴焉。至昏乃散,荣禄先行。是日恭、庆两邸不到。阅日召见枢臣,翁以吾言入奏。上命召见,恭邸谓请令其条陈所见,若可采取,乃令召见。①

---

① 《康有为全集》第五集,第90页。

这次会面，康有为获得了皇帝的召见，从而开启了其政治上的短暂辉煌，但却让荣禄和翁同龢等人感到其"狂悖"，失去了主要朝臣的支持，也注定了康有为的改革之路行之不远。1904年，张謇回看翁同龢的戊戌日记。从中可见翁同龢对康的态度的急剧转变。"戊戌四月初七，上命臣索康有为所进书，令再写一分递进，臣对与康不往来，上问何也，对以此人居心叵测。曰：前此何以不说？对：臣近见其《孔子改制考》知之。初八日，上又问康书，臣对如昨。上发怒诘责。"①虽然，作为帝师，翁同龢与光绪的关系，并非一般的君臣关系可比，但面对光绪的诘责，翁同龢也不愿意配合其要求，可见翁对康之疏离态度之坚决。

戊戌变法在莽撞的康有为主持之下，很快受到各方力量的掣肘。1898年9月22日至10月10日慈禧发动"戊戌政变"，各种消息纷至沓来。先是闻慈禧临朝后，开始缉拿康、梁。在康梁远遁之后，谭嗣同等六人被捕遭戮、一大批维新派官员被贬。而一直与康有为保持距离的翁同龢却被认为是举荐人而受牵连，对此，连翁同龢也大呼冤枉。对于戊戌六君子，张謇有其评论，"与叔兄讯。有徐、杨六人已罹刑戮之谣，访之果确，惟徐永远监禁。谭好奇论，居恒常愿剪发易服，效日本之师泰西，不知波兰、印度未尝不剪发，而无补于亡也。又常创杂种保种之说，谬妄已甚。林旭喜新竖子。杨故乙酉同年，平时修饬，见赏于南皮督部，不知何以并罹斯劫"②。在后党的反复打击下，为避党祸，张謇也竭力洗刷嫌疑。他在《年谱》中写道："得彦升、眉孙讯，闻政府罗织党人，甘陵之祸将及，

---

① 张謇：《柳西草堂日记》，载《张謇全集8·日记、年谱》，第592页。
② 张謇：《柳西草堂日记》，载《张謇全集8·日记、年谱》，第453页。

属远避。余与康、梁是群非党，康、梁计划举动，无一毫相干者，内省不疚，何忧何惧，谢之。"[1]群而非党，是一个比较有趣的描述，的确，张謇和翁同龢一起支持改革，但反对康有为式的改革，故而可称"群而非党"。

二、《变法平议》：张謇的改革策

从上文可见，张謇与康梁的关系，可谓同中有异。所同者，求新也；所异者，在求新之法。张謇不满意康梁的改革方案，最主要的是价值观上的不同，从张謇的阅读史和他的为文风格而言，他并没有明显的"经学"立场，更不能接受康有为的今文经学立场，因此，也就不满意康有为将"保教"置于保国和保种之前优先地位的做法。他更认可张之洞在《劝学篇》中所表达的思路，"中学为体，西学为用"。也就是在坚持儒家纲常伦理的基础上进行变革。而康有为的今文三世说中，在守旧者的眼里，可以看出对儒家价值否定的可能性。

张謇对康有为戊戌变法的另外一重反对，来自策略上的差异。康有为主张在搁置现有行政体系前提下，进行重新构建，而张謇则主张改造现有的行政体系来符合改革的需要。从这个方面来说，张謇与康有为的差别是政治现实主义和政治理想主义的差别。而在晚清，政治现实主义可能更为适合时代的需要。

最后，张謇的改革方案始终在配合张之洞和翁同龢的立场，而

---

[1] 张謇：《啬翁自订年谱》，载《张謇全集8·日记、年谱》，第1016页。

康有为则是以开新时代的教主自居,这也导致了他们在策略设计过程中的明显差异。

《辛丑条约》之后,清政府的合法性受到空前的挑战。因此,改革又一次提上日程,这次"新政"的主导者是张之洞,一个成熟而稳健的政治家,而张謇在戊戌变法前就已经给张之洞起草过"自强策"。在1895年,张謇给张之洞提出了"兴商务改厘捐开银行用人才变习气"的系列主张,主要着眼于经济领域的变革。而最后关于变习气的议论很有见地。在张謇看来,仅提出几条改革的方案,而人们的习惯和思维方式没有变化的话,一切都无从谈起。他说:"若上而立法之人,则欲人之变也,必先自变其习气,自变其心肝,自变其耳目。见人有定时,办事无例套,此变习气之事也。于士大夫有礼相敬之诚,无利相致之意;有事相督之义,无势相轧之心,此变心肝之事也。议定即行,游移不设,此变耳目之事也。三者,变耳目易,变心肝难,变习气尤难。"①在张謇看来,习气比较容易改变,但思维方式的变化很困难,而制度的制定与执行则更难,由此,改革就不能停留在一些条文的斟酌上,必须从改变人的观念入手,这一点也深得张之洞的赞同。

从张謇的日记看,张之洞也视张謇为实业顾问。从张謇与朋友谈起张之洞的性格的例子,我们可以了解他们之间的熟悉程度。《柳西草堂日记》中记录,1897年6月,张謇"答彦升问南皮旨趣:'承问,謇与南皮交不深,闻人之言曰,南皮有五气:少爷气、美人气、秀才气、大贾气、婢妪气。又云南皮是反君子,为其费而不

---

① 张謇:《答南皮尚书条陈兴商务改厘捐开银行用人才变习气要旨(光绪二十一年八月)》,载《张謇全集4·论说、演说》,上海辞书出版社2012年版,第17页。

惠，怨而不劳，贪而不欲，骄而不泰，猛而不威。然今天下大官贵人能知言可与言者，无如南皮。若好谀不近情，则大官贵人之通病，不足怪。足下久与处，当自知者也'"①。

在个人交往上，张謇甚至与张之洞的儿子张权也过从甚密。在1900年2月13日的《日记》中记载："唔张君立（权）。君立，南皮子也。言徐相疵南皮《劝学篇》尽康说。南皮此书本旨专持新旧之平，论者诮为骑墙，犹为近似，何沃生（启）有《劝学篇书后》专讦此意，若责为全是康说，真并此书只字未见者矣。"②张謇与张之洞的儿子讨论《劝学篇》，一方面为张之洞的作品与康有为思想的关系做切割，也通过批评何启以及其他批评者的方式，来维护张之洞的改革思路。

1901年，张謇写作《变法平议》期间，多次与他的好朋友何嗣焜商议，并按何著《乡校丛议》的体例作为基本机构，即按照当时的行政体系的"六部"的改革逐步展开，就此而言，显然是吸取了康有为撇开六部而新设"制度局"的教训，而试图将改革的"破坏性"减到最低程度。在这个阶段，张之洞请张謇去湖北商议，一直到五月底才成行，例如在1901年5月的日记中，就记录了如何乘船去武汉，在5月28日，"同子培、小山谒南皮，时八点钟，至下午五下钟而退，所谈甚多，惟小学校必可立"③。按日记的记录，1902年10月，又有近一周的时间与张之洞讨论学校、工厂、垦荒、轮船等集中于实业领域之事。1903年2月，张謇与张之洞再次会面，讨

---

① 张謇：《柳西草堂日记》，载《张謇全集8·日记、年谱》，第428页。
② 张謇：《柳西草堂日记》，载《张謇全集8·日记、年谱》，第477页。
③ 张謇：《柳西草堂日记》，载《张謇全集8·日记、年谱》，第504页。

论学校与工厂的问题,结合日记中关于王国维和日本教习到达南通的记录,这里的学校可能是关于通州师范学校和张謇自己所创办的工厂。在张之洞主持清末新政的关键时刻,张之洞与张謇如此高密度的晤面,讨论变法事宜,我们可以想象张之洞对于张謇所提出的改革方案和他在实业领域所作的探索的重视。

那么张謇的《变法平议》提出了哪些变革的措施,与之前的戊戌变法和之后的张之洞的变法措施之间存在什么关系呢?

如何既推进改革又不导致社会动荡,是张謇的关注点。他提出历史上的许多大的变革都发生了动乱,比如日本的明治维新和法国的大革命,中国也不例外,"戊戌、庚子,变乱迭兴;新党、旧党之争,衍为南北。支离变幻,不可究诘。断以一言:则均之有诟骂而无商量,有意气而无条理。今识微之士,或以为当修往圣之旧,采列强之新固已,然不斟酌中国今日之弊政之标本,与夫民之风俗,士大夫之性情,以权因革损益之宜"[①],在张謇看来,若不考虑中国国情的变革便难以取得预期的效果。

张謇的《变法平议》以六部为线索展开。

第一是关于改革"吏部"的十个方面。首先是"设置议院"。这个建议是后来张謇推动晚清立宪运动的基础,但在这里较康有为对议院的强调有所"退缩",只是主张选择四五个大臣,选择合适的人选来制定规则,缓步推进,"不必专事督促,复蹈操切之辙"。[②]

张謇认为并不需要担心新政人才的缺乏,并且通过学堂培养新

---

① 张謇:《变法平议》,载《张謇全集4·论说、演说》,第34—35页。
② 张謇:《变法平议》,载《张謇全集4·论说、演说》,第35页。

人需要时日,所以,要设立"课吏馆"来对现有的官员进行培训,让他们适应新政的需要。而在行政系统内,则要增强专业性,改变职责不清的现状。他建议"督抚掌外交、海军、陆军,纠察所属;布政司专掌赋税;按察司专掌刑法;巡道改为警察道,专掌警察;粮道改为农商道,专掌农商"①。新设立文科和工科,来主持工业和文化。在行政体制上,府州县各自独立,并设立议院,议员人数不超过五人,强调地方自治。

张謇的官制改革特别强调专业化,反对通过捐纳的方式获得功名,通过合并功能来减少官员的数量,并提高官员的待遇以防止腐败。

针对一些人认为中国人民智未开,选上的议院可能缺乏议政能力的说法,张謇反驳说:"议会开民智。选举之人、被选举之人,必绅士也。绅士虽不尽晓新法,而有文告以谕之,权限以示之,必与蚩蚩者有间。自兹以往,释民教之争,筹学堂、警察、农工商公司之费,与事而通上下之情,使人憬然动君民休戚相关之感,其不以此乎?"②张謇显然受到了日本政治体制改革的激励,对于议会制在中国的实现以及可能带来的效果有过高的估计,但是,作为政治制度改革的方向,是当时的共识。

第二是关于户部改革的十二个方面。这是张謇最为擅长的领域,相比于康有为在戊戌变法时期提出的总括性的改革方略,张謇的设想既具体又关键。比如,他提出要重新测量土地和统计人口,这是了解国情国力的基础。确立国家标准和进行货币改革,建

---

① 张謇:《变法平议》,载《张謇全集4·论说、演说》,第36页。
② 张謇:《变法平议》,载《张謇全集4·论说、演说》,第40页。

立银行储蓄制度和贷款制度，促进货币流通。国家要有预算，这样可以量入而出，并确定一些重点要发展的领域，尤其是要集资建立公司来兴农，提高农民收入。要有确定的税率，减免厘金和其他的杂费。

第三是礼部改革的八个方面。这方面最为重点的是变科举、兴学校。对于改革科举，张謇提出了针对不同年龄的不同办法。二十五岁以下的人，向学校过渡，学习新知；而二十五到四十岁的人，则转到师范学校学习，学成之后可以为即将开设的学堂提供教师。对于四五十岁以上的人，要逐渐以策论代替原先的制艺。这个方案也为后来张之洞、袁世凯等人废除科举奏议所采纳。

变科举是手段，最终是要由学校制度来取代科举制度。对此，张謇的方案也是循序渐进式的。先培养教师，再在府县立中心小学堂，逐渐向乡镇扩展。接着办中学以及各省的高等学堂，最后建立京师大学堂。学生毕业之后要授予相应的文凭。教学内容方面：官方来编订教科书，设立翻译局，介绍西方和日本的科学、社会知识，尤其鼓励亲贵游历。针对八旗子弟游手好闲的情况，张謇认为朝廷的权贵阶层如果能涉略文学历史、了解时事政治，对于国家的安定大有帮助。

第四是兵部改革的四项内容。其中包括：建立警察部队，替代原先的衙役来维持社会治安、提供公共服务。停止科举中的武科，训练新式军队，建立武器制造工厂。

第五是刑部改革的四项内容。法制改革是晚清社会变革的重点，其动力的最大源头是西方列强借助条约而获得的"治外法权"，即西方人以中国法制未备为理由来逃避中国法律的制裁从而逍遥法外。对此，张謇的方案依然是稳健的。他指出，刑律改革要慎之又慎，但必须要增加新的内容来应对新局面，特别是外国人不受中国法律约束的现象。他说："法之不备，而欲以司寇所据绳各国之人，不可得也。事连彼族，而欲使我国之人讼伸其理，亦不可得也，非必彼很傲而恃强，狡黠而善辨。民之嗜好、饮食、体质、教育、职业、知识、风俗，无一而同。"如果没有法律来裁断，则"譬之徒手而与操利刃者博，未有不败者也"。①

张謇提出要优先完善与商务有关的法律体系，改变以前中国商律过于笼统的现状，因此，要吸收西方各国的商法条例。但对于民事和刑事法律则要通过专家仔细审核，与中国的国情相合。在审判方面，一方面要违者必究，另一方面则要减轻惩罚，保护罪犯的尊严。设立律师制度，改善监狱环境。

第六是与工部有关的四个方面。没有附加值的初级产品出口，是发展中国家通常的贸易现象。张謇认为日本人通过培养工艺人才、提高物品的工艺水平来提升产品竞争力的方法值得我们学习，而日本的办法就是设立工艺院和博览所，这一点值得借鉴。

应利用水利、风力来提供动力，借助机器来提高生产力。在制度上，"各府县特设农商官，则其事是其专责，可各因地制宜，劝工兴事"。尤其是在内地欠发达地区，对于商人的保护更为迫切。

张謇认为发展工商业是"合"与"分"的对立统一。所谓合就是集中大家的财力和物力，合股来开设股份制的公司，以开采矿产和修筑道路，完善物资流通的渠道。而"分"则包括："专管官以

---

① 张謇：《变法平议》，载《张謇全集4·论说、演说》，第55—56页。

司之，有议员以联之，有学堂以化之，有警察以通之，有章程以便之，而又为之酌量情形，定年限以次第之。"①能分能合，就不用再惧怕外国的经济侵略了。

最后，张謇总结说："以上事散见于六部者，四十二篇。其施行之次第，则：第一，设议政院，课吏馆；各府州县城设中学堂，先教测绘、师范、教警察；各省设局编小学堂、中学堂课本书，译各史及各学科书；户部及各省布政司，各府州县行预计表。第二，分职省官定俸；各府州实行测绘、警察、订税目，增法律章程，罢厘金，停捐纳，变科举，行决算法。第三，各府州县分设各乡小学堂；兴农商业；抽练营兵，减官府仪卫。"②同时，对上述事项设立考核制度，检验是否落实。

张謇虽然描绘了他心目中的改革方案，但他意识到没有钱、没有人才，改革无从谈起。光绪二十七年（1901年）他作《变法平议目补》，在跟人讨论时说："变法需财与人，财不胜用也，行预算、审税目而已，人不胜用也，设学堂，行课吏而已。毋袭人言，法当改，但无财无人。"③与康有为等缺乏实际政治经验的理想主义改革家相比，张謇的思考总是放慢一步，因而也必然涉及可行性的问题。也基于此，张謇开始了许多"在地化"的变革。比如他所看重的学堂和工业制造业，他就在南通开始实践，建立通州师范、尝试建立股份制的银行等。他的变法策略虽没有成为朝廷新政的纲领，但从张之洞等人就新政所上的《江楚汇奏》看，《变法平议》的核

---

① 张謇：《变法平议》，载《张謇全集4·论说、演说》，第60页。
② 张謇：《变法平议》，载《张謇全集4·论说、演说》，第61—62页。
③ 张謇：《啬翁自订年谱》，载《张謇全集8·日记、年谱》，第1017页。

心内容已经有机地融入张之洞的改革策略中，成为清末变革的重要内容。

张謇是一个务实的政治家，可能他缺乏更为系统的理论论述，也没有介入晚清最为激烈的以经学立场来区分政治立场的"意识形态"争论中，但他的改革设计更多考虑到现实的可行性，甚至可以说，对于他的实践活动的考察，应是研究他的政治家色彩的最重要的途径。据此，我认为对于张謇的研究或应加强其实业和理论之间的关系，当可以加深他在晚清政治史中历史地位的认识。

第八章
张謇的建国策

一般人提到张謇，会特别强调他在近代中国工商业发展中的重要作用。其实，从晚清的立宪运动、组织咨议局，谋划清帝逊位，直到民国建立之后，积极主张南北合作、赞成共和政治，可见张謇的事功不仅仅局限于实业救国和教育救国，他在中国现代国家的建立过程中起到了十分重要的作用。

张謇的政治立场虽然多变，从晚清的"君主立宪"到民国建立之后主张"共和"，但是，我们看到在这些选择背后有一个一以贯之的诉求，即"保全中国"。比如，在1900年庚子事变之后，俄国试图强占东北三省，张謇积极斡旋，通过外交手段最终保住了中国在东北的主权。民国成立之后，中国实际上存在着南北分裂的状况，其间张謇的政治立场也转向共和。在这个时期，他依然关切国家的统一，在他所拟议的《清帝逊位诏书》的结尾，我们可以看到这样的文字："务使人民安堵，海内宁安，听我国民合合汉、满、蒙、回、藏五族完全领土，组织民主立宪政治。予与皇帝得以退处宽闲，优游岁月，长受国民之优礼，亲见邦治之告成，岂不懿哉?!"①虽然,这个文本是以皇帝的名义颁布的,但强调"完全领土",则亦可见张謇的期许。随后,在《建立共和政体之理由书》这篇文章里,张謇所强调的依然是"保全领土"。他说,中国国内各民族已经有文明上并驾齐驱的可能,所以,应该通过多元化的治理方式来使政体变换之后的国家保持统一。他说:"且保全领土,尤为今日南北所当同心协力唯一无二之问题。列邦对我条约,皆以'保全领土、机会均等'为公认之前提。要知此后中国,即死生存亡于此八字之中。"②这句话对于理解张謇一生的政治诉求是十分重要的。

为什么"保全领土"在张謇看来是一个独一无二的问题呢?因为其时要对应的格局是近代中国所面临的被瓜分之局。无论是实业救国、教育救国,还是其他的救国方略,近代中国人所要面对的是西方列强瓜分中国的企图,实业救国是从经济竞争入手,教育救国是从培养人才入手,总而言之,都是要增强抵御外敌的能力。

然而,在"救国"的口号背后还有一个特别重要的问题,就是当时的人对于所要救的"国家"的认识并不统一。也就是说,我们到底要救的是什么"国",通过什么样的方式才能真正救这个"国"。这个问题,在晚清的政治谱系中非常复杂。

一、作为基本立场的"国家意识"

张謇生活在晚清到中华民国转型的一个重要历史关头,虽然

---

① 张謇:《拟清帝逊位诏》,载《张謇全集1·公文》,第238页。
② 张謇:《建立共和政体之理由书》,载《张謇全集4·论说、演说》,第201页。

如何定义清朝的国家形态目前还有很大的争议，有人称之为帝国、有人称之为王朝国家。无论如何，当时的先觉者已经意识到中国进入一个万国竞逐的世界，在这个新的竞争格局里，民族国家是最为普遍的竞争主体，所以各方都在呼吁中国需要建立一种"国家意识"。这在梁启超轰动一时的《新民说》中有十分清晰的表达。他说："国家之立，由于不得已也。即人人自知仅恃一身之不可，而别求彼我相团结、相补助、相捍救、相利益之道也。而欲使其团结永不散，补助永不亏，捍救永不误，利益永不穷，则必人人焉知吾一身之上，更有大而要者存。"[①]这就是国家思想的第一义。在梁启超看来，积民而成的国家之团结，是每一个国民得到利益和安全的保障。

不过，梁启超也看到，中国人长期缺乏"国家"观念，形成于欧洲内部的"民族国家"观念对于长期生活在没有明确的"民族"意识的中国人而言，又是相对陌生的。所以，中国要转型成什么样的国家，存在着不同的目标。概而言之，作为一个由中心—边缘所构成的王朝国家形态，如何在领土、主权和人口这些现代国家的观念面前得到有机的融合，同时，在王朝国家向现代国家转变的过程中，如何完整地继承旧帝国的人口和领土，是当时各种政治势力角力的核心问题。许多人从中看到了近代中国的复杂性。从革命派一方而言，最初的策略是要利用民族主义来唤起人们推翻清政府的统治，所以，按章太炎的说法，本来是要推翻清朝贵族的腐朽统治的革命，以光复汉族王朝的口号来激励。对此，立宪派的各种势

---

① 梁启超：《新民说·论国家思想》，载《梁启超全集》第二集，第543页。

力，普遍反对大汉族主义，主张在保全现有国土的基础上，实现各民族的融合。对此，梁启超还提出了"中华民族"的概念，主张生活在中国领土上的各民族之间的团结。作为晚清最具行动力的政治势力，革命派的建国立场多有变化。早期比较倾向于恢复汉民族的国家，比如在《浙江潮》这样的比较激进的杂志中，余一所发表的《民族主义》一文就明确提出一个民族建立一个国家的论说，这也是晚清各省独立的重要理论基础。不过，在民国建立后，革命派则接受了"五族共和"的理论[1]，主张建立一个多民族的统一的国家。

在世界各地民族国家建立的潮流中，许多大的帝国逐渐崩溃，变成了一个一个的小的单一民族构成的国家。但是中国几乎是一个例外，中国在由王朝国家向现代民族国家转变的时候，虽然西方列强通过与清政府签订不平等条约而夺取了很多的土地。不过外部的压力也是国家凝聚力的一种刺激因素，在现代中国的建立过程中，实际上国人所最为关切的是如何将原有松散的中心—边缘结构转变为"纳四裔入中华"，所谓"四裔"就是把周边的一些民族区域纳入新建立的中华民国里面。

总而言之，无论是主张恢复汉族国家的革命派还是主张帝国延续的改良派、立宪派，要建立多民族统一国家的努力之所以逐渐成为共识，这是中国古代的"大一统"观念的影响，在漫长的中国历

---

[1] 1912年2月12日，清政府的逊位诏书中，提出接受满、汉、蒙、回、藏五族完全领土，为大中华民国。随后以袁世凯和孙中山为代表的南北双方达成协议。提出了各族有相同的政治、经济和宗教权利。这些文件与《中华民国临时大总统宣言书》《中华民国临时约法》共同奠定了"五族共和"的基础。（见熊芳亮：《从大清到民国——中国民族理论政策的历史变迁（1644—1949）》，社会科学文献出版社2016年版，第36页）

史发展中,大一统观念逐渐深入人心,因此,无论中国的疆域如何变迁,疆域内的各种族是否始终融洽无间,但大中国的观念随着分久必合的意识而越来越坚固。

二、保土救国

前文已述,中国的救国意识,来自西方列强的侵略,但长期处于汉字文化圈的日本人在逐渐通过学习西方而强大之后,也开始加入了侵占中国领土的行列,并存有更为宏大的策略。自甲午战争之后,对中国来讲,最现实的威胁就是日本的威胁,我们知道日本从明治维新以后,就有瓜分中国的想法,因为这样方便于他们各个击破,最后统治中国。所以,明治维新之后,日本人所展开的各种各样的人类学的研究、北方地理的研究,包括后来我们很熟悉的满铁调查这样一些事情,其重要的一个国策就是分裂中国,所以他们国内有很多文章包括我们很熟悉的友贺长雄的《保全中国策》,也有人写文章叫《分裂中国策》,这些文章都被翻译到中国来了。有些中国人看到《保全中国策》,好像是日本人要保全中国,其实不然。他们是企图让中国完全地依附日本,而不让西方人染指。[①]
而"分裂中国策"则主张把中国分裂成满洲国、蒙古国这样一个个

---

① 比如狭间直树认为近卫笃麿提出"保全支那"为"东亚同文会"的宗旨,其实背后是殖民主义的理念。"'保全'无疑是'分割'的反义词。当时东亚国际形势中,众所周知,'保全'与'分割'都是列强对华政策的关键词,也是轻视中国主权的优越立场下的产物。所以近卫提出的'保全支那'这一口号,既是为了调停会内会员对立而提出,也是在国际上表明东亚同文会作为日本亚洲主义团体,优越于中国的地位。"(见狭间直树著,张雯译:《日本早期的亚洲主义》,北京大学出版社2017年版,第150页)

小的国家，诸如此类的规划所带来的危机感对当时的国人来讲十分紧迫。

对此，张謇到底是怎么看的呢，我们现在很多人在研究张謇的时候，特别关心他从立宪向共和的转变，而没有看到张謇作为一个实业家，作为一个工商业的巨子，他的政治立场的转变背后有一个特别重要的诉求，就是到底是一个什么样的政治体制最适合于把中国保全下来这个目标。如果从这个角度来看，当时张謇的政治参与以及民国成立之后政治立场的转变，线索就比较清楚了。比如他跟袁世凯决裂和跟袁世凯恢复关系，是根据当时中国的实际情况所做出的判断：到底谁？哪一个政治人物、哪一个政治的力量，更有利于保全中国这样一个目标的实现。

所以在早期的《变法平议》、民国之后的《共和统一会意见书》及其他一些作品里面，他的政治立场的确定往往是服务于追求国家的稳定、国家的统一这样一个大目标。他在清帝退位前五十天发布的《共和统一会意见书》中说："夫欲维持中国今日之分割，不得不以维持领土为第一要义。而此后领土之果能为健全的维持与否，此共和改造时代政治家拼心血、绞脑筋之一问题也。世之论者或曰：满藏蒙盟，语言不同，文字亦异，不适于同一共和政体之下。斯为谬论，固也。微论世界共和诸国不必皆同文同种，而法兰西、美利坚二国，于共和建设之后，乃始取有绝大之领土，盖共和亦自有共和之大国家主义，非得以共和故而反缩小其国家之范围也。"[1]张謇认为，新的共和国就必须是包括全中国所有民族和所有领土的大共

---

[1] 张謇：《共和统一会意见书》，载《张謇全集1·公文》，第235页。

和国。若不能以此为目标，才真正会落入西方殖民者之圈套。

在民国成立之后，他批评割据之军阀为一己之私利而划分势力范围，并认为在共和政体已经确立的情况下，继续坚持君主立宪，可能会导致国家的分裂。在听到蒙古库伦表示支持共和主张的时候，他发去《复库伦商会及各界电》，其中说，俄国人垂涎蒙古非止一日，只有蒙汉合力，结成共和政体，才能保证国家的统一。[①]

在清末复杂的政治局势下，张謇游走于革命派和清政府以及政府背景的改革人士中间。在民国成立之后游走于南北之间，游走于像蒙古贵族等众多的政治势力之间。他的目标是什么？他的目标是想让这样一些政治力量坐下来一起为了保全一个统一的中国而努力。所以我认为政体的选择和国家一统的优先性的问题在张謇身上非常明显地体现出来，在张謇那里，国家的一统要优先于到底是实行君主立宪还是共和政体这样一个选择。他在《建立共和政体之理由书》中对于该选择君主立宪还是共和政体有一个讨论。在文章中，他拿了美国和瑞士做例子来说明共和制的多样性，并认为广土众民和民族多元的国家更适合采用共和制。他也引用了卢梭的一些思想，与同时期的政治家相比，他的分析似乎并不能算是十分深入。相反，他对于现实策略的设计往往是特别具体的，比如，在该文中，他说："中国近二十年来，一切进化之动机，皆发起于东南，而赞成于西北。昔之推行新政，请求立宪，既已南北响应，一致而无疑。今若南主共和、北张君主，意见不一，领土以分，外人公认保全，我乃自为破坏。生灵涂炭之余，继以外患、瓜分之祸，即在

[①] 《张謇全集2·函电》，上海辞书出版社2012年版，第284页。

目前。此真全国汉、满、蒙、回、藏五族生死存亡之机,所望于会议诸君熟察而深维之也。"① 由此可见,他之选择共和制而反对君主立宪,倒并不是认为君主立宪政体并不完全符合中国当时的情形,而是在共和制已经建立之后,那么南北双方应该摒弃分歧,不要因为政体的分歧而破坏国家的统一。在1911年12月他写了一个《共和统一会意见书》,特别具体地讨论了如何在共和政体下面强调统一的必要性。比方说提了七八条意见,第一条意见说在东北不能立刻统一的前提下应先谋求南北的统一;第二条外交,因为当时南北两个政治力量就会出现外交不统一的局面,所以他主张外交要统一;第三他要调匀各个军事集团的实力;第四他认为各个团体和党派要统一。他还讨论了当时中国的舆论要为中国的统一做宣传,而不应该去宣传"某一个种族建立某一个国家"这样一种排他的民族主义的想法。他还有一个建议,对共和主义要有一个新的认识,他说共和主义不是一族一姓的共和,而是国内多民族共同的发展,这也可以看作是对革命派共和主张的一个反思。② 他特别强调南北统一和各省独立的问题。针对当时说各省独立不要紧的观点,张謇是持否定态度的。

三、余论

基于上述讨论,对张謇的建国策,我们可以有一些延伸性的思考。

---

① 张謇:《建立共和政体之理由书》,载《张謇全集4·论说、演说》,第201页。
② 张謇:《共和统一会意见书》,载《张謇全集1·公文》,第231—235页。

第一，就张謇留下来的作品而言，学术性的文章其实不是很多，但也并非没有佳作，比如，他在1911年、1912年写了几篇讨论中国传统政治的文章，其中一篇名为《革命论》，他从周易革卦出发，试图从理论上解决清朝向民国的政权转移和中国古代顺天应人的革命之间的关系。他认为革命不应成为夺取权力的手段，而应该致力于全体民众的利益；革命不仅仅是破坏，还应该是建设。最好的革命当然是圣贤的革命，最坏的革命是强盗和土贼的革命。他还用了周易革卦里关于革面和革心的这两个词的讨论来讽刺很多人搞革命却不知道革命是什么，不能真正地理解革命是一次制度、政治体制的转变。

他还写了《尧舜论》三篇，其实是要肯定清帝逊位对于保全国家的意义。他认为美国的华盛顿，并不以总统之位为独有。将之类比为尧舜禅让之美德。①

第二，实业家和政治家的关系问题。我们现在把张謇看成是一个实业家或是一个革命家，其实，张謇的出现是时势所造，他以一个状元身份进入工商业领域，不仅有个人丁忧之客观原因，也有中国近代工商业开始发育的大背景。然从他的生命经历而言，他亦可称为亦官亦商之人。他从晚清积极参与立宪活动，到民国之后建立政党，参与共和政治，可充分说明，他是以一个新的角色参与到政治中的，而并非仅仅以状元经商这样的简单定位可一言以蔽之。这一点，对于当下的工商企业界人士尤其具有启发性。在当今中国，企业家作为一个新的阶层，应该以其影响力适度地参与到中国的政

---

① 张謇：《尧舜论中》，载《张謇全集4·论说、演说》，第266页。

治和社会建设事业中去。

第三，个人选择和国家利益的问题。我们从张謇的身上还是能很明显地看到，无论是他做教育、做企业，还是参与社会的建设，都有一个大的关怀，即国家的统一和百姓的福祉。张謇并没有留下多少财产，他的大部分收入都用于家乡的建设。这是儒家家国情怀的现代表达。在中国文化传统里面，整体利益优先，是一种价值情怀。但这种情怀并非对个人利益和个人权利的否定。那么如何将个人的选择和整体的利益加以协调，也是张謇留给我们思考的议题。

第九章
文明模式与现代性的反思：
杨度与章太炎、梁启超关于国家与民族的争论

晚清到民国社会急剧转型过程中形成了复杂的政治谱系，其中有三种基本力量：

第一种力量是为西方和内部的双重压力所迫，宣布要实行"新政"的清政府。在《辛丑条约》造成的统治合法性危机之下，清政府不情愿地实行政治体制的变革，主要目的还是以拖延和形式上的让步为手段来争取民意，抵消革命派暴力方式的革命运动。当然，无论在清朝皇族群体还是新崛起的地方官员群体中，也有试图通过立宪提升国家实力、扩展个人政治空间的人士，比如端方、袁世凯等。

第二种力量是立宪派，这个群体的构成十分庞杂。主要有两种代表[①]：一是康梁为代表的维新派。他们在戊戌变法失败之后，流亡海外，以保皇为旗号，主张君主立宪，以及受他们影响从而不同

[①] 李细珠：《新政、立宪与革命——清末民初政治转型研究》，北京师范大学出版社2018年版，第4页。

意种族革命的政治力量，比如杨度等。他们在清政府预备立宪的背景下，积极组织政党、团体以推动立宪目标的实现。二是国内新形成的绅商群体，他们掌握了一定的经济资源，试图在政治舞台上找到自己的角色，比如当时弃官从商的状元张謇，就是这个群体最为突出的代表。

第三种力量是以孙中山为代表的革命派，对清政府的自我改革不抱希望，试图通过政治革命乃至武装暴力的手段推翻清政府的统治。

这三种力量对于未来中国的前景有不同的期许。如果说清政府新政的目标是日本的天皇制和内阁模式的话，立宪派的理想模式就是英国的虚君共和制，议会及议会中多数党组成的内阁在政治活动中占据很大的话语权。而革命派的理想则是法国和美国式的民主政治，但他们主张通过种族矛盾来激发民众的革命意识，以排满为口号，并不惜采用暴力革命手段推翻皇权。

在这些不同的政治力量中，杨度始终是一个独特的存在。他与晚清政治角力中最有影响的两个派别——革命派和改良派——的领袖都有密切的交流。从总体看，他的政治立场更接近于康梁一派，但他并不愿意归属于某一方。1905年日俄战争之后，立宪已经成为国人之共识，所区别者乃在于"君主立宪"还是"民主立宪"耳[①]。

[①] 关于"君主立宪"和"民主立宪"的说法，一个记录来自当时出洋考察政治的大臣载泽问日本人伊藤博文，伊藤博文指出各国立宪有两种类型：君主立宪和民主立宪。中国数千年是君主国，所以适合参照日本政体，实行君主立宪。主权集中于君主，有类于日本宪法对天皇权力的规定。（见载泽：《考察政治日记》，岳麓书社1986年版，第579页）所以对清政府而言，他们之所以接受预备立宪有一个预设，即日本的君主立宪模式。

以康梁为代表的维新保皇党坚持"君主立宪",以孙中山为代表的革命派则坚持"民主立宪",而杨度也认为"立宪"乃是万事之本,他之所以倾向为"立宪",此为两党之公约数,即无论是维持君主政体还是以共和为目的,都要以"立宪"为政治运行的基本形式。

杨度在东京留学生中的巨大影响引起了孙中山和梁启超的注意。章士钊和刘成禺都记录了1905年杨度和孙中山见面的情况[①],他们也都记录了杨度没有接受孙中山参与革命的邀请,坚持他的君主立宪主张。当然,在这次见面中,孙中山也并非一无所获,杨度将他的湖南老乡黄兴推荐给了孙中山。

相比之下,杨度和梁启超之间有更多的共同语言,这种交谊可以上溯到1903年前后杨度在《新民丛报》所发表的一系列文字,比如《湖南少年歌》(1903年10月4日)以及同日发表的给梁启超的信中,对于康有为和梁启超的肯定。的确,当时的青年人鲜有不受康梁影响的,本章所要重点涉及的杨度是如此,章太炎更是如此。

一、《金铁主义说》之前杨度的国家和民族观

在近代湖南保守派和激进派剧烈冲突的社会环境下,杨度接收的信息是多层面的。一方面,他跟随王闿运学"帝王术",同时他又受到梁启超所创办的时务学堂及由此引发的巨大争议的影响。他显然更为期待获得新知以理解数千年未有之大变局的世界,于是,

---

① 杨度:《与孙中山的谈话》,载《杨度集》一,湖南人民出版社2008年版,第188页。

1902年他东渡日本，在弘文书院速成师范班学习。1903年，他为所创办的杂志《游学译编》筹款而回国，被张之洞推荐参加经济特科考试，获得初试第二名。但因为有人向慈禧诬告当时的第一名梁士诒名字中包含有梁启超和康有为（祖诒）的因素，杨度也一并被牵连而除名，故他再度返回日本。

在弘文书院读书期间，受当时所盛行的亚洲团结以抵抗欧洲的思想影响，1902年前后，杨度曾经是一个亚洲主义者，这是深受白种民族的侵略而自然产生的对抗态度。1902年在《支那教育问题》一文中，他对当时清政府的教育顾问、弘文书院的创办人嘉纳治五郎提出："日本、满洲、支那皆为黄种，皆为同胞，而必相爱相护相提携相联络，以各成其独立，使同列于平等之地，而后可与白人相抗者也。非可以伸彼而抑此，主彼而奴此，而能相保者也。"[1]嘉纳治受当时的种族主义的影响，认为汉族人惯于服从，而满洲人好勇尚武，所以不应该激发革命的意识。而在杨度看来，这样的种族习性说并无根据，现在亚洲的问题是共同对付西方人的侵略。他指出，即使日本以后日益强盛，能与西方的军事强权相抗衡，理想的亚洲格局也应该是："满洲复能收回东三省主权，支那本部亦得地方独立自治之制，成东亚之奥匈合邦一大帝国，镇抚蒙古、回部、西藏，种族雄厚，藩篱坚固，中日二国者鼎足而立，雄峙于东方，岂特朝鲜、暹罗皆吾兄弟，即中亚细亚及印度等国，亦谁不应联络肘臂，使之振兴，以争雄于世界者！"[2]

很显然，这个时期的杨度对于现代国家的观念还了解不多，

---

[1] 杨度:《支那教育问题》，载《杨度集》一，第64页。
[2] 杨度:《支那教育问题》，载《杨度集》一，第64页。

很多是出于对西方殖民主义的抗争,而希望东亚成为一个大的邦联体系。亚洲大联合的想法更多是受日本思想中"亚洲主义"观念的影响①,在这篇讨论亚洲的文章中,甚至是把"满洲"和"支那本部"分列的,这与杨度后来的"大中国"的观点严重不符。也可见他1902年初到日本之后,还没有形成他自己成熟的国家观念。

  这个时期,杨度也有文章批评中国思想界的两极化倾向。他认为当时中国思想界有两种极端化的思想:一是欧化论,一是国粹论。一般而言,欧化论倾向于强调物质生产的重要性,认为要谋富国强兵,非"欧化"别无他途;而强调伦理道德者,则认为中国自有其存在于世界的独特资源,发扬国粹即是强本之举。在杨度看来,当国家还处于闭关锁国的状态的时候,如果强调国粹,会导致国民盲目的自尊心。这种心理状态下,人们所保守的并不一定是国粹,而是顽固之心。在万国竞争之世,存顽固之心的国家就难以自存。与国粹主义相对的欧化论者,杨度也不认同,他说在国家积弱的情形下,人民的爱国心并不发达,需要用一种精神来凝聚。如果一国之人只知崇拜他国,即使生活在一国之内,也并不将自己视为该国之国民,那么国家也难以保存。所以理想的状况是"不以偏于欧化之弊至有国而无民,亦不以终于锁攘之弊至有民而无国"②。

---

① "亚洲主义与欧洲对亚洲的侵略相关联,那它根本上必然包含着与欧洲相对抗这样一种思想的'对立'构造,且其中一极应该与亚洲地缘、文化的同质性联动。为了避免被侵略和灭亡,亚洲必须引进欧洲的先进性(富强),即亚洲一方必须在与欧洲形成地理和空间性的对抗关系基础上,走追求欧洲式富强的路线,亚洲主义必须在这种错综复杂的二重关系中形成。"(见狭间直树:《日本早期的亚洲主义》,第3页)固然亚洲主义者包含对中国的亲善的因素,但到20世纪之后,亚洲主义逐渐为日本军国主义做论证。
② 杨度:《日本学制大纲》后序,载《杨度集》一,第73页。

"有国而无民""有民而无国"是一种很有深意的比喻。当时现代民族国家的观念刚刚影响到国人。对于国家的性质、国家与国民之间关系的认识并不清晰。中国最早对"现代国家"进行系统介绍的要属梁启超，比如他1901年10月所作的《国家思想变迁异同论》，就比较系统地介绍了伯伦知理的《国家学》，并由此认为，相对于国家之间的竞争，国人需要用"民族主义"来激发爱国之心。因为，国家与国家之间的竞争，并"无所谓道理，权力即道理也"①。他化用孟子的话来概括当下世界的国家思想就是"社稷为贵，民次之，君为轻"②。也就是说国家之存亡乃是头等重要的事。梁启超还意识到帝国主义灭人之国，已经不单纯是使用武力，而是利用商业和科技上的优势，来攫取弱小国家的资源和财富。

　　这个时期，杨度也认同国家之间的竞争不能过于"道德化"地去评判。所以，国家的富强是领导者首先要思考的问题，而从中确立起"国民"的责任意识是国家意识的重要内容。

　　杨度指出，"国民"一词是对"外族"人而言的。他认为，国家与国家之间的竞争要求国家的领导者不仅要让每个人意识到自己作为"国民"的身份，更需要有"军国民"的意识。在这个基础上，军队要认识到自己的职责是对外竞争，而非对内用力。他引用俾斯麦对李鸿章的话说，"以兵自锄其同种而引以为功"，这不值得夸耀。因此，杨度认为现在国家与国家之间的竞争，主要是"学战"和"商战"，军队的作用是保护学战和商战能够顺利进行。③这

---

① 梁启超:《国家思想变迁异同论》，载《梁启超全集》第二集，第325页。
② 梁启超:《国家思想变迁异同论》，载《梁启超全集》第二集，第326页。
③ 杨度:《游学译编》序，载《杨度集》一，第78页。

都可以看出梁启超思想对他的影响。

杨度认为，许多国家的灭亡，并不是单纯因为外敌的入侵，而是因为内部的财政和教育问题。对于民族国家的特性，杨度有清晰的认识，"夫各国政府，孰不思夺他国国民之利以自利其国民？我国民若以此而怒人，不如其求自立也。至我国政府之甘为人所用，或为人所愚，吾以为皆不必论之。何也？我国民若又一次而咎之，谓其不为国民谋利，而转夺其利以利他国国民，为不足受国民之付托，是则是矣，然而何责之之高也。况此不自咎而咎人之心，已自损失其国民之资格，放弃其所谓为国民之天职"[1]。也就是说，既然国家之间之竞争是"公理"，与其抱怨别国的欺凌，不如思考如何为本国的国民寻求福利。

在这篇文章中，杨度有两处提到国家的"原理"，可见他当时对于国家的认识。他说："有人民、有土地、有生产而后成国。人民者，所以利用此土地生产以自供奉者也。文明之国，人人习职业，人人谋实利，下之为儿童之实业，上之为农工商各专门之学，程度虽殊，其欲聚一群之人力，以发其天然之美富则其意一也。"[2]所以在民族相争的时代，政府就需要凝聚民心，将民众的力量转化为国家的竞争力，各以其"实利主义"的原则，与世界上最智慧的民族相抗衡，然后才能同享世界之利益，而不至被人侵夺。

他又从国家形态的历史演变讨论说："由家族而成部落，由部落而成国家，至成国家而政府立焉。政府者，所以为国民谋公益者也，所以拒他民族之妨我民族之权利者也；故各国之政府，无不以

---

[1] 杨度:《游学译篇》序，载《杨度集》一，第81—82页。
[2] 杨度:《游学译篇》序，载《杨度集》一，第79页。

国民利益之所在，而为举动之方针。"①这说明杨度已经了解国家的"对内"责任和"对外"责任的差异，即对内是对国民的利益负有责任，对外则要保卫国家主权和国民的权利。

这就引出了梁启超和杨度当时所一致强调的主张，即建立负责任之政府。杨度还认为，要建立一个负责任政府的关键在于国民能参与到政治活动中去。国民之负责任的前提是有一个负责任的政府。

杨度指出，现在的国家已经进化到军国民社会，之所以以军事立国，是因为经济竞争需要国家的保护和推动。所以，军国民国家的最显著特点是"经济战争国"或"经济的军国"。"然欲成一经济的军国，则不可不采世界各军国之制度，而变吾专制国家为立宪国家，变吾放任政府为责任政府。"②

经过一段时间的积累和思考，杨度对于"国家""政府"和"民族"问题有了更为系统的思考，形成了相对稳定的国家观念、民族观念，由此确立了他对于君主立宪政治体制的坚持。

二、《金铁主义说》中的"民族""国家"和"世界观"

1907年杨度创办了《中国新报》，系统宣传他以"开国会"为目标的君主立宪思想，而《中国新报》上发表的重头文章，就是杨度的《金铁主义说》。在文章中，杨度认为作为现代中国的"立国之道"必须立足于经济和军事。若没有经济支撑，军事实力也难以

---

① 杨度：《游学译篇》序，载《杨度集》一，第81页。
② 杨度：《〈中国新报〉叙》，载《杨度集》一，第208页。

提升，难以保卫国家之主权。另一方面，若只有军事之发展，不能有效地组织经济，那么，国家也会被经济竞争这种"灭国新法"所摧垮。他以"金"来表示货币，指称国家发展中的经济因素。并借用俾斯麦的"黑铁主义"的名称，以"铁"来指称武器。他将他自己的国家发展战略构想定名为"金铁主义"，以此来展开他对于国家、民族和政治组织的系统论述。

（一）何谓"文明"与"野蛮"

鸦片战争的爆发，迫使中国人"开眼看世界"。而我们所看到的实质上是一个欧美中心主义的世界。并且如果说晚清的知识群体还存留有华夏中心主义的观念的话，我们所面对的"世界"却是一个以欧洲的"文明"和"进步"为衡准所建立起来的新的世界秩序。①

然在20世纪初大量国人出国留学，以及严复等人开始系统翻译西方的社会政治著作之后，中国人一方面逐渐被"欧化"的情绪牵引，另一方面也开始反思我们所面对的世界是一个什么样的世界？那些我们引之为榜样的"文明"国度是一种什么样的"文明"。这是《金铁主义说》最能体现杨度思想之层次性的价值预设。

杨度说，自从达尔文和赫胥黎以生物进化为基础，提出优胜劣败的思想之后，进化论的影响延伸到社会政治领域，这也改变了人们对于"文明"的评判标准。在他看来，世界上最文明的国家当数瑞士，人人平等、人人自由。但因处于列国竞争之交汇点，以条约

---

① 章永乐引述施密特的观点，并发挥说，直到1890年，国际法实际上是欧洲国家之间的协议。"文明""人性""进步"是以欧洲中心主义的方式得以界定的。（见氏著：《万国竞争：康有为与维也纳体系的衰变》，商务印书馆2017年版，第11页）

确定其为永久中立国。不过,"夫居此野蛮之世界,而无兵力以护国权",那么对外扩展就不可能,由此,瑞士仍是"非自力之生存,而他力之生存"①。

故他对瑞士是否可以永久作为"中立国"而存续表示怀疑。在生存竞争面前,所有国家都必须不断壮大自己,从而即使文明国也会带"野蛮之性质"。他以美国为例,指出其已逐渐放弃均衡性的门罗主义而改行帝国主义,把菲律宾和夏威夷纳入其版图。

杨度在论述中,将欧美的经济发达国家称之为"文明国",而欠发达的国家则为"野蛮国"。文明和野蛮的区分标准并非秩序和道德之高低,而是经济和军事实力的强弱。这种经济和军事竞争,不仅发生在文明国之间,亦存在于文明国和野蛮国之间。具体到中国,又被动地卷入了这些不同层次的竞争之中。"而中国之所处,则正在各文明国相互为经济战争之涡中,又正在各文明国与中国相对为经济战争之涡中。盖彼等之所谓文明国者,其实质盖无一而非经济国,又无一而非军事国,合言之即经济战争国也。"②虽然并不如章太炎那样,从善之进化、恶亦随之发展的"俱分进化论"来解构进化论历史观的"公理性",杨度是从国家的对内和对外的双重功能,来揭示国家对于国民的责任,而内在地蕴含了对其他国家的"野蛮"特征。也就是说,不能从道德的善恶维度这样单一的标准来理解国家的特征,判定是"文明"还是"野蛮"。要从其不同的功能性特征来分析"国家之间竞争"所需要的多重面向。也就是说,不能从善恶的道德维度来理解国家的特征,而是要从能否承担

---

① 杨度:《金铁主义说》,载《杨度集》一,第219—220页。
② 杨度:《金铁主义说》,载《杨度集》一,第221页。

给国民的义务的角度,来判定国家能力。从而,在由传统国家向现代国家转变的过程中,唯道德主义是过于理想化的,并没有理解现代国家的本质特性。

杨度指出,要对国家的"文明"性进行判断,取决于国家的对内和对外职能这两个维度。以这样的标准来衡量欧美诸国,无论是实业的发展,还是法制的完备,称其为文明国亦无大错,然而,由文明国而构成的世界是否就是文明世界,则有疑问。杨度的结论是,我们生活的世界,有"文明国"而无"文明世界":"自吾论之,则今日有文明国而无文明世界,今世界各国对于内则皆文明,对于外则皆野蛮,对于内则惟理是言,对于外则惟力是视。故自其国而言之,则文明之国也;自世界而言之,则野蛮之世界也。何以见之,则即其国内法、国际法之区别而见之。"[①]

在杨度看来这些文明国的国内法,都秉持自由、平等的原则,不依靠强力去压制别人。但一涉及国际交往,则完全是另一种行为准则,是以军事实力和经济能力去获得利益的。

当时的一部分人对国家间的交往准则抱有幻想,因此对丁韪良组织翻译的《万国公法》持肯定态度,认为可以利用这些平等国家之间的权益和义务的约束体制来保护饱受西方侵略的中国的国家利益。

但实际上,梁启超和杨度等人都不相信国际法能体现出一视同仁的"正义"性,甚至认为那只是强权的一种自我辩护机制。况且,对于国际法之法律地位至今仍有很大争议。有人认为,国际法是法律,因为皆是由主权者所制定的;也有人认为,国际法不属

---

① 杨度:《金铁主义说》,载《杨度集》一,第217页。

于法律，主要原因在于国际事务最后是非的判定者，是战争的胜负，而不是道德或正义。既然没有一个高于国家的统治权之存在，那么，国际法就不是真正的法律。中国与世界诸国所签订的条约，都是"权利属人，义务归我"，虽然政府有不可推卸之责任，但这就是强国对待弱国的方式。要改变中国在"新文明体系"中的处境，唯有自强一途。既不能成为西方的附庸，也不能再闭关锁国，要在与西方的竞争中提升自己的国际地位。杨度称这个方略为世界的国家主义（也称经济的军国主义、金铁主义）。杨度认为俾斯麦等曾经采取的以加强军事实力为核心的铁血主义，已经不适合于当时的世界格局，因为仅仅依靠军事力量，既偏于野蛮，同时也必然会使国民遭受牺牲。经济竞争已是未来竞争的主要手段，要通过发展经济实力、发达国民之能力，刚柔并济。所以仿其名曰"金铁主义"，金为黄金，引申为货币、经济。铁谓铁炮，引申为军事。这两者并无主辅关系，而是互相支撑、互相成就。在竞争性的国际格局之下，已经不能简单地采用闭关锁国的策略，也不能牺牲国内以谋求对外，因此，就必须采取金铁主义。具体的方案就是，对内和对外兼济、自由和责任双行。

一、对内的—富民—工商立国—扩张民权—有自由人民
二、对外的—强国—军事立国—巩固国权—有责任政府[①]

---

① 杨度：《金铁主义说》，载《杨度集》一，第224页。

（二）"扩张民权"与"巩固国权"

梁启超在1899年10月就写过一篇《国权与民权》的文章，其中最重要的观点是，国家之所以任人宰割，是因为国民放弃了自己的自由权，因此，要保护国权，关键在于国民要有责任心。"民之无权，国之无权，其罪皆在国民之放弃耳。"[①]后来在接受了伯伦知理的有机国家论思想之后，他认为将国家等同于君主一家之私产，是悖谬不通的。但若是如卢梭、孟德斯鸠等人所论，认为国家为人民之公产，亦不尽准确。他指出，国家有两大目标，其一是国家本身的利益，即国家作为一个有机整体有其独特的价值；其二是构成国家的国民的利益。这说明他逐渐放弃了卢梭式个体至上论，而从中国的实际出发，提出强大的国家对于保护国民利益的重要性。[②]

虽然，我们很难从文字材料找到杨度接受梁启超思想影响的线索，也未有杨度接受日本学者观点的相关研究，但从《金铁主义说》对于国家和国民关系的分析中，我们能看到杨度与梁启超思想的共同点。[③]

杨度认为传统中国人并没有现代的国家观念，因此，"中国"之名称，并非纯粹的"国名"，而是一种"王者无外"的存在，即

---

① 梁启超：《国权与民权》，载《梁启超全集》第二集，第70页。
② 梁启超1903年前后国家观念的转变及其所受日本思想的影响。（见郑匡民：《梁启超启蒙思想的东学背景》，第336—337页）
③ 梁启超在编入《新民说》的《论国家思想》一文中说，中国人缺乏现代国家观念："知有天下而不知有国家""知有一己而不知有国家"。（见《梁启超全集》第二集，第546页）

第九章　文明模式与现代性的反思：杨度与章太炎、梁启超关于国家与民族的争论　273

使是存在着夷夏之别，但亦只是一个文明体的不同圈层而已。[①]所以杨度说："中国之名称，不能求一国名与之对待，即有之非终为其并吞之领土，即其臣服朝贡之属国，亦决无与之颉颃者。故中国数千年历史上，无国际之名词，而中国之人民，亦惟有世界观念，而无国家观念。此无他，以为中国以外，无所谓世界，中国以外，亦无所谓国家。盖中国即世界，世界即中国，一而二二而一也。"[②]既然没有国家的概念，那也无所谓"世界观"，因为"世界"和"中国"只是一个事物的两个称呼而已。

没有现代国家观念，也就无所谓"国民"权利，所有人只是皇帝的臣民而已。既然中国要由专制国家演化到军国民社会，也要从内外两个维度双管齐下：对内为"扩张民权"，对外是"巩固国权"。

杨度认为经济发展的基础在于保障公民的财产权。一个国家财产权的保障程度和该国的经济发展成正比，比如英国之民权最发达稳固，其经济力也最强。俄国无民权，经济力薄弱，但其至少还有地方自治。而中国则是既无民权，又无地方自治，其经济力最弱。

为何民权不彰会遏制经济增长，是因为专制政府没有保护人民生命财产的意愿，即使嘴上说要保护，也是虚伪欺人之论而已。杨度举例说，清政府曾许诺不加赋，但实际上不断以各种名目推出苛

[①] 对于中国是否为一个"国家"的名称是一个极其复杂的问题。在与革命派的论战中，为了批驳革命派认为满洲入主中原是亡国的说法，梁启超和杨度都坚持，中国并没有亡国，而只是一个朝代更迭而已。比如梁启超认为，满洲本为中国之臣民，非由他国之吞并，所以不能说是亡国。（见梁启超：《中国不亡论》，载《梁启超全集》第六集，第125页）这里就有意模糊了"国家"与"王朝"的界线。

[②] 杨度：《金铁主义说》，载《杨度集》一，第213页。

捐杂税。而缺乏个人自由权利的国民,亦没有哪种政治机制来抵制源于政治权力的盘剥。

与扩张民权相关的是巩固国权。国权是对国际而言。清政府没有为民谋利的想法,故谓对于外国之不合理要求,不知拒绝。这样说来,"今日之政府,对于内而为偷钱之政府,于外而为送礼之政府"①。国权之散落是因为政府缺乏为民谋利的思想,那么只有扩张民权才能巩固国权。

民权就是国民所具有的个人自由和私有产物不受侵夺。在这里杨度辨析了当时中国人对于"自由"的种种误解。具体地说,他将传统中国人所理解的由自己做主的自由,称之为"哲理上的自由"。比如,中国人在专制政府下,似乎享有更多的自由,许多在自由国度里被法律禁止的事,在中国则可以安然行之。他说:"中国不然,社会上人与人之相接,有时施者可以任意恣睢,而受者无如之何,在外国为不法之行为,而在中国则安然行之,而无所于惧。即以民权而论,各国有为政府所理之事,而在中国则政府除苛取租税以外,固一切不理也。人民自理之,政府亦不禁;人民不自理,政府亦不劝。若是者谓之不自由人民可乎?……虽然如是类者,可以谓之哲理上之自由,而不可以谓之政治上之自由。"②

杨度认为要建立一种有责任的政府,也就是政府通过制定合宜的法律,保护人民的财产和其他权益,所以,他反对无政府主义,认为要去掉恶政府代之以良政府,要去掉哲理上的自由,而代之以政治上的自由。正是因为政府没有担负起保持社会公平的责任,所

---

① 杨度:《金铁主义说》,载《杨度集》一,第231页。
② 杨度:《金铁主义说》,载《杨度集》一,第232页。

以弱肉强食，人人之生命财产不得安全。因此政治自由，虽然自由的范围较窄，但能平等。因此，我们需要的是政治上的自由，而不是哲理上的自由。

杨度所谓政治上的自由是什么意思呢？"夫言政治上之所谓自由，实即所谓自治也。何以言之？人民之有政治上自由者，则必能以人民之自由意志组织政府，编撰法律，以保护各个人之生命财产，而政府即以此法律，而实行于人民之间。在形式上虽若政府为治者，而人民为被治者，然政府者人民之所立，法律者人民之所定，政府乃以此而治人民，斯与人民自治何异焉？"[①]杨度这个证明很有辩证意味。在他看来，若政府是按照体现人民意志的法律来治理国家，那么国家与人民之间就实现了"一体"，这样让政府负责，就是对人民负责。也就相当于"人民自治"。

杨度引用严复的观念，认为国家之形成虽是天演之必然，然而有的国家则可能是因为外力的压迫，比如日本。所以，内外兼修是一个现代国家所必须具备的。我们所处的世界是兼具"文明"和"野蛮"双重属性的，中国要力求"文明"，是因为我们处于一个"文明"的世界。但也不能不"野蛮"，否则难以在这个"野蛮"的世界自存。那么内外应如何呢？杨度认为，就分量而言，对内与对外，不能有轻重，但就次第而言，则有先后。"以分量言，强国不能轻于富民，军事立国不能轻于工商立国，巩固国权不能轻于扩张民权，有责任政府不能轻于有自由人民。以次第言，则非富民何由强国，非工商立国何取军事立国，非扩张民权何由巩固国权，非有

---

① 杨度：《金铁主义说》，载《杨度集》一，第233页。

自由人民，何由有责任政府。"①

（三）政府与国民之"责任"

前面已述，1905年开始的预备立宪，是清政府权衡各种可能性所作出的决断，这其实就是康梁戊戌变法时以日本为榜样所确立的政治体制改革的目标。戊戌变法失败之后，康梁进入流亡时期。在这个阶段康有为试图从公羊三世说出发，将君主立宪作为由"据乱世"向"升平世"过渡阶段的最为适合中国的政治体制。而梁启超则是由《清议报》到《新民丛报》，杂糅西方和日本学者的政治论说，介绍各种政治观念，来论证中国只可行立宪而不可行革命的思想。

在1901年6月刊载于《清议报》的《立宪法议》中，梁启超将世界上的政治体制分为三种，即君主专制政体、君主立宪政体、民主立宪政体。认为君主专制是与百姓为敌，防民制民，故是一种恶的政治体制。而民主立宪因为领导者经常更换，政策变化频繁，因此，君主立宪是"政体之最良者"②。但1903年革命派兴起的时候，梁启超一度倾向于民主立宪政体，旋即又回归君主立宪的目标。1905年载泽和端方等考察政治大臣出洋考察立宪，其中，1906年8月26日，由端方所上之《请定国是以安大计折》，据考证是在梁启超的文本基础上改定的。③基本上是梁启超其他文章思路的总结，比如认为立宪与专制政体的区别在于"专制之国，任人而不任

---

① 杨度：《金铁主义说》，载《杨度集》一，第234页。
② 梁启超：《立宪法议》，载《梁启超全集》第二集，第278页。
③ 狭间直树：《"预备立宪"时代的梁启超》，载氏著《东亚近代文明史上的梁启超》，上海人民出版社2016年版，第95页。

法，故其国易危；立宪之国，任法而不任人，故其国易安"[1]。奏折中，特别提出了专制国家，只有君主对人民负其责任，所以一旦政事不遂，也就只能独任其咎。故而要设立责任内阁和议会来使其"代君主而对于人民负责任矣"[2]。梁启超还代笔了《请改定官制以为立宪预备折》，以建立符合立宪政体的行政系统。但现实是旧体制积重难返，官制改革在各种势力的掣肘下，举步维艰，面对此情形，梁启超失望至极，于是，受国家是一有机体[3]的思想影响，1906年底又提出"开明专制"说，认为中国的国民程度并非有可以为共和国民之资格，亦未能有实行君主立宪之程度，加上施政机关并未完备，所以只能期待大权归于元首的开明专制。[4]

就《金铁主义说》的内容展开而言，其基本立论乃是针对端方的《请定国是以安大计折》和梁启超之《开明专制论》而展开的，虽然看上去这两份同为梁启超所作之文章的内容甚至是立场相反的，但这恰好是在立宪过程中所需争论的核心问题。

杨度质疑梁启超所提出的"开明专制"说。他说："吾友新会梁氏曾言：中国政府若能开明专制，当能使人民程度进步。予则谓与其求有开明之政府，而人民赖之以开明，何如求有开明之人民，而政府不得不开明乎？"[5]更何况清政府也并不开明。

---

[1] 端方：《请定国是以安大计折》，载夏新华等整理《近代中国宪政历程：史料荟萃》，中国政法大学出版社2004年版，第43页。
[2] 端方：《请定国是以安大计折》，载夏新华等整理《近代中国宪政历程：史料荟萃》，第45页。
[3] 梁启超说国家是一个有机体，不能只凭好恶而随意选择政治体制。（见梁启超：《开明专制论》，载《梁启超全集》第五集，第338页）
[4] 梁启超：《开明专制论》，载《梁启超全集》第五集，第297—357页。
[5] 杨度：《金铁主义说》，载《杨度集》一，第240页。

在《金铁主义说》中，有许多篇幅是从"责任"入手来揭示晚清政治体制之腐败，并认为这种责任意识的缺乏是中国传统政治哲学的后果之一。儒家政治思想中君轻民贵的立国精神和君主对天负责之仁民爱物的思想，并不是一种"政治上"的责任，而是一种"道德上"的责任。道德是人的自我修养，并非要对他人负责，所以"仁民"就会流于一种"态度"。

由此，在君主一方，有仁民之责；对臣下而言，要常格君心之非，期待君仁而莫不仁。这样的政治哲学在价值观上导致君主放言"天下为天下人之天下，而不敢窃之以为自己的权利"。而臣下之责任亦只是规劝君主，至于天下之兴衰，亦因未尝拥有权力，而无需担任责任。加上中国幅员辽阔，晚清政府又在外力压迫下，进退失据，因此，权力既不在君主，也不在政府，更不在各省督抚，但各自又互相牵制。这就造成了中国之专制政体的独特性，即既不是"开明专制"，也不是"以强力而行所谓不仁民之事"的"野蛮专制"，而是一种不负责任的"放任专制"。杨度说："中国政府者，蒙昧之政府也，惟其蒙昧，故不开明。中国政府者，消极之政府也，惟其消极，故不野蛮。彼因蒙昧而益消极，又因消极而益蒙昧，合之一成一放任之现象，此中国之所独有，而他国之所皆无者。一言以蔽之：不负责任之政府也。"[①]

不过，杨度认为政府之放任是因为国民之放任。所谓立宪其关键是人民与政府争权，政府和人民各自主张自己的权利，但中国以道德为本的政治学说，使政府和人民都主张"让"而不敢言争权。

---

① 杨度：《金铁主义说》，载《杨度集》一，第240页。

在自由基础上的自治,不能借故于政府之压制,而应责之于人民自己之放弃权力。"夫自治者,自由人民所有事。而自由云者,与责任相对待,尽一分之责任,斯得一分之自由,即得一分之自治。"[①]自由的范围和自治的程度,全赖人民自己之争取。

杨度对国粹派关于秩序和道德的呼吁不以为然,认为"苟非有文明国家责任政府之后,所谓秩序,必非真秩序"[②]。至于道德,杨度认为舍我其谁的责任意识和知行合一的价值,才是真道德。所以真正的爱国心与仁民爱物之心、人民对国家的责任心三者异名而同实。这样杨度就将立宪问题具体为政府和国民的责任心问题。由此,立宪的关键就在于加强政府的责任心和行政能力,提升国民素质和参政议政的参与意识。而国民之责任心与能力是基础。

在当时,中国社会发展阶段的定位,关系到现代国家的目标和组织结构,是革命派和立宪派争论的焦点。

按照当时的"公理"观念,认为不同的社会发展阶段应该有不同的政治制度和社会价值观念。此点亦为康有为在倡导戊戌变法时借助公羊三世说而阐扬过。严复亦是从甄克思的《社会通诠》出发,认为中国已经从宗法社会转向军国民社会,因此,不能再热衷于种族革命,因而遭到章太炎等人的批驳。

杨度也接受了这一对中国社会发展阶段的定位。在他看来,中国社会就行政、立法和司法三权没有分立这一点而言,并没有进入军国民社会,而在军队的独立性、领土观念、多民族融合、封建宗法的消解和普遍宗教的信奉等问题上,则比较接近军国民社会的一

---

① 杨度:《金铁主义说》,载《杨度集》一,第241—242页。
② 杨度:《金铁主义说》,载《杨度集》一,第243页。

些特征。因此，属于趋向军国民社会而未完成的状态。

但杨度认为中国存在着阻碍国家和社会进步的因素，其中最为严重的是家族主义。家族社会的特征影响个人作为最终的责任主体。中国始终难以建立真正的责任国家，就是因为责任主体的不明。若个人本位难以确立，则三权分立制度也难以建立，代表制度、选举制度、政党制度也不能确立，所以中国目前进化的关键是破除家族主义。"今中国社会上权利义务之主体，尚是家族而非个人。权利者，一家之权利而非个人之权利；义务者，一家之义务而非个人之义务。所谓以家族为本位而个人之人权无有也。……故自国家观之，则不能取社会上之人，为若干人若干人之计算，但能取社会上之家，为若干家若干家之计算。是故谓之以家族为本位，而非以个人为本位。此其阻碍社会之进步，即以影响于国家者为何如乎！夫有此等家族制度之社会，其在本国固以统于一尊而不为物竞；然一与外人遇，仍当循天然之公例，以自然之淘汰而归于劣败。"[①]

杨度认为，中国正在从民族主义发展到国家主义阶段，这就需要确立个人权利观念，破除家族主义，因为"欲军国社会之发达，则必采三权分立制度，而非以个人为单位，则代表、从众、政党之制皆无由生也。故家族制度与三权分立制度，于实施上颇有冲突，而代表、从众、政党三物，乃所以实行个人本位，破坏家族本位，完成法权，以监督行政者也。今日中国国家之程度，正宜进化于此"[②]。

杨度说，中国国家程度的发达，要依赖国民程度，国民程度可以分为军事能力、经济能力、政治能力，与责任心之程度。前三者

---

① 杨度：《金铁主义说》，载《杨度集》一，第255—256页。
② 杨度：《金铁主义说》，载《杨度集》一，第257页。

相对容易培育，而责任心比较难。那么，责任心如何培育呢？首先要抛弃民族主义思想，这是宗法社会的观点，民族之观念深，则国家之观念浅。"惟军国之国民，皆民族主义立国，进化而为国家主义立国，以国家为国民之国家，而非君主之国家，则国家之事为各人民自有之事，而政治责任心乃生矣。"①其次是推进地方自治。杨度批评说，政府以人民程度不足为借口，不愿意让渡给地方以自治权。这实质上与立宪的目标相违背，人们从地方自治中得到政治能力的锻炼，从而才能参与更高层次的政治活动，最终使国民的能力得到提升。

同时，他也反对那种借由人民程度不足而主张先经地方自治的训练再实行议会制度的说法。按杨度的说法，世界上只有英国是先有地方自治，然后确定议会制度的，但世界上其他国家并非如此，因此，不能以英国之历史作为标准。而且，杨度认为日本人在明治维新的时候才削藩，封建制之破坏远远晚于中国，但日本选议员、开国会，使日本的发展甚速。故人民程度不足这样的借口只能说明，清政府并没有实行立宪的诚意。

（四）"中华民族"与中国国内各民族之分析

在近代中国复杂的民族话语中，杨度呼应梁启超的"中华民族"主张，并对康梁的保全中国说进行阐发，是他最具前瞻性的贡献，并深刻影响了中华民国建立之后所采取的"五族共和"的大民族国家思想。

---

① 杨度：《金铁主义说》，载《杨度集》一，第258页。

杨度接受了甄克思的社会发展阶段论,告别了康有为基于三世说和进化主义的混合社会发展观,从而提炼出一套更为清晰的、多层次民族融合的理论。他以军事、政治和经济三个维度的发展程度作为判断中国国内各民族发展状况的依据。按发展阶段从高到低,汉人已经进入军国社会,满族和回族进入到宗法族人社会,藏族则进入宗法种人和族人之间的社会,只有蒙古族还处于宗法种人社会。这样的划分虽然并不一定准确,不过,他由此要得出的结论是各个民族有自己的文化传统和生活方式,在多民族国家的体系中,要尽量赋予不同的民族地方自治的权力,并在文化和语言等方面进行"同化"。

从战略安全角度考虑,杨度认为蒙古与中国的存亡有极大的关系。他的理由是,俄国是世界上唯一对中国领土有贪婪的国家,而蒙古族当时的组织能力还比较弱。所以,一旦蒙古族脱离中国而谋求种族的独立,则决无能力组织国家以立于世界,一定为俄人所有。一旦俄国人占有蒙古,那么列强在中国互相制约的战略平衡将被打破,这样,英国就会占领西藏,法国会占领广西、云南,德国会占领胶州半岛,日本则剑指东北。"故蒙古之得失,即为中国之存亡。其关系之密切如此,而蒙古人之程度又如彼,若发达其军事能力乎,则以其无国家思想,仅有种族思想之故,将对于内而谋脱离;若不发达其军事能力乎,则仅以汉满等人之兵力,犹不足以对于外而安极北之边境。故中国今日领土之问题,人种之问题,实以蒙古为第一之重要者矣。"[①]

杨度认为回族与汉族自汉以后就一直分分合合。回族因其宗教

---

① 杨度:《金铁主义说》,载《杨度集》一,第260—261页。

信仰而有很强的凝聚力，国家观念反而不甚。从清代开始建立了与内地类似的行政制度，所以，逐渐有了国家认同。杨度认为回族情况与蒙古相似，伊犁一带也被俄国觊觎。若其发展军事力量，就会要求独立，若其不发展，则无力拒外。其两难的境地只是略好于蒙古而已。

对于西藏，杨度最为担心的是因为英国直接与西藏立约通商，长此以往，会逐渐由英国的保护地而独立成国。

当然，面对晚清这样一个特殊的时期，最为关键的还是满族的问题。对此杨度的讨论则是从国家的角度，将清代明看作是以前的朝代更替的翻版，而非满族人自己所认为的，是一个满族的国家消灭了"明国"这样一个虚构的国家名称。满族生活的区域由明代设建州卫以治理，所以杨度认为晚清所谓"亡国""光复"之论，并无法理上的依据，是被满族人所宣称的"中国灭亡论"所迷惑的后果。杨度说："汉人之谀满者亦效之而呼曰：亡国亡国。其耻之者则呼曰：光复光复。其实中国国家未亡，无可光复，遂使社会上有光复朱家天子之笑柄，亦可谓恶作剧矣。"[①]

既反对基于满洲统治者立场的国家观，也反对革命派的国家观念。杨度说传统中国的儒生将君主的统治权等同于国家，论历史也是以君主为正统，这样易主为易国家，易姓为亡国。而满洲的统治者亦以此说作为自己是正统的依据。然而，早期革命派的汉人国家主义，将明朝的灭亡视为汉族国家的消灭，并主张反清复明，杨度称其为"种主即国"论，指出他事实上是"利用儒家君臣大义说以

---

① 杨度：《金铁主义说》，载《杨度集》一，第264页。

为之干柴，利用史家一姓正统说以为之煤油，利用俗学君主国家说以为之火引，夹入满人之种族国家说以为之大风，以此四元素合成一种主即国论"①。

杨度采用现代国家的学说，指出国家是土地、人民、统治权三者的统一体，而不是由君主或种族决定的，"故今国家仍为中国国家而非满洲国家。今国家既中国国家而非满洲国家，则今政府自亦仍为中国政府，而非满洲政府。盖中国不能无政府而有国家，满洲又不能无国家而有政府也。惟其满洲非国，所以中国不亡"。②

杨度认为满族人的一个误区是将种族视为国家，所以采取的是种族主义的策略，即在政治制度、经济制度和种族制度等方面采取了特殊主义的政策，以保证满族的特殊利益。事实证明，这些策略都是错误的，因为其结果是政治、经济上的失败。因此，对于满族人而言，他们要做的是放弃种族主义而上升至国家主义。

杨度认为，汉族的情况则比较复杂，与西方社会相比，汉族人脱离封建制度比较早，很快进入国家主义。但为何国家之责任意识反而没有建立起来？主要在于西洋的家族制度破于封建制度之前，因而个人观念得以发达。而中国始终未破解家族制度，因此，人们重视家庭利益而忽视国家利益，对待君主也是以家长的态度，而不是以对待政治人物的态度，因此，个人的权利和义务观念难以得到体现，即使是追求立宪这样的政体，所能听到的经常是责备政府，而不知道自己才是立宪的主体。"立宪之肯不肯，在我国民；立宪之能不能，亦在我国民，舍所以自谋者而不言，日研究人之肯不肯、

---

① 杨度:《金铁主义说》，载《杨度集》一，第268页。
② 杨度:《金铁主义说》，载《杨度集》一，第265页。

能与不能，而己身若为无责任之人也者，呜呼！何其可叹也。论此意所由来，吾欲一言以蔽之曰：家族思想之余声而已。"①所以汉族人的政治任务是真正确立国家意识和个人的权利意识，以保全领土获得自存。"责任心者何？去宗法社会所余之家族思想，以完全其国家思想是也。人人有家长之责任，则家族主义破；人人有国民之责任，则国家主义兴。"②

有人以种族主义或各种族的发展程度不一而主张单一民族立国之说，杨度坚斥之。他说："五族分立说，乃亡国之政策，决不可行者也。何也？今日中国之土地，乃合五族之土地为其土地；今日中国之人民，乃和五族之人民为其人民，而同集于一统治权之下，以成为一国者也。"③

五族分立，是自我瓜分，反让欲瓜分我领土而不得的西方列强欣喜不已。所以杨度提出的政治改变策略是"国形不可变，国体不可变，惟政体可变"。"何谓国形不可变？即土地、人民、统治权之范围，不可忽使缩小是也。何谓国体不可变？即仍当为君主国体，而不能即为民主国体是也。……何谓惟政体可变？即惟将专制政体改为立宪政体，斯对于内对于外，而皆为自立求存之良法也。"④在这里杨度和康梁一样，都十分重视"君主"在建立国家凝聚力上的意义。

既然土地、人民和统治权不可变，那么就要保持领土上的完整，并联合各个民族为一体，而不是分裂。在具体的策略上，则

---

① 杨度：《金铁主义说》，载《杨度集》一，第299页。
② 杨度：《金铁主义说》，载《杨度集》一，第299页。
③ 杨度：《金铁主义说》，载《杨度集》一，第301页。
④ 杨度：《金铁主义说》，载《杨度集》一，第302—303页。

有两个步骤,首先是满汉平等,其次是蒙回同化。满汉平等,在汉族方面则是要获得政权上的平等,在满族方面则是生计自由,也就是让满族人有生存的能力。至于蒙回同化,首要的是"文化之同一",若非文化相等,让每一个国民都能参与到对外竞争中,国家就难以自立于目前这个优胜劣汰的世界。按杨度的话来说,则是要让满、蒙、回、藏等还没有进入国家主义阶段的民族,也进化到国家主义的阶段,一起担负起自己对于国家的责任。

杨度批评革命派试图以民族主义为手段建立"中华民国",既然名之曰"中华民国",实质上就不是以血统为基础的种族主义而是文化民族主义。杨度说中国向来没有"民族"这个概念。"中华"是一个文化概念,而非民族概念,"不仅非一地域之国名,亦且非一血统之种名,乃为一文化之族名"[①]。因《春秋》夷狄进退之论,经数千年混杂数百千人种,而依然称"中华"。即使以西方人类学家的说法,"华"乃"花"之原字,以形容文化之美,亦不是以血统来定义民族。所以,杨度接受梁启超的命名,用"中华民族"来作为以汉族为主体的多民族统一体的名称。虽然杨度也承认蒙、回、藏与汉族、满族的文化有所差异,但应以文化民族主义的方式来解决,而不应以血统民族主义的方式来排斥之。对于文化、语言有差异的民族,既不能武力压制,也不能任其分立,而是应采取联合的方式,让各民族有一定程度的自治性,以逐渐实现民族一体化。杨度说,革命派所采取的民主立宪手段,很难保全领土和民族一体,这也是他之所以坚持"君主立宪制"作为未来中国政治体

---

① 杨度:《金铁主义说》,载《杨度集》一,第372页。

制的原因。杨度推断当时中国人之所以认同国家者,君主乃一关键因素。所以,"欲保全领土,则不可不保全蒙、回、藏;欲保全蒙、回、藏,则不可不保全君主,君主既当保全,则立宪亦但可言君主立宪,而不可言民主立宪"①。在这些问题上,杨度与康梁之间接近,与革命派的理论和目标构成冲突,从而引发了章太炎、汪东等革命派人士的批驳。

三、政治革命:杨度与梁启超、章太炎关于立宪和国家的争议

杨度的国家和民族理论与梁启超有密切的关系,但在革命派逐渐兴起之后,成为章太炎等人的主要论战对象,我们可以通过杨度和章太炎之间的争论来深化对此问题的认识。而杨度与梁启超之间的细微异同也可以让我们了解晚清思想的复杂性。

(一)杨度与梁启超:开国会与设议会

在大一统的政治格局下,有特定政治诉求的团体向来不被接受。党派政治的前提是不同利益诉求者的平衡,而在公私隔绝的思维方式下,党派之形成会被认为是对天下大公的分解。即使是明代的党社运动,也与近代以来的政党政治相差甚多。而近代以来,党派意识逐渐传入中国,康梁为积聚政治力量、制造变法声势而创立的强学会、保国会等可以视为近代中国政党的雏形。

---

① 杨度:《金铁主义说》,载《杨度集》一,第381页。

然而在戊戌变法失败之后，为了凝聚政治力量，康有为于光绪二十五年（1899年）在加拿大成立保皇会来推行他们的"尊皇、变法、救中国、救黄种人"[①]的宗旨。保皇会在美洲、亚洲都设有分会，也有诸如《清议报》等舆论机构，声势隆盛。然随着1903年之后革命派势力的兴起，保皇派逐渐失去了其号召力。甚至，革命派的兴起本身就造成了保皇派内部的意见分歧，梁启超、欧榘甲等一些康有为的弟子在政治观念上接近革命派的主张，这也是康有为给梁启超和其他弟子专门写信强调只可行立宪不可赞成革命的缘由。比如，1902年4月梁启超在给康有为的信中说："今日民族主义最发达之时代，非有此精神，决不能立国，弟子誓焦舌秃笔以倡之，决不能弃去者也。而所以唤起民族精神者，势不得不攻满洲。"[②]他认为不值得对清政府抱有幻想，而应以"讨满"为最适宜之主张。并劝告康有为说，尽管光绪皇帝有厚恩于康，但康有为对皇帝已经仁至义尽，现在应该考虑保皇党内部多数人的意见，改变政见。

　　对此，康有为写两封信专门强调他的政治主张，一封为《复美洲华侨论中国只可行君主立宪不可行革命书》，另一封是《与同学诸子梁启超等论印度亡国由于各省独立书》，核心目的是反对弟子中一部分人对于革命派立场的"认可"，并强调革命派的主张有可能导致中国的分裂，并以法国大革命为例，说明革命可能导致的政治动荡。此二信曾在《新民丛报》第十六号以《南海先生辨革命书》摘录发表，引发了章太炎的长篇驳论《驳康有为论革命书》，

① 保皇会条规第一条，转引自张玉法：《清季的立宪团体》，北京大学出版社2011年版，第167页。
② 丁文江、赵丰田编：《梁启超年谱长编》，第189页。

此信系统驳斥了保皇派对于民族、革命和排满等问题的立场。章太炎亦因在《苏报》刊发直接攻击皇帝的言论而入狱。从客观效果来看，章太炎因此案入狱，进一步扩大了革命派民族革命理论的传播。①

　　康有为的责斥之信让梁启超触动很大，一方面是考虑到康有为的态度，另一方面亦是他自己未能完全确定立场。在给另一个康门重要弟子徐勤的信中说："长者此函责我各事，我皆敬受矣。惟言革事，则至今未改也。"并认为中国之发展必须要经过革命之洗礼。②但同时，梁启超积极参与保皇会的活动，并起草了保皇会的章程。③

　　然革命派并不愿意在革命和保皇之间依违，这年孙中山发表《敬告同乡书》，就主张要划清革命派和保皇派之间的界限。由此也就有了《民报》与《新民丛报》之间的大论战。不过，1905年日俄战争中日本的胜利，被国人理解为立宪对专制的胜利，因此呼吁立宪改革成为社会各阶层的共识。而革命派推翻政府的诉求，也让清政府被迫接受立宪变革的建议。因此，派出了专门的考察政治大臣赴日本和欧洲等地考察立宪政治的运行规则。在一众考察报告中，以载泽与端方的报告最为切中满洲贵族的心愿。载泽认为

---

① 关于章太炎和康有为关于民族和国家、革命的辩论可参看拙作《章太炎与康有为对如何建构"民族国家"的分歧——再论〈驳康有为论革命书〉》。（见干春松：《保教立国：康有为的现代方略》，生活・读书・新知三联书店2014年版，第137—197页）
② 梁启超：《与勉兄书》，载丁文江、赵丰田编《梁启超年谱长编》，第210页。
③ 一般认为1903年梁启超春夏到夏秋之间有一个倾向革命到复归保皇的思想转折，原因甚多，比如康有为的影响、在美国实地观察选举的效果、对于革命派的失望等等，当然这也与梁启超自己缺乏坚定的思想或政治立场有关。（参看张玉法：《清季的立宪团体》，第214页）

立宪可以使皇位永固、外患渐轻、内乱可弥。①端方的考察报告比较详细，他以进化论的思路提出立宪政体相比于专制政体的"进步性"，并认为实行立宪可以依法治国，吸纳社会公众参与政治活动，促进官制完备，厘定中央与地方的关系，让财政收支以及其他政治事务公开透明等。在全社会的期盼中，1906年9月1日清政府宣布"预备立宪"。

立宪就是要使不同的政治力量以政党的方式参与政治活动。杨度在《金铁主义说》中引述伯伦知理的说法，认为政党是在政治活动中自然而然地产生出来的，是具有政治目的的团体。他引述国外立宪国家的情形说，代表不同利益的政党之间的制衡是国会的原动力。"非有得力之政党活动于民间，则国会直无自而发生。惟其以政党之力而成国会，故国会成后，即为政党活动之地。"②

有些人担心因为清政府的专制统治，人民没有结社、言论之自由，政党的政治目的难以表明并付诸实践，对此，杨度认为正是因为政党的存在，才能真正落实言论和结社的权利。虽然有些政党并不能获得施行政见的机会，但在国家利益的目标下，在野之政党亦可以通过议院来监督政府。

出于对政党作用的认识，在清政府宣布预备立宪之后，康有为和梁启超就决定把保皇党改名为帝国宪政会。与此同时，在日本的立宪派也开始了组织政党的准备，梁启超、杨度便与蒋智由、徐佛苏、熊希龄等人商议组织政党来推动清政府落实立宪之各项事务。

---

① 载泽:《奏请宣布立宪密折》，载夏新华等整理《近代中国宪政历程:史料荟萃》，第41页。
② 杨度:《金铁主义说》，载《杨度集》一，第345页。

1906年年底，梁启超致信蒋智由和康有为提出了他联合杨度来建立政党的设想。

梁启超在给康有为的信中，首先就介绍了杨度。他介绍了杨度在留学生中的影响力，并表示自己与杨度有很深的交谊。其次是说，由保皇会改名的帝国宪政会带有明显的康门色彩，因为康梁当时仍被悬赏缉拿，无法在国内活动。再次是康有为不适合出面来担任党派的领袖。

信中还提出要与同样持立宪立场的张謇、郑孝胥和汤寿潜等人合作，不过梁启超认为并不确定是否能达成行动上的一致，并提出要袁世凯、端方和赵尔巽这些赞同立宪的人士合作，并请载泽和载沣担任正副总裁。可见梁启超所设想的新党派试图联合政商所有支持立宪的有政治影响的人士。[1]

在反对革命、主张立宪的大原则上，梁启超与杨度确实有许多共同点。因此，当杨度等1907年创办《中国新报》之后，梁启超在《新民丛报》中撰文予以推介。他根据杨度所作之《中国新报》叙文说："此报之宗旨，全在唤醒国民，使各负政治上之责任，自进以改造政府，成完全发达强有力之立宪国家，以外竞于世界。"[2]梁启超先是批评了革命派的"种界革命论"，认为这种主张不考虑中国的历史沿革和国民的程度，而是煽动人民的"好乱""破坏"性，并迎合一部分人的心理，要压制富裕阶层和资本主义的经济秩序，这是《民报》的主要立场。梁启超接着说，《中国新报》则持君主立宪主张，并认为当下的中国应该采用什么样的"政体"，不应追

---

[1] 丁文江、赵丰田编：《梁启超年谱长编》，第243—244页。
[2] 梁启超：《新出现之两杂志》，载《梁启超全集》第六集，第133页。

求理论的纯粹性,而应立足于中国的现实。

梁启超说,他曾主张中国不能实行民主立宪的理由包括:国民程度不相应、无历史上之根据等等,而《中国新报》则"谓就令汉人之程度可以为民主,而满、蒙、回、藏之四族决不能,不能焉而我新民主国之势力,又未足以驭之,其势必解组,以衅中国,而彼又无自保障其独立之实力,则必为强国所并,以召中国之瓜分,此实最博深切明之言,而予排满革命派以至难之返答也"[①]。不过,立宪的大目标虽然一致,但具体的政见却差异很大。比如,梁启超主张开明专制,而杨度则以"开国会"与"排满革命"相抗衡。那么杨度为什么要在预备立宪的众声喧哗中提出"开国会",除了简明而有辨识度之外,关键是可行性。杨度说:"予之主张开国会,与要求立宪诚无以异,然予不以要求立宪相号召者,非不以要求立宪之名为然而避之也。乃以为与其求形式上之宪法,不如求实质上之国会;与其言广漠之范围而云立宪,不如举简单之事实而言开国会。"[②]

尽管杨度和梁启超在以"开国会"作为他们联合政党的口号等问题上取得了共识,但双方在其他许多方面并没有真正互相信任。并且梁启超对杨度的权势企图心表示担忧。1907年3月,他致信蒋智由说:"某君(指杨度)欲以其所支配之一部分人为主体,而吾辈皆为客体而已。吾辈固非不能下人者,苟有一真能救国之党魁,则投集其旗下为一小卒,固所不辞,但某君果为适当之人物否,能以

---

① 梁启超:《新出现之两杂志》,载《梁启超全集》第六集,134页。
② 杨度:《金铁主义说》,载《杨度集》一,第349页。

彼之故而碍党势之扩张否,则不可不熟审耳。"①不过梁启超在同月给杨度的信中,表示同意未来的政党以"开国会"为口号,但对于党内是否应该吸纳在同主义下不同派别的政治团体,这些不同的政治派别是否会构成对总体目标的分解,表示疑虑。

1907年4月中旬,杨度在《复梁启超函》中说,对于普通人的接受方式而言,简单明了的口号最为重要。对康有为在政党中的地位问题,杨度接受梁启超的建议,"谓总理暂不举人,南海暂不入党"。原因是"南海之反动力太大,革党与政府皆可借此以为摧残本党之具"②。不过杨度对于康门弟子是否真的会让康有为"隐身"持怀疑态度。杨度和梁启超的交谊颇深,但对于梁启超所器重的蒋智由和徐佛苏等人,杨度似并不认可。他说:"所以主张立宪党之统一,乃本于屈己伸人之公心,不然弟非不能结一独立之小党,以与公等各树旗帜,相与周旋,以为娱乐也。观云(蒋智由)乃昌言欲坐收权利固地位,又言内地危险,不肯身入,实非真爱国所宜言。"③并认为梁启超的另一合作者徐佛苏也是缺乏"智略"。

既然对和梁启超一起组织政党者都有非议,梁启超当然也难以与杨度开展真正的合作,并逐渐认为杨度或是最难以合作的人。梁启超转而想独立成立政闻社,以便于在国内开展活动。

张謇等人先成立了"预备立宪公会",由郑孝胥负责。杨度则成立"宪政讲习会",梁启超则只能独立成立政闻社。他在1906年6月8日致康有为的信中报怨杨度的"野心"说:"杨晳子初本极热心

---

① 丁文江、赵丰田编:《梁启超年谱长编》,第257页。
② 杨度:《复梁启超函》,载《杨度集》一,第405页。
③ 杨度:《复梁启超函》,载《杨度集》一,第404页。

294 理想的国度:近代中国思想中的国家观念

此事，至今犹然，但征诸舆论，且察其行动，颇有野心，殆欲利用吾党之金钱名誉，而将来得间则拔戟自成一队，故不惟本党旧人不敢放心，即东京学界各省新进之士表同情于吾党者，亦不甚以彼为然。故现在政闻社之组织，杨氏不在其内，弟子数月来所经画徘徊而久不定者，颇为此也。"①

梁启超对杨度另组政党很不满，主要考虑到这会造成立宪势力的分散，并因政见的大同小异造成争夺会员的局面。而在六七月间徐佛苏也两次致信梁启超，讨论政闻社与宪政讲习会的合并问题，以及若杨度要加入政闻社之后续事宜。

但政闻社之活动颇不顺利，其在东京和东南亚的成立大会，都受到革命党的暴力破坏，按照章太炎的记述，在1906年10月17日的政闻社社员大会上，由梁启超和日本人犬养毅发表讲演，梁启超刚开始讲演，张继等人蓄意引发肢体冲突，梁启超夺路而逃时，还被扔鞋击中面颊②，场面失控。政闻社的另一制约力量来自杨度的宪政讲习会（后改名宪政公会）。政闻社因为实质操持者康梁的政治缘由，后改由马相伯主持③，宣传和推广力度难以与杨度相比。而且杨度有与政府合作以推动立宪的企图，因此，在各地散布政闻社排斥袁世凯的言论，而康有为也的确有联合袁世凯的政敌铁良的

---

① 丁文江、赵丰田编：《梁启超年谱长编》，第267页。
② 章太炎：《记政闻社员大会破坏状》，载《章太炎全集·太炎文录初编》，第394页。
③ 对于康梁因政治原因不能到内地发展，康有为很是着急。他在给梁启超等人的信中说："当议会之将开，及人才之渴望，因而收之，以成党势，诚至当之事，势不可不急起直追者也。恨我党不能大人内地，肃王即来提携，内情必极急，那拉旦夕必有变，若能入内地而开会，则以吾党之名誉财力，海内尚无与角者。"（见丁文江、赵丰田编：《梁启超年谱长编》，第275页）

第九章 文明模式与现代性的反思：杨度与章太炎、梁启超关于国家与民族的争论

想法，似坐实了杨度等人的"谣言"。这促使袁世凯鼓动张之洞上奏，最终致使政闻社被封禁。①

梁启超与杨度在预备立宪的大趋势下，因主张维持现有秩序而进行渐进式的变革，而一度有联合建党的设想，但终因各种缘由而难以联手，在政闻社被封禁之后，杨度亦由袁世凯和张之洞以"精通宪法，才堪大用"而举荐入宪政编查馆任职。1908年4月20日，杨度以"四品京堂候补，宪政编查馆行走"一职进入清政府为立宪而设立的机构。

杨度进入清政府任职后，继续游说推动立宪政制的确定，引发了预备立宪的时限的讨论，对《钦定宪法大纲》和九年预备立宪清单的提出有促进之功，并直接参与晚清刑律等法律原则的讨论②。

不过，引发时人热情的预备立宪，却终因清政府的一再延宕，或因皇族内阁的强烈反对，而未曾真正推行，而革命之势在各种力量的推动下，已成不可扭转之势。

（二）章太炎《代议然否论》对杨度"开国会"主张的批判

就20世纪初的思想舞台而言，革命派的最大论敌是以康梁为代

---

① 对此经过，徐佛苏的《梁任公先生逸事》一文，从侧面证明了政闻社确有倒袁的意向。文中说，政闻社成立之后，积极推动立宪，受到人的猜忌，"又值康先生有为自海外秘电某当道，请劾奕劻植党揽权，以外间有康梁秘联粤督春煊谋倒张之洞、袁世凯之谣。于是袁党力促张之洞奏请清后举发康梁乱政秘谋"。（见丁文江、赵丰田编：《梁启超年谱长编》，第295页）
② 杨度在清末修宪的辩论中主张立法的原则要以主张平等的国家主义来取代等级化的家族主义。他说，中国政治之乱象，因深受家族观念之影响，国家要转弱为强，"欲官吏尽心国事，则必去其家人之累始；欲去其家人类，则必使有独立之生计能力始；欲使有独立之生计能力，则必自与之以营业、居住、言论各种自由权利，即迫之以纳税、当兵之义务始。欲与之此种权利，迫之以此种义务，则必自使之出于家人登于国民始"。（见杨度：《论国家主义与家族主义之区别》，载《杨度集》二，第529页）

表的维新派及其转型而成的保皇立宪思想。但杨度作为一个新崛起的舆论好手，对革命派亦构成尖锐的挑战。相比于梁启超有煽动性但经常自我否定的论说模式，杨度辨析了民族主义的意义与局限，在革命会导致国家分裂等议题上有连续性，对于立宪的过程及其手段的分析缜密而稳定，这自然引起革命派的注意，章太炎等革命派的言论巨子都纷纷发表文章对之加以认真回应。

杨度对革命派的批评自有其策略，比如针对革命派以排满为口号颠覆清政府的主张，杨度指出，革命派并不愿意通过监督政府的方式来促使其改善，而是更愿意看到政府的腐败堕落，这样他们的暴力活动就有了合法性。因此，杨度说只要君主依然存在，革命党的利益就必然与国家之利益构成对立。这就是利用社会各界期待社会平稳过渡的心理来引发民众对革命派的不满。他说："民间倡言破坏、主张革命者，亦舍政治之事于不问，任政府之腐败而不一监督之，且或欲利用其腐败，以激起人民反抗之心，甚至倡言贪官污吏非其所恨，闻政府之腐败而喜，闻政府之不腐败而惧。问其何以至此之理由，则必曰非起革命军除去君主后，不可以言政治也。"[1]这样做的后果是，在革命成功之前，革命派的一切活动必然是与国家的利害相反的，与政府的利害更是对立。

中国历史上，要推翻一个昏庸的专制君主，只能通过暴力革命，"革命之事，数十年一小起，数百年一大起，杀无数之人，流无数之血，而所得之结果，又复如前此无他，但知以专制易专制，而不知以立宪易专制也"[2]。在杨度看来，这种治乱的循环是因为人

---

[1] 杨度：《金铁主义说》，载《杨度集》一，第347页。
[2] 杨度：《金铁主义说》，载《杨度集》一，第306页。

们不能从专制政治中摆脱出来。在朕即国家的体系下，人们对于现实的不满，只能通过推翻不负责任之君主得以呈现，但他们并没有意识到可以有一种更为合理的政权更迭方式，即立宪制，组织责任政府，政府更换，而作为国家象征的君主则无需为政治困局担责。君主专制和君主立宪的差别是，君主专制是君主有责任而其他官员和民众无责任，而君主立宪则是君主无责任而内阁有责任。[①]

杨度希望中国能通过政治改革的方式建立起新的政治模式，并乐观地认为应该通过立宪的方式来改换政府。这样国家不会因改朝换代而产生急剧的动荡。而且，每一次政府的更迭，都是民众主张自己权利的实践，从而提升他们参与政治的程度。

要建立一个负责任的政府，而负责任的政府之建立的关键在于国民能参与到政治活动中去[②]。在现代的政治架构中，参与政治活动的途径主要是国会，而国会活动正常化的前提，则是政治团体的建立，特别是政党。不同政见的政党，通过议会对政府的施政方案进行辩论，对税收和政府支出进行审计、监督等。

[①] 在皇族内阁出台遭受全国上下一致反对的情况下，张謇在1909年提交《请速开国会建设责任内阁以图补救意见书》中，依然是这样来理解责任内阁和君主的关系的，他说："立宪国何以能之？其立法也，曰责任内阁。责任云者，以内阁代君主负责任焉耳。责任专于内阁，而君上日临而监察之。内政有失，则责内阁大臣焉；外交有失，则责内阁大臣焉。中外人民之观听，群倾注于内阁大臣。"这样，大臣们就不会以为自己的位置永远安全而敷衍自己的责任。唯有君上为责任之所不及。如此说来，责任内阁对于君主而言是只有益处，无有损害的。(见《张謇全集1·公文》，第188—189页)

[②] 杨度后来主张家族主义与国家主义不两立。他说中国政治之乱象，因深受家族观念之影响，国家要转弱为强，"欲官吏尽心国事，则必去其家人之累始；欲去其家人累，则必自使有独立之生计能力始；欲使有独立之生计能力，则必自与之以营业、居住、言论各种自由权利，及迫之以纳税、当兵之义务始。欲与之此种权利，迫之以此种义务，则必自使之出于家人登于国民始"。(见杨度：《论国家主义与家族主义之区别》，载《杨度集》二，第531页)

但他并不认为同盟会这样的组织是政治性的政党。在他看来，秘密会社式的革命行为是"非政治革命党"，因为他们所结之党其实是纵容政府之腐败。而他所想要建立的立宪党是要通过改良吏治、监督政府来厘清政局，是要予以政府上下之利禄之途，以当头打击。而"吾人所欲结之党，又必彰明昭著，显与政府为敌，而不宜以秘密自藏，则苟无敢死之心者，与其入显著之政治革命党，不如入秘密之非政治革命党也"①。杨度认为在公共平台上批评政府，比采取暗杀等方式更有"敢死"之心。不过，以此来批评革命党的怯懦并不符合实际。在清政府的冥顽不化面前，政治斗争的效果并不明显，甚至清政府预备立宪方案的推出，其原因之一就是受到革命派的压力所做的"姿态"。

不过，杨度也承认革命派所提出的排满革命的口号的影响力，认为立宪派应该有一个共同的主张来与之抗衡。1907年4月，杨度在《致〈新民丛报〉记者》中，对梁启超说，你主张立宪，我主张开国会，这二者看上去，并没有什么不同。但是没有国会的立宪必然是假立宪，就如"五大臣归朝后，不费若何之气力，而使朝廷颁出一预备立宪之空文，至于官制改革之实事，则盈廷反对，卒无丝毫之效果，致使预备立宪之谕，亦几于虽有若无"②。所以，要有一个具体能推进的事来作为立宪的端口，在他看来，一切有关宪政之事，以开国会为首。这些都得到了梁启超的肯定。

---

① 杨度：《金铁主义说》，载《杨度集》一，第348页。
② 杨度：《致〈新民丛报〉记者》，载《杨度集》一，第400页。的确，1906年9月1日，清政府宣布仿行宪政，但在立宪派和革命派看来，都是一种虚应故事而已。实际上清政府虽然觉得日本的方案不错，但对于如何有步骤地展开，迟迟没有提出具体方案。

第九章　文明模式与现代性的反思：杨度与章太炎、梁启超关于国家与民族的争论他在《金铁主义说》中，继续强调开国会的效果，认为经若能开国会，国民能人尽其才，国家富强倚马可待。"盖国会既开之后，一国政事，纲举目张，循法守例，照常行事，贤者不能过之，不肖者不能不及，中材之人皆可自致，全国上下人人皆为谋国之人，合群智群力以进行之，秩序厘然，各尽其职，而国家之事不必期其进步而自然进步矣。"①

杨度认为若有参与政治活动的机会，民众的政治素质将大为提高。国民参与政治的方式有两种，一为人民以官吏之资格来参政，一为人民以人民之资格而参政。

人民以人民之资格参政，即是成为议会中人。议会的成立使政府不能将财政、外交等事务尽守秘密，不让百姓知道。议会通过辩论，一切皆会公之于世。而只有百姓才知道自己的利益所在，这样，通过人民的监督，政府即使不想负责亦不能。

杨度认为，当政者总是说人民的程度不足以开国会，其实是政府拒绝监督自己的一种借口，不如说是政府的程度不足以容忍议会的存在。所以，不能靠政府的同意来开国会，而是要靠民众自己去争取，他们可以参加不同的政治组织，去争取自己的权利。那么怎么去争取呢？

当时预备立宪之上谕已下，但官制改革和立宪之步骤却进展迟缓，要督促清政府实行立宪，首选值得选择的手段是通过舆论，若舆论手段不能奏效的话，依然可通过舆论呼吁大家使用武力，这样就可以积聚反对君主的力量。杨度认为，在舆论手段是否有效还没

---

① 杨度：《金铁主义说》，载《杨度集》一，第346页。

有定论的情况下，讨论武力革命为时尚早。从这些讨论中，他始终不承认以革命的方式参与政治的正当性。

杨度也知道，在"立宪"这个大目标下，也可以包括君主立宪和民主立宪，革命派所追求的就是民主立宪，那杨度为何要坚决反对民主立宪呢？

在杨度看来，政治的关键在于国民，而不在君主与民主。"即政治以观察民主立宪与君主立宪之区别，其所重要者必不在君主与民主一方，而在国民一方可以断言矣。夫由国民一方以论各立宪国之异同，虽有可论列之点，然而有一同焉者，则民权之伸张是也。民权之伸张，于何见之？于其国会见之。国会者，所以代表国民之机关，一国中而有此机关，则民权之伸张不待言矣。"[①]由此，判别民主与专制的关键不在于是否有君主，而在于是否有国会之成立。杨度仔细分辨了英美、德国和日本的不同政治体系，他认为政治之最完善者，当然是成立国会，并颁布形式化的法律。不同的国家政治发展的成熟程度有差异，如英国，国会的权力高于君主，而其次则是德国，最下则是日本。政治发达与否，与这些国家的国民政治意识密切相关，与是否君主制其实关系稍远。英国和美国，虽然一为君主制国家，一为民主制国家，但实则上是"同一之共和政体也"[②]。英国因为政党制度发达，所以由多数党组阁，实质上是由议会而非君主掌握国家的权力。政党的发达的根基在国民之发达，国民的公共之心确立了整个社会的公德意识，"英、美惟其国民公德之发达也，故能合小为大，以发达其政党，以发达其国会，以发达

---

① 杨度：《金铁主义说》，载《杨度集》一，第382页。
② 杨度：《金铁主义说》，载《杨度集》一，第383页。

其国家，而成为共和政治也"。①因此，中国目前的政治最紧迫的任务，是开国会立宪。

针对革命派所提倡的共和理想，甚至是"无政府主义思潮"，杨度一概将之视为"以哲理解决者"，试图将社会理想现实化。如此，最理想的社会必将视所有制约人类之自由的制度均为不合理，不仅君主不足留，民主、宪政都不足慕，但这种超越现实的理想主义情怀，无法应对当下中国所面临的困境。

"哲理"之法不能解决纷乱的社会问题，只能以"法理"去寻求解决之法。在世界各国，无论民主立宪还是君主立宪，法律国国不同。因此，也不是以抽象的法理来决定法律，而是各国根据本国的现状，制定相应之法律，然后"各学者乃从而解释之，斯即谓之法理"②。因此，最终还是要"以事实解决"，即从当时中国的现实来寻求一最合理的宪政方案。而杨度认为，当时中国最适合君主立宪，理由是若实行民主立宪，有两个问题难以解决。一是蒙、回、藏之文化，不能等同于汉人，二是汉人的武力也不能处置蒙、回、藏可能出现的分离主义倾向。③由此，杨度提出：（1）满汉平等，逐渐使蒙、回、藏在文字上达到统一的程度。（2）逐渐消除种族即国家、君主即国家的观念，树立"国民"意识，"庶乎中国全体之人混化为一，尽成为中华民族，而无有痕迹、界限之可言"④。

杨度说，他的开国会主张，并不是基于理想政治形态的哲学性思考，也不是基于法理根据。因为，在没有公义，只以强权为基础

---

① 杨度：《金铁主义说》，载《杨度集》一，第384页。
② 杨度：《金铁主义说》，载《杨度集》一，第364页。
③ 杨度：《金铁主义说》，载《杨度集》一，第366页。
④ 杨度：《金铁主义说》，载《杨度集》一，第370页。

的国际秩序面前,任何法理上的依据都难以保全中国。他借用拿破仑的事实说明,即使是民主制度下,也可以使国会徒有其名而行专制之实,所以当前的中国选择何种政体,主要要依据中国的现实需要[1],在国力羸弱,且国内各民族文化发展的程度不一的情况下,以政治的理想形态来要求,无疑是拒绝变革的借口而已。

对于杨度《金铁主义说》中对革命派所提出的批评和"开国会"的主张,章太炎在1908年刊于《民报》10月号的《代议然否论》等文章做了系统的批判。

有效地通过对历史事实的解读来批驳政敌的主张,是章太炎的习惯性路径。这在与康有为、梁启超的论战中已充分显示其力量。对于杨度开国会以让国民获得充分参与政治的机会的说法,章太炎却持否定的态度。章太炎说,在中国郡县制早就取代了封建制,从而实现了社会成员的平等。代议政体,这种来自西方的政治体制只是封建制度的变种而已。他说,上议院只不过是西方封建时代元老院的蜕化物,而下议院则接近于《周礼》中的"询及庶人"。即使在民主体制中,议员群体的出现也只是在政府和民众之间增加一个统治阶层而已,根本无法保障国民的权利。

康梁在戊戌变法时期提倡的议会制度,其目的"通上下之情",使君民沟通无碍。但章太炎却看到,议会制度并不能真正代表民意,经常会异化为统治集团与地方豪强联合起来压迫底层平民的机制。而选举制度则让这种压制机制合法化,甚至被视为是符

---

[1] 杨度在《〈中国新报〉叙》中说:"然则中国宜为君主立宪乎?抑宜为民主立宪乎?曰:是不当以理论决,而当以事实决;又不当以他日之事实决,而当以今日之事实决。"(见杨度:《〈中国新报〉叙》,载《杨度集》一,第209页)

合历史进程的"公例"。所以,"必欲闿置国会,规设议院,未足佐民,而先丧其平夷之美。……乃者,杨度鸱张,夸夫伸眉延颈,喁喁请开国会。满政府如其请,果刻九年为宪政实行之日"①。

一度醉心西方社会学理论的章太炎,也愿意使用"实证"和"统计"的依据,他从议员与人口的比例来说明议员的代表性不足的可能性。章太炎认为,即使是通过选举而确定的议员,最终还是会被权贵阶层所垄断,不过是魏晋时期"上品无寒门"的格局的翻版,国民的权益也难以得到保护。"名曰国会,实为奸府,徒为有力者傅其羽翼,使得滕腊齐民甚无谓也。"②章太炎提出了几种不同的选举议员的方式,比如是按人口比例,或是按缴税的多寡来确定议员的人数,在广土众民的中国,都难以使代议制度真正发挥矫正社会不公平的作用。

作为一个以实现共和政体为目标的革命派理论家,章太炎必须回应没有议会制度的共和政体如何可能的问题。章太炎说,他早年对于共和政体的推崇,主要是基于反对统治权力世袭制,并没有考虑公选大总统和设立议会制度之间的"公私"之别。也就是说,大总统的选举制代表天下为公的理想,而议会制度则实质上是贵族利益的辩护者,是"私"。并且章太炎认为,民族、民权和民生主义之间存在着内在的矛盾。因为,从民生主义的视野来看,如果"法自上定者,偏于拥护政府;凡法自下定者,偏于拥护富民"③。这就是说,统治者若为民选,那么统治者会偏向于经济上的平等;而

---

① 章太炎:《代议然否论》,载《章太炎全集·太炎文录初编》,第312页。
② 章太炎:《代议然否论》,载《章太炎全集·太炎文录初编》,第313页。
③ 章太炎:《代议然否论》,载《章太炎全集·太炎文录初编》,第317页。

若经济制度由议会来确立,他们势必会维护富裕阶层的利益。这样,以议会为基础的共和制度,与民族、民生主义之间存在着不可调和的冲突。章太炎这番论述的副作用,是构成了对于孙中山等人的民族主义与民生主义理论的一致性的破缺。

基于反对代议制的目的,章太炎说,无论是君主制下的元老院制度还是民主制度下的代议制,本质上都是在已有的等级制度上,增加一个等级而已。至于立宪派所强调的以议会来限制君权这一点,章太炎一方面认为不可行,另一方面则说,若是以限制君权为目标,那么司法和行政的独立可能更为有效。他的方案是,采取权力分置的方式:总统主要负责国防和外交,以任命制的方式来选择官员,以及凭自己的判断来决定官员的升降。教育的发达以开民智,法律规则真正由百姓确定。重大事务的终决权必须由总统和国务官共同签署。在经济上限制富裕阶层的财富,以及给财产继承加以管控,不使富者子孙成为食利阶层。在基层管理上,实行地方自治,由行政官员和民众商议决定征税、劳役等公共事务。

在章太炎看来,纠结"共和"与"专制"并无必要,关键在于是否真正能让百姓的利益得到保护。当议会和议员只为权贵服务的时候,这样的"共和"实质上更接近于"专制"。因此,章太炎说:"共和之名不足多,专制之名不足讳,任他人与之称号耳。大抵建国设官,惟卫民之故,期于使民平夷安隐,不期于代议。若舍代议政体,无可使其民平夷安隐者,吾亦将撷取之。"[①]

所以,章太炎的方案看上去与革命派追求共和政治的目标有

---

① 章太炎:《代议然否论》,载《章太炎全集·太炎文录初编》,第323页。

一些出入。他认为当时中国的问题并非立刻开国会，关键在于选拔有实际能力的官员。当时中国问题错综复杂，所缺的是解决问题的官员。那些夸言经世的人，强调财政和武备政策，但并无实际的方略，游说横议之风起，贪腐之吏仍盈朝。所以类似杨度等人，只是剿袭西人口实，无实际操作路径的分析，并不能真正切入中国问题的关键。"金铁主义论者盖闻其风而兴起矣。彼见满洲政府近时所注意者，无过聚财讲武二端，而于吏治得失、民生隐曲，曾不一语及之，以为由今之道，无变今之俗，但使国会成立，笼罩群生，则中国已足以治。诚如是，则彼所谓宪政者，金云铁云而已。"①章太炎说，即使是经常发空论的梁启超也提倡"开明专制"，看到了吏治改进的重要性，其认识水平要高于杨度甚多。

对于杨度所提出的少数民族地区的议会名额的复杂方案，章太炎的主张是在少数民族地区设立地方自治性质的总督府，"其下编置政官，其民亦各举其贤良长者以待于总督府，而议其部之法律财用徵令，以授庶官而施之"②。在这些贤能之士的管理之下，发展农业工商业，最终其发展水平与汉地接近。至于杨度所担心的国家分裂问题，及如何破坏殖民势力在中国的均势的问题，章太炎也不以为然。他认为，并非所有列强都持利益均沾的"保全中国"策，如俄国就有意分裂中国，不能把保全国家的期望寄托在西方殖民主义者那里。

至于革命可能激发国内的分裂，章太炎亦认为这与革命与立宪并无多大关系。章太炎在差不多同时期，《中华民国解》中的建

---

① 章太炎：《中华民国解》，载《章太炎全集·太炎文录初编》，第266页。
② 章太炎：《中华民国解》，载《章太炎全集·太炎文录初编》，第266页。

国方案是以文化之远近来确立一种差等式的组合格局。因此,他主张先从文化风俗接近的地区来确立国家之主体,而语言、风俗差异较大的地区,则听其来去自由。从某种程度上,这并非肯定"保全中国"的策略。但章太炎通过反驳康梁、杨度所担心的中国瓜分说,认为中国的少数民族地区,因为人才、资源等原因,并不会选择独立,而是期待通过二十年的发展,而逐渐与内地实现文化上的"醇化"。

革命派的汪精卫和胡汉民等人一直在批驳康梁等所担心的革命导致瓜分论。而对于杨度的分裂说,章太炎的学生汪东也批评民族主义容易招致国家分裂的说法,认为这是一种武断的臆想。一方面,汪东认为满族若想独立也非坏事,另一方面他认为游牧的条件已不复存在,他们未尝会愿意独立。更为关键的是,满、蒙等民族若是要独立,跟君主立宪还是共和政体并无直接关系。[①]

相比于康梁系的政闻社在国内立宪运动中的受挫,以张謇为代表的工商立宪势力和杨度的宪政公会,不断通过请愿等政治斗争的方式,推动清政府落实预备立宪。

1907年12月,杨度根据1907年11月对预备立宪的上谕,提出了《湖南全体人民民选议院请愿书》(以下简称《请愿书》),对上谕中所提出延迟宣布立宪的理由提出了反驳。

第一,对于上谕中所说,须上有完备之法度,下知应尽之义务,方可宣布立宪。《请愿书》认为,法律是天下之共守之物,所以须代表民意,只有尽快地立宪,建立立法机构,才能制定符合人

---

① 寄生(汪东):《革命今势论》,载张枬、王忍之编《辛亥革命前十年时论选集》(第二册),下集,生活·读书·新知三联书店1963年版。

民利益的法律，而通过立法的过程，人民也就知道自己应尽的义务了。现在中国的立法权，只操于修律大臣几人，所制定的法律，不仅地方督抚反对，人民亦无从了解详情。

第二，对于上谕中提出要以国民之程度来决定实行之迟速。对此，杨度重复了他在《金铁主义说》中的观点，认为民选议院的开设，本身是对国民的政治训练，而且，中国的中层人士的素质已经完全具备参与政治决策的能力。

第三，对于有人借口立宪而干预国家政治事务的现象。《请愿书》指出立宪就是制订规则的过程。若民意有表达的渠道，民众就不会人人干预，国家的权威性才可能得到更好地维护。

第四，立宪是为了民情得以上达，而不是为了激发民怨。《请愿书》认为国会可以汇总各地民意，下情上达的途径畅通，国家的政治事务也可悉数了解，这样，百姓的暴戾之气可以得到化解。否则压力无处发泄，反弹力也会很强。

第五，对于充分利用资政局和谘议局的问题，《请愿书》认为这两个机构固然是作为议院的预备机构而成立的，但这些机构，只是代表官方的权力机构，既不代表国家，又不代表人民，只是政府的顾问机构而已，因此，只有民选议院的成立，才是真正的立宪。

因此，他们代表湖南人民请愿，要求在二年内开设民选议院，推进预备立宪。① 不过很快杨度便因为张之洞、袁世凯等人的保举而进入宪政编查馆。由一个宪政的舆论推动者，而成为一个实际操作者。

---

① 因为开国会的愿望迟迟难以实现，所以杨度提出了速开国会的请愿书。与此同时，康梁一派的政闻社要求宪政编查馆"请限期三年召集国会"。也有五六年，甚至二十年的，最后宪政编查馆决定以日本实行宪政的九年期为限。（见李细珠：《新政、立宪与革命——清末民初政治转型研究》，第37—38页）

（三）杨度和章太炎对于"中华民族"的争论

章太炎和杨度之间争论的另一个核心问题是关于"民族主义"是否正当的问题。

前文已述，杨度接受了严复所译的甄克思《社会通诠》中对于社会发展阶段的认识，认为中国处于由宗法制度向军国民制度发展的阶段。甄克思认为民族主义是"宗法社会"阶段的思想观念，不适合近世的国家社会，如果近世国家采用民族主义的手段，一般也是用"国家主义"，而民族主义只是手段。比如俾斯麦的德国和意大利等国，都采用民族主义的观念，但他们所用之民族主义并非种族意义上的"血统民族"，而是文化认同意义上的"文化民族"。由此，杨度对革命派的批判，以"民族主义"为其中最重要的标靶之一。

杨度说，民主立宪党之民族主义论说，其实既有以血统民族说来排满的，也有以文化立论来排满的。从革命派将未来的国家名称定为"中华民国"而言，他们所持者，实为"文化的民族主义"。

由此，他对"中华民族"这个概念展开思考。"今人必目中国最旧之民族曰汉族，其实汉为刘家天子时代之朝号，而非其民族固有之名也。中国自古有一文化较高、人数较多之民族在其国中，自命其国曰中国，自命其民族曰中华。即此义以求之，则一国家与一国家之别，别于地域，中国云者，以中外别地域之远近也。一民族与一民族之别，别于文化，中华云者，以华夷别文化之高下也。即此以言，则中华之名词，不仅非一地域之国名，亦且非一血统之种名，乃为一文化之族名。"[1]杨度还引用公羊学中"夷狄进于中国则中国之"的原则，认为古代中国的夷夏之别，也不是基于血统，而是以礼教为标准，来判别文明之高低而言。且又经过几千年之混杂，所以，"华之所以为华，以文化言，不以血统言，可决知也"[2]。"华"者"花"也，以"花"为名，只是为了形容文化之美而已。以此而言，"今日之中华民族，则全国之中除蒙、回、藏文化不同，语言各异而外，其余满、汉人等，殆皆同一民族"[3]。

杨度说，革命派中有一些人有排满的主张，但因为是排满族之君主，而非满族之人民，所以，可以知道他们采用的是文化民族主义的手段，来达到民主主义的目的。这种说法一方面是要对革命派的排满主张进行"分化"，另一方面，则是希望通过"中华民族"概念的解释，摈弃以单一民族建立现代国家的激进主张，而确定多元民族一体的建国方案。

按照黄兴涛对"中华民族"这个概念的溯源，"中华"一词历史悠久，而民族一词则是晚清才开始使用，将这两个概念合在一起称"中华民族"是1902年的事。稍早还有"中国民族"的说法，最初使用"中华民族"主要是指汉族，到后来才用来指称在中国土地上生活的所有族群。[4]

在现在可以追溯的文献中，最早使用中华民族概念的是梁启超，1902年4月，他在《中国学术思想变迁之大势》一文中，他使

---

[1] 杨度：《金铁主义说》，载《杨度集》一，第372页。
[2] 杨度：《金铁主义说》，载《杨度集》一，第372页。
[3] 杨度：《金铁主义说》，载《杨度集》一，第372页。
[4] 黄兴涛：《重塑中华：当代中国"中华民族"观念研究》，北京师范大学出版社2017年版，第65页。

用了"中华民族"的称呼。1905年初,梁启超在《新民丛报》发表《历史上中国民族之观察》一文,他使用"中华民族"的概念,并强调"中华民族"是多民族融合的产物,黄兴涛说梁启超这个时期使用"中华民族"概念的时候,虽然主要还是指称汉族,但他总结了以往民族形成的特色,并意味着将来的中华民族是"大民族共同体"[①]。

的确,以文化民族主义的立场在处理晚清的"民族国家"建构的问题上,梁启超和杨度等人有许多共同的倾向。比如,他们都从文化和历史的结合,认为中国的民族,是由汉族和满、蒙、回、藏诸族一起构成的"国民",而中国的国土除了所谓的本土"十八省"之外,还包括了东北三省、蒙古、新疆、青海和西藏等所有领土的总和,而且国际上所有国家,亦是承认这些区域为中国的领土的。梁启超和杨度之反对"种族主义"是共同的,在梁启超看来,固然有一种民族国家的理论强调"单一民族"组成国家,比如日本,但一个好的政治家,不应该将一直在这个国土上生活的不同民族的人排斥出去,而是应该以民族融合为其政治纲领,"断无挑之使互相排之理"[②]。汉族人中的排满主张和满族人种的排汉论,都是出于"私利"而误"大局"。"民族的国家主义",容易导致中国各民族的互相对抗,最终走向分裂,并难以抵抗西方列强的压制。

梁启超说,世界上亦有通过民族主义而致国家富强者,比如德国和意大利,但他们是利用"民族主义"将国土内的不同族群凝聚在一起,而非如中国的民族主义者是要把一个大国分裂为许多小

[①] 黄兴涛:《重塑中华:当代中国"中华民族"观念研究》,第67页。
[②] 梁启超:《新出现之两杂志》,载《梁启超全集》第六集,第135页。

国。所以，应该确立"国民"概念而不强调"民族"观念。"若吾党之持国家主义者则异是。'民族'二字，在政治上不成问题，能支配者惟有国家，所支配者则为国民，而所谓某族支配某族、某族支配于某族之说，皆谓之不词。"[1]也就是说，不能认可某一民族对他民族的支配性地位，主张国内各民族的平等，这个平等的前提是他们皆为"国民"之一分子。这也与章太炎主张主体民族的观念有很大分歧。

杨度则看到了，革命派所持的民主立宪方案，在民族问题的立场上其实有所游移，他分别从两个方面来"替民主立宪立策"。

他假设道，若是从民族主义立国，只能采取压制和分立两策，但这两种方案都难以真正实现建国的目的。他说，中国的地域和种族的情况"非各种人杂居一地，而为各种人分居各地故也"[2]。这样的格局下，如果蒙、回、藏也接受民族建国的思想，那么他们就会脱离中国而谋自立。对此，中央政府所能采取的策略，一是压制，即通过武力来反对分裂；二是分立，即让这些区域建立自治性的国家。但是，这两条都行不通。没有足够的军事力量则无以行压制的策略，而分立则可能会落入殖民主义者分而食之的策略中，即列强将这些分立的自治国纳入自己的版图，如俄国对于外蒙、英国对于西藏等。

杨度自己的建国策可以称之为"民族联合策"，对于满、蒙、回、藏既不排斥，也不压制，而是与他们联合成立一个新的国家，这可以称之为"联合策"。"联合策"并非完美无缺，最大困境是

---

[1] 梁启超：《新出现之两杂志》，载《梁启超全集》第六集，第135页。
[2] 杨度：《金铁主义说》，载《杨度集》一，第376页。

蒙、回、藏这三个文化不同的民族在新建立的中华民国中占何种位置。

杨度认为联合建国，必然要采取统一的语言，而蒙、回、藏他们还处于宗法社会阶段，民族观念强烈，让他们放弃自己的语言，至为困难。革命派允诺革命成功之后会给予这些民族以一定数量议员的资格，但杨度说，更大的可能是他们为保持自己的语言文字，而放弃在新国家里的政治权利。这就会造成一种悖谬。若是在设立议会之后，允许蒙、回、藏使用自己的语言，那么等于实质上的分裂。若是必用中国语言，那么等于还没开国会，他们就会产生分裂之心。

若是否定种族革命立场，而采取各民族的联合立国策略。这策略所产生的问题主要在议政环节，亦即议政所用文字如果统一到汉字，那么依然处于民族主义的各民族断然不会接受，如果几种文字并用，那么"不仅为讨议国事之害，亦且有动摇国本之忧，决不可也"①。

杨度认为，蒙、回、藏历史上与中国其他民族之间分分合合，但最近一次，则是在清朝时候，依赖清朝的武力而黏合的。因此他们对清朝皇帝依然具有尊敬之心，这样，君主立宪相比于民主立宪，可能更有助于保护国家的统一。他指出："欲保全领土，则不可不保全蒙、回、藏；欲保全蒙、回、藏，则不可不保君主，君主既当保全，则立宪亦但可言君主立宪，而不可言民主立宪。"②

而章太炎的民族观念相当复杂③。作为革命派的理论家，章太

---

① 杨度：《金铁主义说》，载《杨度集》一，第379页。
② 杨度：《金铁主义说》，载《杨度集》一，第381页。
③ 张志强：《一种伦理民族主义是否可能：论章太炎的民族主义》，载《哲学动态》2015年第4期。

炎一直持种族革命的主张。他在《驳康有为论革命书》中，提出：
"长素固言大同公理，非今日即可全行，然则今日固为民族主义之时代，而可溷淆满、汉以同薰莸于一器哉！"[①]认为当时的世界已经属于民族主义的时代，种族之间的界线应该辨别。此外，对于严复在翻译《社会通诠》时提出的"民族主义"不能实现强国保种的目标，章太炎批驳说："严氏皮傅其说，以民族主义与宗法社会比而同之。今之政客，疾首于神州之光复，则谓排满者亦宗法社会之事，于是非固无取，于利害则断其无幸。"[②] 章太炎一方面认为甄克思并没有将民族主义等同于宗法社会，此是严复的误读，更认为种族革命是符合世界各国建国的理念，亦是中国恢复主权的唯一途径。

而在杨度的《金铁主义说》发表之后，章太炎作《中华民国解》，系统提出了他对于中国民族问题的认识，并对杨度关于民族问题的核心观念进行了批驳。

章太炎说，名国土为"华"是因为最初的人们活动区域与华山有关，而以"夏"和"汉"作为族名则是因为河流的名称。因此"华云、夏云、汉云，随举一名，互摄三义。建汉名以为族，而邦国之义斯在。建华名以为国，而种族之义亦在。此中华民国之所以谥" [③]。因此，章太炎认为杨度称"华"的原字为"花"，是形容文化之美的说法，有三个值得商量之处。其一，华的确有华美的含义，但考察文义，则要从最初的含义出发，"华"的本义是山名。况且即使是分享同一种文化，也不能就此认定他们是同一种族。其

---

① 章太炎：《驳康有为论革命书》，载《章太炎全集·太炎文录初编》，第177页。
② 章太炎：《〈社会通诠〉商兑》，载《章太炎全集·太炎文录初编》，第336页。
③ 章太炎：《中华民国解》，载《章太炎全集·太炎文录初编》，第258页。

二，杨度依据《春秋》公羊学的夷夏观念来曲解历史，这种理解源自刘逢禄等人，他们这些人因为世代在清朝做官，所以失去了民族气节。章太炎认为《春秋》中"有贬诸夏以同夷狄者，未有进夷狄以同诸夏者"[①]。反对康有为和杨度所提出的满族已经汉化的主张。其三是"弃表谱实录之书，而以意为衡量"[②]。章太炎说，杨度的民族观念主观臆测中华民族在历史上就是由无数民族不断融合而成的。但实质上，所有的民族的融合都有主体民族的存在，即以一种优势的文化，不断融合其他民族而成。若两个民族势力相当，则无从融合。章太炎十分重视民族融合过程中的"主权"问题，也就是说，既然在清朝，满族并非在汉族统治下的同化，而是基于他们对于汉族的欺凌，因此，在主权未恢复之前，不能认为存在着民族的融合。这个先后顺序是不能颠倒的。

杨度和章太炎还就各民族的"国民程度"问题进行了争论。在杨度看来，国民程度即军事能力、经济能力、政治能力和对国家的责任心的程度，这四者尤以国民之责任心的建立为最难。而责任心建立的前提是建立起现代国家，若只是宗法社会或更早的社会阶段，当中并无国民，社会成员只需要对君主个人负责就可以。但随之的问题是，当国家内部有多个民族存在的时候，不同民族的"国民程度"并不一致，应该如何对待呢？杨度分析了蒙古族、回族、藏族等民族特性与在不同阶段纳入版图的过程。其实杨度真正要讨论的是满族的问题，因为这也是革命派民族革命的关键点。

杨度认为清朝的国家性质并非一个满族的国家，而他们自己

[①] 章太炎:《中华民国解》，载《章太炎全集·太炎文录初编》，第260页。
[②] 章太炎:《中华民国解》，载《章太炎全集·太炎文录初编》，第260页。

也认为是一个中国历史上的王朝而已,所谓的"亡国"并不存在。他说,革命派所主张的"光复","中国国家未亡,无可光复……夫国家之元素有三:一土地,二人民,三统治权。三者缺一则国亡,否则其国无自而亡"①。君主并不能代表国家,一个新的朝代取代一个旧的朝代,只是更换了君主,这个国家并没有灭亡。杨度也与康梁一样,经常引用欧洲国家迎立外国人为君主的例子,说明国家主体的存亡与君主的更替之间并无直接的关联。②"故今国家仍为中国国家而非满洲国家。今国家既为中国国家而非满洲国家,则今政府自亦仍为中国政府,而非满洲政府。盖中国不能无政府而有国家,满洲又不能无国家而有政府也。惟其满洲非国,所以中国不亡。"③那种将朱家明朝灭亡视为国家灭亡的说法,是囿于儒家君臣大义,并将之与奇异的种族主义结合,便是排满说的主要理论基础。

在杨度看来,满族人已经进化于宗法社会,但他们还没有发展出国家观念,那种将君主等同于国家的看法是儒家之君主国家说,而非种族国家说。但入关之后,满族人将自己退化为不耕不稼之人群,反而造成种族竞争力的衰退。所以,杨度认为满族人应该融汇于汉族之中,放弃其入关之后抑制汉人的失败政策。同样汉族人也应该放弃民族主义。

满族人之所以要坚持民族主义,一方面是因为他们要保持政治上的特权,另一方面则主要在于要保持他们因政治特权所带来的经

---

① 杨度:《金铁主义说》,载《杨度集》一,第264页。
② 杨度:《金铁主义说》,载《杨度集》一,第264页。
③ 杨度:《金铁主义说》,载《杨度集》一,第265页。

济上的优势地位。但基于政治特权所带来的经济优势，恰因为不事劳作而成为他们在新的国家中失去生计自由的缘故。因此，杨度指出，面对社会改革汉族人和满族人有不同的诉求，汉族人所寻求的是政治地位上的平等，而满族所担忧的则是生计自由的问题。

在五个主要的族群中，杨度认为汉族的国民程度最高，但尚有家族主义的思想存于脑中，使其难以发展出完全的国家观念，从而虽有经济、军事和文化能力，但国家责任意识不强。这是因为"西洋家族制度，破于封建制度之先，殆封建破，而个人之发达毫无阻碍，故突起直进而出于我之先。中国封建制度破于家族制度之先，今家族制度犹未破，故社会上仅有家长与家人二级，而无完全之国民"①。

或许是对于西方的社会进化论模式的照搬，因此，杨度对于中国社会结构的分析，侧重于批判家族主义的影响。在关于晚清法律改革的争论中，杨度也从否定家族主义，肯定国家意识的角度，认为礼教作为家族制度的对应物，应该在现代国家的法律体系中被清除出去。他认为，民族同化是一个漫长的过程，固然要设学校和行政管理机构来推进，但法律等则暂时要照应当地的风俗习惯。这样二十年以后，庶几可以达成。

但是这个"醇化"的主体应该是汉族，这是当时持历史民族主义立场的章太炎所坚持的。他批评杨度的语言统一观点说："彼为金铁主义说者曰，蒙、回、藏人有选举权与被选举权者，必以通中国语为惟一条件。夫能通中国语者，则已稍稍醇化矣，然于中国社会之形态能知其一二耶？情伪不知，利病不审，坐而论道则勿能，

---

① 杨度：《金铁主义说》，载《杨度集》一，第298页。

纵令随众予夺，亦如投钩何异。"[1]在章太炎看来，这些少数民族的选民即使了解了中国语，但对中国内地的情况并不了解，让他们来投票决定议案，这也太随意了。至于杨度所提出的设立"代议士"的主张，也与追求平等毫无关系。所以"专以言语同化者，必不足以参通国之政也"[2]。若设立议士，只是处理各民族地区的内部事务，可能还可以发挥作用。

满族人的汉语水平得到杨度的肯定，但在章太炎看来，因为满族人长期处于不事劳作的地位，对于民生并不了解，需要等革命成功之后，剥夺他们的特权，退就农耕生产，才有资格参与中国之政治。"金铁主义论者一与仅知语言之满洲人，再与仅知语言之三荒服人，夸言平等而忘利害中失之端，其症结非难破也。"[3]

中华民国成立之后，五族共和成为处理多民族国家的一个基本策略，略显吊诡的是，虽然革命派所推动的排满革命取得了胜利，但新的国家在民族问题上所延续的则是改良派的多民族融合的"中华民族"观念。

在杨度进入体制性的宪政编查馆之后，章太炎则因为种种原因离开《民报》，转而更多地从事学术研究工作。回顾这个时期，杨度与梁启超和章太炎之间关于国家、民族和政治体制问题的讨论，对我们认识现代中国的发展，有很大的启发作用。

---

[1] 章太炎：《中华民国解》，载《章太炎全集·太炎文录初编》，第263—264页。
[2] 章太炎：《中华民国解》，载《章太炎全集·太炎文录初编》，第264页。
[3] 章太炎：《中华民国解》，载《章太炎全集·太炎文录初编》，第265页。

第十章
民族国家与国学：
作为国家认同与学科的"国学"

"国学"在中国古代是指设在京师的教育管理机构和高等学府，而近代以来为学人们所关注的"国学"则主要是指中国传统的学术文化和价值体系。其概念和最初的内涵来自日本的国粹运动，目的是要处理在西方思想文化和生产方式的冲击下，"本国"思想文化和价值体系的地位和作用的问题。很显然，"国学"这个词的引入带有弱势文化的防御性特点。

从国学思潮的发展历史来看，自晚清国粹派、章太炎到20世纪20年代开始的"整理国故"运动，一直到20世纪末21世纪初的"国学热"，不同的阶段对于"国学"的意义和内涵的理解差异巨大。在见仁见智的各类见解纷争中，国学"运动"和国学研究贯穿着两条基本的线索，其一是国家意识的确立和民族精神的重建；其二是对近代以来所逐渐形成的研究传统文化的学术（科）体系的接受和反思。

本章将以此为脉络来梳理"国学"所蕴含的复杂的理论和思想文化问题，并分析当下"国学热"出现的内在原因和可能的发展方向。

一、"国学"与国家认同的迁移

所谓"国学",其最重要的立足点在于"国",也就是与别的国家相对待的"本国",这在当下已属无可赘述之常识,而在海禁初开的19世纪后期,乃是一问题的焦点。原因在于当时的国人并无现代意义上的国家观念。

现代意义上的民族国家(nation-state)[①]体系是在罗马帝国解体后于西欧形成的,并随着西欧资本主义的发展而不断确立了国与国之间的关系格局。资本主义生产方式所带来的政治、经济和军事等基本社会生产方式和组织理念的变化,形成了以国家间的劳动分工为特征的经济体系。资本的逐利驱动推动了西欧国家在全球范围的殖民活动,将民族国家体系扩张到世界各地,它冲击了建立在血缘和地缘为基础的传统政治体系,中国便是在这样的背景下,被拖入民族国家的建构进程中。

"中国"之名由来已久,但是,一直以来并不是现代意义上的"国家"的名称。揆诸历史,我们所知道的是秦皇汉武、唐宗宋祖这样的朝代。但在这些不断更替的朝代后面,有一种共识,即是一个"连续"的统治序列中的"一环",在这个意义上,"中国"标志着地理上的世界中心,意味着文明和教化的先进。而中国与周边国家的关系,大部分的时间是以"宗主国对藩邦"为基本架构和以

[①] 国家广义地说可以指一切治权独立的政治共同体,但在这里一般指的是民族国家,它意含治权独立的政制性格和民族统一的文化意味。而民族其含义主要是"国族"。(见江宜桦:《自由主义、民族主义与国家认同》,扬智文化实业股份有限公司1998年版,第6页)

"怀柔对朝贡"为机能的世界体系和秩序。①

然而,秉承这样观念的清王朝却必须面对一个全新的挑战,即西方世界新形成的民族国家体系对于清帝国的宗藩体系的冲击,不仅如此,由于军事竞争的失败,曾经自以为是天下共主的中华帝国逐渐发现,在一系列不平等条约之后所形成的"治外法权"和租界等损害国家主权的局面下,中国的主权独立受到损害。人们认识到,传统的帝国形态并不能有效地动员社会以抵抗外来侵略,所以在优胜劣汰的进化观念的刺激下,建立民族国家成为争取经济自由和文化独立的重要手段。基于此,建立在宗法基础上的政治法律体系和以文化价值为基础的天下国家观念,逐步为追求独立的民族国家的理想所取代。这样的变化说明了中国已经不能仅仅通过易服色改正朔这样的传统手段,在内部关系的调整中确立权力的合法性,而是必须通过厘定外部世界的主权关系,通过政治的独立和经济的强盛来获得国际的承认和内部的统治合法性。

从当时的社会共识而言,国家意识的强调既符合社会进化的公理,也是抵御外敌的思想资源。当时的舆论骄子梁启超和新崛起的杨度都认为在强权的时代,须以国家思想才能抵抗外国的侵凌,因此主张抛弃天下主义和家族主义,提倡国家主义②。梁启超认为天下一统的观念虽然是崇高的道德,但并不切合中国的实际,在当

---

① 王中江:《近代中国思维方式演变的趋势》,四川人民出版社2008年版,第371页。滨下武志认为按国家间关系来理解以中国为中心的朝贡体系是不恰当的,他提出了"地域圈"这个概念。(见氏著:《近代中国的国际契机:朝贡贸易体系与近代亚洲经济圈》,中国社会科学出版社1999年版,第27页)
② 杨度:《金铁主义说》《论国家主义与家族主义的区别》,载《杨度集》一、二,湖南人民出版社1986年版,第213—397页、第529—533页。

下，国家才是忠诚的最高点。①由天下观念向"国家"意识的转变是近代中国人对于世界秩序认识的重大转变，这样的转变在近代国学的最初倡导者章太炎和国粹派那里都有十分明确的表达。

在章太炎看来，对于国家的确认并不具有什么崇高的意义，而是在一个以国家为基本单位的世界格局中，国家成为一个"不得不然"的存在。他说："今之建国，由他国之外铄我耳。他国一日不解散，则吾国不得不牵帅以自存。"②在这样的背景下，确立国家意识，构建国家认同成为"国学"的使命。

一般来说，国家认同是一个含有多重意义的体系，大致可以分为三类，即"族群血缘关系""历史文化传统"与"政治社会经济体制"，即所谓的"族群认同""文化认同"与"制度认同"。③在经历大变局的近代学者那里，不同的群体和个人所建立起的国家认同的资源也因政治和文化立场的差异，各有不同。比如，以孙中山等为代表的革命派主要强调族群和血缘关系，试图通过民族革命来推翻清朝的政治社会经济体制。康有为则偏向于制度认同，主张改良。更多的情况是这三方面的资源兼取，因为国家建构的过程，并不是对于传统的政治、文化和历史的简单重复，而是一个重构的过程，也就是通过对于历史的重新理解和整理来凸显民族历史中积极的和符合当下形势的部分。如果说，制度层面学习西方成为一个不争的事实，那么让这个新的国家具有凝聚力，并通过历史和价值的重新解释来建立民族自信，则无法通过沿袭西方而获得。

---

① 梁启超：《新民说·论国家思想》，载《梁启超全集》第二集，第543—547页。
② 章太炎：《国家论》，载《章太炎全集·太炎文录初编》，第492页。
③ 江宜桦：《自由主义、民族主义与国家认同》，第15页。

现在有学者言，国学是国将不国之学，有一定的道理，国学的兴起必然是国家危机的体现。但国学的兴起更可以看作是国家重建的精神动力。现代意义上的国家意识的重构过程，也就是近代国学的建立过程。晚清国粹派的代表人物之一邓实说："国学者何？一国所自有之学也。有地而人生其上，因以成国焉，有其国者有其学。学也者，学其一国之学，以为国用，而自治其一国者也。"①这段文字十分强调"学"之产生和应用与"国家"之间的关系，与中国传统学术以天下为指向的普遍主义的态度已大不相同。他们进一步认定国学之存在是国家存在的基础："国有学则虽亡而复兴，国无学则一亡而永亡。何者？盖国有学这国亡而学不亡，学不亡则国犹可再造。国无学则国亡而学亡，学亡而国之亡遂终古矣。"②

"国粹"一词虽由日本传入，但对于"粹"的强调明确表征出选择、重构传统资源的意图。国粹派的一个重要论题就是区分"国学"和"君学"，他们认为不以学术之真伪为标准，而以功名利禄作为指向的学问是"君学"而不是国学，他们批评君学的一个重要原因在于他们认为"君学"是人们只知道有朝代和帝王，而不知道有国家。他们指出孔子的思想，到汉代已经与君权结为一体，所以，一方面由政治专制而达成学术专制，制约别的学派的思想发展，同时也使儒学自身趋向僵化。所以，国粹派的精神领袖章太炎说："为甚提倡国粹？不是要人尊信孔教，只是要人爱惜我们汉种的历史。这个历史，是就广义说的，其中可以分为三项：一是语言

---

① 邓实：《国学讲习记》，载《国粹学报》，1906年第19期。转引自桑兵等编：《国学的历史》，国家图书馆出版社2010年版，第81页。
② 许守微：《论国粹无阻于欧化》，载《国粹学报》1904年第7期。转引自桑兵等编：《国学的历史》，第60页。

文字，二是典章制度，三是人物事迹。"[1]其目的是要反对欧化主义者，认为中国百事不如人的心理，要"用国粹激动种性，增进爱国的热肠"[2]。国粹派经常使用"国魂"的说法，强调要融汇中西，重铸国魂。

由此可见，近代中国"国家"意识确立的原因主要并不来自中国社会发展的内在要求，而是来自西方政治和军事的侵凌，也正因为如此，国家认同所要面对的最大的挑战是如何对待西方的政教体系和文化价值的问题。

伴随着工业社会和资本主义经济模式的发展而形成的民族国家体系，在其形成之时，就存在着以欧美为中心和以其他地区为边缘的差序格局。欧洲资本主义国家依靠军事和行政组织能力，通过不断扩张的方式来推进其市场，获得超额利润的逻辑，把中国这样的处于市场边缘的国家置于两难的困境。一方面，以寻求国家独立为目的的追求富强的冲动，需要我们接受新的生产组织方式和市场为导向的机制来适应社会生产方式的变化，因为依靠传统的方式已经难以维持国家的主权和保持竞争力；另一方面，要通过承续传统的符号体系来激发国民的凝聚力和创造力。更为深层的问题在于，这时的东西文化之争，并不完全是一个文化认同的问题，而是一种以世界市场为基础的新的生产方式对于农耕社会的挑战，也是建立在平等基础上的社会组织方式对以血缘和家族制度为基础的中国社会的挑战。

---

[1] 章太炎：《在东京留学生欢迎会上之演讲》，载《章太炎全集·演讲集（上）》，第8页。
[2] 章太炎：《在东京留学生欢迎会上之演讲》，载《章太炎全集·演讲集（上）》，第4页。

所以从国粹派开始的国学研究者,一直在申辩提倡国学并不是要阻碍"欧化"。国粹派提出文化发展需要中西互通,他们所要反对的是两种极端的倾向,一种是"醉心欧化",认为中国万事不如人;另一种就是"盲信己国",依然以夷夏的观念来看待外国。而国粹派所提倡的是以中国为本位的兼收并取的态度。

1911年中华民国成立之后,现代意义上的国家取代了王朝国家,并颁布了以西方法律为范本的新法律体系。不过,模仿西方政体而建立新国家并没有带来预想中的社会繁荣,带来的反而是在新的市场机制下乡村社会的破产和在新旧转移过程中国民道德的崩溃。面对这样的社会现状,一部分人将道德的崩溃视为制度变革的失误,试图通过提倡传统价值来重建社会道德系统。而在以陈独秀和胡适等为代表的新文化运动的提倡者看来,现代中国落后的根源在于传统中国建立在专制和迷信基础上的文化观念,而观念落后的基础则是以自然经济为主要特征的传统的生产方式,因此面对新的世界政治和经济的发展阶段,以儒家为代表的思想文化既阻碍个人价值的建立,也不能确立科学的态度,是新制度失灵和国家混乱的重要原因,成为中国发展的阻碍性力量。很显然民国初年袁世凯和张勋等政治人物假借通过传统文化来装点他们的政治行为和康有为、严复等人对于新的共和政体的批评,都导向了启蒙运动以一种激烈的反传统的方式展开。

第一次世界大战的爆发和欧洲文明的自我反思,让中国人意识到科学可以成为战争的助推器,而民族国家的人类利益让位于国家利益的格局终究会使文明走向自我毁灭。这在中国知识界引发了新一轮的文明反思。最为明显的表现是20世纪20年代以后,一向以反传统形态出现的新文化运动内部出现了分化,其中,李大钊和陈独秀开始传播马克思主义,而胡适和受其影响的顾颉刚等人,则开始通过"整理国故"的方式来推动新思潮的本土化,这些思潮都引发了新文化运动的方向发生变化。

胡适等人的整理国故运动,很大程度上是要剥离传统典籍的价值导向。"国故"这个词本是章太炎对于传统中国学术的称呼,用以取代"国粹"这个带有价值评判色彩的名称,但是章太炎的立场是明确的,中国的精神存在于中国的历史和典章制度中。而启蒙思想的倡导者毛子水、胡适和傅斯年等人在沿用"国故"这个词的时候,则是试图通过整理国故的过程,来宣扬"科学"精神,批评一部分人对于国故的追慕心态,从而"再造文明"。

胡适给"国故"下了这样的定义:"中国一切过去的文化历史,都是我们的'国故',研究这一切过去的文化历史的学问,就是'国故学',省称'国学'。"[1]胡适在这篇文章中认为,国故这个名称最为妥当,因为其中立,不含褒贬,所以他不愿意用国粹之类的词。在这篇文章中,胡适特别强调国学的研究方法,所以他反对康有为将儒家孔教化的做法,也并不认为古文古诗的保存就是国学,而是强调一种系统的整理。面对着新文化阵营的质疑,胡适的解释虽然多有变化,但是其基调则是认为,"故"可以理解为"过去""死亡"。他在1928年回答一个人的来信时,甚至把"整理国故"比喻成"打鬼",就是要让人知道"国故"也就"不过

---

[1] 胡适:《〈国学季刊〉发刊宣言》,载《胡适全集》第2卷,安徽教育出版社2003年版,第7页。

如此"。①

　　这个时期的"国学热",获得了广泛的体制性的支持,比如北京大学研究所国学门在1921年创建,1923年4月,东南大学国文系议决设立国学院,并制定了系统整理国学的计划书。1925年清华国学研究院成立,1926年厦门大学国学院成立。

　　同晚清国粹派的国学观相比较,这个时期的国学讨论出现了一些重要的转折。首先,中华民国建立之后,现代民族国家的建立已经成为事实。由此,"国学"研究者的思考重心逐渐从国家意识的确立转变为对于什么是现代中国的讨论,即要关注说什么样的思想能够成为民族国家体系下中国的立国之本。对此,不同学者的认识尖锐对立。有人认为中国之为中国主要在于历史文化和经典传承。而启蒙派的学者则认为中国的精神不在经典之中,而是存在于民众的生活世界中。北京大学研究所国学门侧重于民间歌谣的收集和习俗的调查,即意在于此。更为关键的是,他们认定科学所代表的普遍意义的公理超越了国家之间的区域局限而成为民族精神的向度,从而解构了传统价值与民族精神之间的血缘性、地域性联系。在这样的改变中,国恰好成为公理的对立面。何炳松说:"国学的国字,显然表现出一种狭小的国家主义精神。这不但违反我国先贤所主张的'大道之行也,天下为公'这种大同精神,而且亦违反西洋学者所主张的'知识无国界'那种学术公开的精神。"②那种加一个"国"字以自抬身价,便相信都是值得保存的做法,都是应该"推

---

① 胡适:《整理国故与"打鬼"》,载《胡适全集》第3卷,安徽教育出版社2003年版,第147页。
② 何炳松:《论所谓"国学"》,《小说月报》第20卷1号。转引自桑兵等编:《国学的历史》,第405页。

翻"的。

作为这个时期国学研究代表人物的顾颉刚等人对于历史的态度的转变，有人认为是"革命性"的，"大概在1920年至1930年，中国一群领导性的史学家不约而同地提出新的反省，他们对史料的态度有一个革命性的变化。这些人包括胡适、傅斯年、顾颉刚、李济等。他们的文字分散各处，如果稍加比辑，可以发现一个认识论上的改变。首先，对这一代人而言，传统的权威已经几乎倒塌了，所以六经在他们看来都只是史料了——是供人研究的材料，而不是让人寻求治国平天下大道理之所在。在这个前提下，他们同时也提倡一种历史发展的观点，也就是平等看待每一时代学术思想材料的价值，不再以为只有那最高点才有价值"①。

傅斯年开始筹建中山大学历史语言研究所的时候，就是要把历史和语言从传统的学术谱系中"解放"出来，在科学公理面前，地域的差异对于国家认同的意义被看作是一种故步自封，因此，即使连"国故"这个概念也成为他攻击的目标，认为要建立一种真正的"科学"的态度，必须将"国故"的概念也抛弃。

由此可见，从晚清的国粹派到20世纪20年代以后的国学研究，虽然多样化的立场之间争论激烈，但总的趋势则是从以提振民族精神、确立国家意识到强调以科学和民主为核心的新民族精神的建设。这种转变的动力来自国学研究者所面对的问题发生了由寻求独立自主的民族国家到建设富强的国家、改变国民特质的转变。直至20世纪30年代之后面对日本的侵略，民族主义再度兴起。

---

① 王汎森：《什么可以成为历史证据》，载氏著《中国近代思想与学术的系谱》，河北教育出版社2001年版，第348页。

在随后的很长一段时间里，传统资源长期被贬斥，国学研究也被置于"批判"甚至"破除"的境地，一直到20世纪80年代文化热的时候，传统文化和现代化的关系才被重新重视，自20世纪90年代中期开始，国学研究再度兴起，并到21世纪初成为热点。

新世纪的国学热，所面对的则是全球化的深化带来的国际关系形态的进一步变化。"在现代性向后现代性的跃进中，一系列新特点界定着国家内部秩序，而新的超国家秩序同那些特点有着明显的对应关系。……这种对应关系并非'由内及外'，以内部秩序推演出国际体系，而是'由外及内'，以超国家秩序推演出国家内部的法律体系。"[①]这种由外及内的秩序体系最典型的表现是联合国宪章及国际法在解决国际纷争、维护世界和平、保障国家之间平等诸方面担负的某些作用，所以国家的重要性相对减弱，区域组织和国际组织取代了某些国家功能。同时，全球化还使国家的经济自主性在一定程度上减弱，在这样的背景下，民族认同和国家认同之间的关系发生了一些疏离。

看上去有些矛盾的是，全球化也从另一方面强化着民族国家的认同。因为全球化过程所形成的不平等的经济和政治秩序对于弱势国家是一个挑战，中国作为一个有着独特的文化价值体系的新兴的经济体，内在地要求对世界秩序的和谐承担起应有的责任，并试图为重建世界秩序提供有益的价值支撑。这样，建立在鲜明的中国意识基础上，有更强烈的责任意识成为国学研究的主要议题。我们可以看到，夹杂着读经、儒学复兴、文化本土性等复杂议题的国学

---

① 麦克尔·哈特、安东尼奥·奈格里著，杨建国、范一亭译：《帝国》，江苏人民出版社2008年版，第17页。

热,虽然有时体现出激烈的民族主义色彩,但是这样的意识与其说是对中国本位的强调,毋宁说是对于国际秩序的批判性视野,表达中国想真正成为世界重要成员的渴望。

1978年之后,中国进行着由经济体制改革导引的全方位的社会变革,思想文化也进一步开放,对于中国特色社会主义的强调和"中华民族伟大复兴"目标的确立,体现出民族文化已然成为解释中国政策的文化背景和呈现中国未来方向的重要基础之一。基于此,国学研究对于增强民族凝聚力和文化自信心,乃至国家软实力的建设都可以发挥重要的作用。

二、"国学"与"科学""学科"

"国学"虽立足于"国",但"学"是其载体,无论是国家认同还是民族精神的重构,这些使命都是要通过对传统思想学术的不同呈现方式来体现的。

国学的具体内涵就是中国传统的学术。在中国面对现代性挑战的时候,中国传统的知识体系也不可能独善其身。现代化运动打破了古代社会的有机整体结构,取而代之以目的—合理化经济体制和管理体制。根据马克斯·韦伯的理论,现代化运动是社会理性化和世俗化过程,它以理性化发展打破了传统社会基本理性的统一性,对于思想学术而言,一个最大的变化就是适应生产、分工的发展而逐渐形成的专业化学科体系的建立,"多元学科的创立乃基于这样一个信念:由于现实被合理地分成了一些不同的知识群,因此系统化研究便要求研究者掌握专门的技能,并借助于这些技能去集中应对多种多样、各自独立的现实领域"①。

以科举为典型特征的中国古代教育制度，虽然是一种世俗性的教育方式，但是并非专业性技能教育，所以传统的中国学术体系，在中国进入现代化的进程之后，必然要面对日渐专业化的过程。鸦片战争失败之后，人们对于绵延千年的科举制度的批评主要就是其选拔的人才难以"经世"，不能使中国在竞争中立于不败之地。我们可以发现，虽然晚清改革无论从理念到方法见仁见智，甚至决然对立，但是对于改变教育制度、采纳西方的学术分科观念却是空前的一致。康有为、张之洞、严复、梁启超、张百熙等均接受西方的学术分科体系，并开始提出他们各自的分科方案。

1898年，严复发表文章《论治学治事宜分二途》指出，传统中国的学校只有做官治事一途，所以难以适应分工日益细密的社会需要，"国愈开化，则分工愈密，学问政治，至大之工，奈何其不分哉"②！强调要把治学和治事分开。稍后在知识界影响巨大的杜亚泉也说，国家之间的竞争其实是职业（产业）之间的竞争，而专业化则是增强产业竞争力的关键。如果都热心政治，"终老而成一不生产之人物"，不如潜心实际，熟习技能，这样才能与西方国家竞争。③

专业化所要求的知识系统的分化是中国传统的教育和学科体系所不能提供的，这样的认识始终体现在"国学"的发展实践中，晚清的国粹派区分"国学"与"君学"就是试图确认学术的独立性，

---

① 华勒斯坦等著，刘锋译：《开放社会科学》，生活·新知·读书三联书店1997年版，第9页。
② 严复：《论治学治事宜分二途》，载汪征鲁等主编《严复全集》卷七，第86页。
③ 杜亚泉：《亚泉杂志序》，载《亚泉杂志》1900年11月第1期。参看周月峰编：《中国近代思想家文库·杜亚泉卷》，中国人民大学出版社2014年版，第1页。

而他们所预备设立的"国粹学堂",学制三年,科目包括经学、文字学、伦理学、心性学、哲学、宗教学、政法学、实业学、社会学、史学、典制学、考古学、地舆学、历数学、博物学、文章学、音乐、图画、书法、翻译等,形式上与旧学已经大不相同。虽然所学内容均来自中国传统的学术资源,但显然已经借鉴西方的学科体制进行了新的分类。最早进行国学讲习活动的章太炎,也是新的学科分类的实践者。1906年,章太炎在日本主编同盟会机关报《民报》,曾经刊登《国学振兴社广告》,谓国学讲授内容为:"一、诸子学;二、文史学;三、制度学;四、内典学;五、宋明理学;六、中国历史。"这个对于"国学"内容的设置,与传统的经史子集的分类方式有根本的差异,最明显的是没有了传统知识的价值基础"经学"。

  另一国学代表人物刘师培也从社会分工来论证以分科方式整理中国传统知识体系的必然性:"野蛮之民,所具之能甚简;及世界进化,则所具之能亦日多。惟所具之能甚简,故所业亦必简单;惟其所具之能日多,故所业亦归复杂。如古之商人,不必知书,古之士人,不必习武;今则文明各国,商必知学,士必服兵,而农人亦需入学;非所治之业由简而繁之证乎?今行此法,使人民于所治职业,由简而繁,正与社会进化之公例相合。且古代之学,均分科而治;今则无论何国,人民于未冠之前,均习普通科学。夫普通之科学,既尽人而能知,则普通之职业,亦必尽人而能为。既尽人而能为,则智识愈备,能力日增。"[①]

[①] 刘师培:《人类均力说》,载钱锺书、朱维铮编《刘师培辛亥前文选》,生活·读书·新知三联书店1998年版,第111—112页。

由传统的、整合式的、以人文思想为核心的知识体系向现代的、分科式的、以科学思想为特性的分科方式变化，从价值上，本身就是要推翻传统的宗教性的劝慰，代之以自然科学和社会科学来对应原先为神学和经学垄断的知识领域。说到底，现代学术的产生是因为人们相信可以通过某种可以验证的方式发展出一种系统的世俗的知识，在这样的转变中，中国原有的以经学为核心的知识体系便要经受"理性化"的洗礼。

在经验性的对照之下，传统的体会式的经学思维便显得缺乏可验证的方法的支持。实证化的科学成为建立普遍性原则的基础。在这样的要求之下，传统学术缺乏规则和可验证性的特性就成为一种方法上的"缺陷"。刘师培十分重视"方法"对于学术的意义，他认为传统的学术缺乏纯用理论之规则，比如，中国论文法之书，没有上乘之作，他甚至认为中国无一人知国文。

但是，在引入新的方法之后，内在的问题也随之而产生。传统的国学所提供的是关于宇宙、社会和人生的整体性思考，它既包含可验证的理性知识，也包含价值性的信念。当我们开始接受科学公理来取代以前的"天理"的时候，我们需要接受新的学科体系和实证方法。但是新学科则导致中国传统思想的意义系统被分解，而最终难以突显自身的独特性。比如，当中国传统的经典系统被归入哲学、历史和文学等不同的学科之后，这些西方化的学科方式完全剥离了经典的语境，经典原先所承载的意义和价值便难以呈现。这样的矛盾在20世纪20年代激化。有人因忧虑中国价值的解体而拒绝新的学科，而有人则想通过学科的变革而完全否定原有的价值系统。

的确，学科变革的背后是价值的重构。西方文化的出现解构了中国固有的天下国家观念，并将中国带入了现代化的进程之中。为了理解这个新的世界秩序，便需要寻找一种新的"共同语言"，这个语言便是"科学"，在人们的观念中，科学因为其客观性和普遍性，很大程度上甚至体现了"公理"。"是故科学定理，以人类为公。人惟于此有所浸润，而后服从公理之心切。"这可以避免把"私见"看作"公理"或者根本不承认有公理存在的错误认识，从而"社会团合之力强"①。

在许多人眼里，科学代表着最大的普遍性，其"公理"性特质意味着中西学术之间所揭示的并不是不同的真理，至多是真理的不同面向而已。因此，有人断言，学不应分中西，差别只是"广狭疏密"。王国维在给《国学丛刊》写的序言中说："世界学问不出科学、史学、文学，故中国之学，西国类皆有之；西国之学，我国亦类皆有之。所异者，广狭疏密耳。……且居今日之世，讲今日之学，未有西学不兴而中学能兴者，亦未有中学不兴西学能兴者。"他认为学问并不能以古今中西，有用无用来论之，而是能提供一种人类普遍性的知识，也提振道德和利用厚生，"非徒一国之名誉与光辉而已"。②

在政治立场上趋于保守的刘师培、王国维，在学术立场上却相对激进，他们与后来的科学主义者有一种逻辑上的承继关系，在胡适看来，他所提倡的"整理国故"的运动，不过是他的"大胆假设、小心求证"科学方法的一种运用。他说，自己作的关于《红楼梦》等小说和古史考证的文字，"都只是思想学问的方法的一些例

---

① 唐钺：《科学与德行》，载《科学》月刊第3卷第4期。
② 王国维：《国学丛刊序》，载《王国维全集》第十四卷，浙江教育出版社、广东教育出版社2010年版，第131页。

子。在这些文字里,我要读者学得一点科学精神,一点科学态度,一点科学方法。科学精神在于寻求事实,寻求真理。科学态度在于撇开成见,搁起感情,只认得事实,只跟着证据走"[1]。

所以,整理国故运动表面上看是新文化运动的一种收缩,实际上代表着启蒙派人士对于科学方法的自信,他们试图通过科学方法的整理来证明先前国粹派和守旧派固守传统文化价值的错误。站在公理的基点上,他们认定中西之间并非一种建立在地域基础上的不同,根本的就在于他们是属于不同时代的知识体系。

虽然钱玄同和顾颉刚等人都是以传统的学术作为他们的研究重点,但是,他们所发扬的"疑古"精神,所要解构的则是沉淀在历史文化之上的文化价值理想,所以他们自觉地要与晚清的国粹派、甚至章太炎式的国学划清界限。顾颉刚说,国学研究也可以是科学,因为以自然界作为对象和以故纸堆作为对象,都是科学研究的材料而已,关键是看方法。"至于老学究们所说的国学,他们要把过去的文化作为现代人的生活规律,要把古圣贤遗言看做'国粹'而强迫青年们去服从,他们的眼光全注在应用上,他们原是梦想不到什么叫做研究的,当然说不到科学。"[2]因此,顾颉刚所要反对的是以国学中的价值作为人们生活指南的那种国学。

资本主义的内在矛盾在第一次世界大战被集中展现出来之后,科学主义及其所关联的全盘西化的思潮在中国同时受到了来自传统以及同样是西方背景的知识群体的批评,首先是梁漱溟从文化的不

---

[1] 胡适:《介绍我自己的思想》,载《胡适论学近著》,山东人民出版社1998年版,第507页。
[2] 顾颉刚:《北京大学研究所国学门周刊1926年始刊词》,载《顾颉刚全集·宝树园文存》卷一,中华书局2011年版,第220页。

同路向的方式来阐发东西文化的发展前景，后来又有胡适与张君劢之间关于"科学与人生观"的争论，核心是科学是否对于价值领域仍然有效。而以吴宓和梅光迪等人为代表的学衡派，则从白璧德的人文主义来批评科学主义和浪漫主义，认为新的文明则是应该兼取中西之长。"则今欲造成中国之新文化，自当兼取中西文明之精华，而熔铸之，贯通之。吾国古今之学术德教，文艺典章，皆当研究之、保存之、昌明之、发挥而光大之。而西洋古今之学术德教，文艺典章，亦当研究之、吸取之、译述之、了解而受用之。"①

从20世纪20年代激进和保守之间的争议通过无数次全社会的辩论而沉淀为重要的思想模式，这些看上去有些非此即彼的矛盾冲突局面是由近代知识阶层的内在困境所造成的，就科学主义的立场来说，一方面他们都是民族国家的坚定支持者，希望有一个富强的中国，另一方面他们却坚信要实现中国的富强必须舍弃自己的文化。这就出现了国学大师反国学的奇怪现象。就守成主义者而言，他们坚信中国传统资源的重要性，但是他们同样认定民主和科学是中国必须接受的，所以他们的重心在于论证民主和科学为中国文化所本有。

作为面对西方学术体系挑战的一种回应，"国学"的观念呈现出这样内在的矛盾。一方面，国学是中国现代学术体系完善之前一种对于西方学术分类方式的吸收和借鉴。另一方面，出于对文明存续的忧虑，"国学"又是对学术本土性的强调，试图通过强化本国价值和外来价值之间的差异来确立其存在的必要性。在这样的矛盾

---

① 吴宓：《论新文化运动》，载孙尚扬编《国故新知论——学衡派文化论著辑要》，中国广播电视出版社1995年版，第88页。

中，中西文化的差异在有的人那里被看作是新、旧或进步、落后的差异；在另一部分的人看来则是文化类型的不同，并不能简单以进步、落后视之。经常我们可以看到的情况则是有些学者两种立场共持。

与思想文化领域的国学热相比，20世纪末21世纪初的国学热，其学科反思的力度也毫不逊色，"国学"的提出对应的问题是：现代的学科分类系统和由西方学术术语所构建的学术体系对于理解传统中国思想的困难，20世纪90年代文学等学科开始了对于学科本身的反思。近年来哲学界所开展的对于中国哲学"合法性"问题的讨论，重点也是对于学科规范的反思，侧重探讨以外来的范畴体系和哲学观念来整理中国哲学的穿凿附会。

但是，"国学"学科化并不是解决学科分割和意义系统丧失的有效途径，因为将边界不明的"国学"引入的学科体制的讨论，或者作为现行学科的一种纠偏机制，效果可能恰好相反。因为国学研究中本身包含着解构传统意义的向度，例如20世纪20年代在科学主义立场下的国学研究，其根本目的恰好是要说明传统的价值观应退出中国人的生活，并批评人们对于古代学说的留恋。

如果一定要为禁锢于学科局限的古典研究寻找一种补偿机制，那么已经有悠久历史的"古典学"[①]可能是最为合适的学科方案，

---

① 在西方的学术体制下，古典学家"试图创立一门独立于哲学（和神学）的学科，在此过程中，他们将自己的研究对象规定为各类文学、艺术和历史的结合"（见华勒斯坦等著，刘锋译：《开放社会科学》，第25页）。创立中国式的古典学可以有效地还原经典的文化价值，并探索经典文化对于现代的意义。值得注意的是中国人民大学国学院的英文名称即为school of Chinese classics，意为中国经典学院。

这样可以有效地过滤沉淀在"国学"上的"意识形态"和"非科学"的影子，使其形成一种学术性的机制。

三、"国学热"和超越国学

19世纪，一度发展滞后的日耳曼地区就出现了强调不同国家的"特殊性"，拒绝采用英法等国学科区分标准的"国家学"，但最终在20世纪初消失。在中国也一样，国学最初的出现一方面是要提振民族自信，但同时也是对西方学科的抵触性反应。因此，许多国学大师均认为提出国学是一种权宜之计。最为典型的国学大师章太炎、钱穆等人，也均认为国学这个概念在最终意义上并不成立。钱穆先生在《国学概论》便认定"学术本无国界。国学一名，前既无承，将来恐不立，特为一时代的名词"。的确，对于"国"的强调，无论是基于建立民族国家、提振国民信心的角度，还是强调文化的本土性的角度，均是弱势国家和弱势文化防御心理的反映。

民族精神的建立和民族复兴的理想是建立国家认同的基础，国学的意义非可等闲视之。我们需要从文化的传统中发掘和继承符合人类发展规律和丰富民族精神的积极内涵，为民族复兴提供精神动力。但是，国学也不应该成为拒绝吸收其他人类文明的借口。

就学科意义来说，国学作为一个与国外学术相对的概念，并不是一个自足的范畴，而是一个依靠对象参照来凸显自己特点的名称，因此对象和方法均十分含混。从国学发展的历史看，同样的国学研究者可以是传统价值的支持者，也可以是传统价值的批判者。因此，马一浮先生说，国学这词虽然已为大家所习用，其实并不恰当。"国学这个名词，如今国人已使用惯了，其实不甚适当。照旧时用国学为名者，即是国立大学之称。今人以吾国固有的学术名为国学，意思是别于外国学术之谓。此名为依他起，严格说来，本不可用。今为随顺时人语，故暂不改立名目。然即依固有学术为解，所含之义亦太觉广泛笼统，使人闻之，不知所指为何种学术。照一般时贤所讲，或分为小学（文字学）、经学、诸子学、史学等类，大致依四部立名。然四部之名本是一种目录，犹今图书馆之图书分类法耳。（荀勖《中经簿》本分甲、乙、丙、丁，《隋书·经籍志》始立经、史、子、集之目，至今沿用，其实不妥。今姑不具论，他日别讲。）能明学术流别者，惟《庄子·天下篇》《汉书·艺文志》最有义类。"[1]

的确，当下国学概念的混乱，其根本原因即在于此，有人说国学就是中国传统学术的总称；有人说国学就是儒学；也有人说，国学主要指意识形态层面的传统思想文化。这都有道理，但都不足以给国学以恰当的规定性。

所以，当我们回顾国学发展的历史，反思当下国学热的时候，应该承认，当下国学热的出现是全球化和多元现代性的矛盾在中国当下的一个体现，同时也是中国当下国家凝聚力和道德重建的内在需要的体现，有它的合理性。同时在学科意义上，"国学"可以让我们清醒地认识到现代的学科分类对于解释传统的学术资源时的困难。

国学的发展首先是要纠正近代以来鄙薄传统文化的思维定式，

---

[1] 马一浮：《泰和宜山会语》，载吴光主编《马一浮全集》第一册（上），浙江古籍出版社2013年版，第7—8页。

但也要警惕一切从旧的倾向,我们需要一种建构性的视角,认识到学术传统的独特性和中国自身价值立场的重要性,但这并不意味着必须拒绝西方的学科体系才能有效地延续本土文化的精神,中华文明的发展史已经证明,不能融摄外来文化的因素,是其思想内容和形式不断丰富的缘由。同样,文化自信和国家认同的确立,也不意味着对于人类共同价值和共同利益的忽视。只有当中华文明成为人类文明的有机组成部分,当儒道智慧由强化族群的认同升华为全人类的价值的组成部分,国学就能得到健康的发展。

第十一章
"国"之意象转移：
以章太炎、胡适和顾颉刚、傅斯年为主轴

在儒家的价值序列中，"国"始终不是一个终极性的概念。在修身、齐家、治国、平天下的儒家修身系列条目中，"国"也不是现代意义上的民族国家式的政治实体，而只是通向"天下"序列的一个中间环节。对此，梁漱溟综合梁启超等人的观点认为："像今天我们常说的'国家''社会'等，原非传统观念中所有，而是海通以后新输入的观念。旧有'国家'两字，并不代表今天这个涵义，大致是指朝廷或皇室而说。自从感受国际侵略，又得新观念之输入，中国人颇觉悟国民与国家之关系及其责任。"[1]也就是说，中国人现在所十分强调的国家意识，是由受到西方人的侵略而引发的。

在晚清地理观念的重大变革的背景之下，传统的天下秩序遭遇"万国"竞逐的新视野的冲击。面对瓜分危机的中国人激发出强烈的民族国家意识，因此领土、疆域、主权、民族和人种问题开始成

---

[1] 梁漱溟：《中国文化要义》，载《梁漱溟全集》第三卷，山东人民出版社2005年版，第161页。

为近代学人讨论的重要议题,特别是当一贯引以为傲的儒家"文化价值"不再必然地作为安身立命之本,不能为"近代国家建构"提供正当性基础的时候,"天下"观念便难以为继,而注意力被聚合到并没有充分理论资源的"国家"问题之上。

那么如何在军事和经济竞争明显处于劣势的局势下,振奋精神,提升国家认同感,深受日本国粹思潮影响的一部分中国知识分子,就开始提倡国粹。

人同此心,心同此理,学不分东西,但在国粹派看来,"学"则是"国"之为"国"的根据,不同的国家有不同的学说思想,中国之学说乃称"国学"。"国学者何,一国所自有之学也。有地而人生其上,因以成国焉。有其国者有其学。学也者,学其一国之学,以为国用,而自治其一国者也。"[1] 在国粹派的逻辑中,首先一国之学,治一国之事,因此西学虽可吸收,但本末已然先定。而"粹"则意味着对于过去学术思想的重新阐述,这种解释的重点是让传统的学术能够成为回答现代问题的重要资源。

国粹派的关注点是"学"和"国"的关系,他们认为儒家在独尊化之后,已经蜕变为"君学",为君主专制服务,提倡国学,就是要把这种受束缚已久的思想从专为帝王服务的压制中解放出来。而国学则是以国家和民众的利益为旨归,可以作为反对君主专制的理论基础。

由此可见,"国"的观念进入近代政治和学术语境中,是政治和价值转型的重要标识。自然,在其演变的过程中,要面临种种的

---

[1] 邓实:《国学讲习记》,载《国粹学报》1906年第19期。转引自桑兵等编:《国学的历史》,第81页。

挑战。因为救亡的压力而凸显的国家独立的重要性和基于自由和人权的一些更为基本的价值之间会发生种种的冲突。以胡适和傅斯年为代表的新的学术群体,以"学术"名义反对"国学",本身也不能与政治完全脱钩,他们亦通过攻击"国学"背后的价值投射而成为争夺学术权势的主要手段。在这个过程中,章太炎及其弟子、胡适和顾颉刚、傅斯年等,存在着一条明显的学术争议的线索,即通过"国故""国学"的阐述和批评,来凸显各自的学术立场,从中我们可以体察到近现代中国学术发展的一种轨迹。

一、章太炎和章门弟子的"国学"

章太炎与晚清国粹派之间的关系,学术界有不尽一致的认识,因为章太炎有更为复杂的思想面向。然而就国学问题而言,章太炎的许多观点与黄节、邓实这些国粹派的核心人物非常接近。章太炎也坚信国学是国家认同的关键,而且是面对西方挑战之际的精神动力,在他以国学讲习会发起人的名义撰写的《国学讲习会序》中说:"夫国学者,国家所以成立之源泉也。吾闻处竞争之世,徒持国学固不足以立国矣,而吾未闻国学不兴而国能自立者也。吾闻有国亡而国学不亡者矣,而吾未闻国学先亡而国仍立者也。"[1]若是国家精神已然死亡,那么这个国家则失去了主权,就真的灭亡了。若是精神存在,即使国家灭亡,已然有恢复的可能。

在当时的许多人看来,要建立一个新的国家,就需要确立国家

---

[1] 国学讲习会发起人:《国学讲习会序》,载桑兵等编《国学的历史》,第77页。

的精神,也即国魂,对此,康有为诉诸孔教会,他从西方的制度性宗教的独立发展体会到儒家在失去制度依托之后,只能寻求宗教化的途径。但这却为章太炎所激烈反对。他认为,国家的精神存于国家之文化和典籍之中,所以,讲习国学的重要功能是通过历史和典籍的重新诠绎来建立民族的自信。

在章太炎看来,对于西学的过分崇敬已经对爱国爱种的精神产生了严重的损害,他1905年在东京留学生欢迎会上批评当时的欧化主义风潮说:"近来有一种欧化主义的人,总说中国人比西洋人所差甚远,所以自甘暴弃,说中国必定灭亡,黄种必定剿绝。因为他不晓得中国的长处,见得别无可爱,就把爱国爱种的心,一日衰薄一日。若他晓得,我想就是全无心肝的人,那爱国爱种的心,必定风发泉涌,不可遏抑的。"[1]章太炎有着强烈的文化承担感,并以此来为推动民族革命、推翻清政府提供理论支持。

为此目标,章太炎所要处理的问题有两个要点。首先,他要以民族主义的立场来激发当时以"反满"为号召的革命激情,并以汉族为主体的历史来确定中国的特征;其次,他要通过民族的历史叙述来确定中国人的民族认同。这两个工作在章太炎的教学和学术工作中,有时是混合的。比如,他的古文经学的立场,自然将他的努力导向对于"历史"的重视。但有时也是矛盾的,比如他对今文经学的否定,引发他对作为汉文化标志的孔子的崇高地位的否定。

章太炎所说的历史有更多的内容,他说:"这个历史,是就广义说的,其中可以分为三项:一是语言文字,二是典章制度,三是

---

[1] 章太炎:《在东京留学生欢迎会上之演讲》,载《章太炎全集·演讲集(上)》,第8页。

人物事迹。"①

因为，章太炎的学术倾向会服务于他的政治目标，因此，他对于历史的强调，更多的是要通过历史来突出文化和价值的独特性，由此来强化汉族人和满族人之间的差异。他对中国"历史"独特的叙述更多地运用于他的革命理论的阐释。但是，思想极其深邃的章太炎，在"转速成真"的时期，却以学术的方式对革命运动所追求的使命形成了解构。比如他的《国家论》《五无论》等作品，否定了"国家"具有自性，进而推崇无政府主义的政治理想。他的《齐物论释》《俱分进化论》等作品则否定了平等、进步等观念的绝对性。加上革命派内部的矛盾，在《民报》闭馆之后，章太炎将更多的精力放在国学教学和研究上。

他将基于民族主义的对于"国性"的强调转移到以现代学术的方式对"国学"进行整理。由于章太炎所持的经学立场是古文经学，所以更加注重实证和考据，尤其注意思想与历史之间的关系，因此，这种方法更容易与后来的科学主义潮流构成同盟。因为这样的原因，章太炎成为近代学术转型过程中的一个关键性的人物。

1906年，章太炎在日本主编同盟会的机关报《民报》，报上曾经刊登《国学振兴社广告》，谓国学讲授内容为："一、诸子学；二、文史学；三、制度学；四、内典学；五、宋明理学；六、中国历史。"

这个广告中对于"国学"内容的设置，与传统的经史子集的分类方式已经有了根本的差异，最明显的是没有了传统知识的价值基

---

① 章太炎:《在东京留学生欢迎会上之演讲》，载《章太炎全集·演讲集（上）》，第8页。

础"经学",而是将经学的内容分散到制度学、文史学之中,这样的区分与蔡元培执掌北京大学之后所开创的现代学科有很大的相似性。据此,陈平原等人将章太炎看作现代中国学术的创立者。[①]

后来,章太炎将他自己的讲课笔记整理出版,定名为《国故论衡》。该书分为三卷,上卷论"小学"(文字、音韵、训诂);中卷论文学;下卷论诸子,侧重哲学思想。

以"国学"之名作为招牌的课程的内容却以"国故"作为书名,有什么特别的用意吗?换句话说,章太炎为什么要采用"国故"的概念来取代"国粹"和"国学"呢?确切的原因可能见仁见智。一个稍有根据的理由可能是因为是"国粹"这个词比较具有争议性,"国粹"这个词,由日本传入,但是既然提出国"粹",必然面临什么内容称得上是"粹"的问题。有国粹,意味着基于价值观基础上的辨析和清理。这似乎是非学术的。以纯粹的学术立场来看,学术研究应保持客观和公正,因此,"国故"便成为一个可以接受的词汇。

但我们相信,无论是"国故"还是"国粹",都醒目地存在着"国"这个"地域性"和"价值性"的前缀,因此,名称的变化并没有放弃"国"作为文化认同基础的重要功能,借由"国"这样一个定语,人们可以对所涉及的内容进行重构,而描述出一种新的国家精神,由此,亦是一个取舍的过程。"国粹既是一个identification

---

[①] 本文的一些观点受到陈平原《中国现代学术的建立:以章太炎、胡适为中心》(北京大学出版社1998年版)和陈以爱《中国现代学术机构的兴起:以北大研究所国学门为中心的探讨》(江西教育出版社2002年版)二书的启示,唯陈平原先生注重章胡之间的共同之点,我则以章太炎、胡适和傅斯年为不同代际的标志人物。

的过程，也是一个disidentification的过程，是一历史记忆复返，也是选择性遗忘的过程。"①

在失去《民报》主编的工作之后，章太炎在日本主要靠授课维持生计，但由于章声名远播，所以前来受业的弟子众多，比如黄侃、朱希祖、钱玄同、周树人、周作人等，几乎都是20世纪初中国人文学的顶尖人物。这些人学术倾向多样，比如周氏兄弟并没有在传统的学术领域下功夫，而是转向写作和翻译。但以黄侃等为代表的大多数弟子，基本上接受了章太炎通过历史和学术的途径来确立"国性"的理路。

1912年2月，章门弟子马裕藻、钱玄同、朱宗莱、沈兼士、龚宝铨、朱希祖、范古农、许寿裳等发起"国学会"，请章太炎担任会长，在《民立报》发表的《国学会缘起》中说："先民不作，国学日微，诸言治兴学，以逮艺术之微音，罔不圭臬异国，引为上第。古制沦于草莽，故籍鬻为败纸，十数稔于兹矣。……语曰：'国将亡，本必先颠。'典章制度名物训诂，玄理道德之源，粲然莫备于经子，国本在是矣。今言者他不悉知，唯欲废绝经籍，自诩上制，何其乐率中国而化附于人也。方当匡复区夏，谓宜兴废继绝，昭明固有，安所得此亡国之言，以为不祥之征耶？……学术之败，于今为烈，补偏救弊，化民成俗，非先知先觉莫能为，为亦不能举其效。"② 这样的说法，显然是章太炎或者国粹派"学术亡而国亡"的理路。

章门师徒决定成立"国学会"，并提出教授的科目为：甲，

---

① 王汎森：《清末的历史记忆与国家建构》，载氏著《中国近代思想与学术的系谱》，第87页。
② 汤志钧编：《章太炎年谱长编》（增订本），上册，第225页。

文，小学（音韵训诂，字原属焉）；乙，文章（文章流别，文学史属焉）；丙，子（诸子异义）；丁，史（典章制度、史评）；戊，学术流别；己，释典。这与东京国学讲习会略有不同，所共同的是，均没有"经学"的条目。这也体现了"国学"有意与经学保持距离的设想。

1913年之后，大量的章门弟子进入北京大学，甚至成为北京大学文学和历史以及后来成立的国学研究所的主导人物，比如历史的朱希祖，文学的黄侃、马裕藻、钱玄同、沈兼士和周氏兄弟等，他们通过北大的教授评议会在很长的时间内控制北京大学的教授评聘和学科内容的安排。由此，章太炎的学术立场更为直接影响到现代中国的学术形态的形成。

民国成立之后，随着从欧美留学回来的学者不断进入北京大学，特别是胡适开始讲授中国哲学史课程，顾颉刚、冯友兰等人在回忆录中都提到胡适的新方法给他们所带来的震动。随后，胡适又执掌文学院，章门弟子逐渐失去了对北京大学学术氛围的影响，国学研究的态势发生了很大的变化。这个变化表面上看似乎是英美系和日本系的权势转移，但实质上，也是关于何种学术内容更能确立"国"的特性的问题争议。

二、胡适：从"整理国故"运动到《国学季刊》的发刊词

从1910年到20世纪20年代北京大学的文史学科的发展，几乎可以被看作是近代中国学术观念转型的一个缩影。胡适运用西方哲学

的范式整理出版了《中国哲学史大纲》，这部只有上卷的作品，为胡适赢得了许多的追随者，顾颉刚、傅斯年这些曾经的章太炎的信徒，受到了莫大的震动，而转向胡适。

思想界看上去似乎是新旧对立，以陈独秀、胡适等为代表的《新青年》和傅斯年等当时的学生创办的《新潮》遥相呼应，而这边则是刘师培和黄侃等人的《国故》，它们之间存在着"欧化"和"国故"的争论。在黄侃等人离开北京大学、钱玄同转投今文经学之后，章门弟子在北京大学的势力受到了空前的挑战，进而被胡适及其支持者取而代之。与此同时，章太炎式的"国故学"研究，日益被新的国学研究所取代，而最标志性的事件就是"整理国故"运动。虽然看上去，胡适和章太炎同样使用了"国故"这个词。

胡适沿用"国故"，有时会被理解为一种"策略"，因为胡适刚到北大之时，文科正是章门势力大盛的时候，所以，胡适对章太炎表现出了很大的敬意。甚至他们所发动的"整理国故"的运动依然用了"国故"的概念。

这样的说法，也不是空穴来风，胡适对于章太炎的态度有一些矛盾。这种矛盾体现在他在不同的时期、不同的场合对章太炎的不同评价上。在《五十年来中国之文学》一文中，胡适是如此评价章太炎的："章炳麟是清代学术史的押阵大将，但他又是一个文学家。他的《国故论衡》《检论》，都是古文学的上等作品。这五十年中著书的人没有一个像他那样精心结构的；不但这五十年，其实我们可以说这两千年中只有七八部精心结构，可以称作'著作'的书——如《文心雕龙》《史通》《文史通义》等——其余的只是结集，只是语录，只是稿本，但不是著作。章炳麟的《国故论衡》要算是这七八部中的一部分了。他的古文学工夫很深，他又是很富于思想与组织力的，故他的著作在内容与形式两方面都能'成一家言'。"①

这个看上去赞美式的肯定，带有明褒暗贬的意味，甚至把章太炎的学术看作是一种旧的"已经过去"的体系。所以他接着说："总而言之，章炳麟的古文学是五十年来的第一作家，这是无可疑的。但是他的成绩只够替古文学做一个很光荣的下场，仍旧不能救古文学的必死之症，仍旧不能做到那'取千年朽蠹之余，反之正则'的盛业。他的弟子也不少，但他的文章却没有传人。有一个黄侃学得他的一点形式，但没有他那'先豫之以学'的内容，故终究只成了一种假古董。章炳麟的文学，我们不能不说他及身而绝了。"②

如此这般，胡适在肯定章太炎的学术贡献的同时，又将章划入"过去"。胡适强烈地意识到尽管章太炎的学术贡献巨大，但他依然是在经学范式③的笼罩之下，即使是强调"六经皆史"的古文经学，依然不能归入"科学"的范畴，也就不能算是真正的现代学术。

通过对章太炎的"归类"，胡适有意识地将自己与"经师"划清了界限，而成为一个现代意义上的保持"价值中立"的"学

---

① 胡适：《五十年来中国之文学》，载《胡适全集》第2卷，安徽教育出版社2003年版，第297页。
② 胡适：《五十年来中国之文学》，载《胡适全集》第2卷，第302页。
③ 顾颉刚的一段话可以作为胡适看法的注脚，他描述了自己逐渐对章太炎失去爱敬之心的过程。顾认为章太炎虽然自称"薄致用而重求是，这个主义我始终信守。但他自己却不胜正统观念的压迫而屡屡动摇了这个基本信念。他在经学上，是一个纯粹的古文家，所以有许多现在已经站不住的汉代古文家之说，也还要替他们弥缝。……他只是一个从经师改装的学者"。（见顾颉刚：《古史辨》第一册自序，载顾潮编《中国现代学术经典·顾颉刚卷》，河北教育出版社1996年版，第443页）

者"。因此，虽然他们都使用"国故"这个词，但是对于"国故"的内涵理解已然大不相同。

胡适与他的追随者们都承认"整理国故"的呼声来自章太炎，并且胡适也因为提倡整理国故而遭到受新思潮影响的一些人的质疑。于是，胡适一方面辩称"整理国故"是新思潮的组成部分，但又强调他之"整理"并非如别的国学机构所宣称的要"发扬国光"，而是要用"科学"的方法"研究问题、输入学理、整理国故，再造文明"。也就回答了陈独秀所提出的"何以要拥护德先生和赛先生便不能不反对国粹和旧文学"的问题，通过学术范式的转换来重新估定一切价值。[1]

与章门师徒企图强调历史典籍作为"国本"的情况不同，胡适给"国故"下了这样的定义："中国的一切过去的文化历史，都是我们的'国故'。研究这一切过去的历史文化的学问，就是'国故学'，省称为'国学'。"[2]胡适甚至认为，"故"可以理解为"过去""死亡"。他在1928年回答一个人的来信时，甚至把"整理国故"比喻成"打鬼"，就是要让人知道"国故"也就"不过如此"。[3]如果以这段话来看，胡适对于中国古代文明的贬低的确与他的"充分世界化"的立场十分符合。

其实，胡适在不同地方的表述多有矛盾之处。毕竟，清代以来的考据学，无论从什么角度看，都可以被归入科学方法的一种，但是胡适也需要应对"新青年"的感受，怕他们将自己视为传统价

---

[1] 胡适：《新思潮的意义》，载《胡适全集》第1卷，第691—700页。
[2] 胡适：《〈国学季刊〉发刊宣言》，载《胡适全集》第2卷，第7页。
[3] 胡适：《整理国故与"打鬼"》，载《胡适全集》第3卷，第147页。

值的传播者。这导致胡适有时候需要做一个辩护性的解释。比如他说，国学在我们的心眼里，只是国故学的缩写。国故这个名词，最为妥当；因为是一个中立的名词，不含褒贬的意义。国故包含国粹；但它又包含国渣。我们若不了解国渣，如何懂得国粹？可知胡适对国故这一词汇的选择正因为它不含褒贬的中立性。他进而明确提出要扩充国学的领域，包括上下三四千年的过去文化，打破一切的门户成见：拿历史的眼光来整统一切。[①]

通过对"国故"概念的重新解释，"国"的意象在胡适这里发生了一个悄然的转变，就是"国"越来越趋向于作为"地域"的描述，而非价值认同的根据地。胡适以及毛子水、傅斯年等人，通过对于"国渣"的提出，醒目地告诉人们"国"这个前缀，并不必然会使人凝聚在一起，这意味着为了凝聚人心，古代文化中的有些部分甚至是必须抛弃的。

除了"整理国故"之外，与胡适等人创立新的学术规范有关的另一个事件就是"北京大学研究所国学门"的成立。

当时国学研究所的机构设置是这样的：（1）编辑室，主要是编辑国学入门书目、学术年表和诸子所用哲学名词索引。（2）考古学研究室。（3）歌谣研究会。（4）风俗调查会。（5）整理档案会。（6）国学季刊。[②]由此可见，国学门虽然依然采用"国学"之名，但是从其成立宗旨和工作重点可以看出，国学门工作重点已经不再是经子之学。且成就卓然的领域是歌谣调查会和风俗调查会。这很

[①] 胡适：《〈国学季刊〉发刊宣言》，载《胡适全集》第2卷，第7页。
[②] 沈兼士：《北京大学研究所国学门报告》，载《段砚斋杂文》，汇文阁书店1947年版，第1—5页。

大程度上是受新文化运动的影响，顾颉刚、周作人等人都相信，真正能代表中国人精神的资源并不在经典文本（或章太炎所谓"历史"）中，而是在百姓日常的生活之中。

国学研究群体对于国学研究的方法是有着一定的自觉的。这主要体现在《国学季刊》发刊词。这篇由胡适起草的文章，可以看作是胡适他们的共同的学术方法。在其中，胡适认为将西学的传入看作是"国学"沦亡的想法是莫名其妙的，而试图以孔教来代表中国文化，或以宗教化的方式来光复孔教等做法，只会加速国学的沦亡。因此，他认为整理古书、发现古书和古物，才是三百年古学昌明的代表。批评了旧的研究方法的三个缺点，即"研究的范围太狭窄""太注重功力而忽略了理解""缺乏参考比较的资料"，并提出了三种新的研究方法："第一，用历史眼光来扩大国学研究的范围；第二，用系统的整理来部勒国学研究的材料；第三，用比较的研究来帮助国学材料的整理与解释。"①

就在胡适他们逐渐掌握学术权势和影响力的时候，章太炎越来越边缘化，几乎已经被遗忘的章太炎主要居住在上海，远离学术活动的中心，但他依然没有放弃他的主张。20世纪20年代，他创办了《华国学刊》来继续阐发他的学术立场，20世纪30年代，他又在苏州创办国学研讨班，并创办了《制言》杂志，从《制言》的发刊词看，他的矛头却是针对胡适他们的《国学季刊》，特别是对于认为一切旧籍不足观和认为中国的精神体现在通俗文学中的看法，尤为不满。"今国学所以不振者三：一曰，毗陵之学反对古文传记也；二

---

① 胡适：《〈国学季刊〉发刊宣言》，载《胡适全集》第2卷，第17页。

曰，南海康氏之徒以史书为帐簿也；三曰，新学之徒以一切旧籍为不足观也。有是三者，祸几于秦皇焚书矣。其间颇有说老庄、理墨辩者，大氐口耳剽窃，不得其本。盖昔人之治诸子，皆先明群经史传而后为之，今即异是。皮之不存，毛将焉附耶？其次或以笔记小说为功，此非遍治群书，及明于近代掌故者，固弗能为。今之言是者，岂徒与梦溪、鄱阳远不相及，如陆务观、岳倦翁辈，盖犹未能仿佛其一二也。此则言之未有益，不言未有损也。"①在这段话中，章太炎反对了今文经学和胡适等人。首先反对了常州今文经学对古文经学的冲击和康有为师徒视《左传》为伪经的做法。其次是批评了新文化运动人士对传统文化的彻底否定。认为这两种做法对国学的危害相当于新一次的焚书坑儒。再进一步则是对胡适等人注重墨家逻辑等做法表示质疑。然章门内部的分化足以让人了解章太炎的思想已经难以在其学术脉络中得到充分的认可。

在这个学术权势转移的过程中，章门弟子的立场日趋多元化。以南京为基地的黄侃、汪东是比较坚持其师的学术旨趣的；而钱玄同、周氏兄弟、沈兼士等人，则在立场上与胡适派接近。尤其是钱玄同，他甚至明确改宗今文经学。对待"国学"的问题，钱玄同也很激进。他认为，在学问上面标以"国"是完全没有必要的，也不能借着圣人的名头来迷惑人。"青年学子对于'国故'，'保存，昌明，宣扬'之固外，'整理'之亦外，即'知道'之亦大不可。"②不但反对将国学拿来应用于现实，甚至知道了解这些国故都没必

---

① 章太炎：《〈制言〉发刊宣言》，载桑兵等编《国学的历史》，第504页。
② 钱玄同：《致周作人》，载《钱玄同文集》第6卷，中国人民大学出版社2000年版，第65页。

要了。

三、顾颉刚和傅斯年：被放弃的"国学""国故"

傅斯年和顾颉刚，均曾经有一段崇拜章太炎的过程，后又追随胡适。他们是胡适之后，对于中国学术规范的影响很大的人物。顾颉刚以"古史辨"运动方式，以提倡纯粹的历史研究为理由，来剥离历史叙述中的价值构成和文化象征。顾颉刚说他继承了疑古派的传统，敢于怀疑，然后又得到了胡适所带回来的西洋历史的方法，这样他便"敢于推倒数千年的偶像而不稍吝惜，敢于在向来不发生问题的地方发生出问题而不丧气与他人的攻击。倘使我早生了若干年，处于不许批评有没有研究方法的学术社会中，或者竟要成了一个公认的妄人"[①]。

顾颉刚在毛子水的劝说下，去听章太炎的讲座。章太炎属于古文经学派，在学术层面上看，比以康有为为代表的今文经学，更重材料和证据，因而更接近现代学术的面貌。但在听课的时候，他听到的则是章太炎以经学之门户批评康有为。所以顾颉刚不断问自己四个问题：（1）何者为学；（2）何以当有学；（3）何以有今日之学；（4）今日之学当如何？思考之后，顾颉刚得出的结论是：在学问上只当问真不真，不当问有用没用。1923年1月，他写了《我们对于国故应取的态度》一文，进一步强调了学术研究中客观中立的立场。他说，以前对于传统文化有一种宗教式的态度，"现在我们

---

① 顾颉刚：《〈古史辨〉自序》，载顾潮编《中国现代学术经典·顾颉刚卷》，河北教育出版社1996年版，第492—493页。

就不然了。我们是立在家派之外,用平等的眼光去整理各家派或向来不入家派的思想学术。我们也有一个态度,就是:'看出它们原有的地位,还给它们原有的价值。'……我们现在应该走的路,自我现时代只是我们,无须向国故中讨教诲,所以要整理国故之故,完全是为了要满足历史上的兴趣,或是研究学问的人要把它当作一种职业,并不是向古人去学本领"[①]。因此,顾颉刚虽然肯定整理国故来自章太炎,但奠定其学术基本倾向的则是因为受胡适的影响。

顾颉刚等人对于历史的态度的转变,有人认为是"革命性"的:"大概在1920年至1930年,中国一群领导性的史学家不约而同地提出新的反省,他们对史料的态度有一个革命性的变化。这些人包括胡适、傅斯年、顾颉刚、李济等。他们的文字分散各处,如果稍加比辑,可以发现一个认识论上的改变。首先,对这一代人而言,传统的权威已经几乎倒塌了,所以六经在他们看来都只是史料了——是供人研究的材料,而不是让人寻求治国平天下大道理之所在。在这个前提下,他们同时也提倡一种历史发展的观点,也就是平等看待每一时代学术思想材料的价值,不再以为只有那最高点才有价值。"[②]在这些人中,态度最为激烈的是傅斯年。

可能是夹杂着在北大期间与章门弟子之间的个人恩怨,傅斯年用激烈的言辞来反对章太炎及其学派,放弃了胡适等人对章太炎的适当的尊敬,利用对章太炎的攻击,来彻底"清算"章门师徒对近代以来中国学术的影响。

---

① 顾颉刚:《我们对于国故应取的态度》,载桑兵等编《国学的历史》,第206页。
② 王汎森:《什么可以成为历史证据》,载氏著《中国近代思想与学术的系谱》,第348页。

傅斯年在1928年即明言，国故本来即是国粹，换汤不换药，无论是国学还是国故，这种词汇的变迁并不能改变其非学术的实质。而所谓国学院也恐怕是一个改良的存古学堂。这就是说所有与"国"相关的学科都不是纯粹的学术的研究。"整理国故"这四个字就是由傅斯年提出而被胡适推广的，在傅看来，整理有两种方式，客观的整理和崇敬的整理。他所主张的当然是客观的整理，只是将国故看作一些科学研究的材料而已，并没有其他特别的意义。

他对于章门学术的攻击集中在1928年他所建立的《历史语言研究所工作之旨趣》中，这个文本之所以重要是因为首先他放弃了国学之名而代之以"历史语言"这样的中性词汇，其次是这样的学术建制至今仍然在发挥着影响。比如台湾的"中央研究院"至今仍采用"史语所"这样的建制。

由章门弟子向胡适派的权势转移，这是一个现代学术转向的必然过程，其中夹杂着复杂的人事和情感的矛盾。也是由于这种矛盾的存在，傅斯年等人即使在完全取得学术权势之后，对于章太炎的攻击依然不绝。他甚至认为即使顾炎武、阎若璩的考证方法也比章太炎要现代，而受章太炎影响的一些人"不特不因和西洋人接触，能够借用新工具，扩张新材料，反要坐看修元史修清史的做那样官样形式文章，又坐看章炳麟一流人尸学问上的大权威。章氏在文字学以外是个文人，在文字学以内做了一部《文始》，一步倒退过孙诒让，再步倒退过吴大徵，三步倒退过阮元，不特自己不能用新材料，即是别人已经开头用了新的材料，他还抹杀着，至于那部《新方言》，东南西北的猜去，何尝寻扬雄就一字因地变异作观察？这么竟倒退过二千年了"①。

傅斯年开始筹建中山大学历史语言研究所的时候,就是要把历史和语言从传统的学术谱系中"解放"出来,因此,即使连"国故"这个概念也成为他攻击的目标。认为要建立一种真正的"科学"的态度,必须将"国故"的概念也抛弃。"我们反对'国故'一个观念。如果我们所去研究的材料多半是在中国的,这并不是由于我们专要研究'国'的东西,乃是因为在中国的材料到我们的手中方便些,因为我们前前后后对于这些材料或已经有了研究。……原来'国学''中国学'等名词,说来都甚不详,西洋人造了支那学'新诺逻辑'一个名词,本是和埃及脱逻辑、亚西利亚逻辑同等看的,难道我们自己也要如此看吗?果然中国还有将来,为什么算学、天文、物理、化学等等不都成了国学,为什么国学之下都仅仅是些言语、历史、民俗等题目?且这名词不通达,取所谓国学的大题目在语言学或历史学的范围中而论,因为求这些题目之解决与推进,如我们上文所叙的,扩充材料,扩充工具,势必至于弄到不国了,或不故了。这层并不是名词的争执,实在是精神差异之表显。"②

傅斯年明确地说,只有把历史语言学建设得如生物学、地质学一样,才是他们的"同志",而那些把仁义礼智和主观价值与历史语言混杂的,则非是。明确地要划分彼此之间的界限。如此,"国"上所可能附着的情感和价值因素,都是非科学的遗迹,国学与科学

---

① 傅斯年:《历史语言研究所工作之旨趣》,载《傅斯年全集》第三卷,湖南教育出版社2003年版,第4—5页。
② 傅斯年:《历史语言研究所工作之旨趣》,载《傅斯年全集》第三卷,第9页。

之争的核心是价值和精神之争。

从上述的梳理中我们可以看到,从晚清到民国,"国学"或"国故"的概念在不断地变化,而其实质是在于"国"的意象在不断地转移。章太炎提出国故,是对国粹反思的结果,他也试图从西方的学术分类中将中国思想传统做分类式的讨论。但是他依然是要通过"国学"的研究激发爱国精神,确定中国认同。而北大国学门的工作目标已经将对"国性"的认同改为"为国争光",不过为国争光的方式却不再是要从传统经典里找到中国性,而要通过研究成果为国际学术界所认可而争取光荣。他们更多地要从民间歌谣和习俗中寻找"中国的精神",要与经典保持一定的距离。从学术的规范来说,则是试图从传统的经学中解放出来。

而到傅斯年,"国学"之国,只是因为地域的关系,他坚决反对国学所附加的价值和道德的因素,要以一种完全的"科学"的态度来对待"恰好存在"于中国的这些文献和素材。

从近代学者对于"国"的态度的转变中,我们可以了解中国学术发展的一个过程,而这个过程,既是学术自身发展不断接受西方规范的过程,也是不同时代、不同知识背景的学者之间权势和感情纠葛的价值转向的历程。

第十二章
三民主义与20世纪上半叶中国政治意识的分合

一、导语：孙中山的三民主义与中国传统

孙中山思想中最具符号性意义的内容就是"三民主义"。1905年10月，孙中山在《〈民报〉发刊词》中提出："三大主义：曰民族，曰民权，曰民生。"[①]1905年12月，冯自由首先在《中国日报》上开始使用"三民主义"一词[②]，为孙中山所确认。这便是"三民主义"简称之由来。第二年（1906年），孙中山《在东京〈民报〉创刊周年庆祝大会的演说》进一步解释三民主义之内涵："三大主义：第一是民族主义，第二是民权主义，第三是民生主义。""总之，我们革命的目的是为众生谋幸福，因不愿少数满洲人专利，故要民族革命；不愿君主一人专利，故要政治革命；不愿少数富人专利，故要社会革命。这三样有一样做不到，也不是我们的本意。达

[①] 中国社会科学院近代史研究所编：《孙中山全集》第一卷，中华书局1981年版，第288页。
[②] 冯自由：《革命逸史》，金城出版社2014年版，第245、463页。

到了这三样目的之后,我们中国当成为至完美的国家。"①这就将三大主义与孙中山所追求的民族革命、政治革命、社会革命整体并进的目标关联起来了。

在晚清到民国的政权转移过程中,各种政治力量的复杂博弈,以及南北和谈过程中国民党②的让步,孙中山在担任中华民国临时大总统不久,就被迫辞职,政权落入袁世凯手中。这样,孙中山也无法将三民主义纲领转化为中华民国的政治纲领。随着袁世凯的复辟以及随后的军阀统治,孙中山认为作为革命目标的民权主义没有得到落实。所以孙中山发动二次革命,要推进国民的民主权利。随着对西方列强的侵凌的新认知,孙中山认识到三民主义是互相支撑的政治理念,于是,又逐步恢复三民主义并举的策略。

从成熟时期到晚期,孙中山的三民主义在其思想内容和表达形式上都有若干变化。《中国国民党第一次全国代表大会宣言》(1924年)指出:"国民党之民族主义,有两方面之意义:一则中国民族自求解放;二则中国境内各民族一律平等。""国民党之民权主义,于间接民权之外,复行直接民权,即为国民者不但有选举权,且兼有创制、复决、罢官诸权也。""国民党之民生主义,其最要之原则不外二者:一曰平均地权;二曰节制资本。""国民党之三民主义,其

---

① 中国社会科学院近代史研究所编:《孙中山全集》第一卷,第324、329页。
② 1912年8月,同盟会与统一共和党等改组为国民党,但国民党的组党宣言,并没有提及三民主义。在国民党的规约中,所举的目标主要是民主建国,单一国制,"此与孙中山先生同盟会时期的思想相比较,我们当见立即实行责任内阁和两党政治的主张,与中山先生以军法之治、约法之治、宪法之治定建国程序的主张枘凿;以省为自治团体的主张与中山先生以县为自治单位的主张枘凿;而三权分立的主张与中山先生五权宪法的主张枘凿"。这就是说宋教仁等人所改组的国民党的基本主张与孙中山的一贯立场之间存在差异。(见王德昭:《孙中山政治思想研究》,香港商务印书馆2011年版,第153页)

真释具如此。"①《国民政府建国大纲》(1924年)指出:"建设之首要在民生。""其次为民权。""其三为民族。""建设之程序分为三期:一曰军政时期;二曰训政时期;三曰宪政时期。"②对实行三民主义的具体方略和阶段发展的描述更为具体。

1924年1—3月,孙中山在广州发表《民族主义》系列讲演,系统地阐明了他的民族主义,同年4月由中国国民党中央执行委员会在广州编辑出版。

孙中山在演讲中,首先将三民主义定义为一种"救国主义",只有实现国际地位、政治地位和经济地位的平等,才算达到救国的目标。③对于民族主义,他指出中国古代只有家族主义和宗族主义,而没有国族主义。如果要救国,就必须建立国族主义的意识。这与同盟会时期对民族主义的解释已经发生了很大的变化。对此,孙中山解释了为什么要用国族主义来取代种族革命的口号,是因为中国是一个多民族的国家,各个民族的人民都是这个国家的一员,所以称为国族。④

孙中山认为民族主义是国家图发达、种族图生存的精神力量。但在天下主义或世界主义的影响下,中国人失去了这个"宝贝"。应该如何恢复呢?孙中山提出的方案看上去有点"自相矛盾"。他说,要利用中国人的家族、宗族观念来唤起国民之间的凝聚心。"依我看起来,中国国民和国家结构的关系,当中是很实在的。如果用宗族为单位,改良当中的组织,再联合成国家,比较外国用个人为

---

① 中国社会科学院近代史研究所编:《孙中山全集》第九卷,第118、120、122页。
② 中国社会科学院近代史研究所编:《孙中山全集》第九卷,第126—127页。
③ 孙文:《三民主义》,台湾三民书局2016年版,第1页。
④ 孙文:《三民主义》,第2页。

单位，当然容易联络得多。"[1]从这里我们也可以看到，孙中山也认为个人观念会影响人们对于国家共同体的认同。

由此，孙中山倾向于从民族的道德意识中去激发人们的爱国心，持有文化保守主义的立场。孙中山认为，我们若要恢复民族地位，首先就要恢复民族主义。这其中最为关键的力量就是中国固有的道德，孙中山强调恢复中国固有的团体，从家族团体和宗族团体发展到国族团体；恢复中国固有的道德：忠孝、仁爱、信义、和平。"此刻横行中国，一般醉心新文化的人，便排斥旧道德，以为有了新文化，便可以不要旧道德。"[2]这样导致了国民无所适从。中国传统的政治哲学也系统而完整。孙中山认为，《大学》中的"格物、致知、诚意、正心、修身、齐家、治国、平天下"这段话，把一个人从内在修养的发扬到平天下为止，都发挥出来了。

基于民族主义的立场，在1924年的演讲中，他也反对世界主义。他认为世界主义已经成为那些列强侵略弱小的借口，是有强权无公理，所以，要发扬中国传统的"济弱扶倾"精神，并以这样的态度推己及人。他说："我们要将来能够治国平天下，便先要恢复民族主义和民族地位，用固有的和平道德做基础，去统一世界，成一个大同之治，这便是我们四万万人的大责任。诸君都是四万万人的一份子，都应该担负这个责任，便是我们民族主义的真精神！"[3]不仅仅是讲民族主义的内容，孙中山援引了许多与传统儒家相关的思想资源。在民权和民生主义部分，孙中山也注意强调其中国传统价

---

[1] 孙文：《三民主义》，第56页。
[2] 孙文：《三民主义》，第61页。
[3] 孙文：《三民主义》，第72页。

值观的联系。

孙中山认为袁世凯之所以选择复辟称帝,是受了一种成见的影响,即认为中国人没有民权的意识,最适合的政体是采用君主制。其实,中国古代民权思想很发达,只是没有见之行动而已。[①]

孙中山民权思想最富有争议的是对于"权"和"能"的辨析,孙中山的主权在民,但人们委托一些有能力的人来治理,这带有明显的"贤能政治"的色彩。

孙中山的三民主义与五权宪法密切相关,其中的考试和监察也是继承了中国古代科举选官和巡察制度的优势。他说:"就中国政府权的情形讲,只有司法、立法、行政三个权是由皇帝拿在掌握之中,其余监察权和考试权还是独立的。就是中国的专制政府从前也可以说是三权分立的,和外国从前的专制政府,便大不相同。"[②]

尽管,在20世纪20年代孙中山十分强调三民主义与中国传统之间的关系,可能也是要改变人们对他的政治主张的偏见。在辛亥前后的一段时间内,许多政治人物相信孙中山的理念背离了儒家传统,而拒绝跟他合作。例如,辛亥元勋徐绍帧曾劝说吴佩孚与孙中山合作,"吴佩孚答称:吾观孙先生过去之经历,虽可认为一伟大人物,然彼之知识与言论,与其谓为中国之固有,毋宁认为祖述泰西之为愈。彼不捃摭我国数千年来蓄积之文物,在传统的根柢之上,施以适应时地人之建设,乃骤然揭橥三民主义而拟施于固有文化有基础之中国,其不能及时实行固宜"。在吴佩孚看来,孙中山是试图把三民主义施于有独特文化的中国,因此,不太可行。"彼所理

---

① 孙文:《三民主义》,第82页。
② 孙文:《三民主义》,第173—174页。

想之主义,迄于今日尚未见有任何给予于国利民福,目前干戈之扰攘、苍生之困厄,岂非数倍于彼所视为腐烂而成为打倒对象之前清末叶政府耶?孙先生一出,精神的或实际政治的,果有何物以裨补中国乎?不独此也,彼急求成功,为敷衍一时计,从来不问其对手为何人,只有乞助于妥协一途,甚至联络日本,因无结果,乃转而利用俄国,不图反为俄国所利用。然其所以标榜于外者,则仍为救治中国数千年之痼疾也。彼不求传统之药方,而强用辛辣强烈之俄国猛剂,其失亦甚。孙先生联结俄国共产党,冀利用其学说组织,以谋自己事功之顺利,以为到时断绝其关系,取所谓'飞鸟尽,良弓藏'之态度,则可坐收其利而不致遗患后来,其纯为理想,彰彰明甚。"吴佩孚甚至认为孙中山行事过于功利化,其提倡的三民主义也不能算是真心想实践的。"孙先生提倡三民主义,即民族主义、民权主义、民生主义,若单以主义而论,无一而非适切之主张。三民主义,由一面观之,虽为政治之题目,然概括而言,毕竟为权利之主张,若一面念及义务附随权利之真理时,则不可不考虑及于实行义务之训练方法。若徒唱权利以饵民,而不关心于义务训练,则作为一个实际政治家,势必使人民趋利,大局非土崩瓦解不止。枭雄张作霖曾对孙先生使者汪兆铭解释三民主义之际,漫然说及应加'民德主义',不为无见,盖民德乃指彻底之义务观念也。""余信政治上之要谛,在于道德,而孙先生则认政治为一种技术。不知大学所谓治国平天下之根源,在于诚意正心修身,示人以万姓率由之轨范。余奉此信条而不渝,故不能与孙先生共同行动。"[①]这种评价

---

① 吴相湘:《孙逸仙先生传》下册,转引自陈锡祺主编:《孙中山年谱长编》下册,中华书局1991年版,第1697页。

应该是有代表性的,对于这种评价,孙中山自己也是了解的。有一次,针对别人对他"赤化"的质疑,孙中山生前曾在一次谈话中自辩说:"我辈之三民主义首渊源于孟子,更基于程伊川之说。孟子实为我等民主主义之鼻祖。社会改造本导于程伊川,乃民生主义之先觉。其说民主、尊民生之议论,见之于二程语丝。仅民族主义,我辈于孟子得一暗示,复鉴于近世之世界情势而提倡之也。要之,三民主义非列宁之糟粕,不过演绎中华三千年来汉民族所保有之治国平天下之理想而成之者也。文虽不肖,岂肯尝列宁等人之糟粕。况如共产主义,不过中国古代所留之小理想者哉。"①

正是因为三民主义所包含的多重解释的可能,造成了国民党内部对三民主义的不同解释,特别是他晚年力图学习苏联的政党组织原则的时候,他的追随者中产生了分化。在孙中山去世之后,面对共产国际、国民党和共产党之间的复杂关系,重新解释三民主义是当务之急,尤其是对于国民党而言,三民主义是他们获得清晰自我定位的必要一环,由此,对三民主义的不同解释也就成为20世纪20年代中国政治史和思想史的一件影响重大的事件。

二、谁是革命者:后五四时期国民党意识形态的整合与文化观的变迁

20世纪20年代的国民党和共产党之间的关系是十分复杂的,

---

① 孙中山:《与日人某君的谈话》(1924年2月),载《孙中山全集》第九卷,第532页。

这其中一个很大的原因是夹杂着共产国际对于两党事务的干预①。共产国际是指导世界范围内的共产主义运动的组织，但主要由苏联提供经济保障，这决定了共产国际在很大程度上要服务于苏联的国际布局。国产国际对于中国革命的支持策略导致了国共两党对共产国际存在不同的看法。比如，对于让共产党员以个人身份加入国民党，在中国共产党内部和国民党内部都存在着很大的分歧。在1927年蒋介石开始清党之后，共产国际对于中国共产党是否应该继续留在国民党内部也有不同意见，当时的中国共产党的领导人陈独秀就认为共产国际在给中国革命做出决策的时候，存在着"机会主义"的倾向。②

国民党内部的不同势力对"中国共产党以个人身份加入国民党"也意见不一。在共产国际的代表马林和孙中山交谈之后，1922年共产国际便提出了中国共产党人加入国民党的想法，并付诸实施。不过，双方的党史作者对于国民党和共产党之间的合作有不同的描述③，而且各自的动机也不尽一致。在共产国际和中国共产党方面来说，共产党人加入国民党，"实质上这里讲的是一种策略手段，旨在通过国民党向与它有联系的工人群众组织渗透，并从国民

---

① 共产国际订有信条二十一条，对于世界共产党具有约束作用，也包括国民党。信条中包括："共产国际执行部有绝对的权力指挥各国共产党的决策与行动……如有不服从共产国际者，逐出组织之外。"（转引自张朋园：《从民权到威权：孙中山的训政思想与转折兼论党人继志述事》，"中央研究院"近代史研究所2015年版，第64页）
② 陈独秀：《陈独秀告全党同志书》，载中共中央党史研究室第一研究部编《共产国际、联共（布）与中国革命文献资料选辑（1926—1927）》下，北京图书馆出版社1998年版，第349—365页。
③ 王奇生：《党员、党权与党争——1924—1949年中国国民党的组织形态》第三章，上海书店出版社2003年版。

第十二章 三民主义与20世纪上半叶中国政治意识的分合

党那里夺取这些工人群众和组织，同时在国民党内部建立稳固的共产党集团，实际上也就是分裂国民党，由共产党人夺取国民革命运动的领导权"①。但这个目标，国民党方面也并非完全不了解，但作为获得苏联支持的前提，接受了共产国际的决定。

就孙中山而言，"容纳共产党"有从实践层面的考虑。他想借鉴苏联政党建设和党领导军队的成功经验，"吾等欲革命成功，要学俄国的方法组织及训练，方有成功的希望"②。在革命屡受挫折的情况下，孙中山有改组国民党的想法③，但一直没有找到走向成功的途径。"从前在日本虽想改组，未能成功，就是因为没有办法。现在有俄国的方法以为模范，虽不能完全仿效其办法，也应仿效其精神，才能学得其成功。"④孙中山对于中国人缺乏凝聚力和组织性的"特性"痛心疾首，苏联的经验让他看到了成功的可能性。

不过，孙中山对苏联的经验也并非毫无保留，实质上他对于苏联的经济政策并不认同。他试图用他的民生主义来解释共产主义，坚信他的"民生主义"有更大的包容性。他说："民生主义就是社会

---

① 中共中央党史研究室第一研究部编：《联共（布）、共产国际与中国国民革命运动（1920—1925）》，北京图书馆出版社1997年版，第25页。
② 孙中山：《在广州大本营对国民党员的演说》（1923年11月25日），载《孙中山全集》第八卷，中华书局1986年版，第437页。
③ 吕芳上说，改组国民党是国民党突破困局的努力，五四前后，国民党在国内没有立足之地，在思想上，科学和民主思想的深入人心，以及无政府主义、社会主义等思潮，也对三民主义构成冲击，于是需要重新解释三民主义和在组织上加以改造。参看吕芳上：《革命之再起：中国国民党改组前对新思潮的回应（1914—1924）》，"中央研究院"近代史研究所1989年版，第55页。
④ 孙中山：《关于列宁逝世的演说》（1924年1月25日），载《孙中山全集》第九卷，第137页。

主义，又名共产主义，即是大同主义"①，"所谓社会主义、共产主义与集体主义均包括在民生主义之中"②。在1923年1月1日发表的《中国国民党宣言》和《中国国民党党纲》中，继续强调三民主义是立国之本原，五权宪法是制度之纲领。强调在一定时期内依然要保护私人拥有和使用土地。他也不赞成城市工人阶级推行暴力革命的做法。尽管有这些分歧，但基于中国国民党比中国共产党更有实力这一判断，1923年1月4日，俄共中央政治局正式决定向国民党提供援助。同年1月12日，共产国际执行委员会认定"唯一重大的民族革命集团是国民党"③。决定支持国民党，并做出了要求中国共产党员以个人身份加入国民党的决定。④

共产国际对于国民党的支持有一个十分重要的附加条件，即要将其中的一部分经费用于宣传苏俄革命的理论与实践。这与三民主义就构成了直接的冲突。也就是说孙中山和国民党始终没有放弃三民主义。按陈独秀的回忆，孙中山屡次跟马林说："共产党既加入国

---

① 孙中山：《三民主义》，第176页。王奇生也说，民生主义和共产主义同等起来是为了迎合五四青年对社会主义的信仰，或者说是为了将当时知识青年对社会主义的崇拜，吸引和转移到对三民主义的信仰上来。（见王奇生：《党员、党权与党争——1924—1949年中国国民党的组织形态》，第60页）
② 中国第二历史档案馆编：《中国国民党第一、二次全国代表大会会议史料》（上），江苏古籍出版社1986年版，第22—23页。
③ 李玉贞：《国民党与共产国际》，人民出版社2012年版，第184页。
④ "由于中国共产党在数量上还相当弱小，由于广州是中国工人运动的中心，更由于孙中山政府在南方是唯一的反帝革命政权。因此，共产国际不愿错过在中国建立统一战线的有利时机，接受了孙中山在党内合作的条件，当然也相信国民党在组织上还不十分强大。我们在看到这种背景后，就可以明白，为什么共产国际在1923年8月决定中国共产党员参加国民党，为什么马林在1922年8月举行的中国共产党中央委员会会议上强迫中国共产党员参加国民党。"（见郭恒钰：《共产国际与中国革命——第一次国共合作》，东大图书公司1989年版，第74—75页）

民党，便应该服从党纪，不应该公开的批评国民党，共产党若不服从国民党，我便要开除他们；苏俄若袒护中国共产党，我便要反对苏俄。"①的确，孙中山多次说，如果陈独秀以及《向导》杂志在批评中支持另一个政党，他就要开除陈独秀。②

后来鲍罗廷的到来加快了孙中山改组国民党的步伐。表面上国民党对苏俄经验的宣传有了制度性的设计，比如创办杂志等；对于国民党内部反对共产党加入国民党的人士进行耐心说服。而在事实上，孙中山并没有放弃他的三民主义思想，比如在农民问题上，反对激化农村阶级斗争，并在一大期间进行三民主义的系列讲解。③国民党一大召开意味着国民党容共政策的落实，不过对于革命的认识上的差异使这种合作是十分脆弱和充满不确定性的。

国民党和中国共产党之间的最大分歧在于国民党并没有真正接受阶级斗争和无产阶级革命理论，国民党更侧重于接受苏联在军队和社会组织方面的指导，而并不接受共产主义的理论。于是，当中国共产党在国民党的组织和军队系统内试图发挥"独立"的政治主张和组织的时候，国民党内部对于如何对待共产党的存在便产生了很大的分歧。在1924年8月30日所举行的国民党中央执行委员会第二次会议上，国民党右派就主张将共产党员开除出国民党；而中派人士虽然持温和立场，但要求在国民党内的共产党组织能够在国民党的制约下活动。在会议上，孙中山认为既然共产党接受了民族主义和民权主义，那么我们就可以容纳共产党，并将坚决反对共产党

---

① 陈独秀：《告全党同志书》（1929年12月10日），载任建树主编《陈独秀著作选编》第四卷，上海人民出版社2014年版，第415页。
② 李玉贞：《国民党与共产国际》，第201页。
③ 李玉贞：《国民党与共产国际》，第215页。

加入国民党政策的冯自由开除出国民党。

但这样的做法,并不能化解国民党内部对中国共产党的猜忌和排斥的态度。国民党右翼抱怨国共合作的结果是共产党得到了很快的发展,不仅在组织上,而且在思想意识上也呈现出一定程度的强势。

共产党在国民党内部以一个独立的组织存在,这是国民党内部拒斥中国共产党的最主要的原因。所以,在孙中山逝世之后,如何将中国共产党"挤出去"是志在成为新的领袖的蒋介石处心积虑要解决的问题。蒋介石排挤国民党内部的共产党员的做法可谓是一石二鸟,既可以打击国民党左翼对他在党内地位的掣肘,又可以排除共产党力量对国民党的分化。所以他要借助北伐而不断地强化其势力。1926年4月3日,蒋介石提出"整军肃党,准期北伐"的建议,提出"对于共产党员之入本党者,须守本党计虑,实行三民主义之工作,更不许对于总理之人格,加以诬蔑,对于总理之历史,有意抹煞,对于三民主义,尤不准其有批评与怀疑之态度及行动"[1]。并威胁说要有动员国民党加入中国共产党者,立刻加以严厉处置。《整理党务案》通过之后,蒋介石还说:"在局外人看来,有许多与先总理在日主张不同的地方,不过时代与事实逼到我们的头上,使我们不能不提出此案。"并说,如果孙中山在世,也会同意这个提案。[2]

---

[1] 中共中央党史研究室第一研究部编:《共产国际、联共(布)与中国革命文献资料选辑(1926—1927)》上,第164页。
[2] 中共中央党史研究室第一研究部编:《共产国际、联共(布)与中国革命文献资料选辑(1926—1927)》上,第170页。1928年7月,蒋介石在北京香山碧云寺发布祭告总理文,也在为他的"清共"策略辩护。他说:"爰于本年一月,继清共之举而绝俄,凡兹政策之变更,皆经同志反复考虑,认为无背于总结之遗教。"(见蒋介石:《蒋中正自反录》第一集,香港中和出版有限公司2016年版,第268页)

《整理党务案》之后，共产党被迫离开国民党的高层机关，不得不将工作重心进一步落实到基层民众中去。国共之间的矛盾纷争其核心还在于不同的党派对于中国革命的不同理解上，而共产党在加入了国民党之后又不可能放弃其独立性，甚至在舆论宣传上占据一定的话语优势。蒋介石在国民党二届二中全会上就说："比如有一个党员，对于共产分子加以规劝或批评，便有人说他是反革命；不革命、反革命等话，也不可轻易加在别人身上。"[①] 由此可见，在当时共产党被认为是代表"革命"乃至"正确"的方向。

孙中山逝世之后，国民党内部的分裂越发明显。这在客观上有把他们的组织方式由对孙中山的"魅力"式的崇拜转变为官僚式控制的需要。因此，党的纪律开始被强调："总理在时，总理之人格为一切主义、政纲、策略之保障；总理既没，则保障总理之一切遗教者，惟有本党之纪律。"[②] 国民党的政策调整势在必行。

在蒋介石方面，他致力于使建立国民政府的国民党如何保持其对于政治权力的合法性，同时在实际的政治和军事运作中获得其内在的凝聚力，必然会将"反共""分共"提到日程上来，1927

[①] 中共中央党史研究室第一研究部编：《共产国际、联共（布）与中国革命文献资料选辑（1926—1927）》上，第171页。王奇生曾研究过1920年代革命话语的演变，认为当时的不同的政治团体有一种将革命神圣化的倾向，纷纷宣称自己是革命政党，同时也在强调自己的革命属性的时候，攻击别的政治团体是反革命。（见王奇生：《革命与反革命：社会文化视野下的民国政治》，社会科学文献出版社2010年版，第100页）

[②] 《中国国民党第一届中执会第三次全体会议通过关于接受孙中山遗嘱之训令决议案》（1925年），转引自费约翰：《唤醒中国》，生活·读书·新知三联书店2004年版，第321页。

年，以大屠杀为手段的"清党"①成为从组织上消灭共产党的重要步骤。

掌控政权的国民党在思想上的控制也逐渐加强。首先是加强对新闻出版的控制。在南京政府成立之后，国民党政府先后制订和颁布了一系列旨在强化控制的法规条例，如《宣传品审查条例》（1929年1月）、《出版条例原则》和《全国重要都市邮件检查办法》（1929年8月）、《日报登记办法》（1929年9月）、《出版法》（1930年3月）、《出版法施行细则》（1930年5月）、《修正指导党报条例》（1930年3月）、《宣传品审查标准》（1932年11月）、《修正重要都市新闻检查办法》（1933年9月）、《国民党中央执行委员会关于取缔各地不良小报致各省（市）党部训令》（1933年10月）、《检查新闻办法大纲》（1934年8月），等等。"仅据1936年国民党中宣部所拟《取缔社会科学书刊一览表》的记载，从1929年到1936年，就查禁、查扣了社会科学书刊652种，其中注明'共产党刊物'的391种，因'共党宣传品'、'鼓吹阶级斗争'等原因被禁扣的有38种；二者合计429种，占了总数的65.8%。当时出版的马克思、恩格斯、

---

① 黄仁宇对于"清党"事件的解释颇有意味。他说："经过'清党'之后，蒋介石在国民党内及国民党政府之领导地位日益明朗化。'国民革命'脱离了苏联及第三国际之约束，使日后与英美接近之外交路线可能，也在江浙地区相当成功的实现了初期之财政集中，国民党军队也逐渐职业化。这些准备使十年之后对日抗战可能。中共虽在国民党'清党'期间受到打击，实际上也经过一段严重的考验。以前由陈独秀、瞿秋白和李立三领导的中国共产党，不离书本上的教条主义，也无法摆脱当日国际共产主义者支配，至是有了大规模之转向，才蜕变而为毛泽东领导之中共。又整个与城市生活绝缘，才开始走上了以中国为本位的农村改造之途径。"（见黄仁宇：《从大历史角度读蒋介石日记》，中国社会科学出版社1998年版，第69—70页）

第十二章 三民主义与20世纪上半叶中国政治意识的分合 373

列宁的经典著作和进步书刊几乎被尽数囊括其中。"①

国民党加强对与共产党有关的宣传材料的控制，是对孙中山联俄联共转向的背叛。如前所述，孙中山在关于三民主义的系列演讲中，虽然强调了民生主义与三民主义的区别，但也认为其在本质精神上是一致的。从国民党自身的价值凝聚力建设而言，将民生主义与社会主义的模糊化和混同化对于国民党意识形态的统一并不是十分有利的，甚至造成了国民党内对三民主义理念的不坚定。因此，如何重新整合三民主义的理论资源，以对抗中国共产党的思想意识的传播，已经成为国民党首要而迫切的任务，而对三民主义做出重新解读的戴季陶就是国民党理论重建的最具代表性的人物。

三、戴季陶与"纯正的三民主义"

戴季陶（1891—1949年），名传贤，号天仇。早年留学日本，参加同盟会。五四运动时期，他曾经涉猎、研究并介绍过社会主义思想和劳工运动，同情社会主义。"他曾一度与中国共产党创建者们关系密切。但是，当孙中山不听他的劝告，开始寻求俄国人和中国共产党的支持时，他就陷入了一种无法自拔的焦虑之中。戴季陶为孙中山的固执而感到身心疲惫甚至幻灭。"②其实，戴季陶本人很早就主张国民党必须要改组，他发现大多数国民党员只信三民主义之中的某一主义，难以真正做到思想统一，希望通过改组而激发国

---

① 宋小庆等编：《关于中国本位文化问题的讨论》，百花洲文艺出版社2004年，第62—63页。
② 费约翰著，李霞译：《唤醒中国：国民革命中的政治、文化与阶级》，第334页。

民党的战斗力。因为国民党内部派别林立、矛盾丛生而难以落实。不过，孙中山接受联俄联共而改组国民党的决定，戴季陶却并不认可。他认为容纳共产党会导致国民党失去其独立性。经过孙中山的再三劝说，他才勉强去广州参加了国民党的代表大会。一年后，他感到经过改组的国民党，已经成为一复杂的混合体。在失望之余，于1924年6月辞去国民党中央常务委员、宣传部长及黄埔军校政治部主任等职。到了上海之后，他设想了一个"民族国际"的组织，试图从民族主义理念出发，发起一个有别于国际联盟和共产国际的不同组织——"民族国际"。戴季陶认为国际联盟和共产国际都是反对民族主义的，并不能保障弱小国家的利益。他期待民族国际的成立能激发中国的民族主义精神。

民族主义[①]本身并非典型的中国观念形态，在传统中国的思想体系中，民族和国家是作为个人、家、国天下系统中的一个中间环节，而并非一个终极性的目标。近代以民族国家为基本单位的军事和经济竞争使中国人开始重视"国家""种族"问题，而忽略了"天下"的问题。[②]事实上，即使是坚持社会主义理想的共产党，它的成功之处就在于把社会主义与民族的自强和独立结合在一起，

---

① 民族主义的定义很多，比较简明的如徐迅所说："民族主义作为历史现象是非常近代才出现的。民族主义现象是指以'民族'为符号、动力和目标的社会、政治、文化运动，或以民族国家为诉求的意识形态，或以文化传统为依托的情结和情绪。一般认为，民族主义潮流最初发轫于17世纪的西欧，还有的认为起源于18世纪的英国和法国，以后扩展到欧洲、美洲，到20世纪，则遍及全世界每一个角落。"（见氏著：《民族主义》，中国社会科学出版社1998年版，第7页）
② 在孙中山那里，"民族主义"有时被表达为"国族主义"，并解释道：他之所以放弃中国传统的天下主义，也不主张世界主义，转而强调民族主义，是因为受情势所迫。在谈到天下主义好不好的时候他说："大凡一种思想，不能说好不好，只看他合我们用不合我们用。如果合我们用便是好，不合我们用便是不好。"（见孙中山：《三民主义》，第34页）

在世界各国，社会主义运动经常也是民族解放运动、争取政治和经济独立自强的思想资源。

国民党的前身同盟会在晚清是一个十分激进的革命派别，它一直试图以民族主义的立场，来唤起汉族人对于满族统治阶层的反抗，从而推翻帝制。因此在国民党的血统中一直存在着民族主义的基因。持续不断的外患，使得民族主义有强烈的凝聚中国人精神的作用。然而，对于中国这样一个民族众多的国家而言，激烈的民族主义在凝聚一致对外的力量时候，副作用是激起国内民族之间的矛盾。"中国是一个多民族的国家，在这样一个国家里，民族主义只可能导致民族意识的觉醒，就像后来发生的民族分离以及由各种原始忠诚哺育起来的离心趋势，使中国作为一个近代国家陷于分裂的危险。反满自然是这种分离主义的一种形式，它暂时可作为政治上一个有利的战斗口号，但它肯定与中国民族主义的长远目标背道而驰。"[1]所以民族主义必然会转向"国族主义"或者"文化民族主义"。国民党在20世纪20年代末重新整合意识形态时，虽然也有蒋介石和汪精卫之间的矛盾，且有着对于三民主义的各自表述，但是，抛弃强调满汉矛盾的策略，将三民主义作为意识形态的中心则是各方所共同承认的。

孙中山和国民党在意识形态的建设上比较倚重"民族主义"的作用，孙中山领导的同盟会，就以"排满"为口号来激发民众推翻清政府的热情。民国成立之后，主张民族团结的"五族共和"成为国民政府的民族策略，民族主义的立场转向为联合国内民族来抵

---

[1] 张灏著，崔志海、葛夫平译：《梁启超与中国思想的过渡（1890—1907）》，第119页。

抗殖民国家的侵略，反对"帝国主义"是国内各政治团体的共识。即使国民党也是如此，胡适分析说："根本上国民党的运动是一种极端的民族主义的运动，自始便含有保守的性质，便含有拥护传统文化的成分。因为国民党本身含有这保守性质，故起来了一些保守的理论。这种理论便是后来当国时种种反动行为和反动思想的根据了。"

"中国的民族主义的运动所以含有夸大旧文化和反抗新文化的态度，其根本原因也是因为在外力压迫之下，总有点不甘心承认这种外力背后的文化。这里面含有很强的感情作用，故偏向理智的新文化运动往往抵不住这种感情的保守态度。国民党里便含有这种根据于民族感情的保守态度，这是不可讳也不必讳的历史事实。国民党的力量在此，他的弱点也在此。"[1]虽然胡适将新文化运动看作是"理智"的，保守主义看作是"情感"的值得商榷，但是，从国民党及其前身的历史看，其与民族主义之间的共生关系的确是存在的。当民族的历史文化成为民族主义的重要内容的时候，国民党便以此来反对"世界革命"，以及以世界革命的一部分作为其价值目标的中国共产党。简而言之，国民党就是试图通过强调其民族文化的继承者的身份来贬斥作为马克思主义政党的中国共产党。

在孙中山逝世之后，蒋介石等人试图清除国民党内的联俄联共思想，从组织上就是发动"清党"，重点突出了纪律和服从。在思想理论上，则是通过将强调三民主义的民族化和本土化的色彩，来清理孙中山思想中的列宁主义影响，来对抗共产党对蒋介石背叛

---

[1] 胡适：《新文化运动与国民党》，载《新月》1929年9月10日第2卷第6、7号合刊，第5、6页。

孙中山的指责。在这中间,戴季陶的三民主义儒家化是最具有影响力的。

在孙中山逝世之后,戴季陶就写了一篇名为《孝》的文章,提出要对国家和民族尽孝,旨在用儒家的价值来唤起国民党的忠诚。1925年6、7月间,戴季陶先后写成《孙文主义之哲学的基础》《国民革命与中国国民党》两本小册子,提出了一整套的三民主义儒家化的思路,试图以此来作为国民党意识形态建构的新方向。

在写于1925年7月23日的《国民革命与中国国民党》导言中,戴季陶特别强调了三民主义与共产主义之间的排他性。他说,任何一种主义的产生,必然是对以前存在的别的主义的不认可,否则新的主义也就不可能具有吸引人信仰的可能。"就这样看来,凡是一个主义,必定具有独占性和排他性,同时也一定具有统一性和支配性。假如这种性质不具备,这一个主义,一定生不出信仰,生不出力量,一定只能成为一种消极的思想,而不是一个主义。"[①]这段话最为明确的表述即是如果在国民党的意识形态中,三民主义和共产主义的关系纠缠不清的话,那么国民党的思想就不可能统一,国民党的组织也会走向分裂。因此,他呼吁国民党要以三民主义为独占性的信仰。"信奉一个主义的团体,更是如此。假如这一个团体,没有具备独占性和排他性,统一性和支配性,一定这一个团体,是没有主义的团体,是没有生存欲望的团体,一定是随时可散的一群乌合之众。要图中华民国的生存,先要图中国国民党的生存,一定要充分发挥三民主义的中国国民党之生存,一定要充分发挥三民主

---

① 戴季陶:《国民革命与中国国民党》导言,载桑兵、朱凤林编《戴季陶卷》,中国人民大学出版社2014年版,第446页。

义的中国国民党之生存欲望所必须具备的独占性、排他性、统一性、支配性。"①也就是说，一个组织不能共同并存几种不同的指导思想。

戴季陶在《国民革命与中国国民党》的小册子中，指责中国共产党寄生于国民党，却要操纵国民党的党务，借国民党的名义发展共产党，认为中国共产党在其机关刊物《向导》上不断发表批评国民党的主义政策、领袖人物的文章，不尊重团体的道德。②戴季陶的目的是要反对孙中山的容共政策，认为共产党员以个人名义加入国民党是共产国际的阴谋。

这两本小册子一经问世，引发了巨大的社会反响。在共产党方面，陈独秀、瞿秋白、毛泽东等分别撰写文章加以批驳，并冠之以"戴季陶主义"的名称，指斥戴季陶理论的实质是反对国共合作，批评强调蒋介石集团对孙中山的背叛；同时，从唯物主义的阶级斗争说来反对国民党借助儒家仁爱而提出的缓和劳动者和剥削者矛盾的做法。最后还声明共产党并没有借助国民党的组织系统发展自己，共产党的目的是要改造国民党，让国民党坚持其国民革命的路线。

当时的国民党还处于左右分裂状态，国民党中的左派汪精卫指责戴季陶反对工农的错误。当时还没有站稳脚跟的蒋介石出于政治

---

① 戴季陶：《国民革命与中国国民党》导言，载桑兵、朱凤林编《戴季陶卷》，第446页。
② 戴季陶所批评的主要是1924年12月陈独秀在《向导》发表的《孙段合作与国民党之命运》一文。文章指出北方军阀从强化他们的独裁统治出发，来邀请孙中山北上。陈独秀认为国民党应该揭露军阀的阴谋，而不与其合作。（见任建树主编：《陈独秀著作选编》第三卷，第397—398页）

的目的也批评戴季陶反对国共合作就是反对先总理孙中山，应群起而攻之。在北京、广州、汉口等地群众还发动了焚毁戴季陶的两本小册子的活动，总计达几万册。1926年1月，包括李大钊、毛泽东等中国共产党代表占三分之一的中国国民党第二次全国代表大会召开，在会议通过的决议中警告戴季陶"未得中央执行委员会许可，即以个人名义发布《国民革命与中国国民党》一书，以致发生不良影响，惹起党内纠纷……为反动分子利用成为破坏本党之工具……应由大会予以恳切之训令，促其猛省，不可再误"[①]。但实质上，戴季陶的解读符合国民党内许多人的想法，以林森、谢持为代表的"西山会议派"明确提出了取消共产党员国民党党籍的主张。该提案虽然在该次会议上被搁置，但依然可以体现出国民党内反共势力逐渐抬头的趋势。

蒋介石也在这次会议上获得了更高的政治地位，这走出了他在现实政治运作中落实戴季陶主张的第一步。

戴季陶将他对孙中山的三民主义的重新解释称之为"纯正三民主义"。他说，中国共产党由"消极不谈三民主义"到"积极解释三民主义"的转变，就是要通过掌握三民主义的解释权，从而将国民党的意识形态与共产党的思想原则不断接近。这造成了国民党内部的思想混乱，为此，夺回三民主义的解释权十分重要。为了与已经获得广泛传播的马克思列宁主义相抗衡，戴季陶认为将三民主义与民族文化传统的结合是最佳选择。因此，他提出的纯正三民主义，通过强调三民主义是中国传统政治思想的现代发展，来对抗共

[①] 《中国国民党第二次全国代表大会宣言及决议案》，1926年版，第88页。

产党对三民主义的马克思主义化解读。他所撰写的《告国民党同志并告全国国民书》《孙文主义之哲学的基础》等文就是通过将三民主义与儒家传统相对接,突出三民主义与共产主义、唯物论哲学的差别来说明三民主义的独特价值。

戴季陶的立论基础从两方面展开,一是民族自信,二是马克思主义的解释限度。他说:"一个国民的存在,必须有一个意识的基础,这个基础是国民的自信。中国国民,不要图存在则已,要图存在发展,只有很坚确地相信中国人有创造文化的能力,这个信仰,就是中山先生的主义思想。我确信总理的三民主义的理论,在世界革命理论当中,他是后来居上,他的伟大和崇高,确实在马克斯列宁等之上。何以他的伟大和崇高在马克斯列宁之上呢?这就是他的思想基础,是中国四千余年文化的结晶。我确信他的思想,在世界上定成为新世界精神上和物质上建设的指导原则。世界一切革命的国民在他们经过了马克斯主义革命悲惨结果之后,一定会了解中山先生的三民主义,才是真正促进人类进化社会进化的原则。马克斯主义,只是能够说明历史变化的过程,而不是造成人类真正文化的基础,中国人要确信三民主义,才可以救中国;世界一切人类,要确信三民主义,才可以得和平。"[1]他在《孙文主义之哲学的基础》一文中也说,孙中山的三民主义一开头就强调三民主义是"救国主义",虽然世界主义的理想高远,但如果没有了国家,连我们自己也没有了,"何有于世界"![2]

---

[1] 戴季陶:《告国民党同志并告全国国民书》,载时希圣编《戴季陶言行录》,广益书局1929年版,第91—94页。
[2] 戴季陶:《孙文主义之哲学的基础》,载桑兵、朱凤林编《戴季陶卷》,412页。

他还将唯物主义等同于"迷信物质",将俄国革命等同于民族虚无主义,"中国共产党的青年们,以及许多迷信物质的青年们,不承认中国民族的精神,不承认中国固有道德的教义,口里讲的是马克斯主义,而实际所行的,却是俄国前七八十年,以唾弃一切为宗旨的虚无主义,和世界大都会中的游荡空气,所产生的享乐主义。……这种行径,本不是马克斯,也不是列宁,直是革命的酵发性所产生出的物。如此的共产党,只有造乱,那能建国"①。

那么,戴季陶是怎么展开他的"纯正三民主义"理论的呢?

(一)孙中山是儒家道统的继承者

戴季陶重新诠释三民主义的着力点是通过强调孙中山三民主义源于儒家观念这一点②,来否定共产党对三民主义的新解释。他认为国民党要立足于中国,就既要反对帝国主义,也要反对社会主义。这样就由同盟会时期的种族化的民族主义转向了政治与文化民族主义。

戴季陶的文化民族主义是一种拓展型的,这与他本人的文化观有关。他主张不同文化之间不应该迷信新旧,而应辨别是非;不应固守过去,也不能盲目迷信西方。据此,戴季陶提出,三民主义是

---

① 戴季陶:《告国民党的同志并告全国国民书》,载时希圣编《戴季陶言行录》,第96—97页。
② 为什么戴季陶和蒋介石在诉诸民族主义的时候,往往使用儒家来作为民族认同的标志,金观涛先生的分析值得注意。"中国文化的民族认同中包含着两极,高度的道德价值一元论组成了世界主义这一极。但是道德又被等同于儒家伦理,它使得中国儒家文化、制度和人伦等级秩序被视为世界第一,远高于世界各国,它组成了中国人用儒家意识形态认同代替民族认同的另一极。"(见金观涛:《创造与破坏的动力:中国民族主义的结构及演变》,载刘青峰编《民族主义与中国现代化》,香港中文大学出版社1992年版,第130页)

中国的正统思想在现代社会的一个延续。"中山先生的思想，完全是中国的正统思想，就是继承尧舜以至孔孟而中绝的仁义道德的思想。在这一点，我们可以承认中山先生是二千年来中绝的中国道德文化的复活。去年有一个俄国的革命家去广东问先生，'你的革命思想，基础是什么？'先生答复他说：'中国有一个正统的道德思想，自尧、舜、禹、汤、文、武、周公至孔子而绝。我的思想，就是继承这一个正统思想来发扬光大的。'……我们就这段话，就看得出先生的抱负，同时也可以认得清楚先生的国民革命，是立脚在中国国民文化的复兴上面，是中国国民创造力的复活，是要把中国文化的世界价值高调起来，为世界大同的基础。"①将孙中山视为儒家道统的延续，虽然看上去与辛亥革命推翻帝制实现共和的目标相违背，但若是要从文化民族主义而言，道统的传承意味着文化之正脉。

由此，戴季陶认为不应以是否尊崇孔子来分辨革命与反革命，这也是对五四新文化传统的一种反拨。他将近代以来片面排斥中国文化固有价值的倾向视为"中国国民自信力"消失的标志。在这样的倾向下，似乎学习西方是革命的，而继承传统就是反革命。他说："于是在思想上面，革命与反革命的分别，几乎变成中国的与非中国的区别，这是我所认为很痛心的。我们是中国人，我们现在要改革的是中国，如果中国的一切，真是毫无价值；中国的文化，在世界文化史上，毫无存在的意义；中国的民族，也没有创造文化的能力。那么中国人只好束手待毙就算完了，还要做什么革命呢？"②戴季陶认为孙中山思想里面包含了"能作"和"所作"两方面。所谓

---

① 戴季陶：《孙文主义之哲学的基础》，载桑兵、朱凤林编《戴季陶卷》，第425页。
② 戴季陶：《孙文主义之哲学的基础》，载桑兵、朱凤林编《戴季陶卷》，第426页。

"能作",就是肯定中国人有创造文化的能力、组织国家和社会的能力。而所作则是吸收欧洲的文化来建设中国,并使中国能够后来居上,也因为如此,"中山先生所以成为孔子以后第一个继往开来的大圣"①。

在《孙文主义之哲学的基础》一文中,戴季陶对孙中山的《民权初步》《孙文学说》《军人精神教育》《三民主义》和《实业计划》这五部著作的内容做了梳理,认为孙中山先生既具有博爱主义、大同主义,也是一个真正的爱国者。他在思想上坚信中国古代的伦理哲学和政治哲学,是全世界文明史上最有价值的精神结晶,因此中国的民族主义也可以称为大同主义的基础。"先生认为中国的民族,应该为世界大同而尽力,而达到目的的方法,第一步就是要恢复中国民族固有之道德文化,因为这一个道德的文化,是人类同胞精神的产物。要把这一个道德文化的精神恢复起来,以之救国,并且把它当作统一全世界的基础,才是完成了中国人在全人类中的使命。"②在这里,戴季陶的思想与近代以来所形成的新儒家思潮的价值观有一致之处:即承认西方文化的优越性,但并不认可其在价值观上的终极性,认为儒家价值具有纠正西方现代性的意义,从而使中国文化具备未来性。

戴季陶通过儒家的仁爱观来解释三民主义中的"民生主义",他说,通过"民生是历史的中心,仁爱是民生的基础"这一三民主义的内核,"我们更看得出一方面是反对资本主义和由资本主义发展开来的帝国主义,与为资本主义基础的个人主义;一方面对于欧洲

---

① 戴季陶:《孙文主义之哲学的基础》,载桑兵、朱凤林编《戴季陶卷》,第427页。
② 戴季陶:《孙文主义之哲学的基础》,载桑兵、朱凤林编《戴季陶卷》,第422页。

纯粹以物质问题为历史中心，以阶级斗争为绝对的手段之社会革命思想也从人类生存的出发点去纠正他的错误，而付与社会革命以民生哲学的伦理性，完成'以化彼族竞争之性，而达我大同之治'的目的"①。

他还将三民主义与儒家传统的道德条目相结合，认为孙中山的革命目标是建立在儒家的道德理想之上的。他用智、仁、勇来与三民主义相配，认为孙中山先生的三民主义，是从孔子之思想基础递嬗而出的。"天下之达道三：民族也，民权也，民生也。所以行之者三：智也，仁也，勇也。智、仁、勇三者，天下之达德也，所以行之者一也。一者何？诚也。诚也者，择善而固执之者也。"②换言之，诚之为物，即民族精神之原动力也。对于全世界人类共同欲求之理想与实现，一以贯之，以诚之一字为基础，而成民族的哲学。戴季陶甚至说，不能爱大多数受苦的平民，就是不仁，不仁就是反革命。

孙中山在讲民族主义的时候，的确提到要恢复民族的道德，并对儒家的忠孝等伦理观念做出新的解释，提出忠孝仁爱信义和平这些新的价值核心。而戴季陶则进一步指出三民主义能带来国民道德素质的提升。1927年12月，他在给自己所著的《青年之路》写的序言中说：孙中山先生的平均地权，从道德的意义上，就是天下为公，就私人行为上，则是勤。节制资本，从道德上讲就是要节制人的欲望，这是做人的根本，也是中国文化与西方文化相比更提倡

---

① 戴季陶：《孙文主义之哲学的基础》，载桑兵、朱凤林编《戴季陶卷》，第423页。
② 戴季陶：《孙文主义之哲学的基础》，载桑兵、朱凤林编《戴季陶卷》，第414页。

社会责任的基础。①他从民生主义的批判性维度出发，主要是针对中国共产党通过阶级斗争和暴力革命的手段，以实现共产主义的理想。

（二）民生主义与共产主义：阶级分析、暴力革命

"平均地权"和"节制资本"是孙中山实现民生主义的主要方法，戴季陶将民生哲学梳理为以仁（博爱）为核心的智（知仁）、勇（行仁）、诚（决心）配合的哲学系统，通过这样的建构，民生哲学可以看作是儒家价值在现代中国的社会建设和国家建设中的体现。

民生主义是孙中山三民主义体系中最具有创新性的理论。从他的《建国方略》到后来关于三民主义的系列演讲中，如何围绕民生问题来解决中国的经济发展和分配制度，以保障人民生活的提升，是孙中山社会革命的目标。因此，民生也是民族独立和维护民权的基础。戴季陶说，从三民主义的结构来说，民族主义是实现民生主义的基础，民权主义的目标则是民生主义，所以"先生所领袖的国民革命，最初的动因，最后的目的，都是在于民生"②。

戴季陶十分重视从儒家的观念出发来解释孙中山的民生哲学，还有一个重要的目标是将民生主义与中国共产党的社会理想进行区隔。无论是出于与共产国际合作的目的，还是两者之间的确具有相似之处，孙中山在各种场合反复强调民生主义与共产主义之间的一致性。戴季陶看到要厘清国共两党意识形态的差异，首先就是要从

---

① 戴季陶:《青年之路》序，载桑兵、朱凤林编《戴季陶卷》，第468页。
② 戴季陶:《孙文主义之哲学的基础》，载桑兵、朱凤林编《戴季陶卷》，第417页。

这些容易混淆的地方入手。在《孙文主义之哲学的基础》一文中，他仔细地列出了民生主义与共产主义之同异："我们可以看出先生所主张的民生主义，有几个要点：

一、民生主义在目的上与共产主义完全相同。因为共产主义与民生主义要解决的问题是相同的。

二、民生主义在性质上与共产主义完全相同，因为共产主义与民生主义都是突破了国界，以全世界为实行主义的对象。

三、民生主义与共产主义在哲学基础上完全不同，共产主义，是很单纯的以马克斯的唯物史观为理论的基础；而民生主义，是以中国固有之伦理哲学和政治哲学的思想为基础。

四、民生主义与共产主义，在实行的方法上完全不同。共产主义以无产阶级之直接革命行动为实行方法，所以主张用阶级专政，打破阶级。民生主义是以国民革命的形式，在政治的建设工作上，以国家的权力，达实行的目的，所以主张革命专政，以各阶级的革命势力，阻止阶级势力的扩大，而渐进的消灭阶级。①

在这段话中，戴季陶提出来三民主义与共产主义有两点"完全相同"与两点"完全不同"。相同的在于目的和对象，即都要寻求公平的秩序。而完全不同的则在于哲学基础和实行方法。哲学和伦理基础主要是要强调革命的自主性和创造性。而思想基础不同，采

---

① 戴季陶：《孙文主义之哲学的基础》，载桑兵、朱凤林编《戴季陶卷》，418页。

取的手段和方法就不同。很显然，戴季陶所要反对的是阶级对立的暴力革命。他说："我们所以不认阶级斗争为革命唯一的手段的原故，并不只是在国民革命时代为维持联合战线而糊涂过去，我们是认为在阶级斗争之外，更有统一的革命原则。"[1]国民革命的目标是针对社会上的所有人，不能为某一阶级而牺牲另一个阶级。戴季陶认为孙中山特别强调各阶级的人要抛弃其阶级性，恢复他的国民性；抛弃其兽性，恢复其人性。

戴季陶说孙中山民生主义哲学最为重要的政治哲学基础是《中庸》和《大学》这两本儒家经典。孔子的"这一个民生哲学的理论，就是二千数百年后创造中华民国的孙中山所继承的理论。孔子的理论是甚么呢？我们可以从两部书看见他的系统：一部是《中庸》，是他的原理论；一部是《大学》，是他的方法论。他在《大学》上面，说明《大学》的系统，是在格物、致知、诚意、正心、修身、齐家、治国、平天下，可以晓得孔子对于一切事物，是以客观的认识为基础的主知主义。意、心、身、家、国、天下，是格致的体，是所格之物；诚、正、修、齐、治、平，是格致的所致的知。再就修、齐、治、平来看，我们可以晓得孔子的思想，注意全在民生；就他所说的性质来说，可以叫他作'社会连带责任主义'"[2]。这个连带责任包括个人对家国天下，家对于国与世界，国对于世界，以及其对立面反过来的责任。由此，民生主义并非老子式的个人主义，也不是资本主义的个人主义，而是社会成员的共同发展，不同国家的共同前进。

---

[1] 戴季陶：《孙文主义之哲学的基础》，载桑兵、朱凤林编《戴季陶卷》，423页。
[2] 戴季陶：《孙文主义之哲学的基础》，载桑兵、朱凤林编《戴季陶卷》，428页。

儒家传统中的确有"正德利用厚生"并重的思想,但在实际的运作中,只有正德一面被充分展开,而利用和厚生问题并没有得到真正的落实,因为政治理想和政治实践之间始终存有许多界线。而将《大学》和《中庸》与"民生"相联系多少也有些牵强,但戴之论说并不是进行学术梳理,而只是政治言说。站在将国民党意识形态儒家化的角度,他进一步将中国古代的政治理想与20世纪20年代最流行的社会主义对接起来。"'孝''慈'是中国伦理上最紧要的事;但是'老吾老以及人之老,幼吾幼以及人之幼'更是中国古代伦理的极致。所以中国古代人的理想,并不是'个人主义',并不是'家族主义',的确是'社会主义'。"[1]

三民主义之儒家化是为了对抗共产主义的理念,戴季陶比较清楚地看到了马克思主义对资本主义秩序的批判性向度,并从批判性并不能替代建设性来说明三民主义才是中国所应该遵循的政治理想。三民主义的原始目的是要恢复民族自信,"三民主义之终结的目的,在对治全世界的由资本主义而发生之社会病,以全人类之共同努力,建设新共产社会,完成真正民有民治民享的大同世界,就是要造成'均无贫和无寡安无倾'的世界。……民生主义与共产主义,目的相同,而哲学的基础和实行的方法,完全不同。先生说:'共产主义是民生的理想,民生主义是共产的实行';又说:'马克思是社会病理学家,不是社会生理学家;'这四句话是研究民生主义的人,最要注意的格言"[2]。

孙中山通过病理学家和生理学家的不同,来说明他与马克思主

---

[1] 时希圣编:《戴季陶言行录》,第1页。
[2] 戴季陶:《民生哲学系统表说明》,载桑兵、朱凤林编《戴季陶卷》,434页。

义者在诊治社会弊端时所采用的方法的差异,对此,戴季陶也并不是完全否定马克思的学说,而是认为马克思主义有其局限性。"马克斯的唯物史观,能够说明阶级斗争的社会革命,不能说明各阶级为革命而联合的国民革命。中山先生的民生哲学,不但是可以说明各阶级为革命而联合的国民革命,并且把一切的革命历史,都在这一原则下面解释出来。"①所以,戴季陶反对暴力革命,强调协作,甚至是对抗阶级之间的协作,认为只有协作才是解决民生问题的最佳途径。

对于共产主义在苏联的实践,戴季陶认为不但不能证明共产主义的成功,反而是可以证明三民主义的成功。②对此,他在《知难行易》一文中有具体的说明。他根据俄国共产党人所采取的"新经济政策"来说明"共产主义不能实行","什么叫新经济政策呢？共产主义者为要维护他们惯用的理论,于是用种种方法去说明他,而其实际新经济政策,依然是欧洲行社会政策的国家里面所采用的很普通的政策。新经济政策,所赖以实行的机能,依然是资本主义的经验所构成的社会经济机能"③。

他从苏联的新经济政策那里找到了依据,指出即使共产党一旦掌握了政权,其经济政策的理想性必然会对现实的有效率的经济规律妥协,不一定会把共产主义现实化。

---

① 戴季陶:《孙文主义之哲学的基础》,载桑兵、朱凤林编《戴季陶卷》,第432页。孙中山在关于三民主义的讲演中说过:"马克思认定阶级战争才是社会进化的原因,这便是倒果为因。因为马克思的学说,颠倒因果,本源不清楚,所以从他的学说出世之后,各国社会上发生的事实,便与他的学说不合。"(见孙中山:《三民主义》,第192页)
② 戴季陶:《孙文主义之哲学的基础》,载桑兵、朱凤林编《戴季陶卷》,第418页。
③ 戴季陶:《知难行易》,载桑兵、朱凤林编《戴季陶卷》,第458页。

（三）三民主义和国家主义

孙中山在接受共产国际的援助的时候，并没有完全放弃三民主义作为意识形态的独立性。他在阐述三民主义理论时，也始终强调三民主义的传统来源，民族主义自不待言。他还将民权与民生结合，将政治革命和经济革命、社会革命目标混合。的确，我们可以从孙中山的论说中发现传统儒家的根源，而这也为其他现代学者所发现。孙中山的三民主义体系被沟口雄三称为"大同式的近代"。他分析道："中国的大同式近代比起个人自由更志向于总体的自由，而这种排除个人自由即私人自利的、反专制性质的总体自由，由于排除个人私利的独特的共和原理，从而使民权主义不只是停留在政治层面上，同时和经济上的总体的自由，即追求四亿人民总体的丰衣足食的民生主义联系在一起，这是中国近代的一个重要特征。"[①]这的确是一个值得关注的视角。不过就孙中山的三民主义与共产主义思想的比较而言，在大同的共同目标下，存在着如何看待国家与世界的关系问题。

在辛亥革命之前，同盟会等革命派所宣扬的民族主义与种族主义经常脱不开干系，他们希望通过唤起汉族人和满族人之间的民族仇恨来激发人们推翻清政府的情绪。但在中华民国建立之后，"种族主义"便不再符合建立共和政治的理念，所以，在观念层面，民族主义便需要转变为"国族主义"，即汉族要与满、蒙、回、藏之人民相见以诚，合为一炉而治之，以成一中华民族之新主义。

---

① 沟口雄三著，孙军悦译：《作为方法的中国》，第17页。

孙中山在关于民族主义的论说中，特别指明了民族主义与天下主义之间的关系，认为天下主义固然是一种好的主义，但是不适合于中国当时的现实，在民族国家竞逐的时代，民族的生存和发展为第一步的。

戴季陶对孙中山的民族主义的解读首先延续了孙中山"救国主义"的思路，他从救国必先树立民族自信开始，从而强调了孙中山民族主义中的文化和国家的因素。他特别对三民主义和国家主义之间作了区分，以三民主义由国家而大同的社会发展顺序，来反对共产国际所强调的超越民族国家的阶级理论。戴季陶指出，国家之为"国"是因为其有历史和文化的基础，而非由外在殖民力量所强制建立的"国"。他说："国家主义所最尊重的'国家'，是完全以武力威力做基础的，并非以单纯的民族为本位，而是以一民族压迫多数弱小民族为原则的。"[1]他认定"以一民族为基础来造的国，以人民全体来掌握主权的国，才是我们所要救的国，由国家来管理人民的生产事业，国家为增进人民的生活来发达产业，这样的国家才是我们所要建的国。三民主义就是救国主义的意义，必定要在这上面去看，才能弄得清楚正确"[2]。在这一点上，戴季陶继承了孙中山对国际秩序中霸权主义的批判，但他寻求民族独立的方式却从孙中山的国族主义倒退到同盟会时期单一民族建国的民族国家理论。孙中山在投身革命的初期，固然用民族主义来激发人们推翻清政府的热情，但当民国成立之后，孙中山转向国族主义，体现了他对多民

---

[1] 戴季陶：《革命的知识与革命的工作》，载《戴季陶讲演集》，上海新生书局1928年版，第38页。
[2] 戴季陶：《三民主义的国家观》，载《戴季陶讲演集》，第155页。

族统一国家的历史的认识。然当戴季陶利用民族主义来反对共产党的阶级斗争理论的时候,却以保护弱小民族的权利为由,忽视了国家形成过程中的民族关系的多样化,从某种程度上,会导向大汉族主义,从而影响各民族团结对抗外来侵略的共同意志的建立。

孙中山对三民主义有一个循序渐进的思路,即先解决建国的问题,然后再建设人类共同生存的世界问题。三民主义的最终的目标是儒家的大同理想,这内在包含着各民族的平等和协作。"我们要知道,全世界一切民族的相互关系,已是很密切,故全世界的问题,要全世界人起来共同解决,要不然,便无从解决,不能解决。"[1]他指出民族主义是为所有民族的主义:"我们为什么一方对世界要求中国的自由平等,中华民族永远独立存在,永远发展进化,同时又对世界要求世界一切民族,均得到自由平等、独立存在、永远发展的权利呢?因为在世界上无一个民族能够离开其他民族而单独地生存的。我们是为民族的利益,不是为很少数人的利益,是为全民族、全体的大利益,我们要把全民族全体的生活问题解决,要解决这个问题,又要把世界上一切被压迫民族、一切经济落后的民族的生活问题,同求解决,然后才能得到根本的解决,所以三民主义中的民族主义,第一要以民权为前提,同时又要以民生为前提,若不是为全体人民政治的经济的权利,和政治经济生活实质的进步,则失了民族主义的意义了。故我们的民族主义系以民权的民生的为界线,而与他人的完全不同。"[2]

基于此,各民族团结的基础不能建立在阶级意识上,更不能采

---

[1] 戴季陶:《革命的知识与革命的工作》,载《戴季陶讲演集》,第50页。
[2] 戴季陶:《三民主义的一般意义与时代背景》,载《戴季陶讲演集》,第114页。

用暴力革命的手段。戴季陶用"大同主义"来遮蔽"共产主义",认为孙中山与马克思主义的差别是人性分析和阶级分析之间的差别。人除了有其不同的生存境遇之外,还有人之为人的共同点,所以,阶级的分析不能取代人性的分析。不能通过激发阶级之间的仇恨来掩盖人性中为善的一面。

他指斥阶级分析方法有其片面性,不能解释人类生活的全部。"先生所主张的国民革命,在事实上,是联合各阶级的革命。但是这一个联合各阶级的革命,一方面是要治者阶级的人觉悟了为被治阶级的利益来革命,在资本阶级的人觉悟了为劳动阶级的利益来革命,要地主阶级的人觉悟了为农民阶级的利益来革命。所谓'成物智也'。一方面是要被统治阶级劳动阶级农民阶级也起来为自己的利益而革命,所谓'成己仁也'。先生认为阶级的差别,并不是绝对能够消灭人类的仁爱性的。"① 戴季陶对于马克思主义和唯物史观的分析是片面的,马克思的历史唯物主义正是从人的全面发展的立场来批判资本主义对于人性的漠视。

不过,当时也存在着通过强调阶级性和斗争性,将马克思主义片面化的现象。这些片面的理解,通过共产国际的各种指令,也影响了中国早期的理论家对于人性和阶级性的思考倾向,将阶级性和人性完全对立起来。戴季陶也是据此来证明民生哲学"优越于"唯物史观。

在孙中山逝世之后,戴季陶对于三民主义儒家化的解读,首先公开挑战了共产国际的理论以及孙中山的"容共"政策,也可以

---

① 戴季陶:《孙文主义之哲学的基础》,载桑兵、朱凤林编《戴季陶卷》,第425页。

看作是国民党的"清党"运动理论基础之一,极大地鼓动了国民党右派反对共产党的决心和勇气,成为"反共护党"的西山会议的先导。《孙文主义之哲学的基础》一文被国民党内的人士誉为影响堪比马克思和考茨基的文章。在黄埔军校成立的孙文主义学会也奉戴季陶为精神上的领袖。戴季陶的作品还直接使一些共产党员脱离了党组织。[①]戴季陶对于三民主义的解读也成为蒋介石的三民主义观的基础,更广泛地影响了民国的政治和社会生活。蒋介石也把孙中山看作是儒家道统的现代继承人,他说,对三民主义,"戴季陶同志有一本专著,阐明得很是详细,凡是亲承总理教训的人,都承认他这本著作能真实表达总理思想学说的全部精义"[②]。如果说戴季陶的三民主义阐释构成了后孙中山时代国民党内部三民主义解释的主流,那么蒋介石对于三民主义的解释和实践与现实政治的联系更为密切。

四、新生活运动与蒋介石的三民主义儒家化

蒋介石一度对苏俄也十分推崇,一直希望有机会访问苏联,因此,当苏联1922年邀请孙中山访问的时候,孙中山也就满足了他的期待,派遣蒋介石组织"孙逸仙博士代表团"访问苏联,向对方介绍了孙中山的建国设想以及作战路线物资需求等一系列情况。就

---

① 周佛海和沈玄庐就是在戴季陶的影响下,脱离共产党并积极参与"纯正三民主义"的宣传。可参看滕峰丽:《民国时期的三民主义——戴季陶思想研究(1909—1928)》,河南大学出版社2012年版,第132—133页。
② 蒋介石:《三民主义之体系及其实行程序》,载《先总统蒋公思想言论总集》第三卷,国民党中央党史会1984年版,第140页。

当时的情况而言，中国属于共产国际推动"世界革命"计划中的一部分，因此，蒋介石的代表团也受到重视。1923年11月25日，蒋介石参加了共产国际执行委员会的主席团会议，在会上介绍了国民党所奉行的三民主义和国民党对于世界革命的看法。蒋介石说中国目前的主要任务是建立一个独立的国家，所以，三民主义原则是最为适用的。蒋介石强调了中国国民党是中国国民革命的领导力量。在苏联期间，因为蒙古独立等问题的分歧，蒋介石改变了他对苏联的看法。首先他怀疑"俄党"支持国民党的诚意。蒋介石错误地认为国际主义和世界革命，是帝国主义的改易名称而已，并秘密向孙中山报告说，今日的朋友苏俄，正是未来最大的敌人。[1]他在1924年给廖仲恺的信中说，对于俄国共产党的认识要分清"事实与主义之别"，意思是说俄国共产主义的信念固然可信，但俄国的实际所为是"帝国主义"的变种，俄国人不是替天行道的圣人，"所谓国际主义与世界革命者，皆不外凯撒之帝国主义，不过改易名称，使人迷惑于其间而已。所谓俄与英、法、美、日者，以弟视之，其利于本国而损害他国之心，则五十步与百步之分耳"。蒋认为俄国对中国的唯一方针，乃在造成中国共产党为其正统，所以"决不信吾党可与之始终合作，以互策成功者也"[2]。

具有讽刺意味的是，当时苏联方面很笃定地认为蒋介石是个左派，因此，作为联俄政策的成果之一，苏联支持建立黄埔军校，而蒋介石因被苏联和国民党内部两边认可而被任命为校长。

从目前公开发表的材料看，蒋介石在黄埔军校时期言论支持孙

---

[1] 李玉贞：《国民党与共产国际》，第179页。
[2] 中国第二历史档案馆：《蒋介石年谱》，九州出版社2012年版，第150页。

中山的联俄的方针，这也说明蒋介石十分懂得以政治需要来掩饰内心的真实判断。比如，在好几份黄埔军校同学录的序言中，他都说过国民党和中国共产党虽然政治见解有差异，但作为革命力量应该像兄弟一样团结。1924年12月5日，在《陆军军官学校第三期同学录序》中他以大学中的明德亲民来解释革命的原则[1]，并由此来说明国民党和共产党之间应该团结，而不能兄弟阋于墙。在这个讲话中，他还认为三民主义与共产主义是兼容的，"总理之三民主义，即间接以实行国际共产主义也。三民主义之成功与共产主义之发展，实相为用而不相悖者也。吾并不望后死者入彼出此，尤不愿其较长争胜，冰炭水火以斩断我辈已死者之命脉"[2]。认为共产主义的发展与三民主义的成功是一个相互促进的过程。"未有中国之国民革命而可不实行三民主义者也，亦未有今日之国际革命而能遗忘共产主义者也。中国革命不能不承认为世界革命中之一部而实行三民主义，则共产主义即在其中矣。"[3]很显然，这些都是对孙中山观点的具体阐发而已。

对于当时国民党内所担心的共产党与国民党所奉之主义不同，国共不能相容，或者三民主义将为共产主义所同化等说法，蒋介石还做了批驳，他说，容纳共产党是孙中山先生的遗愿，不容改变。而三民主义如果在革命犹未成功之时就担心被蚕食，则是对三民主

---

[1] 蒋介石：《陆军军官学校第三期同学录序》，载《蒋中正自反录》第一集，香港中和出版有限公司2016年版，第246页。
[2] 蒋介石：《陆军军官学校第三期同学录序》，载《蒋中正自反录》第一集，第249页。
[3] 蒋介石：《陆军军官学校第三期同学录序》，载《蒋中正自反录》第一集，第249页。

义缺乏信心。并且，他提出他自己虽是三民主义的信徒，但对共产主义则以诚意待之。①呼吁两党消除歧见，共同应对帝国主义与军阀势力。

不过，在主义之争中，蒋介石依然信仰三民主义，认为不能被共产主义或无政府主义这些听上去很时髦的思潮所迷惑。1924年7月30日，他在对黄埔军校的学生讲话时，针对国民党内部所存在的无政府主义思潮，指出三民主义不能被怀疑，"无政府主义，说得好听些，是一种很高尚的理想；说得不好听些，就是浪漫主义、退化主义。但是本党很老的同志，如李石曾、吴稚晖、张溥泉诸先生，论他们的操守道德，差不多都是可以作本党的模范的先进。他们从革命以来，没有争过一些权，也没有夺过一些利，永远是一个纯粹的革命党，可是他们也是相信无政府主义，就是我自己也经过这一个思想阶段"。在他看来，无政府主义过于浪漫，不但不能救中国，而且会是祸害中国、灭亡民族的主义。现在"才知道想救中国，非本党总理的三民主义不可"②。

孙中山逝世之后，蒋介石的想法发生了巨大的变化，面对国民党内部的左右互搏的混乱局面，他认为要以三民主义来凝聚国民党的意识形态。为了排除社会主义思想的影响，特别是中国共产党对三民主义的解释，他也与戴季陶一样，强调三民主义与共产主义的差异，并认为国民党容纳共产党会产生"两个中心"的矛盾。1926年4月21日，蒋介石宴请第一军党代表及CP官长时说："凡是一个

---

① 蒋介石：《陆军军官学校第三期同学录序》，载《蒋中正自反录》第一集，第251页。
② 中国第二历史档案馆：《蒋介石年谱》，第197页。

团体里面，有两个主义，这个团体一定不会成功的，而且一定发生冲突的，这个冲突，无论大些小些，总是不能避免的，尤其是一个团体里，有两个中心，有两个领袖，这个团体不但不能坚固，而且一定要分裂的。现在国民党里面，几乎有二个主义，这种现象一定是自相矛盾，会发生冲突的。大家晓得国民党是以三民主义来做基础的，共产分子加入国民党，认定现在中国革命的需要，是三民主义，这是无论哪一个革命党员皆能从客观而认识的，所以共产分子尽管信仰共产主义，而他的环境需要，一定是三民主义，所以一定要做三民主义工作才好。"①蒋介石说："我们要在20世纪的世界谋生存，没有第二个合适的主义，只有依照总理的遗教，拿三民主义来作中心思想才能统一中国。……再不好有第二个思想来扰乱中国了。"②而虽然与蒋介石在许多政见上存在分歧，但到1927年，汪精卫开始检讨说，那个时候维护国共合作，批评蒋介石是为了不破坏北伐。汪精卫在这个时期的讲演，特别是1927年7月15日的武汉中央常务委员会第二十次扩大会议，他一反以前的态度，专门讨论了"分共"的问题。汪精卫批评了中国共产党领导的土地革命等，并强调了三民主义对于共产主义的主导性，提出"若是丢开了三民主义，那就不是联俄，而是降俄了"③。同一次会议上，孙科也认为容共的政策是失败的，不但没有让共产主义三民主义化，反而是三民主义共产主义化了，所以要主张要"清除"国民党内的共产党

---

① 中国第二历史档案馆:《蒋介石年谱》，第508页。
② 张其昀主编:《先总统蒋公全集》第1卷，中国文化大学出版社1984年版，第557页。
③ 蒋永敬辑:《北伐时期的政治史料——1927年的中国》，正中书局1981年版，第438页。

员。这事实上是对孙中山的三大政策的违背。

1928年7月6日,蒋介石在北京香山碧云寺致《祭告总理文》依然在为他的违背孙中山的"容共"政策而开展"清共"做解释。文中说:"总理昔日为集中革命势力而容共,为联合平等待我之民族而联俄。乃自总理逝世,中国共产党竟忘服从三民主义之前言,压迫本党,恣行捣乱,破坏革命,加害民生。我同志为保持国民革命之目的,于是有去年四月之清共之举。"在清共的同时,也断绝了与共产国际的联系[1]。蒋介石的"清共"是国民党内反共势力滋长的结果,而"纯正三民主义"则是其理论上的后盾。正如陈独秀所说,国民党要掌握三民主义的解释权,这并非戴季陶个人偶然所为,乃是国民党为了巩固自己的统治而做出的努力,蒋介石在1926年3月20日的政变,就是"执行了戴季陶的主张"。[2]在孙中山逝世之后的各种政治势力的斗争中,谁掌握了三民主义的话语权,谁就在某种程度上占据了政治合法性的先机。[3]因此,区隔三民主义与共产主义之间的关联,强化三民主义与儒家传统的关系,既迎合了国民党右派的反共倾向,也是以文化心理的亲近感来寻求国民支持的手段。因此,蒋介石强调所谓的"革命"就只有以三民主义为指

---

[1] 蒋介石:《祭告总理文》,载《蒋中正自反录》第一集,第628页。
[2] 陈独秀:《告全党同志书》,载任建树主编《陈独秀著作选编》第四卷,第416页。
[3] 王奇生说,孙中山在世时,国民党为其独断。孙中山逝世之后,短短二三年间,国民党高层权力争夺激烈,胡汉民、汪精卫、蒋介石等人爆发了党魁继承人之争。(见王奇生:《国民党最高权力机构的演变》,载王奇生《革命与反革命:社会文化视野下的民国政治》,社会科学文献出版社2010年版,第225页)

导的革命。①1925年1月3日，在对黄埔军校学生的演讲中，蒋介石说："社会的进化，是天天在那里革命的，革命如停止了，社会就不能存在，试看历史上没有那个时代不革命的，所以我们非革命不可。……革命党所做的三民主义的革命事业，就是杀身成仁的圣贤事业，所以我们要做圣贤，就要入革命党，不做革命党成仁取义的人，就要做反革命当不是人做的事了。"②

蒋介石想夺取中国革命的领导权，就要强调国内的革命党只有国民党一个。继而他认为学校教育的核心是革命，这个革命，不但包括政治、军事、社会，还包括自己的革命，实质上就是要让学校成为国民党教育的延伸。1926年5月3日，对广东全省教育会代表演讲革命与教育的关系。"现在的潮流，已成为革命的潮流，无论何事都要革命。政府不良，人民要革政府的命，学校不良，学生要革学校的命，个人自身不良，自己也要革自己的命，这才可免于退化之归。"③

在蒋介石获得政治上的掌控权之后，在思想文化领域也有所动作，比如，由何炳松等发布的"中国文化本位主义"运动就被认为是国民党宣传机构的策动，其目的是用中国自身的文化传统特别是

---

① 王奇生说："1920年代国、共、青三党都主张革命而反对改良，认为革命是一了百了地解决国家和民族问题的根本手段。这种对革命的积极认证和遐想式期待，使革命日趋神圣化、正义化和真理化。革命被建构成为一种与自由、解放、翻身、新生等意涵相关联的主流政治文化。另一方面，国、共、青三党分别以各自的政治利益和意识形态为依归来诠释其'革命'行径，使革命话语在日趋神圣化与正义化的同时，又意含着浓烈的任意性和专断性成分。"（见王奇生：《"革命"与"反革命"：三大政党的党际互动》，载《革命与反革命：社会文化视野下的民国政治》，第100页）
② 中国第二历史档案馆：《蒋介石年谱》，第260页。
③ 中国第二历史档案馆：《蒋介石年谱》，第516页。

儒家思想来对外应对日本和其他帝国主义势力的欺凌，而对内则要消除中国共产党在思想文化上的影响力。

在政治层面，蒋介石继承孙中山在《建国大纲》中所提出的军政、训政、宪政三步走的思路。在他基本掌控政权之后，确立了训政时期的政治纲领，确立了以党治国、以军治国的策略，并以三民主义来统一人们的思想。为了增强党员的服从意识，蒋介石发动了一次以"军事化"倾向来强化国人的纪律性的运动，称之为"新生活运动"。

新生活运动作为一个政党推动的社会运动，有着复杂的社会背景和政治动机。首先，从国际上说，德国和意大利作为第一次世界大战的战败国迅速恢复为世界经济和军事强国的经验，受到了蒋介石的高度重视。根据蒋介石自己的总结，他认为德、意两国走上富强之路的原因在于国民对于秩序和纪律的尊重。"义大利和德国，他们何以能够很快的完成革命建设新的国家，而我们的革命到今天要失败呢？最根本的原因，就是于一般国民知礼与不知礼……在德、义两国，他们一般国民，没有一个不尊重社会的秩序，严守团体的纪律。"[①]而更为直接的国际原因是九一八事变之后，中国失去了东北，日本在那里扶植了"伪满洲国"，举国上下都认为这是国家莫大的耻辱，进而形成一种强大的要求民族复兴的社会思潮。

从国民党内部看，民国时期地方军事势力和中央政府之间不断爆发种种冲突，地方割据依然严重，塑造新的统治权威成为一个迫切的任务。"因为传统权威中心丧失后，形成多元中心。在中国，由

---

① 蒋介石：《新生活运动之要义》，载萧继宗主编《革命文献》第六十八辑，《新生活运动史料》，中国国民党中央委员会党史委员会1975年版，第25页。

于传统帝制的推翻,导致此项危险的明显化。共和政体虽已建立,然而整个政治、文化未能跟着进步,对于大多数的中国人而言,共和政体难于引起他们的认同感。因此,有袁世凯的帝制,溥仪的复辟,及军阀的混战。北伐结束,只象征表面上分裂的结束,实质上,中央政府的合法性仍未能巩固。地方军人在感到利益被剥夺,就起与对中央对抗。"[①]而蒋介石试图通过新生活运动,借助儒家道德的宣传,引导军队和民众的服从意识发动新生活,来强化自己的统治。

蒋介石的新生活运动的目的是培养国民新的政治忠诚,虽然内心服膺阳明心学,认为只有激发道德意识才能完成政治意识的落实,但在实际的操作中,蒋介石更侧重于对于儒家"规范伦理"部分的提倡。所以,新生活运动的基调是恢复"礼义廉耻"这些传统规范。

蒋介石在各种场合对"礼义廉耻"进行重新解释,试图建立一套以礼为中心的行为规范。

> 礼者,理也。理之在自然界,谓之定律。理之在社会中者,谓之规律。理之在国家者,谓之纪律。人之行为,能以此三律为准绳,谓之守规矩。凡守规矩之行为的表现,谓之规规矩矩的态度。
>
> 义者,宜也。宜即人之正当行为。依乎礼——即合于自然定律,社会规律,与国家纪律者,谓之正当行为。

---

① 陈圣士、林泽震:《新生活运动》,载台北"教育部"主编《中国民国建国史》第三篇,"国立"编译馆1989年版,第1281—1282页。

廉者，明也。能辨别是非之谓也，合乎礼义为是，反乎礼义为非。知其是而取之，知其非而舍之，此之谓清清白白的辨别。

耻者，知也。即知有羞恶之心也。己之行为，若不合乎礼义与廉，而觉其可耻者，谓之恶……有切实之羞，必力图上进。有切实之恶，必力行湔雪，此之谓切切实实的觉悟。①

在蒋介石看来，礼义廉耻作为传统道德的核心，由于被否定而沦丧，导致中国人在世界上被轻视。在日常生活中，缺乏礼义廉耻的意识，国民的精神力量难以养成。军人因为不讲礼义廉耻，而战斗力低下。蒋介石认为日本在近代的成功，很大程度要归功于他们在道德教育上的成功。②除了理论上的阐述，蒋介石还试图重建礼制，包括国乐馆在内的民国礼乐文化建设也在经费极其紧张的情况下相继建立起来。

新生活运动与三民主义之间的关系必然会被蒋介石强化。他在一次讲演中说："总理讲三民主义讲了几十年，何以他不先著一本三民主义，而最先著《民权初步》呢？就是看了中国人一点不懂团结生活的秩序，不懂礼节，所以要先著这本《民权初步》，拿社会上一切礼的基本来教导一般国民，《民权初步》，包含了一切礼的精神，实在是最完善切用之'礼'的实习。如果大家连《民权初步》都不知道，那末，一切社团的活动，便全无礼法，什么团体社会组

---

① 蒋介石：《新生活运动纲要》，载萧继宗主编《革命文献》第六十八辑，《新生活运动史料》，第6—7页。
② 深町英夫：《教养身体的政治：中国国民党的新生活运动》，生活·读书·新知三联书店2017年版，第22—23页。

织都不能成功，国家格外不必讲。"①而且他自己还以三民主义的继承者和发扬者的身份自居，他回忆1924年在广州听孙中山演讲三民主义道：孙中山关于民族主义和民权主义都讲了六讲，而民生主义只讲了四讲。所以，他要把最后的两讲补上。补充的第一讲主要内容是"育"，包括养育和教育。第二讲的内容是"乐"，即如何过上快乐的生活。礼乐并行的大同社会是民生建设的物质精神条件和最高理想。

我们知道孙中山所设定的最高理想是天下为公的大同社会，其源头来自儒家经典的《礼运》篇中的大同小康之论。蒋介石在补充这部分内容的时候，直接借助了公羊三世和大同小康的思想。他说，孙中山民生主义的最高理想是大同社会，但"礼运篇的大同社会，并不是我们一步可以到达的，春秋公羊传有'三世'之说，礼运篇亦有'三世'之说。这三世就是我们到达大同社会的三大阶段。公羊传的三世：一是据乱世，二是升平世，三是太平世。礼运篇所说'幽国''疵国''乱国'，就是我们建设大同社会首先要削平的各种变乱"②。蒋介石所指的"乱国"就是中国共产党领导的红色革命根据地。

蒋介石说削平乱国，社会安定之后，就进入了升平世，到社会发展到最高程度，就实现了大同世，并认为民生主义就是由小康进入大同的阶梯。

陈立夫也试图将新生活运动与民生史观建立起联系，以保持三

---

① 蒋介石：《新生活运动之中心准则》，载萧继宗主编《革命文献》第六十八辑，《新生活运动史料》，第25页。
② 蒋介石：《民生主义育乐两篇补述》，载孙中山：《三民主义》增补，三民书局2016年版，第65页。

民主义与中国传统和现实之间的关联。他说:"民生史观是新生活的哲理基础。其次,生活的要素,是要物质与精神方面的。以往在哲学史上只见到二者的一面,于是发生了'唯心'与'唯物'之争,实际都是错误的。民生史观是同时承认'心'与'物'的重要,而求平衡的发展,没有偏重;新生活就是采取这个原理,分别应用'唯心'与'唯物'的见地,一种不同的场合,以求人类生命的光大。因此,新生活的根本思想,既不是'唯心',亦不是'唯物',而是'唯生'。所以新生活的方法,是纳'礼义廉耻'诸美德于'衣食住行'之中,以求民生之解决。"①这样就把孙中山的思想看作是超越了唯物和唯心之争的更高的哲学创造。

在国民党的宣传体系中,新生活运动更多地被描述为一场民族复兴的运动,是一场以民族精神为基础的国民总动员。于右任先生说,蒋介石"承继总理复兴民族的遗教,为了提高民族精神,发扬民族历史,文化,和恢复民族固有美德,遂……发起新生活运动,以中国固有道德'礼义廉耻'四维,做新生活运动的中心!并说:'四维既强,国乃复兴。'"②并以忠孝等作为对民族国家的忠诚和勇敢的新的解释。

无论有多少理论和现实的目标,新生活运动更应该被视为是一种军事动员。新生活运动有很多具体的行为措施,比如说推行军事化、艺术化和生产化,但是最核心的诉求是培养国民的服从精神,蒋在《新生活运动的意义和目的》中说:"新生活运动最后的目的,

---

① 陈立夫:《新生活与民生史观》,载萧继宗主编《革命文献》第六十八辑,《新生活运动史料》,第137页。
② 于右任:《新生活运动与民族复兴》,载萧继宗主编《革命文献》第六十八辑,《新生活运动史料》,第121页。

就是要使全国国民的生活行动都能够整齐划一四个字。这整齐划一四个字的内容，是什么呢？亦就是现在普通一般人所说的'军事化'。"①这样就能让国民个人共同一致，保种强国，甚至在必要的时候为国家牺牲自己的生命。

艾森斯塔把蒋介石的这种做法，称为"新传统主义"，典型地体现出对现代化反应的第二个阶段的特性。"在最普通的符号层次上，他们的领导人物倾向于以传统方式建立社会政治和文化上的集中权力形态。而传统的方式是，降低那些较富创造性团体发展出来的新的符号和整合取向的可能性。这些领导人物，特别重视在制度范围上的传统趋向。这很明显地说明，起码在态度上类似传统政权。"②

新式的政治架构和传统的政治理念，使得民国政治混乱和驳杂，但近代中国政治始终有一条线索贯穿，就是民族主义。而这种民族主义在面对日本侵略危机的时候，得到了强化。但国民党的理论创造并不能坚定地站在反对帝国主义和封建主义这两大时代主题上，因而其民族主义的诉求落入到为谋取自己的政治忠诚的筹码，难以获得民众的真正支持。而且，还与五四以来一直居主导地位的科学主义和启蒙主义的思想之间形成了巨大的对立。如何在时代的命题面前，找到中国问题的症结，从而探索出具有民族特色、为大众所能接受、并蕴含着科学精神的思想，对此，毛泽东做出了他伟大的探索。

---

① 蒋介石：《新生活运动的意义和目的》，载萧继宗主编《革命文献》第六十八辑，《新生活运动史料》，第33页。
② 艾森斯塔：《传统、变迁与现代性：中国经验之反省》，载金耀基等《中国现代化的历程》，时报文化出版公司1980年版，第110页。

五、三民主义、新民主主义、共产主义：
如何结合中国实际进行理论创造的范型

孙中山所领导的民主革命运动，一直是现代中国追求民主、富强的国家的精神动力。陈独秀和李大钊等《新青年》群体，呼吁民主和科学，所反对的就是民国之后的复辟和军阀割据所造成的政治倒退。而毛泽东在青年时代也被孙中山乃至康有为、梁启超推动改良的思潮所感染。在马克思主义传入中国之后，1921年中国共产党成立，担负起民族复兴和人民解放的使命。

不过，中国共产党之所以与孙中山的三民主义发生如此密切的关联，最直接的原因就是共产国际支持孙中山改组国民党，并由此制定的中国共产党党员以个人身份加入国民党的政策。从而导致了不同革命目标和革命手段的两个政党的合作。不过，毕竟中国共产党和国民党之间在革命理念、革命目标和手段等方面，存在着巨大的差异，围绕如何对待两党不同信仰之间的矛盾和冲突，20世纪20年代初，孙中山所采取的办法是将民生主义和共产主义相混同。孙中山在做《民生主义》第二讲时说，现在青年人信仰马克思主义，要从根本上解决中国的社会问题，并组织了共产党，所以，当两党联合的时候，国民党和共产党内许多人产生了误会。孙中山说误会的根本原因在于他们都不了解"民生主义就是共产主义"[①]。

就中国共产党这边来说，陈独秀等早期中国共产党领导人一直

---

① 孙中山：《三民主义》，第206页。

主张独立开展工人运动，起初也并不赞成中国共产党党员加入国民党。在共产国际的具体帮助下，转而主张与国民党组成一个"民主主义的联合阵线"。1922年，中国共产党的二大通过了"与国民党组成联合阵线"的决议。1923年中国共产党在广州举行第三次代表大会，对共产党加入国民党提出的结论是：要将国民党改造成左翼政党，在国民党中吸收优秀党员等等。这实际上是列宁有关民族与殖民地问题的理论在中国的落实。

在国民党的第一次代表大会上，通过了联俄、联共、扶助农工的三大政策，重新解释了三民主义。具体说，在民权主义方面加入了反对帝国主义的内容，在民生主义方面提出了关系国计民生的事业由国家来经营等内容。但会议通过的《中国国民党第一次代表大会宣言》与共产国际关于国民党问题的决议在许多方面存在不一致的情况，除了国民党依然坚持三民主义的基本立场外，如何对待中国共产党也有很大分歧。共产国际希望国民党支持中国共产党的发展，而国民党的大会宣言只是说要吸收工人和农民加入国民党[1]。这些都为以后统一战线的破裂埋下了根子。[2]

对于三民主义，陈独秀等人多有批评。不过，在国共合作的情形下，中国共产党经历了由"消极不谈三民主义"到"积极解释三民主义"的转变。孙中山逝世之后，在中国共产党的宣传纲要中，提出要避免拿三民主义与社会主义、共产主义相比较，以免将分歧

---

[1] 李玉贞：《国民党与共产国际》，第234页。
[2] 陈独秀在给维经斯基的信中说，孙中山口头上保持中立，实际上是利用反动派施加的压力来压制共产党，目的是要把中国共产党置于国民党领导之下，所以必须反对。（见《陈独秀给维经斯基的信》，载中共中央党史研究室第一研究部编《联共（布）、共产国际与中国国民革命运动（1920—1925）》，第528页）

公开化。"不宜宣传空洞的三民主义,更不要宣传什么建国方略和五权宪法",重要是要宣传孙中山的"新三民主义","宜宣传孙中山的革命策略,如联俄、联共、拥护工农利益的民生主义"等。[①]并将联俄、联共、扶助农工称之为"新三民主义",这样的做法引发了国民党右派的强烈不满。

即使是国民党的左翼,也并不是赞成共产党所强调的区分新旧三民主义的做法。针对以联俄、联共、扶助农工三大政策来替代三民主义时,汪精卫特别提出:"政策与主义是有分别的。不论是政策或是主义,都是依着时代与环境而定的,在某一时代某一环境下需要什么政策什么主义,然后才定出什么政策什么主义,故主义与政策总脱不了时代环境的关系。可是主义的时间性要长些,有固定性有永久性。政策的时间便不同了,政策系由主义发展出来的,没有主义的时间性长。三民主义是中国国民党的主义,时间性是很长的,自秘密革命运动起以至军政训政完全依三民主义而实行的,到宪政时期更是如此。至于政策是主义的产物,由主义按着时间与环境而定出一种适用的政策,故主义不与政策相提并论的。"[②]

孙中山逝世之后,针对中国共产党积极解释三民主义的做法,国民党右翼试图将中国共产党清除出国民党的意图越来越明显。在思想上将国共差异明晰化的就是戴季陶的《孙文主义之哲学的基础》《国民革命与中国国民党》两部著作。这两部著作发表之后,陈独秀又主张中国共产党应主动退出国民党以保持政治独立的面

[①] 中央统战部、中央档案馆编:《中共中央第一次国内革命战争时期统一战线文件选编》,档案出版社1990年版,第280页。
[②] 汪精卫:《武汉分共之经过(1927)》,载《汪精卫全集》初集,三民公司1929年版,第83—84页。

目，但被共产国际否定。尽管组织上退出国民党的动议没有被接受，但陈独秀、瞿秋白和毛泽东等，都对戴季陶的主张进行了尖锐的批驳。

在1925年9月11日、18日的《向导》周刊上，连续刊登了陈独秀所写的《给戴季陶的一封信》。在信中，陈独秀指出戴季陶在理论上的根本错误是只看见民族革命的需要而看不见阶级斗争的需要。在民族革命中，我们不但要依靠工农的力量，也要依靠其他民族的援助。国民党宣称自己是全民政党，但如果他代表各个阶级的全体国民，那么便不能将无产阶级及其代表中国共产党排除在外。由此，陈独秀认为戴季陶所追求的纯正三民主义，单纯的国民党，其实只能说明他所代表的是民族资产阶级的政党。"你所号召的单纯的国民党，所谓完全自成系统的理论，是以国家和民族的需要为中心，一面排斥官僚买办阶级之反革命，一面排斥无产阶级派之阶级争斗说，代以劳资调协说，以仁爱说欺骗工农群众，使他们安心尽那无权利的义务，为资产阶级的民族运动牺牲，这显然是各国各民族的资产阶级政党之共同理论，并不是你季陶先生所特创的。"①虽然，陈独秀在此信中主要是批驳《国民革命与中国国民党》一书，但从他对仁爱说的批评而言，也针对了《孙文主义之哲学的基础》一书中的观点。

除陈独秀外，恽代英主要从道统说批评了戴季陶的思想，他认为革命主要依靠的是革命者的信仰，而非圣贤的教诲，那些没有圣贤的地方也在发生着革命。"戴先生所谓中国的文化，如知仁的知，

---

① 陈独秀：《给戴季陶的一封信》，载任建树主编《陈独秀著作选编》第三卷，第508页。

博爱力行的仁，行仁不怕的勇，择善固执贯彻始终的诚，如戴先生所说，不过是中国少数圣哲的伦理思想，这种思想既不是全中国人所共有的，亦不是中国人所独有的。我们决不说马克思的学说是德国的文化，列宁的学说是俄国的文化，然而戴先生却要咬定二千年来无人理会的所谓'正统'思想是中国的文化，我真不懂这有什么意思。"①

瞿秋白也认为用不着从圣贤的道统里面为三民主义找根据。要解决民族、民权、民生的问题，应该从唯物史观出发去了解中国的社会现状，而不是实行儒家的"仁政"。"戴季陶等所谓建立纯正三民主义的运动，实际上是把国民革命变成狭义的国家主义—民族主义的目的，成了争中国民族之'哲学思想''孔孙道统''国民文化'，甚至于'血流'的久长和多量；要做民生主义和民权主义的运动，却又不许有阶级斗争，只许为'民族和国家的利益'。其实国民革命的三民主义，只是很浅显，一般农工民众所切身感觉的政治经济要求，用不着什么道统，什么哲学思想做基础。"②从恽代英和瞿秋白等人的批驳文章可见，中国共产党对于戴季陶的批判主要是他反对阶级斗争和工人运动的立场，认为他利用儒家道统来强调纯正三民主义，并不能真正代表国民的利益。中国共产党对戴季陶的批判目的在于要按照共产国际的要求，努力维持国共合作，但最终的结果是国民党右派逐渐占据主导，蒋介石发动了"清党"，中国共产党遭受了重大的挫折。

---

① 恽代英:《读〈孙文主义之哲学的基础〉》，载《恽代英文集》下卷，人民出版社1984年版，第703页。
② 瞿秋白:《中国国民革命与戴季陶主义》，载《瞿秋白选集》，人民出版社1985年版，第181页。

中国共产党再度强调三民主义则是因日本侵略的危机下寻求建立抗日统一战线的努力。1935年12月,毛泽东在瓦窑堡会议上作了《论反对日本帝国主义的策略》的报告,提出目前的政治形势已经发生了巨大的变化,日本帝国主义在占领了东北之后,准备占领全中国,所以必须要团结国内的各抗日势力,建立民族统一战线,并将中国共产党的革命目标由建立"工农共和国"转变为"人民共和国"。明言中国共产党不仅代表工农的利益,也代表民族的利益。在1936年,毛泽东会见宋庆龄、蔡元培等许多爱国人士并代表中国共产党致信中国国民党,提出愿意在孙中山的三民主义和三大政策的前提下,反对内战,一致抗日。在这个阶段,毛泽东还主要是用三民主义和三大政策的提法,并没有将三大政策表述为"新三民主义"。

1937年5月,毛泽东作了《中国共产党在抗日时期的任务》的报告,在提到共产党是否同意三民主义的时候,说道:"孙中山先生的革命的三民主义,曾经因为孙先生与共产党合作加以坚决执行而取得人民的信仰,成为一九二四至一九二七年的胜利的革命的旗帜",随后,因为国民党排斥共产党,所以三民主义也失去了人民的信仰,那么在民族危机的关头,两党重新合作,经过重新整顿的三民主义可以成为合作的基础。不过,"共产党人决不抛弃其社会主义和共产主义的理想。他们将经过资产阶级民主革命的阶段而达到社会主义和共产主义的阶段"①。

1937年9月22日,国民党公布了中共于同年7月提交的《中共

---

① 毛泽东:《中国共产党在抗日时期的任务》,载《毛泽东选集》第一卷,第259页。

中央为公布国共合作宣言》,在宣言中,中国共产党表示"孙中山先生的三民主义为中国今日之必需,本党愿为其彻底的实现而奋斗"[①]。23日蒋介石在庐山发表讲话,承认中国共产党的合法地位,这也被称为第二次国共合作。1938年3月20日,在延安举行了纪念孙中山逝世十三周年及追悼抗敌阵亡将士的大会。在会上,毛泽东指出孙中山的伟大就在于他所制定的三民主义纲领、统一战线政策和艰苦奋斗的精神。并说,孙中山一生坚持其主义,并不断发展三民主义,"一切国民党员、一切共产党员、一切爱国同胞,都应接受这个遗产而发扬光大之"[②]。

毛泽东多次提到,国民党部分实现了民族主义,但对于民权和民生主义,则完全没有实现,所以现在是国民党完全实现三民主义的时候了。1939年1月17日,毛泽东在陕甘宁边区第一届参议会开幕式上发表讲话,强调了民权主义与民生主义的重要性。毛泽东说,孙中山先生的三民主义是互相配合的,没有民权主义和民生主义,民族主义就不能实现,抗战也就不会胜利。[③]在这里毛泽东强调了民族主义的重要性,而这也是与抗日战争这个大背景相关。其实在此前延安关于三民主义的介绍著作中,就已经强调了三民主义与中国传统之间的关系。在陈伯达出版于1938年的《三民主义概论》一书中指出,三民主义是近代中国社会矛盾的产物,但其形成

---

① 中共中央文献研究室编:《毛泽东年谱(1893—1949)》修订本,中卷,中央文献出版社2013年版,第68页。
② 毛泽东:《在纪念孙中山逝世十三周年及追悼抗敌阵亡将士大会上的讲话》,载《毛泽东文集》第二卷,人民出版社1993年版,第113页。
③ 中共中央文献研究室编:《毛泽东年谱(1893—1949)》修订本,中卷,第105页。

也是四千年文明的结晶。其中，民族主义来源于古代的夷夏观念，民权主义则继承了孟子民贵君轻的思想。特别是民生主义，来源于中国古代哲人关于"大同"的梦想。"如大家所知道的，这曾是被戊戌启蒙人物——康有为、谭嗣同根据自己的社会基础所特别加以时代的渲染和发挥过的；同样地，这古代哲人的梦想也为中山先生所乐道；中山先生是把自己的民生主义当成中国古代所梦想过的'大同'的。"①如前所述，突显三民主义的传统根源曾经是戴季陶主义的最大特征，而在国共合作抗日的阶段，三民主义作为合作的共同纲领，民族主义的因素尤其值得肯定。不过，陈伯达的书里专门列章节讨论"三民主义与三大政策"，说明新旧三民主义的提法，在这个时期还没有被确定下来。

既然将三民主义作为国共合作的共同纲领，那么三民主义与共产主义的关系，包括民生主义与社会主义的关系是必须要解释的问题。1938年11月5日在中国共产党第六届代表大会上，毛泽东做了《统一战线中的独立自主问题》的讲话，强调了民族斗争和阶级斗争的一致性，即在某一个特殊的阶段，寻求民族解放和实现阶级平等是可以互相促进的。②在这次名为《论新阶段》的讲话中，毛泽东还论述了三民主义和共产主义的关系。认为任何忠实于马克思主义者，也要有现实性，即承认三民主义在寻求国际平等、国民的政治地位、经济地位平等等方面有其价值。但共产党并不会放弃自己的理想，即实现共产主义。关于三民主义和共产主义的关系更为系

---

① 陈伯达：《三民主义概论》，中国文化社1938年版，第2页。
② 毛泽东：《统一战线中的独立自主问题》，载《毛泽东选集》第二卷，第538—539页。

统的表述则在《新民主主义论》一文中。

毛泽东在文中，批判了"一次革命论"和"一个主义论"，所谓"一次革命论"就是为举政治革命和社会革命毕其功于一役所迷惑。革命是分阶段的，社会主义的任务也不能被合并在民主主义革命中去完成。而"一个主义论"其实就是"一党主义论"的延伸，事实上就是要否定共产主义的理想。

毛泽东指出三民主义和共产主义，在民主主义革命的政纲上有共同点，但在三民主义中并没有彻底的土地革命纲领，也没有更高级的社会主义阶段。在宇宙观上也存在着辩证唯物论、历史唯物论和唯心论、二元论的差别，这就决定了在革命的彻底性上的差异。

由此，毛泽东划分了新三民主义和旧三民主义。新三民主义就是孙中山先生在《中国国民党第一次全国代表大会宣言》中所重新解释的三民主义，其他的都是"伪三民主义"或"半三民主义"。以这篇宣言为界，区分了旧三民主义与新三民主义两个历史阶段。"这种新时期的革命的三民主义，新三民主义或真三民主义，是联俄、联共、扶助农工三大政策的三民主义。没有三大政策，或三大政策缺一，在新时期中，就都是伪三民主义，或半三民主义。"①

1924年之前的三民主义虽然在一定的历史时期内是具有革命性质的，但在工农已经觉悟的时期，如果不能发展，停留在反共的意识上，看不到工农的力量，那就是"不识时务"了。

《新民主主义论》主要从思想文化的角度讨论了新旧三民主义的差别，而关于新旧三民主义在政治制度和经济制度上的不同的论

---

① 毛泽东:《新民主主义论》，载《毛泽东选集》第二卷，第690页。

述，主要体现在《论联合政府》一文中。

　　1945年4月24日毛泽东在中国共产党第七次代表大会上做了《论联合政府》的政治报告，其中提到中国共产党的一般纲领和最高纲领，其中一般纲领或称共同纲领，即要"建立一个以全国绝大多数人民为基础而在工人阶级领导之下的统一战线的民主联盟的国家制度"。这样的国家就是新民主主义的国家。在这个国家中，在政治制度上，与孙中山先生所提出的"民权主义"革命主张是完全一致的。[①]不过在政权组织方式上，明确了民主集中制，由各级人民代表大会民主选举政府，而政府能集中地处理国家以及人民代表大会所委托的一切事务。

　　新民主主义的经济政策，也符合孙中山所提出的平均地权和节制资本的政策，对于国计民生有决定性意义的行业，由国家来经营管理。"按照孙先生的原则和中国革命的经验，在现阶段上，中国的经济，必须是由国家经营、私人经营和合作社经营三者组成的。而这个国家经营的所谓国家，一定要不是'少数人所得而私'的国家，一定要是在无产阶级领导下而'为一般平民所共有'的新民主主义的国家。"[②]而新民主主义国家"亦即孙中山先生革命三民主义性质的独立、自由、民主、统一和富强的中国"[③]。不能存有把新民主主义革命和社会主义革命毕其功于一役的思想。

　　鉴于有人怀疑中国共产党对于"三民主义"的忠诚度，对此，毛泽东做了专门的解释。毛泽东提出这个三民主义也就是1924年孙

---

① 毛泽东：《论联合政府》，载《毛泽东选集》第三卷，第1056—1057页。
② 毛泽东：《论联合政府》，载《毛泽东选集》第三卷，第1058页。
③ 毛泽东：《论联合政府》，载《毛泽东选集》第三卷，第1059页。

中山在国民党一大上提出的联俄、联共、扶助农工三大政策。随着革命形势的发展，新三民主义纲领和旧三民主义之间已经有很大的发展，这两者之间在基本原则上有一致性，但新民主主义要更完备。"孙先生的这种三民主义，按其基本性质说来，是一个和在此前的旧三民主义相区别的新民主主义纲领……对于中国共产党人，为本党的最低纲领而奋斗和为孙先生的革命三民主义即新三民主义而奋斗，在基本上（不是在一切方面）是一件事情，并不是两件事情。"①

　　三民主义产生于孙中山革命实践的过程中，并不断地加以丰富和发展，在20世纪上半叶的中国复杂的政治历程中，很难有一种观念如三民主义般具有如此丰富的解释路径。这不仅是因为孙中山三民主义思想在形成的历史中所累积的多重政治面向，以及在晚年改组国民党的时候，所留下的政治分歧点。而且也因为三民主义作为总理遗教所带有的正统性符号价值。这都导致了国民党内部，以及两次国共合作时期中国共产党对于三民主义进行解释的必要性与斗争性。到20世纪下半叶，随着中国台湾地区政治生态的改变，三民主义在台湾地区也已成为意识形态的陈迹，如何客观、理性地对待这份历史遗产，这既需要学术的基础，也需要有政治的魄力。

---

① 毛泽东：《论联合政府》，载《毛泽东选集》第三卷，第1061页。

附 录

儒学的历史与现代转化

澎湃新闻记者　黄晓峰　丁雄飞

2019年6月30日

北京大学哲学系、儒学研究院教授干春松多年来致力于儒学思想和中国近代思想文化的研究。近年来更积极参与了当代中国新儒学的研究和讨论。最近他的新书《儒学小史》出版，澎湃新闻记者请他谈了儒学的历史以及现代转型的一些问题。

澎湃新闻：对我们大多数人来说，儒家与儒学似乎只是语词的差别，是这样吗？您这本书谈儒学历史，能否先请您为我们辨析一下儒家与儒学的差别？

干春松：现在我们通常使用的相关的概念其实有三个：儒学、儒家和儒教。从概念来讲，现在我们说"儒教"主要是指称儒家思想的"宗教"面向，也有用"孔教"的。但是，以前人们使用"儒教"，主要是说明儒家的"教化"功能。一般我们所说的儒家文化圈地区的韩国和日本，过去习惯于用"儒教"这个概念来统称"儒学"。不过，最近也开始流行用"儒学"。

"儒学"和"儒家"这两个概念肯定有重叠的地方，很多时候这两个概念是可以通用的。不过,我自己更侧重于认为,"儒家"更倾向于指孔子创立的思想学派。从孔子创立,吸引弟子三千,然后,发展到孟子荀子等等。有这样的一群人、一个团体,一直以孔子所倡导的理念作为价值基础。相比之下,"儒学"主要侧重于学派的思想主张。我的书为什么不叫"儒家小史",而称为"儒学小史"?就意味着其核心关切是历史上所形成的各种各样的儒家思想主张。如果是"儒家小史",虽然也会讨论思想主张,但更多可能会关注儒家人物的生平事迹。当然,就目前的情形而言,将该书称为《儒学小史》也会面临很多问题。这本书里没怎么讲经学,经学肯定是儒家思想的最重要的形态。或许可以这么说,《儒学小史》就更接近于现代学科建立、有了文史哲这样的学科分别之后,所经常采用的讨论儒家思想的一种方式,即关注儒家的核心问题和核心观念,并讨论它们在历史中的发展和变化。

没有过多地讨论经学问题,除了自身知识上的局限之外,很大程度是因为经学目前已经成为一门专门的学科,更适合以"经学史"的方式来书写。当然舍弃经学来讨论儒家思想也会产生具体的问题,就儒学发展而言,在一些阶段,确实最重要的人物可能是经学家,比如东汉的郑玄,魏晋时期的一些经学家等等。他们甚至确立了经典解释的一些基本规范。这些人物的缺失,让儒学的发展线索会显得不完整。当然,也不是说完全不涉及经学,比如,关于汉代主要就讲了一下董仲舒。董仲舒的思想就是以经学的方式展开的。他是公羊学的奠基性人物。讲晚清的思想,也离不开公羊学。但我在书中对他们的讨论,并不是以"经学"的方式展开的。

本书之所以叫"小史"主要是因为篇幅小,这也决定了本书不可能特别完整地介绍儒家思想的各种面向。

澎湃新闻：关于儒家的起源，从汉代刘歆的"诸子出于王官"说以来，有很多讨论，您认为将儒家的起源定于或不局限于某一职官，对我们理解儒家与儒学有什么意义？

干春松：我觉得分析儒家的起源对于理解儒学还是挺重要的。我们要去了解某个学派的特征的时候，肯定会讨论其来历。最早系统探讨儒家的起源的，是汉代书写历史的那批人。在近代，随着现代历史学的传入，又似乎重新点燃了人们关心儒家起源的热情。

我们说儒家的学派是从孔子开始的，但从思想上来讲，"祖述尧舜，宪章文武"，说明孔子是吸收了古代圣贤的思想资源并加以整理、阐发而形成自己的思想体系的。

你提到"诸子出于王官"说，是探讨儒家来源中很有影响的一种观点，因为人们根据儒家注重教化的思想特征，认为其可能来源于古代的司徒等强调社会教化的官员。近代的讨论吸收率比较多的社会科学的方法。像章太炎所说的达名、类名、私名，相当于我们现在所讨论的泛指和专有名词。胡适和冯友兰先生在民国初期提出儒家原初可能从事的是"相礼"等职业，则可能是从孔子的生平以及儒家弟子十分重视礼仪所引发的。

儒家为什么后面会成为最大的一个学派？就是因为有教无类和因材施教的原则。有教无类是太重要的一个原则，它很大程度上促成了儒家成为最大的学派。墨子就不是谁都教，墨家是一个有严密组织的学派。老子也不是谁都教，他太强调个人，本来就反对拉帮结伙。所以儒家学派的人数的众多，因为弟子来源十分多样化。当然，这也导致了儒家学派的分化。分化其实不可怕，它是学派兴盛的必然后果。

近代以来从历史学的角度出发重视孔子的来历，有一个很重要原因，就是要对孔子去魅化。章太炎当然就是因为不同意康有为等人把孔子塑造成一个教主，所以强调孔子是一个教师。整个近代的立场，是去除孔子身上的"神秘性"因素，通过把孔子还原到历史的真实的场景中，把其身上的光环都去掉。

在儒家发展的历史上，公羊家比较强调孔子的重要性，提出了素王等说法，要强调孔子为汉制法，甚至为万世制法，就是要突出孔子与众不同之处。的确，为了建立一个大一统国家的指导思想，就需要一种神圣性的支持。必须要强调它跟古代圣王有连续性。他继承了古圣先生的法则，利用写《春秋》的方式来确立儒家的价值原则。由此可见，汉代与近代对于儒家起源的两次讨论，其目的是不一样的。汉初是要让孔子圣王化，而近代要把孔子去圣化，认为孔子就是一个学者、教育家。他没有什么神秘的法力，他就是一个好老师而已。

澎湃新闻：儒学作为一种思想体系，在西汉之后逐渐成为国家主流意识形态，除了汉武帝、董仲舒这些个人的因素之外，您觉得儒学的哪些特质导致了这一局面的形成？

干春松：现在人们爱讲博弈论，类似地，某一种思想之所以被选择，意味着其思想体系有许多适应当时社会需求的方面。中国建立的第一个大一统国家——秦朝是反儒崇法的。因为秦朝二世而亡的格局，让人们认识到，仅仅靠严酷的社会管制的方式是不可能让国家的统治持续的，于是代秦而立汉代当然要反思秦朝灭亡的原因。最初的替代性方案是黄老道学，也取得了很好的社会效果。但为什么汉武帝还要做出改变，在全国征集社会治理的方案呢，这是因为社会逐渐稳定之后，需要一整套的价值支持系统，以及能将这样的价值观落实到社会生活中去的制度操作系统。这就是董仲舒在提出了设立五经博士之后，还要建立博士弟子制度的原因。

为什么选择了儒家，原因当然可以列出很多。归纳起来说：首先是因为儒家提供了一个比较完备的经典系统。很多的时候大家会说这些经典不是儒家的，五经在孔子之前都已经在了。但是孔子通过对这些古代经典的整理，让它们成为体现儒家价值的作品。对于治国者而言，需要一些文本性的基础作为依据。这个依据你不能是口头上的，尧舜禹是各家公认的圣王，古代的经典有解释的空间。这样儒家就具有比较丰富的治理资源，这是一个。

第二，黄老道学总体倾向是"消极"的。虽然，最近我的许多同事也在发掘黄老道学中的政治哲学思想，然后，相比于儒家，其丰富性和复杂性，还远远不够。或者说，相比之下，儒家有更强的融摄性，它能吸收阴阳家甚至黄老的思想成为其有机的组成部分，从而使其思想更具有解释空间。

第三，那个时候有很多制度空白。清代的赵翼讲，刘邦进了关中约法三章，是一个特别原则性的治理规范。处理具体问题的时候，制度就不足了。因此，这些空白就要通过解释经典的方式去弥补。这是社会治理所急需的，因为当时的社会体系、政策体系都不完备。汉武帝举贤良对策，就是需要一个新的解释。董仲舒的天人三策主要讲原则，这些原则背后都需要有一系列的制度来支持，公羊学家那时候就最有用，因为公羊学有比较强的解释空间。社会变动的时候，公羊家总会热起来，原因在于要给新的制度提供一个解释依据的时候，它具有解释性。别的经典解释系统都不像公羊家有那么大的解释空间。但是公羊家的热度总会很快过去，一旦制度确立了以后，或者说过渡时期结束之后，就需要更为确定性的解释，所以不难理解古文经学的兴起。这个过程有许多人进行了研究，著名法学史和社会学家瞿同祖写《中国法律与中国社会》的时候，就说有了董仲舒"罢黜百家，独尊儒术"以后，这些五经博士就逐渐变成经师，进入行政系统，成为社会规范的制定者。这是制度儒家化的一个很重要的原因。也有历史学家发现在这个的过程中，循吏就取代了酷吏，整个官员系统也发生了更替。这样就形成了几千年儒家的秩序。

总而言之，为什么选择了儒家？原因很多：诸如儒家既有理念，又有制度，像仁爱就是高度统摄性的一个价值。还有一些具体的原则，比方说礼。所以它在当时的思想竞争里面脱颖而出，我觉得是很自然的。但是现在唯一要稍微解释一下，就是董仲舒以后，儒家是不是很快就独尊了？极大的可能是还没有。汉武帝死了以后，昭帝时期还讨论盐铁问题。盐铁争论说明在国家经济政策层面，还有儒家和法家、道家之间的争论，朝廷内部还在讨论这个问题。后来宣帝还有"霸王道杂之"的话。这从一个侧面说明董仲舒其实就起了个头，并没有真正的形成独尊的局面。后来的儒家化的社会是一个逐步的转型的过程。在董仲舒之后，思想市场的竞争还长期存在。这和儒家的原则没有发展成排他性的宗教有关，它是劝诱性的，你参与就可以进入博士弟子的系统；如果，不参与，愿意过与世无争的生活，也可以，传统社会的士人起码存在多样化选择的可能性。

澎湃新闻：在两千多年中，儒学始终是中国古代社会的主流意识形态，但与王朝兴衰相伴随的，是儒学与其物质承当即儒家之间，反复出现价值背离的现象。在您看来，这是儒学的危机，还是儒家知识分子的危机？

干春松：我自己愿意把它看作是儒家知识分子的危机。孔孟儒学其实是比较多样化的。早期的经典里面，也不是主张让人去服从。汉代以后，儒家跟现实的制度结合了以后，任何一个获得权力职位的人，"判别"他的身份就变得很麻烦。这些官员是不是儒生？他可能出身于儒生，但变成官员以后，更重要的身份是官员还是儒生？这个其实是一个特别需要关注的问题。也就是说当儒家的原则和统治者的需要之间产生矛盾的时候，一个取得了社会权力的人该如何去选择？徐复观先生就说有一个两难，儒生的理念是民本的，治理要为老百姓服务，整个政治秩序是以老百姓为目的，但是官员的行为往往是君本的，因为他所有的权力来源都是来自君主。当这两方面——民本和君本产生矛盾的时候，那些官员自然会是走向君本。你会发现这些人很大程度上背离了儒家的价值观。但又不能绝对地说，儒生在当了官以后，他就不再是个儒生，儒家的价值就不再在他身上发挥作用。当他成为官僚体系里的一部分的时候，他两种身份其实是叠加的。一方面，只有儒家这个身份，你才能当官，但坏处就是，你当了官了以后，你的儒家身份很大程度上要屈服于你的官员的身份。我觉得传统的儒家始终处于这种困境之中。

传统儒生也经常进行自我批评，读书是为了践行圣人之道还是"稻粱谋"。明末的时候，黄宗羲、顾炎武、王夫之对儒家有系统的自我批评。这一方面固然是对于明朝灭亡的反思，另一方面，他们某种程度上是现代意义上的知识分子。

传统儒家在现代视野下看很麻烦。杜维明先生曾激烈批评董仲舒，说他变成了权力的帮凶。但是我的意思是，如果想要发挥社会功能，实现齐家治国平天下的理想，很难脱离社会去做那些事的，所以，获得权力就成了一把双刃剑。我们也应该能看到，很多儒生因为是权力系统的一员，做了许多为民谋利的事儿。但这样的现象并不能从根本上解释儒生的社会角色和价值理想之间的冲突。

澎湃新闻：近代以来，儒学面临社会变革和外来思想的双重冲击，不同的知识分子都在寻找办法，您能重点谈谈大陆新儒家对此的应对吗？

干春松：列文森等人认为，儒家再也不可能在现实生活中发挥作用了。我自己其实不是特别同意这样的观点。首先从原理上不同意是在于，我们的社会秩序所呈现出来的制度体系，到底能不能仅靠移植就建立起来？列文森的观点预设了现代化在中国展开的过程，就是一个系统性的制度移植的过程。在20世纪，我们几乎把西方社会所有的制度实践都移植过了。民国成立的时候，它就是模仿美国建立起来的。那时候夸张到因为美国最初是十三个州成立的一个联合体，我们也要让各省先独立，然后再建立一个联合体。从这样的一个角度来看，我们就会发现很多制度移植过来以后，发生了各种各样的变异。过去一百年的制度移植史，就是西方制度在中国效能衰减的历史。

那么，从理论上讨论的话，制度的建立和发生效能的机理是什么？制度只有从习俗和它的文化特性上来建立，才能真正发挥作用。如果完全通过移植的话，制度的有效性会成问题，它肯定行之不远。这是我们从一百多年来的现代性的现象中反思而来的。所以21世纪以来的很多儒学研究者考虑的核心问题就是，能不能从制度建构的原理上来讨论这些问题。

另外一个问题是现实的需求。1978年改革开放以来，中国的社会结构、社会治理的方式都发生了变化，处于一个地方秩序模糊的阶段。这种"制度模糊状态"是说，一方面，家庭联产承包责任制已经改变了前三十年集体化的生产组织方式，另外一方面，这并不是对原先的家族制度的"恢复"。这就是说在中国社会其实是一种新的社会结构和社会生产方式。这是社会结构对学者们提出的直接的挑战，面对这样的冲击，不同的思想资源会提出不同的方案。比如，如何看待村民自治的问题，如何看待宗族势力复兴的问题。这需要有认真的分析。对此，民国时期的梁漱溟做了很多思考，现代也有许多儒家知识分子在思考，儒家能不能在现实的方面，尤其是乡村秩序的建构里发挥作用。这方面其实形成了一些探索，比方说乡村儒学，这就是某种程度上在乡村社会重新推行儒家的基本的价值，当然这种探索无论在理论上还是实践上都很初步，政策空间也不是很大。

除了地方秩序以外，我自己还比较关心城市的问题。在我看来，中国城市的形态现在仍然是未定型的，我们不应该把所有城市都建成超级都市，而是要把城市所具备的服务有效地扩散到乡村里面去，让乡村城市化。目前的城镇化实际上会导向乡村消失，比如如果把教育资源都集中到城市和大一些的镇，那么，等于把所有人都赶到城市里面去，实质上形成了乡村的空心化，因此，乡镇城市化意味着对乡村的教育和卫生事业的某种程度的"重建"。

另外讨论得比较多的是养老制度的问题。未来理想的制度可能是社会化养老，在家庭越来越原子化的情况下，这是一个方向。但是在目前社会还不能提供足够的资金和设施的情况下，家庭养老是否仍旧是一种值得提倡的养老方式？从制度的理想上，它可能不是最好的，但它却是最现实的。如果要强调家庭养老，从观念上就还是应该从国家层面提倡某种意义上的孝顺的原则。此外，国家是不是可以考虑出台对于孩子同父母公共居住的状况的鼓励和补偿机制？这总比建一个养老院的成本小吧？操作上或许有困难，但具体的方式方法都可以进行充分讨论。

我个人并不太认同社会化养老是最好的方式，家庭养老应该是更值得赞许的方式。老年人有对亲情的需要，有情感上的需求，满足这些需要可能要比更宽敞、更干净的生活条件重要。经验上，我们中国人还是会认为，一个人如果连父母都不孝顺的话，那人品是大大的有问题。

在思想的层面，往往有一个显性的东西和一个隐性的东西。类似于李泽厚说的文化心理结构的问题，社会的显性结构可能完全变了，但文化心理结构还没变。

澎湃新闻：在当下的儒学复兴浪潮中，您如何看待政治儒学和心性儒学的关系？所谓"重回王道"在何种意义上是可能的？

干春松：对儒学的不同特性的理解，决定了对儒学未来应该以什么样的方式存在的不同判断。有的学者认为儒学即便不能在政治层面发挥作用，依然会在个人修养心性培养这方面发挥作用。这是港台新儒家的一个比较明显的倾向，他们认为既然公共生活的规则已经确定了，那么儒学可以在私人层面上产生作用。但在我看来，儒学在一些局部的制度上也是可以发挥它的重构的作用的。

普特南论述过意大利的民主制度跟它的社会基础的关系。再比如美国社会，从东部到西部其实完全是不同的制度形态，呈现出某种多样性。我认为中国的社会，东南西北也是很不一样的。像潮州、福建，哪怕浙江有些地方，宗族制度还在发挥作用，那就要去考虑制度重建的问题：如何让地方政治力量和家族力量之间取得平衡。对于宗族的情感在发挥正面作用的情况，完全可以在制度层面肯定它。而其他地区则可能要面对另外的情况。总之，面对一个丰富多彩的中国社会，不能完全以一种单一的、一刀切的方式去治理，这样会事倍功半，只有因势利导，根据各地的情况，才能有良好的收效，我觉得这是可以探索的。

我强调"重回王道"的一个很重要的原因，就是要追问，中国人对于秩序的认识跟西方人到底有没有差别？我觉得是有差别的。中国人其实就是挺强调和谐的，不是强调制约性的秩序，而是强调妥协性的秩序。包括我们在理解国际关系的时候，也是认为大家应该妥协，而且能够妥协。而西方人所理解的秩序，往往不是妥协，而是利益的制衡，它完全不能理解我们对于世界秩序的理解。所以我们要做出样板来。现在的问题可能是，我们口头上反对西方那套以利益为基础的秩序原则，而在实践中可能也是遵循与他们一样的逻辑。我们需要做的是探索某种真正的共赢和互利的方式。制度自信其实包含着从自己的文化和传统上去探索一套关于人和人、国与国之间关系的新的制度模式。

从秩序建构的原理来讲，儒家必然要起越来越大的作用。在一个幅员广阔的国家进行社会治理，有统一的价值观是必要的，但在制度设计上,则要允许各地有多元化的探索。以前顾炎武等人提出"寓封建于郡县之中",就是看到了在广土众民的状况下摸索地方独特的秩序体系的可能性问题。这是我比较认同的理念。比照西方,在一个欧洲之下小国林立,呈现出某种多样化。多元化的地方秩序的建构,就是发挥各地的特点。就此而言,也不一定非要强调儒家的因素,也可以是其他的传统文化资源,但在多样化的探索中,传统的因素并不被忽视。如何利用传统的资源进行因地制宜的社会治理方式探索,是需要深入研究的。

图书在版编目（ＣＩＰ）数据

理想的国度：近代中国思想中的国家观念 / 干春松著. —— 成都：四川人民出版社，2023.5
ISBN 978-7-220-13119-6

Ⅰ.①理… Ⅱ.①干… Ⅲ.①国家理论—研究—中国—近代 Ⅳ.①D03

中国国家版本馆CIP数据核字（2023）第002902号

LIXIANG DE GUODU: JINDAI ZHONGGUO SIXIANG ZHONG DE GUOJIA GUANNIAN

理想的国度：近代中国思想中的国家观念

干春松　著

出 版 人	黄立新
策划统筹	封　龙
责任编辑	戴黎莎
封面设计	周伟伟
版式设计	戴雨虹
责任印制	周　奇
出版发行	四川人民出版社（成都市三色路238号）
网　　址	http://www.scpph.com
E-mail	scrmcbs@sina.com
新浪微博	@四川人民出版社
微信公众号	四川人民出版社
发行部业务电话	（028）86361653　86361656
防盗版举报电话	（028）86361661
照　　排	四川胜翔数码印务设计有限公司
印　　刷	成都东江印务有限公司
成品尺寸	145mm×210mm
印　　张	13.875
字　　数	320千
版　　次	2023年5月第1版
印　　次	2023年5月第1次印刷
书　　号	ISBN 978-7-220-13119-6
定　　价	96.00元

■版权所有・侵权必究

本书若出现印装质量问题，请与我社发行部联系调换
电话：（028）86361656

壹卷
YE BOOK

让 思 想 流 动 起 来

官方微博：@壹卷YeBook
官方豆瓣：壹卷YeBook
微信公众号：壹卷YeBook
媒体联系：yebook2019@163.com

壹卷工作室
微信公众号